Springer

Berlin
Heidelberg
New York
Barcelona
Budapest
Hong Kong
London
Mailand
Paris
Santa Clara
Singapur
Tokio

Klaus Neumann

Produktions- und Operations- Management

Mit 136 Abbildungen und 46 Tabellen

 Springer

PROF. DR. KLAUS NEUMANN
Universität Karlsruhe
Institut für Wirtschaftstheorie
und Operations Research
D-76128 Karlsruhe

ISBN 3-540-60929-6 Springer-Verlag Berlin Heidelberg New York

Die Deutsche Bibliothek – CIP-Einheitsaufnahme
Neumann, Klaus:
Produktions- und Operations-Management / Klaus Neumann. - Berlin ; Heidelberg ; New York ; Barce-
lona ; Budapest ; Hong Kong ; London ; Mailand ; Paris ; Santa Clara ; Singapur ; Tokyo : Springer 1996
ISBN 3-540-60929-6

Satz: Reproduktionsfertige Vorlagen vom Autor
SPIN: 10533160   42/3136 – 5 4 3 2 1 0 – Gedruckt auf säurefreiem Papier

Vorwort

Das vorliegende Buch ist aus Vorlesungen entstanden, die der Verfasser für Wirtschaftsingenieure, Wirtschaftsmathematiker und Informatiker an der Universität Karlsruhe regelmäßig hält. Es ist quantitativen Methoden zur Lösung aktueller Probleme der Produktionsplanung, –steuerung und –kontrolle gewidmet.

In den letzten Jahren sind eine große Anzahl von Informationssystemen zur Produktionsplanung und –steuerung entwickelt worden (sogenannte PPS–Systeme), die als Software–Pakete zur Verfügung stehen und in der betrieblichen Praxis eingesetzt werden. Die meisten dieser PPS–Systeme beinhalten jedoch nur eine Automatisierung von früher manuell ausgeführten Abläufen, verbunden mit einer effizienten Datenverwaltung. Insgesondere fehlt der Einsatz leistungsfähiger Operations–Research–Methoden. Es ist deshalb kein Wunder, daß in der Praxis häufig über mangelnde Erfolge beim Einsatz von PPS–Systemen geklagt wird (zu hohe Lagerbestände, überlange Durchlaufzeiten, häufige Überschreitung vorgegebener Termine). Das vorliegende Buch soll helfen, Defizite beim Erkennen, Modellieren und Lösen von Entscheidungsproblemen im Produktionsbereich abzubauen und einer optimalen Planung, Steuerung und Kontrolle der Produktion möglichst nahezukommen. Als Leser des Buches sind deshalb neben Studierenden der oben genannten Fachrichtungen sowie der (quantitativ orientierten) Betriebswirtschaftslehre und der Produktionstechnik auch Produktions–Manager und Software-Ingenieure in Industriebetrieben angesprochen.

Die Bezeichnung „Produktions– und Operations–Management" (POM) entspricht dem Begriff „Production and Operations Management" der englischsprachigen Fachliteratur, der sich auch in Deutschland durchzusetzen beginnt. Neben den traditionellen betriebswirtschaftlichen Gebieten der „Produktionswirtschaft" bzw. der „Produktionsplanung" gehören zu POM außerdem die (betriebliche und innerbetriebliche) Standortplanung sowie die Qualitätssicherung. Insbesondere die Qualitätssicherung ist unter den Zielsetzungen einer modernen Produktion unverzichtbarer Bestandteil von POM.

Das Buch gliedert sich in acht Kapitel. Im ersten Kapitel wird eine kurze Einführung in die Grundbegriffe der Produktion und des Produktions–Managements gegeben. Kapitel 2 behandelt Prognoseverfahren für die Vorhersage von Bedarfen herzustellender Produkte. Lagerhaltung und Losgrößenplanung sind Gegenstand von Kapitel 3. Dabei werden statische und dynamische sowie deterministische und stochastische Modelle diskutiert, wobei auch mehrere Lagergüter betrachtet werden. Die

Materialbedarfsplanung einschließlich der mehrstufigen Losgrößenplanung mit Kapazitätsbeschränkungen wird in Kapitel 4 behandelt.

Während die in den Kapiteln 2 bis 4 betrachteten Planungsmethoden bei ganz verschiedenen Fertigungstypen anwendbar sind, ist Kapitel 5 Verfahren gewidmet, die auf die Planung spezieller Produktionssegmente zugeschnitten sind. Hierunter fallen die Termin- und Kapazitätsplanung in der Einzel- und Kleinserienfertigung, die Maschinenbelegungsplanung in der Reihen- und Werkstattfertigung, die Fließfertigungsplanung und die Planung von flexiblen Fertigungssystemen und Fertigungsinseln.

Kapitel 2 bis 5 befassen sich nur mit Teilaspekten der Produktionsplanung und -steuerung. Die Zusammenfassung dieser Teilaspekte zu einer integrierten Produktionsplanung ist Gegenstand von Kapitel 6. Hierzu gehören die hierarchische Produktionsplanung, PPS-Systeme, CIM (Computer Integrated Manufacturing) und die Just-in-Time-Produktion. Schließlich wird ein Ansatz zur kapazitätsorientierten Produktionsplanung und -steuerung beschrieben, der helfen soll, bekannte Schwächen der zuvor genannten Ansätze der integrierten Produktionsplanung zu überwinden.

In den Kapiteln 7 und 8 werden Probleme behandelt, die über die „klassische" Produktionsplanung hinausgehen. Kapitel 7 befaßt sich mit Modellen und Verfahren zur betrieblichen und innerbetrieblichen Standortplanung. Kapitel 8 ist der Qualitätssicherung gewidmet. Insbesondere werden die Fertigungsüberwachung durch Qualitätsregelkarten, die Abnahmeprüfung, die Zuverlässigkeit von Bauteilen und Systemen sowie Wartung und Instandhaltung betrachtet.

Das vorliegende Buch setzt Grundkenntnisse aus der Mathematik und dem Operations Research sowie insbesondere für Kapitel 8 auch aus der Stochastik voraus. Für das Operations Research sei auf das Buch von NEUMANN UND MORLOCK (1993) sowie für die Stochastik auf BAMBERG UND BAUR (1991) verwiesen.

Besonderen Dank schulde ich Herrn Dr. Matthias Lachmann für wertvolle Anregungen zur inhaltlichen und äußeren Gestaltung des Buches sowie die kritische Durchsicht des Manuskriptes und zahlreiche Verbesserungsvorschläge. Meine Mitarbeiter, die Herren Birger Franck, Welf G. Schneider, Christoph Schwindt und Dr. Jürgen Zimmermann, sowie Herr Joachim Geidel haben ebenfalls entscheidend zum Gelingen des Buches und zur Ausmerzung vieler Fehler beigetragen. Mein Dank gilt ferner Herrn Norbert Trautmann für den mit großer Sorgfalt geschriebenen Text und die Anfertigung einer Vielzahl von Zeichnungen sowie Frau Helga Sittig für das Schreiben früherer Versionen des Manuskriptes. Schließlich bin ich dem Springer-Verlag für die gute Zusammenarbeit bei der Herstellung des Buches zu Dank verpflichtet.

Karlsruhe, im November 1995   Klaus Neumann

Inhaltsverzeichnis

Symbolverzeichnis

Verschiedenes

$:=$	definitionsgemäß gleich (Wertzuweisung in Algorithmen)
$\square$	Ende eines Algorithmus
o.B.d.A.	ohne Beschränkung der Allgemeinheit
$\lfloor a \rfloor$	größte ganze Zahl $\leq a$ (Abrundung)
$\lceil a \rceil$	kleinste ganze Zahl $\geq a$ (Aufrundung)
ME	Mengeneinheit
ZE	Zeiteinheit
BE	Betriebseinheit (Kapitel 7)

Mengen und Funktionen

$\mathbb{N}$	Menge der natürlichen Zahlen
$\mathbb{Z}$	Menge der ganzen Zahlen
$\mathbb{R}$	Menge der reellen Zahlen
$\mathbb{R}_+$	Menge der nichtnegativen reellen Zahlen
$\mathbb{R}^n$	Menge der n-Tupel reeller Zahlen
$\emptyset$	leere Menge
$N \subseteq M$	N ist Teilmenge von M
$N \subset M$	N ist echte Teilmenge von M
$M \cup N$	Vereinigung der Mengen M und N
$M \cap N$	Durchschnitt der Mengen M und N
$M \setminus N$	Differenz der Mengen M und N
$|M|$	Anzahl der Elemente einer endlichen Menge M
$[a, b]$	abgeschlossenes Intervall mit den Endpunkten a und b
(a, b)	offenes Intervall mit den Endpunkten a und b
$[a, b)$ bzw. $(a, b]$	halboffenes Intervall mit den Endpunkten a und b

$f: M \to N$ Abbildung (Funktion) f einer Menge M in eine Menge N

$O(f(x))$ Landausches Symbol „groß O" [bzw. „klein o"]: $g(x) = O(f(x))$

[bzw. $o(f(x))$]   [bzw. $g(x) = o(f(x))$] bedeutet, daß $g(x)/f(x)$ für $x \to \infty$ beschränkt bleibt [bzw. gegen 0 strebt]. D.h., es gibt ein $c_1 > 0$ und ein $x_1 > 0$, so daß $g(x)/f(x) \le c_1$ für alle $x \ge x_1$ gilt [bzw. für jedes $c_2 > 0$ gibt es ein $x_2 > 0$, so daß $g(x)/f(x) \le c_2$ für alle $x \ge x_2$ ist].

Graphen

$[i, j]$ Kante eines (ungerichteten) Graphen mit den Endknoten i und j

$<i, j>$ Pfeil eines Digraphen (gerichteten Graphen) mit dem Anfangsknoten i und dem Endknoten j

$\mathcal{P}(i)$ Menge der (unmittelbaren) Vorgänger eines Knotens i eines Digraphen

$\mathcal{S}(i)$ Menge der (unmittelbaren) Nachfolger eines Knotens i eines Digraphen

$\mathcal{R}(i)$ Menge der von einem Knoten i eines Digraphen aus erreichbaren Knoten (einschließlich i)

$\overline{\mathcal{R}}(i)$ Menge derjenigen Knoten eines Digraphen, von denen aus der Knoten i erreichbar ist (einschließlich i)

Stochastik

$P(A)$ Wahrscheinlichkeit des Zufallsereignisses A

$P(A \cup B)$ Wahrscheinlichkeit des Zufallsereignisses „A oder B"

$P(A \cap B)$ Wahrscheinlichkeit des Zufallsereignisses „A und B"

$P(A|B)$ Wahrscheinlichkeit des Zufallsereignisses „A unter der Bedingung B"

$E(X)$ Erwartungswert der Zufallsgröße X

$\text{var}(X)$ Varianz (Streuung) der Zufallsgröße X

Φ Verteilungsfunktion der (0,1)-Normalverteilung

φ Verteilungsdichte der (0,1)-Normalverteilung

Kapitel 1   Grundbegriffe

1.1   Produktionsprozeß und Produktionsfaktoren

Unter *Produktion* im weitesten Sinne versteht man den *zielgerichteten Einsatz* von Sachgütern und Dienstleistungen (*Input*) zur Transformation in andere (wertgesteigerte) Sachgüter und Dienstleistungen (*Output*), vgl. Abb. 1.1.1. Obwohl viele der folgenden Überlegungen für die Produktion von Sachgütern *und* Dienstleistungen gültig sind, werden wir in erster Linie die Produktion von Sachgütern betrachten. Wir sprechen von „zielgerichtetem" Einsatz von Sachgütern und Dienstleistungen, weil bei der Produktion von Gütern eine Vielzahl von ökonomischen und sozialen Zielen zu berücksichtigen sind.

Neben dem Begriff Produktion verwendet man auch den Begriff *Fertigung* (oder *Herstellung*). Meistens werden diese Begriffe synonym verwendet. Will man zwischen Produktion und Fertigung differenzieren, dann sollte man zur Produktion alle Aspekte des Transformationsprozesses in Abb. 1.1.1 rechnen, während Fertigung bzw. Herstellung die *unmittelbare* materielle Veränderung des Inputs bedeutet. SCHNEEWEIß (1993), Abschnitt 1.1.1, unterscheidet z.B. zwischen der Produktion (oder dem „Verlegen") eines Buches und dessen Herstellung. Die Herstellung beinhaltet dabei den Druck und das Binden des Buches, während die Produktion die gesamte Akquisitionstätigkeit zur Erlangung des Manuskriptes, die Korrespondenz mit

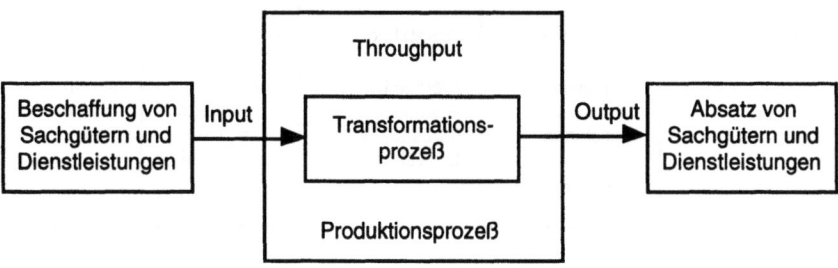

Abb. 1.1.1: Produktion

dem Autor und schließlich die Auslieferung des fertigen Buches umfaßt. In der Kraft-fahrzeug–Produktion rechnet man die sich an die eigentliche Fertigung anschließende Montage der Kraftfahrzeuge häufig nicht mehr zur Fertigung, wohl aber zur Produktion. Wir werden im folgenden zwischen den Begriffen Produktion und Fertigung in der Regel nicht unterscheiden und uns damit einem allgemeinen Sprachgebrauch anschließen.

Wir wollen jetzt den Input und Output eines Produktionsprozesses etwas genauer betrachten. Die Ergebnisse des Produktionsprozesses werden als *Produkte, Erzeugnisse,* Artikel, Ausbringung, Produktionsausstoß, Outputfaktoren (oder kurz Output) bezeichnet. Die im Produktionsprozeß eingesetzten Sachgüter und Dienstleistungen werden *Produktionsfaktoren,* Einsatz, Einsatzfaktoren, Inputfaktoren (oder kurz Input) genannt. Unter die Produktionsfaktoren rechnet man üblicherweise nicht *dispositive Faktoren,* die durch die Geschäftsführung zusammen mit der Planung und Betriebsorganisation gegeben sind, sondern nur sogenannte *Einsatzfaktoren* (wir schließen uns hier und im folgenden HOITSCH (1993), Abschnitt I.1.1.2, an).

Bei den Einsatzfaktoren bzw. Produktionsfaktoren unterscheidet man zwischen Potentialfaktoren und Repetierfaktoren. *Potential–* oder *Nutzungsfaktoren* stellen ihr Leistungsvermögen langfristig zur Verfügung. Hierzu rechnet man die *Betriebsmittel* (Grundstücke, Gebäude, Einrichtungen, Maschinen, aber auch Patente und Lizenzen) sowie die (menschliche) *Arbeit(sleistung). Repetier–* oder *Verbrauchsfaktoren* werden bei ihrem Einsatz im Produktionsprozeß sofort verbraucht und stehen danach nicht mehr zur Verfügung. Zu den Repetierfaktoren zählt man die *Werkstoffe* (Rohstoffe, Vorprodukte wie z.B. Halbfabrikate und Fremdteile, Hilfsstoffe wie etwa Lacke und Schrauben, Betriebsstoffe wie z.B. Treibstoffe und Schmiermittel) und *Energie* (in Form von Strom, Wasser, Gas, Wärme etc.).

Neben den bisher betrachteten Produktionsfaktoren, die alle in gewissen Mengeneinheiten gemessen werden können, treten noch sogenannte *Zusatzfaktoren* auf, zu denen man fremdbezogene Dienstleistungen (z.B. von Banken und Versicherungen), indirekte Unterstützungsleistungen des Staates (in Form bereitgestellter Infrastruktur)

Produktionsfaktoren				
Potential- oder Nutzungsfaktoren			Repetier- oder Verbrauchsfaktoren	
Arbeit(skräfte)	**Betriebsmittel**	**Zusatzfaktoren**	**Werkstoffe**	**Energie**
	Grundstücke Gebäude Maschinen Patente Lizenzen	Fremde Dienst- leistungen Infrastruktur Umwelt	Rohstoffe Vorprodukte Hilfsstoffe Betriebsstoffe	Strom Wasser Gas

Tab. 1.1.1: Produktionsfaktoren

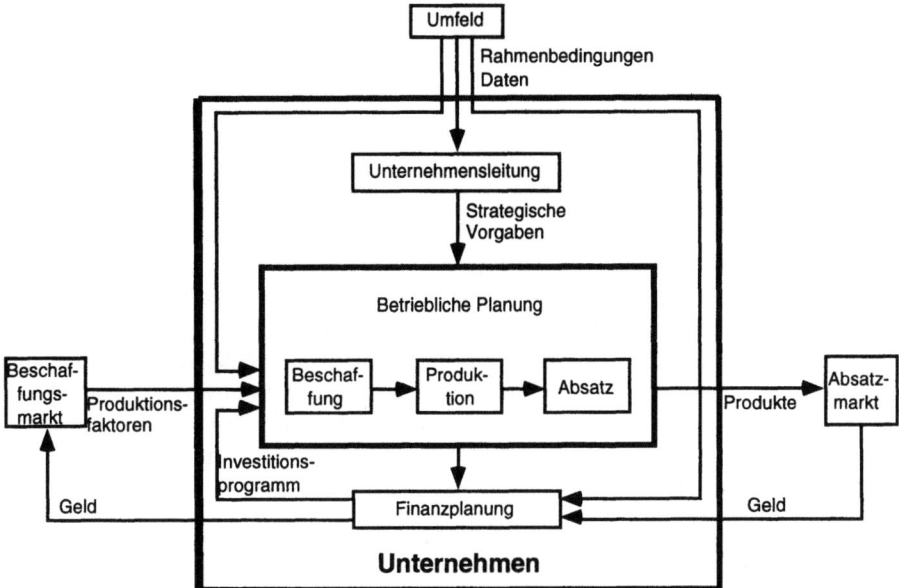

Abb. 1.1.2: Betrieblicher Kreislauf

und auch die Umweltbeanspruchung zu rechnen hat. Tab. 1.1.1 gibt einen Überblick über die Untergliederung der Produktionsfaktoren.

Die Einordnung der Produktion in das System der betrieblichen Planung und in den gesamten betrieblichen Kreislauf zeigt Abb. 1.1.2, die KISTNER UND STEVEN (1993), Teil 1, Abschnitt 2.1, entnommen und selbsterklärend ist.

1.2   Produktions–Management

Die Aufgaben des *Produktions–Managements* umfassen die Bereiche Produktionsplanung, Produktionssteuerung und Produktionskontrolle.

Die *Produktionsplanung* beinhaltet die Festlegung der produktionswirtschaftlichen Ziele und die Umsetzung der Ziele in Handlungsalternativen für den Produktionsbereich im Rahmen der Produktions–Maßnahmenplanung (Produktions–Programmplanung und Produktions–Prozeßplanung) und der Produktions–Faktorplanung. Innerhalb der „output–orientierten" *Produktions–Programmplanung* werden die Mengen der in dem betreffenden Unternehmen hergestellten Endprodukte (Output des Produktionsprozesses) für einen bestimmten Planungszeitraum ermittelt. Die „throughput–orientierte" *Produktions–Prozeßplanung* legt fest, wie, wann und welche Mengen der erforderlichen (Vor–, Zwischen– und End–) Produkte hergestellt werden. Die „input–orientierte" *Produktions–Faktorplanung* (auch *Bereitstellungsplanung* genannt) soll dafür sorgen, daß die für die Durchführung des Produktionsprogramms erforderlichen Produktionsfaktoren in den benötigten Mengen zur rechten Zeit am richtigen Ort bereitgestellt werden.

Die *Produktionssteuerung* beinhaltet alle Maßnahmen, die zur Durchführung des Produktionsprozesses erforderlich sind, sie entspricht also der Aufgabenerfüllung.

Die *Produktionskontrolle* überprüft die Aufgabenerfüllung und ermittelt Abweichungen der Ist– von den Solldaten. Ferner ist die Produktionskontrolle für Maßnahmen zur Vermeidung oder Verminderung von Soll–Ist–Abweichungen (Produktionssicherung) zuständig. Aufgrund der Produktionskontrolle werden oft Eingriffe in die Produktionssteuerung notwendig, und Produktionskontrolle und/oder Produktionssteuerung können eine Planrevision, d.h., eine Änderung der Produktionsplanung, erforderlich machen (z.B. wenn durch Störungen im Produktionsprozeß die geplanten Ausbringungsmengen der Produkte nicht termingerecht gefertigt werden können).

Wir erläutern noch einige Begriffe im Zusammenhang mit der Produktions–Prozeß-planung. In bezug auf den *Wiederholungsgrad der Produktion* im Planungszeitraum unterscheiden wir zwischen folgenden *Fertigungstypen*:

(i) *Einzelfertigung*: Die Herstellung der Produkte erfolgt nach Auftragseingang. Es wird nur eine Mengeneinheit (ME) pro Planungsperiode hergestellt. Die Einzelfertigung tritt z.B. im Schiffsbau und Sondermaschinenbau auf.

(ii) *Serienfertigung*: Eine Produktart wird jeweils in mehreren ME (Los– oder Seriengröße) ununterbrochen auf denselben Betriebsmitteln (im wesentlichen Maschinen) nacheinander produziert. Danach erfolgt die Umrüstung der Betriebsmittel auf eine andere Produktart (innerhalb derselben Planungsperiode). Die Serienfertigung tritt z.B. im Fahrzeugbau auf. Je nach Größe unterscheidet man oft noch zwischen *Kleinserien–, Mittelserien–* und *Großserienfertigung*. Die Kleinserienfertigung weist viele Ähnlichkeiten mit der Einzelfertigung auf, z.B. stellt sie häufig eine Kundenauftragsfertigung dar. Die Großserienfertigung kommt dagegen der Massenfertigung nahe. Bei der *Sortenfertigung* werden mehrere Varianten ein und desselben Grundproduktes hergestellt. Hierbei kann es sich um eine Großserienfertigung handeln, z.B. bei der Produktion verschiedener Flaschensorten in der Glasindustrie. Im Rahmen der Produktionsplanung und –steuerung empfiehlt sich für die Kleinserien– und die Sortenfertigung oft der Einsatz spezieller Planungstechniken, die sich von den Methoden für die gesamte Serienfertigung unterscheiden.

(iii) *Massenfertigung*: Eine Produktart wird innerhalb einer Planungsperiode ständig auf denselben Betriebsmitteln gefertigt. Die Massenfertigung tritt u.a. bei der Produktion von Massenkonsumartikeln (z.B. Zucker) und in der chemischen Industrie auf.

Der *Organisationstyp (Anordnungstyp) der Fertigung* differenziert nach der räumlichen Anordnung der Betriebsmittel:

(i) *Baustellenfertigung*: Das herzustellende Produkt ist ortsgebunden. Arbeitskräfte, Betriebsmittel und Werkstoffe sind dagegen mobil und müssen zum Produkt ge-

bracht werden. Die Baustellenfertigung kommt in der Bauindustrie sowie im Schiffs– und Flugzeugbau vor.

(ii) *Werkstattfertigung*: Funktionsgleiche oder –ähnliche Betriebsmittel werden räumlich in Gruppen (Werkstätten) zusammengefaßt, z.b. Maschinen gleichen Typs wie etwa Drehbänke, Bohrmaschinen oder Fräsmaschinen. Das zu erstellende Produkt bewegt sich durch die einzelnen Werkstätten (es hat häufig mehrere Werkstätten zu durchlaufen, gegebenenfalls mehrfach). Die Werkstattfertigung tritt insbesondere bei der Einzel– und der Serienfertigung im Maschinenbau auf.

(iii) *Reihen– oder Linienfertigung*: Die Anordnung der Betriebsmittel bzw. Arbeitsstationen entspricht dem notwendigen Produktionsablauf (Materialfluß). Der Transport der Werkstücke (bzw. Vor– und Zwischenprodukte) erfolgt jeweils bei Bedarf, eine zeitliche Bindung der (an den einzelnen Arbeitsstationen auszuführenden) Arbeitsgänge liegt nicht vor, und vor den einzelnen Arbeitsstationen sind Zwischenläger möglich. Die Reihenfertigung tritt z.b. bei der Reifenherstellung und im Maschinenbau auf.

(iv) *Fließfertigung*: Wie bei der Reihenfertigung entspricht die Anordnung der Arbeitsstationen dem Materialfluß, jedoch mit zeitlicher Bindung zwischen den einzelnen Arbeitsgängen. Die Bewegung der Produkte bzw. Werkstücke ist entweder verfahrenstechnisch fest vorgegeben (*Prozeßfertigung*, z.b. in der chemischen Industrie) oder auf einem Förderband (Fließband) als Transportmittel kontinuierlich oder getaktet durch Dispositionen festgelegt (*Fließbandfertigung* bzw. *getaktete Fließfertigung*, z.b. im Fahrzeugbau). Sind die Werkstücke fest mit dem Transportsystem verbunden, das durch die Arbeitsebene der zu einem automatisierten Gesamtsystem verketteten Betriebsmittel hindurchläuft, so spricht man von einer *Transferstraße* (z.b. im Apparatebau). Vor den einzelnen Arbeitsstationen sind in der Regel keine Zwischenläger erlaubt. Die Fließfertigung kommt vor allem bei der Massen- und Sortenfertigung vor.
Die Bezeichnungsweise für die verschiedenen Organisationstypen der Fertigung ist in der Betriebswirtschaftslehre nicht einheitlich. Manchmal wird auch die Reihen– oder Linienfertigung als Fließfertigung (mit möglichen Zwischenlägern) bezeichnet. Bei dem oben Fließfertigung genannten Anordnungstyp spricht man dann von Prozeßfertigung, Fließbandfertigung oder Transferstraßen als Spezialfällen der Fließfertigung.

(v) *Zentrenfertigung*: Hierbei werden Betriebsmittel bzw. Arbeitsstationen räumlich zusammengefaßt, die eine Menge verwandter Produkte (möglichst komplett) fertigen. Im Unterschied zur Reihen– und Fließfertigung ist kein einheitlicher Materialfluß erforderlich. Sind Fertigung und Materialflußsystem automatisiert, so spricht man von einem *flexiblen Fertigungssystem*. Bei einer *Fertigungsinsel* herrscht dagegen in der Regel konventionelle Technologie vor. Fertigungszentren stellen im allgemeinen weitgehend abgekapselte Produktionssegmente innerhalb eines Unternehmens dar und sind vor allem im Maschinenbau anzutreffen.

In der Produktionsplanung spielt der *Planungshorizont* bzw. *Planungszeitraum* eine
wesentliche Rolle. Wir unterscheiden hierbei zwischen strategischer, taktischer und
operativer Produktionsplanung.

Die *strategische Produktionsplanung* soll Entscheidungen vorbereiten, die langfristig wirksam sind und das gesamte Unternehmen betreffen. Diese Entscheidungen
werden in der Regel von der Unternehmensleitung getroffen und beziehen sich häufig
auf die Betriebsmittel. Langfristige Pläne haben einen Planungshorizont von mehreren Jahren.

Die taktische und die operative Produktionsplanung befassen sich mit Entscheidungen, die im Rahmen *bereits vorhandener Betriebsmittel* gefällt werden. Die *taktische
Produktionsplanung* ist eine mittelfristige Planung mit einem Planungshorizont von
ein bis zwei Jahren oder einem Saisonzyklus. Sie legt aufgrund der prognostizierten
Nachfrage und/oder bekannter Kundenaufträge fest, *wieviel und wann* von den betreffenden Endprodukten *zu produzieren* ist (was also der Produktions–Programmplanung entspricht), und ermittelt den hierfür erforderlichen Bedarf an Repetierfaktoren
(d.h. Werkstoffe und Energie) und Personal– und Maschinenkapazität.

In der *operativen Produktionsplanung* wird festgelegt, wie das Produktionsprogramm auf den einzelnen Fertigungsstufen umzusetzen ist, insbesondere, in welchen
Losgrößen die einzelnen Produkte zu fertigen und in welcher Reihenfolge die Lose zu
bearbeiten sind. Die kurzfristigen Pläne der operativen Produktionsplanung beziehen
sich in der Regel auf einen Planungshorizont von höchstens einem Vierteljahr.

Abschließend wollen wir noch angeben, welchen Teilbereichen des Produktions–
Managements die in den folgenden Kapiteln 2 bis 8 behandelten Fragestellungen zuzuordnen sind.

Die in Kapitel 2 diskutierten Prognosemethoden treten im Rahmen der (taktischen)
Produktions–Programmplanung und –Faktorplanung auf. Kapitel 3, 4 und 5 beziehen
sich im wesentlichen auf die kurzfristige (operative) Produktionsplanung. Die Losgrößenermittlung in Kapitel 3 gehört zur (operativen) Produktions–Prozeßplanung.
Die Materialbedarfsplanung einschließlich MRP in Kapitel 4 ist zur (operativen) Produktions–Prozeßplanung bzw., wenn es sich um Rohstoffe oder Fremdteile handelt,
zur Produktions–Faktorplanung zu rechnen. Bestandteil der (operativen) Produktions–
Prozeßplanung sind auch die Termin– und die Kapazitätsplanung sowie die Planung
einzelner Produktionssegmente (die sich weitgehend auf die Feinplanung bzw. Ablaufplanung bezieht) in Kapitel 5.

Die aggregierte und die hierarchische Produktionsplanung in Abschnitt 6.2 stellen
im wesentlichen eine mittelfristige (taktische) Produktions–Programmplanung dar. Im
Spezialfall der Einzelfertigung wird die mittelfristige Produktionsplanung durch eine
mittelfristige Terminplanung ersetzt. Die in den Abschnitten 6.3, 6.4 und 6.6 behandelten PPS–Systeme (Produktionsplanungs– und Steuerungs–Systeme) sowie CIM
(Computer Integrated Manufacturing) integrieren alle bisherigen Teilplanungen in ein
Gesamtsystem und umfassen außerdem wesentliche Teile der Produktionssteuerung
und –kontrolle.

Die Standort– und Layoutplanung in Kapitel 7 ist in der Regel langfristig und zählt
zur (strategischen) Produktions–Faktorplanung. Schließlich ist die Qualitätssicherung
aus Kapitel 8 der Produktionskontrolle zuzurechnen.

Die „eigentliche" Produktionsplanung, die im wesentlichen die Produktions–Programmplanung und die Produktions–Prozeßplanung umfaßt, ist Gegenstand der Kapitel 3 bis 6. Wie wir im einzelnen sehen und in Abschnitt 6.6 im Rahmen eines neuen Konzeptes für eine kapazitätsorientierte Produktionsplanung und –steuerung noch einmal zusammengefaßt darstellen werden, treten im Prinzip die folgenden Planungsschritte auf:

- Produktions–Programmplanung
- Materialbedarfsplanung
- Losgrößenplanung
- Termin– und Kapazitätsplanung
- Feinplanung (Ablaufplanung).

Hieran schließt sich die Echtzeit–Fertigungssteuerung an. Abb. 1.2.1 zeigt, welche Fertigungstypen, was den Wiederholungsgrad einerseits und den Organisationstyp andererseits betrifft, einander zuzuordnen sind und welche der obigen Planungsschritte

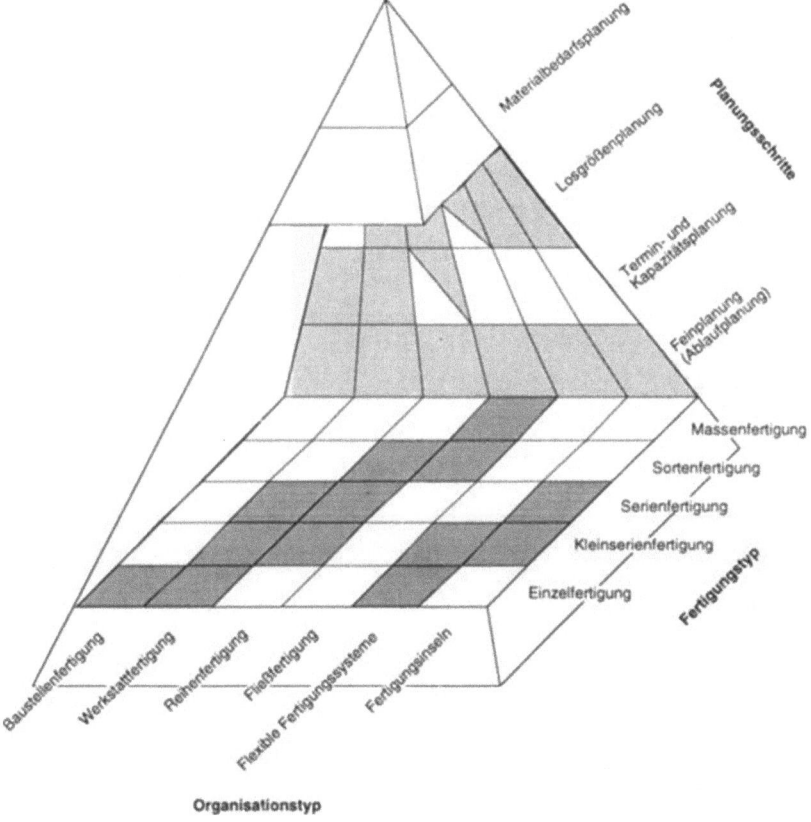

Abb. 1.2.1: Aufgabenfelder des Produktions–Managements

für die einzelnen Organisationstypen der Fertigung in Frage kommen. Unter den Fertigungstypen werden die beiden Sonderfälle Kleinserien- und Sortenfertigung der Serienfertigung extra betrachtet.

In der Ebene von Organisationstyp und Fertigungstyp dunkelgrau hervorgehobene Rechtecke deuten an, daß die betreffenden Fertigungs- und Organisationstypen sinnvoll miteinander kombiniert werden können. So ist z.B. eine Organisation der Massenfertigung in Form einer Fließfertigung sinnvoll, eine Herstellung von Massengütern in Form einer Baustellenfertigung wird in der Praxis jedoch nicht anzutreffen sein. In analoger Weise geben die hellgrau gezeichneten Felder an, welche Planungsschritte bei welchen Organisationstypen durchzuführen sind. Dementsprechend ist bei der Werkstattfertigung eine Termin- und Kapazitätsplanung notwendig, bei der Reihenfertigung ist dies meistens nicht der Fall (deshalb ist das zugehörige Feld nur halb ausgezeichnet). Für die Fließfertigung ist das Feld für die Losgrößenplanung ebenfalls nur halb ausgezeichnet, da die Losgrößenplanung für die Fließfertigung nur in manchen Fällen vorgenommen werden muß, z.B. bei der losweisen Variantenfließfertigung.

Kapitel 2 Prognosemethoden

2.1 Vorbemerkungen

Prognosemethoden werden verwendet, wenn es um die Vorhersage eines zukünftigen Bedarfs (sei es an Produktionsfaktoren oder auch die Nachfrage nach einem produzierten Gut) geht. Solche Vorhersagen sind Ausgangspunkt jeder Produktionsplanung. Für eine ausführliche Behandlung von Prognoseverfahren verweisen wir auf TEMPELMEIER (1995), Kapitel 3.

Zunächst sollen in Anlehnung an NAHMIAS (1993), Abschnitt 2.2, einige *typische Eigenschaften von Vorhersagen* aufgelistet werden:

(i) *Vorhersagen sind gewöhnlich falsch.* Dieses harte Urteil klingt abschreckend, ist jedoch streng genommen richtig. Vorhersagen werden oft als exakte und nicht als mit häufig größeren Fehlern behaftete Information behandelt. Eine auf Nachfrageprognosen basierende Produktionsplanung sollte deshalb möglichst robust gegenüber Änderungen des Bedarfs sein.

(ii) *Eine gute Vorhersage sollte mehr als eine Zahl sein.* Da Vorhersagen gewöhnlich ungenau sind, sollten sie durch eine Abschätzung des möglichen Fehlers ergänzt werden. In der Praxis trifft man eine derartige Fehleranalyse jedoch kaum an.

(iii) *Aggregierte Voraussagen sind genauer als disaggregierte.* Diese einleuchtende Aussage entspricht der aus der Stochastik bekannten Tatsache, daß die Varianz des arithmetischen Mittels von Stichprobenvariablen kleiner als die Varianz einer einzelnen Variablen ist. Genauer gilt für unabhängige, identisch verteilte Stichprobenvariablen $X_1, \ldots, X_n$ mit der gleichen Verteilung wie ein bestimmtes Merkmal X einer Grundgesamtheit

$$\operatorname{var}\left(\overline{X}\right) = \frac{1}{n}\operatorname{var}(X) \quad \text{mit} \quad \overline{X} := \frac{X_1 + \ldots + X_n}{n} \ .$$

Die Varianz des Stichprobenmittels $\overline{X}$ ist also kleiner als die Varianz des betreffenden Merkmals X der Grundgesamtheit. Entsprechend ist der Fehler der

Vorhersage für den Absatz einer ganzen Produktlinie in der Regel kleiner als der
Vorhersagefehler für den Absatz eines einzelnen Produktes.

(iv) *Je länger der Vorhersagezeitraum ist, um so ungenauer sind die Vorhersagen.*
Auch diese Tatsache ist unmittelbar einleuchtend, wird jedoch in der Praxis oft
nicht beachtet.

(v) *Vorhersagen sollten bekannte Informationen nicht ausschließen.* Eine gute Prognosemethode kann durchaus verläßliche Vorhersagen über die Nachfrage nach
einem Produkt machen. Wird aber beispielsweise eine Extra–Werbekampagne
gestartet oder das Produkt zu einem Sonderpreis angeboten, so wird die Nachfrage nach dem Produkt steigen, und dies ist bei Nachfrageprognosen mit zu berücksichtigen.

Bevor wir in den Abschnitten 2.2 bis 2.4 einige quantitative Prognosemethoden behandeln, wollen wir eine auf Expertenbefragung beruhende Methode erwähnen, die in
der Praxis verwendet wird, wenn wenig Daten verfügbar sind oder ein wesentlicher
Teil der benötigten Information nur durch Befragung von Experten erhältlich ist.
Diese sogenannte *Delphi–Methode* (vgl. NAHMIAS (1993), Abschnitt 2.3) hat ihren
Namen nach dem Orakel von Delphi, wo die Priesterin Pythia, durch Erddämpfe, den
Trank aus der Kastalischen Quelle oder das Kauen von Lorbeerblättern verzückt, auf
einem Dreifuß im Adyton (Allerheiligsten) des Apollontempels sitzend, die Antwort
des Apoll auf Fragen von Ratsuchenden verkündete.

Bei der Delphi–Methode werden mehrere Experten um ihre Meinung gefragt, wobei
die Experten unabhängig voneinander ihre Vorhersage treffen sollen. Diese Vorhersagen werden gesammelt, ausgewertet und den Experten unter besonderem Hinweis
auf vom Gruppenmittel stark abweichende Vorhersagen wieder mitgeteilt. Die Experten werden dann um eine neue Vorhersage gebeten. Der Prozeß wird wiederholt, bis
(hoffentlich) ein Konsens unter den Experten erreicht wird.

Ein Vorteil der Delphi–Methode ist, daß bekannte Nachteile der Gruppendynamik
(einige Gruppenmitglieder dominieren die Meinungen der anderen) vermieden
werden. Ein Nachteil der Delphi–Methode ist, daß keine Möglichkeit besteht, zwiespältige Fragen gemeinsam zu klären (und damit eine Abhängigkeit von der Formulierung der Fragen gegeben ist). Außerdem ist nicht sichergestellt, daß schließlich ein
Konsens unter den Experten erzielt wird.

2.2 Prognose ohne Trend

2.2.1 Gleitender Durchschnitt und exponentielle Glättung

Bei den im folgenden betrachteten Prognoseverfahren handelt es sich um Verfahren
der *Zeitreihenanalyse*. Hierbei wird etwa aus der beobachteten Nachfrage in der
gegenwärtigen Planungsperiode t und den vorangehenden Perioden $t-1, t-2,\ldots$ auf
die Nachfrage in der folgenden $(t+1)$-ten Periode geschlossen (eine Periode kann

z.B. einen Monat umfassen). Die Nachfrage (engl. demand) in den Perioden $t, t-1, \ldots$ bezeichnen wir mit $d_t, d_{t-1}, \ldots$ und die prognostizierte Nachfrage in Periode $t+1$ mit $\hat{d}_{t+1}$. Soll allgemeiner von den Nachfragen in den Perioden $t, t-1, \ldots$ auf die Nachfrage in Periode $t+\tau$ $(\tau \geq 1)$ geschlossen werden, so schreiben wir für die prognostizierte Nachfrage $\hat{d}_{t,t+\tau}$ (*Mehr–Schritt–Prognose*). Für die *Ein–Schritt–Prognose* ist $\hat{d}_{t+1} = \hat{d}_{t,t+1}$.

Ein sehr einfaches, in der Praxis häufig angewandtes Prognoseverfahren ist die *Methode des gleitenden Durchschnitts*. Hierbei ergibt sich die Vorhersage in Periode $t+1$ aus den beobachteten Werten in den N vorhergehenden Perioden $t, \ldots, t-N+1$ gemäß

$$(2.2.1) \quad \hat{d}_{t+1} := \frac{1}{N}\left(d_t + d_{t-1} + \ldots + d_{t-N+1}\right) = \frac{1}{N}\sum_{i=0}^{N-1} d_{t-i}.$$

Für die Mehr–Schritt–Prognose sei

$$(2.2.2) \quad \hat{d}_{t,t+\tau} := \hat{d}_{t,t+1} = \hat{d}_{t+1} \quad \text{für alle } \tau \geq 1.$$

Wegen

$$\sum_{i=0}^{N-1} d_{t-i} = d_t - d_{t-N} + \sum_{i=1}^{N} d_{t-i} = d_t - d_{t-N} + N\hat{d}_t$$

können wir (2.2.1) auch in der Form

$$(2.2.3) \quad \hat{d}_{t+1} = \hat{d}_t + \frac{d_t - d_{t-N}}{N}$$

schreiben.

Bei der *Methode der exponentiellen Glättung* ist die Vorhersage für Periode $t+1$ gleich einem gewichteten Mittel aus der Nachfrage in der aktuellen Periode t und der Vorhersage für Periode t:

$$(2.2.4) \quad \hat{d}_{t+1} := \alpha d_t + (1-\alpha)\hat{d}_t.$$

Den *Glättungsparameter* α wählt man so, daß $0 < \alpha < 1$ ist. Für die Mehr–Schritt–Prognose gelte wieder (2.2.2). Wegen

$$\hat{d}_t = \alpha d_{t-1} + (1-\alpha)\hat{d}_{t-1}$$

wird aus (2.2.4)

$$\hat{d}_{t+1} = \alpha d_t + \alpha(1-\alpha)d_{t-1} + (1-\alpha)^2 \hat{d}_{t-1}.$$

Analog fortfahrend erhält man schließlich

$$(2.2.5) \quad \hat{d}_{t+1} = \alpha \sum_{i=0}^{\infty} (1-\alpha)^i d_{t-i}.$$

Hier wird der Einfachheit halber eine Zeitreihe mit beliebig langer Vorgeschichte unterstellt. Bei einer mit der Beobachtung d_0 beginnenden Zeitreihe wird die Vorschrift (2.2.4) üblicherweise durch die Festsetzung $\hat{d}_0 := d_0$ (und folglich $\hat{d}_1 = d_0$, $\hat{d}_2 = \alpha d_1 + (1 - \alpha) d_0$) initialisiert, was bei größerem t praktisch keinen Unterschied zu (2.2.5) bedeutet.

Ein kleiner Glättungsparameter α (d.h. α nahe bei 0) berücksichtigt neuere Beobachtungen relativ schwach und alte Beobachtungen relativ stark, was eine größere Glättung der Prognose bewirkt (*stabile Prognose*). Ein großer Glättungsparameter α (α nahe bei 1) berücksichtigt aktuelle Beobachtungen stark und alte Beobachtungen schwach und bedingt nur eine geringe Glättung der Prognose. In der Produktionsplanung bevorzugt man stabile Prognosen, da wesentliche Änderungen in den Vorhersagen große Auswirkungen auf Arbeitspläne, Materialbedarf, Bestellungen u.ä. haben können. Man wählt üblicherweise $0,1 \leq \alpha \leq 0,3$ (für eine optimale Wahl des Glättungsparameters α bei vorgegebener „Prognosequalität" vgl. TEMPELMEIER (1995), Abschnitt 3.4.1).

Wir bemerken noch, daß die Prognose $\hat{d}_{t+1}$ bei der exponentiellen Glättung Lösung eines Minimierungsproblems ist. Minimieren wir die Funktion

$$f(x) := \sum_{i=0}^{\infty} (1 - \alpha)^i \left[d_{t-i} - x \right]^2 \quad (x \in \mathbb{R}),$$

welche die diskontierte Summe der Abweichungsquadrate (von den beobachteten Werten) darstellt, auf $\mathbb{R}$, so erhalten wir als Minimalstelle („optimale Prognose")

$$x^* = \hat{d}_{t+1} = \alpha \sum_{i=0}^{\infty} (1 - \alpha)^i d_{t-i} \ .$$

Ein Vorteil der exponentiellen Glättung gegenüber der Methode des gleitenden Durchschnitts ist, daß man bei der exponentiellen Glättung (für die Ein–Schritt–Prognose) nur die Nachfrage der letzten vorangehenden Periode (sowie die letzte Prognose) benötigt. Bei der Methode des gleitenden Durchschnitts muß man jeweils die Nachfragen aller N vorangehenden Perioden speichern.

Ein *Zahlenbeispiel* zur Methode der exponentiellen Glättung ist in Tab. 2.2.1 angegeben. Als Glättungsparameter verwenden wir $\alpha = 0,1$ und $\alpha = 0,3$. Abb. 2.2.1 veranschaulicht die beobachteten und prognostizierten Werte, wobei wir die Werte in Periode t dem Zeitpunkt t zuordnen. Wir stellen fest, daß $\alpha = 0,1$ eine wesentlich stärkere Glättung der Prognose als $\alpha = 0,3$ bewirkt.

t	0	1	2	3	4	5	6	7	8
d_t	3,5	7,0	5,00	1,50	6,00	9,00	5,00	8,50	5,50
$\hat{d}_t$ ($\alpha = 0,1$)		3,5	3,85	3,97	3,72	3,95	4,45	4,51	4,91
$\hat{d}_t$ ($\alpha = 0,3$)		3,5	4,55	4,69	3,73	4,41	5,79	5,55	6,44

Tab. 2.2.1: Zahlenbeispiel zur Methode der exponentiellen Glättung

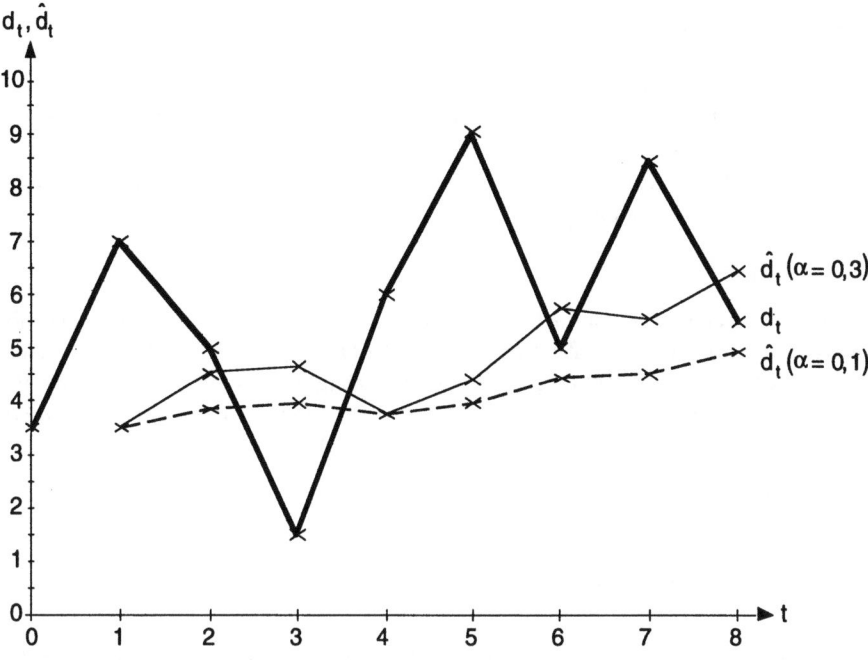

Abb. 2.2.1: Auswirkung des Glättungsparameters α bei der Methode der exponentiellen Glättung

Sowohl bei der exponentiellen Glättung als auch bei der Methode des gleitenden Durchschnitts hinken die Prognosen den Beobachtungen bei signifikanten Änderungen hinterher, wie dies Abb. 2.2.2 zeigt. Methoden zur Berechnung von Nachfrageprognosen bei Trendeffekten und saisonalen Schwankungen werden wir in den Abschnitten 2.3 und 2.4 behandeln.

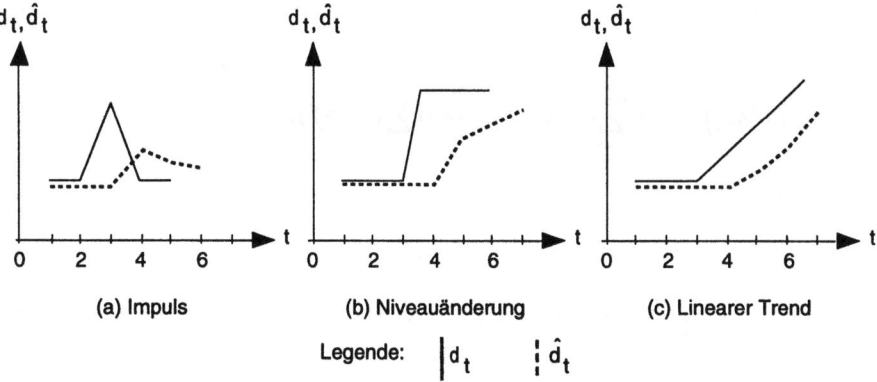

Abb. 2.2.2: Änderungen von Prognosen bei signifikanten Änderungen der Zeitreihe

2.2.2 Vorhersagefehler

In diesem Abschnitt wollen wir kurz auf die *Vorhersagefehler* bei den Methoden des gleitenden Durchschnitts und der exponentiellen Glättung eingehen. Die Nachfrage in Periode t sehen wir jetzt als Zufallsgröße an und bezeichnen sie mit D_t; entsprechend sei $\hat{D}_t$ die (Ein–Schritt–)Nachfrageprognose in Periode t. Der Vorhersagefehler in Periode $t+1$ ist dann durch

$$\varepsilon_{t+1} := \hat{D}_{t+1} - D_{t+1}$$

gegeben. Wir nehmen der Einfachheit halber an, daß die Nachfragen D_t $(t \in \mathbb{Z})$ unabhängige, identisch verteilte Zufallsgrößen mit $E(D_t) = \mu$ und $\mathrm{var}(D_t) = \sigma^2$ seien. Insbesondere seien die Nachfragen also zeitunabhängig (stationäres Verhalten). Für den Erwartungswert des Vorhersagefehlers ε_{t+1} erhalten wir dann bei der *Methode des gleitenden Durchschnitts* nach (2.2.1), mit d durch D ersetzt,

$$E(\varepsilon_{t+1}) = E(\hat{D}_{t+1} - D_{t+1}) = E(\hat{D}_{t+1}) - E(D_{t+1})$$

$$= \frac{1}{N} \sum_{i=0}^{N-1} E(D_{t-i}) - E(D_{t+1}) = \frac{1}{N} N\mu - \mu = 0 \;.$$

Für die Varianz von ε_{t+1} ergibt sich unter Beachtung der Unabhängigkeit der Zufallsgrößen D_t und der Beziehung $\mathrm{var}(aX) = a^2 \mathrm{var}(X)$ mit $a \in \mathbb{R}$

$$\mathrm{var}(\varepsilon_{t+1}) = \mathrm{var}(\hat{D}_{t+1} - D_{t+1}) = \mathrm{var}(\hat{D}_{t+1}) + \mathrm{var}(D_{t+1})$$

$$= \frac{1}{N^2} \sum_{i=0}^{N-1} \mathrm{var}(D_{t-i}) + \mathrm{var}(D_{t+1}) = \frac{1}{N^2} N\sigma^2 + \sigma^2 = \frac{N+1}{N} \sigma^2 \;.$$

Wegen $E(\varepsilon_{t+1}) = 0$ wird die Methode des gleitenden Durchschnitts auch als *erwartungstreu* bezeichnet.

Für die *Methode der exponentiellen Glättung* erhalten wir nach (2.2.5) mit D statt d unter Beachtung von $\sum_{i=0}^{\infty}(1-\alpha)^i = 1/\alpha$ für $0 < \alpha < 1$

$$E(\hat{D}_{t+1}) = E\left(\alpha \sum_{i=0}^{\infty}(1-\alpha)^i D_{t-i} \right) = \alpha \sum_{i=0}^{\infty}(1-\alpha)^i \mu = \mu$$

und damit

$$E(\varepsilon_{t+1}) = E(\hat{D}_{t+1}) - E(D_{t+1}) = \mu - \mu = 0 \;.$$

Auch die exponentielle Glättung ist also erwartungstreu. Weiter haben wir mit $\sum_{i=0}^{\infty}(1-\alpha)^{2i} = 1/\left[1-(1-\alpha)^2\right]$ für $0 < \alpha < 1$

$$\mathrm{var}\left(\hat{D}_{t+1}\right) = \mathrm{var}\left[\alpha \sum_{i=0}^{\infty} (1-\alpha)^i D_{t-i}\right] = \alpha^2 \sum_{i=0}^{\infty} (1-\alpha)^{2i} \mathrm{var}\left(D_{t-i}\right)$$

$$= \frac{\alpha^2 \sigma^2}{1-(1-\alpha)^2} = \frac{\alpha}{2-\alpha} \sigma^2$$

und folglich

$$(2.2.6) \quad \mathrm{var}\left(\varepsilon_{t+1}\right) = \mathrm{var}\left(\hat{D}_{t+1}\right) + \mathrm{var}\left(D_{t+1}\right) = \left(\frac{\alpha}{2-\alpha}+1\right)\sigma^2 = \frac{2}{2-\alpha}\sigma^2$$

Trivialerweise erhalten wir für $\alpha \to 0$ die kleinste Varianz der Prognosefehler (größte Glättung der Prognose).

Sind die Nachfragen D_t ($t \in \mathbb{Z}$) normalverteilt, so sind auch die Prognosefehler ε_{t+1} normalverteilt. Sind die D_t zwar weiterhin unabhängig, aber nicht notwendig identisch verteilt (kein stationäres Verhalten), dann ist die Berechnung von $E\left(\varepsilon_{t+1}\right)$ und $\mathrm{var}\left(\varepsilon_{t+1}\right)$ schwieriger, aber im Prinzip ebenso möglich. Auch die Normalverteilungseigenschaft überträgt sich im nichtstationären Fall von den D_t auf die Prognosefehler ε_{t+1}.

Wir erinnern daran, daß man im Fall $\left(0, \sigma_\varepsilon\right)$–normalverteilter Prognosefehler ε_{t+1} mit $\sigma_\varepsilon^2 := \mathrm{var}\left(\varepsilon_{t+1}\right)$ sehr einfach die Wahrscheinlichkeit berechnen kann, daß der Prognosefehler unterhalb einer vorgegebenen Fehlertoleranz bleibt. Wir nehmen als Beispiel an, die unabhängigen Nachfragen D_t seien $\left(\mu, \sigma\right)$–normalverteilt mit $\mu = 20$ und $\sigma = 1,9$, und wir verwenden die Methode der exponentiellen Glättung mit einem Glättungsfaktor $\alpha = 0,195$. Dann gilt nach (2.2.6)

$$\sigma_\varepsilon^2 := \mathrm{var}\left(\varepsilon_{t+1}\right) = \frac{2}{2-\alpha}\sigma^2 = 4,$$

also $\sigma_\varepsilon = 2$. Für den (absolut genommenen) Prognosefehler $\left|\varepsilon_{t+1}\right|$ haben wir damit

$$P\left(\left|\varepsilon_{t+1}\right| \le k\sigma_\varepsilon\right) = \begin{cases} 0,68 & \text{für} \quad k=1 \ (k\sigma_\varepsilon = 2) \\ 0,95 & \text{für} \quad k=2 \ (k\sigma_\varepsilon = 4) \\ 0,997 & \text{für} \quad k=3 \ (k\sigma_\varepsilon = 6) \end{cases}$$

(„$k\sigma$–Bereiche" normalverteilter Zufallsgrößen).

2.3   Prognose bei linearem Trend

Wie wir bereits festgestellt haben, hinken bei Vorliegen eines (linearen) Trends die
Prognosewerte den beobachteten Werten hinterher (vgl. Abb. 2.2.2c). Um einen solchen linearen Trend zu berücksichtigen, kann man die *Methode der doppelten exponentiellen Glättung von Holt* verwenden. Für die Mehr–Schritt–Prognose legt man
dabei die Nachfrageprognose in Periode $t+\tau$, basierend auf Beobachtungen bis zur
Periode t, zu

$$(2.3.1) \quad \hat{d}_{t,t+\tau} := r_t + \tau s_t$$

fest (vgl. Abb. 2.3.1).

Die Nachfrageprognose ohne Trend (Ordinatenabstand) r_t und die Steigungspro-
gnose s_t sind mit Hilfe von zwei Glättungsparametern α und β (mit $\beta \leq \alpha$ in der
Praxis) wie folgt gegeben:

$$(2.3.2) \quad r_t := \alpha d_t + (1-\alpha)(r_{t-1} + s_{t-1})$$

$$(2.3.3) \quad s_t := \beta(r_t - r_{t-1}) + (1-\beta)s_{t-1}.$$

$\beta \leq \alpha$ bedeutet, daß die Steigungsprognose mindestens so stabil wie die Nachfrage-

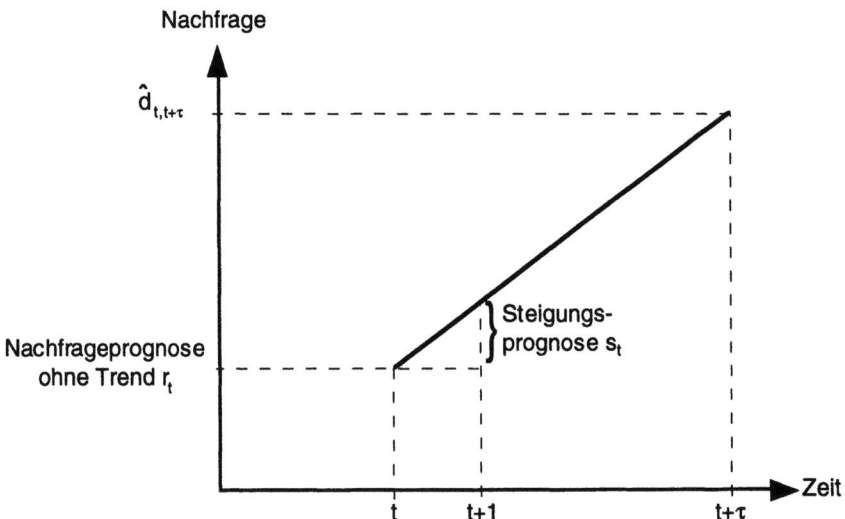

Abb. 2.3.1: Nachfrageprognose nach der Methode der doppelten exponentiellen Glättung

prognose ohne Trend sein soll. Wir kommentieren kurz die Beziehungen (2.3.2) und (2.3.3).

Erläuterung von (2.3.2): Die neue Nachfrageprognose ohne Trend r_t ist ein gewichtetes Mittel aus der aktuellen Nachfrage d_t und der Summe aus vorhergehender Nachfrageschätzung ohne Trend r_{t-1} und voriger Steigungsschätzung s_{t-1}. Für $\tau = 1$ (Ein–Schritt–Prognose) gilt nach (2.3.2) und (2.3.3) $r_t = \alpha d_t + (1-\alpha)\hat{d}_t$, was der Formel (2.2.4) für die einfache exponentielle Glättung entspricht.

Erläuterung von (2.3.3): Die neue Schätzung des Ordinatenabschnitts r_t führt zu einer Modifikation der Schätzung der Steigung in Abhängigkeit von $r_t - r_{t-1}$. Ein gewichtetes Mittel aus der letzteren Korrektur und der vorhergehenden Steigungsschätzung s_{t-1} ergibt die neue Steigungsprognose.

Um Holts Methode zu starten, benötigt man wenigstens die beobachteten Nachfragen aus zwei aufeinander folgenden Perioden. Sei $t = 0$ die erste betrachtete Periode. Dann legt man die Prognosen r_0 und s_0 etwa wie folgt fest:

(2.3.4) $r_0 := d_0$

(2.3.5) $s_0 := 0$.

(2.3.4) entspricht der Festlegung $\hat{d}_0 = d_0$ und damit $\hat{d}_1 = d_0$ bei der einfachen exponentiellen Glättung. (2.3.5) liefert zusammen mit (2.3.4) $r_1 = \alpha d_1 + (1-\alpha)d_0$ und $s_1 = \alpha\beta(d_1 - d_0)$.

Eine zweite Möglichkeit, einen linearen Trend zu berücksichtigen, besteht darin, durch die Menge der beobachteten Nachfragepunkte im $\mathbb{R}^2$ eine sogenannte *Regressionsgerade* derart zu legen, daß die Summe der Abstandsquadrate zwischen den Nachfragepunkten und den entsprechenden Punkten auf den Geraden minimal wird (*Gaußsche Methode der kleinsten Quadrate*, vgl. Abb. 2.3.2).

Für die Mehr–Schritt–Prognose setzt man

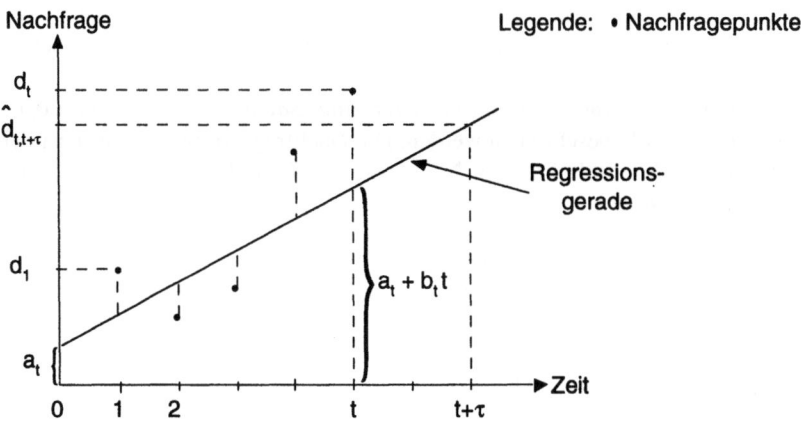

Abb. 2.3.2: Nachfrageprognose nach der Gaußschen Methode der kleinsten Quadrate

$$\hat{d}_{t,t+\tau} := a_t + b_t(t + \tau).$$

Ordinatenabschnitt a_t und Steigung b_t der Regressionsgerade bestimmen sich so, daß

$$g(a_t, b_t) := \sum_{i=1}^{t} \left[d_i - (a_t + b_t i) \right]^2$$

minimal wird. Die Minimalstelle (a_t, b_t) der Funktion g ergibt sich durch Nullsetzen der partiellen Ableitungen $\partial g / \partial a_t$ und $\partial g / \partial b_t$ zu

$$a_t = \overline{d}_t - \frac{t+1}{2} b_t \quad \text{mit} \quad \overline{d}_t := \frac{1}{t} \sum_{i=1}^{t} d_i$$

$$b_t = \frac{\displaystyle\sum_{i=1}^{t} \left(i - \frac{t+1}{2} \right)(d_i - \overline{d}_t)}{\displaystyle\sum_{i=1}^{t} \left(i - \frac{t+1}{2} \right)^2} = \frac{12 \displaystyle\sum_{i=1}^{t} i d_i}{t(t^2 - 1)} - \frac{6}{t-1} \overline{d}_t$$

(vgl. etwa BAMBERG UND BAUR (1991), Abschnitt 4.3.1).

2.4   Prognose bei saisonal schwankender Nachfrage

Die Nachfrage nach manchen Gütern schwankt saisonbedingt, d.h., der Nachfrage-trend (z.B. Nachfragespitzen oder –flaute) wiederholt sich nach jeweils N Perioden in gleicher oder ähnlicher Weise. Abb. 2.4.1 zeigt eine typische saisonbedingte Nach–frage mit $N = 6$. N wird auch *Saisonlänge* genannt, und die Perioden $0, 1, ..., N-1$ sowie die Perioden $N, N+1, ..., 2N-1$ usw. werden jeweils als eine *Saison* bezeich-net.

Saisonbedingte Nachfrage kann durch sogenannte *Saisonfaktoren* c_t ($t = 0, 1, ..., N-1$) mit $\sum_{t=0}^{N-1} c_t = N$ beschrieben werden. Die Nachfrage d_t in Periode t ist dabei das c_t-fache der durchschnittlichen Nachfrage pro Periode in der Saison, zu der Periode t gehört, also etwa

$$d_t = c_t \overline{d}^{(1)} \quad \text{mit} \quad \overline{d}^{(1)} := \frac{1}{N} \sum_{t=0}^{N-1} d_t$$

für die erste Saison ($0 \le t \le N-1$). Wir nehmen an, daß die Saisonfaktoren sich von Saison zu Saison nicht ändern, d.h., es gelte

$$c_t = c_{t+N} = c_{t+2N} = ... \quad \text{für} \quad t = 0, 1, ..., N-1 .$$

c_t ist also der Saisonfaktor der t-ten Periode innerhalb einer Saison.

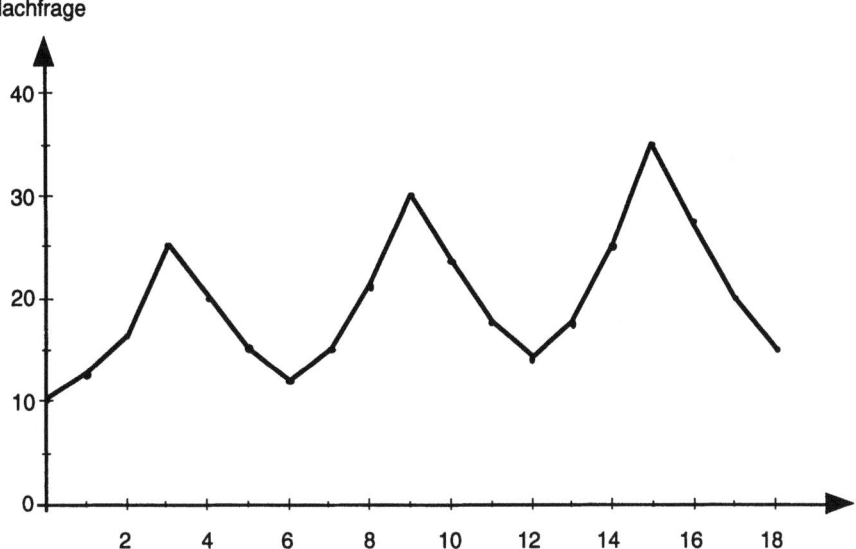

Abb. 2.4.1: Typische saisonbedingte Nachfrage

Für die Mehr–Schritt–Prognose bei saisonalen Effekten ist die *Methode der drei-fachen exponentiellen Glättung von Winter* entwickelt worden. Die Nachfragepro-gnose in Periode $t + \tau$, basierend auf Beobachtungen bis zur Periode t, wird dabei gemäß

$$(2.4.1) \quad \hat{d}_{t,t+\tau} := c_{t+\tau-N}\big(r_t + \tau s_t\big) \quad \text{für} \quad 1 \leq \tau \leq N$$

berechnet. (2.4.1) unterscheidet sich von der entsprechenden Formel (2.3.1) für die doppelte exponentielle Glättung durch den Saisonfaktor $c_{t+\tau-N}$. In (2.4.1) wird vor-ausgesetzt, daß $\tau \leq N$ sei. Gilt $N < \tau \leq 2N$, so ist $c_{t+\tau-N}$ durch $c_{t+\tau-2N}$ zu ersetzen. Entsprechend verfährt man im Fall $\tau > 2N$.

In (2.4.1) stellen r_t und s_t wieder die Nachfrageprognose ohne Trend bzw. die Stei-gungsprognose dar und sind wie folgt festgelegt:

$$(2.4.2) \quad r_t := \frac{\alpha}{c_{t-N}} d_t + (1-\alpha)\big(r_{t-1} + s_{t-1}\big)$$

$$(2.4.3) \quad s_t := \beta\big(r_t - r_{t-1}\big) + (1-\beta)s_{t-1}.$$

Die Steigungsprognose s_t wird wie in Holts Methode der doppelten exponentiellen Glättung berechnet (vgl. (2.3.3)). (2.4.2) unterscheidet sich von der entsprechenden Formel (2.3.2) der doppelten exponentiellen Glättung dadurch, daß die beobachtete Nachfrage d_t durch den Saisonfaktor c_{t-N} dividiert wird. d_t/c_{t-N} stellt also die „saisonbereinigte Nachfrage" und damit r_t die „saisonbereinigte Nachfrageprognose ohne Trend" dar.

Der Saisonfaktor c_t wird zu

$$(2.4.4) \quad c_t := \gamma \frac{d_t}{r_t} + (1 - \gamma) c_{t-N}$$

festgelegt. c_t ist ein gewichtetes Mittel aus dem Quotienten von beobachteter Nachfrage und saisonbereinigter Nachfrageprognose ohne Trend und aus der letzten Schätzung des Saisonfaktors für die t–te Periode innerhalb einer Saison. Für den Glättungsparameter γ wählt man in der Regel $0,1 \le \gamma \le 0,3$, wobei man wieder stabile Prognosen anstrebt.

Um Winters Methode zu starten, benötigt man Anfangsschätzungen r_0 und s_0 für die Nachfrageprognose ohne Trend bzw. die Steigungsprognose sowie für die Saisonfaktoren $c_{-N+1}, \ldots, c_0$ einer Vorsaison. $t = 0$ sei wieder die erste betrachtete Periode für das Prognoseverfahren. Um die Anfangsschätzungen zu berechnen, setzen wir voraus, daß beobachtete Nachfragen $d_{-2N+1}, \ldots, d_0$ zweier zurückliegender Saisons verfügbar seien.

Zunächst ermitteln wir die durchschnittlichen Nachfragen der beiden zurückliegenden Saisons (als (-1)–te und (-2)–te Saison bezeichnet):

$$\overline{d}^{(-1)} := \frac{1}{N} \sum_{t=-N+1}^{0} d_t \quad , \quad \overline{d}^{(-2)} := \frac{1}{N} \sum_{t=-2N+1}^{-N} d_t .$$

Dann setzen wir für die Anfangssteigungsprognose

$$s_0 := \frac{\overline{d}^{(-1)} - \overline{d}^{(-2)}}{N}$$

und für die Anfangsnachfrageprognose ohne Trend

$$r_0 := \overline{d}^{(-1)} + \frac{N-1}{2} s_0 .$$

Ordnen wir die mittlere Nachfrage $\overline{d}^{(-1)}$ dem Zeitpunkt

$$t^{(-1)} := -\frac{N+1}{2}$$

und die mittlere Nachfrage $\overline{d}^{(-2)}$ dem Zeitpunkt

$$t^{(-2)} := -\frac{3N-1}{2}$$

zu (also jeweils der Saisonmitte), so ist s_0 gleich der Steigung der Geraden durch die beiden Punkte $\left(t^{(-1)}, \overline{d}^{(-1)}\right)$ und $\left(t^{(-2)}, \overline{d}^{(-2)}\right)$, und r_0 ist der Ordinatenabschnitt dieser Geraden (vgl. Abb. 2.4.2 mit $N = 3$, wo die mittleren Nachfragen durch Kreuze veranschaulicht sind).

Um eine Schätzung für die Saisonfaktoren c_t $(t = -N+1, \ldots, 0)$ zu erhalten, berechnen wir Schätzungen der entsprechenden Faktoren der beiden zurückliegenden

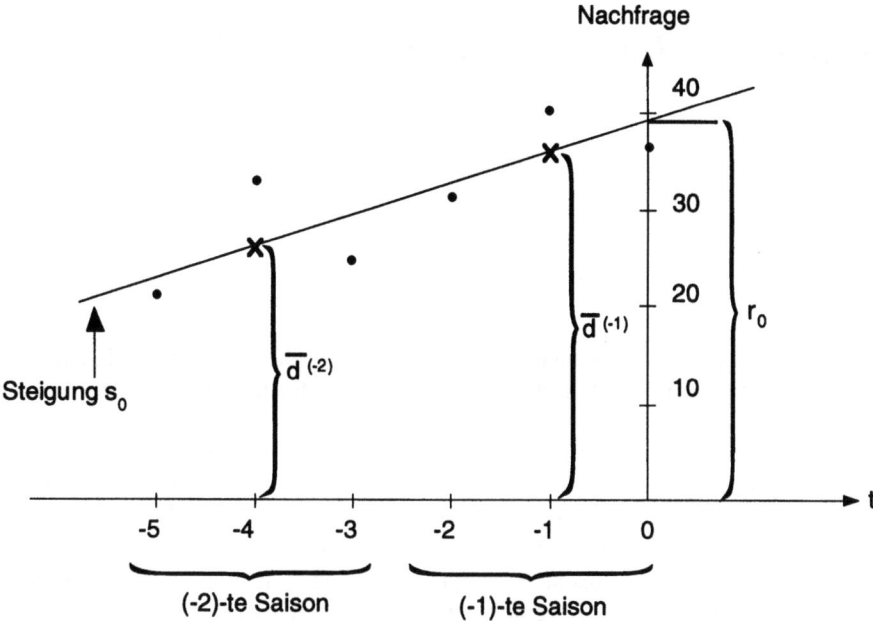

Abb. 2.4.2: Nachfrageprognose nach der Methode der dreifachen exponentiellen Glättung

Saisons, $c_t^{(-1)}$ und $c_t^{(-2)}$, und bilden das arithmetische Mittel dieser beiden Werte. $c_t^{(-1)}$ ist gleich der Nachfrage d_t in Periode t dividiert durch die mittlere Nachfrage in der (-1)–ten Saison. Analog ist $c_t^{(-2)}$ erklärt. Insgesamt haben wir also

$$
\left.
\begin{aligned}
c_t^{(-1)} &:= \frac{d_t}{\overline{d}^{(-1)}}\\[2mm]
c_t^{(-2)} &:= \frac{d_{t-N}}{\overline{d}^{(-2)}}\\[2mm]
c_t &:= \frac{c_t^{(-1)} + c_t^{(-2)}}{2}
\end{aligned}
\right\}
\quad (t = -N+1, \ldots, 0).
$$

Man verifiziert leicht, daß $\sum_{t=-N+1}^{0} c_t = N$ gilt.

Kapitel 3   Lagerhaltung und Losgrößenplanung

Sowohl die Beschaffung als auch die Produktion von Gütern erfolgt im allgemeinen nicht stückweise, sondern in größeren Mengen (Bestellmengen bzw. Losgrößen genannt), um fixe Bestellkosten bzw. Umrüstkosten oder –zeiten der Produktionsanlagen zu sparen und eine geforderte Lieferbereitschaft sicherzustellen. Dies hat zur Folge, daß Güter gelagert werden müssen. Je nachdem, ob die Nachfrage nach einem oder mehreren Gütern sich im Laufe der Zeit wenig ändert oder stark variieren kann, ob der zukünftige Nachfrageverlauf bekannt oder zufälligen Schwankungen unterworfen ist, bieten sich statische oder dynamische bzw. deterministische oder stochastische Losgrößen– bzw. Lagerhaltungsmodelle an. Wir werden in diesem Kapitel verschiedene derartige Modelle und zugehörige Optimierungsprobleme behandeln, wobei das Ziel immer die Minimierung der gesamten anfallenden Lagerhaltungskosten ist. Dabei werden wir uns z.T. an NEUMANN UND MORLOCK (1993), Abschnitt 5.2, anlehnen.

3.1   Grundlagen

3.1.1   Grundbegriffe der Lagerhaltung

Der wichtigste Begriff (und die wesentlichste Entscheidungsvariable) innerhalb der Lagerhaltung ist die Losgröße. Unter *Losgröße* verstehen wir die Menge eines Gutes, die gemeinsam beschafft oder im Produktionsprozeß ohne Leerzeiten und Umrüstungen auf einer oder mehreren Maschinen hergestellt wird. Bei der Beschaffung des Gutes entspricht die Losgröße der *Bestellmenge*.

Ein *Lager* hat die Funktion eines *Puffers* innerhalb des Güterstromes, der bei einem Produktionsprozeß von der Beschaffung über gegebenenfalls verschiedene Fertigungsstufen bis zum Absatz der hergestellten Produkte führt. Im einzelnen können Läger insbesondere folgende Funktionen haben:

(i) Zeitliche und mengenmäßige Entkopplung bzw. Abstimmung zwischen Güterzugang und Güterabgang (Bedarf bzw. Verbrauch) einerseits sowie Produktion und Nachfrage andererseits.

(ii) Sicherungsfunktion des Lagers bei unvorhersehbaren Schwankungen im Lagerzu– und –abgang (Halten eines Reserve– bzw. Sicherheitsbestandes im Lager).

Läger können an verschiedenen Stellen innerhalb des Güterstromes von der Beschaffung über die Produktion zum Absatz auftreten (vgl. Abb. 3.1.1, s. KISTNER UND STEVEN (1993), Teil 2, Abschnitt 1.1). *Eingangs–* oder *Rohstoffläger* werden zwischen Beschaffung und Produktion eingefügt, um einen Ausgleich zwischen der Anlieferung der Vorprodukte (Rohstoffe und Fremdteile) in Losen (deren Größe durch Transport– und Bestellkosten sowie Rabatte bedingt ist) und ihrem meist kontinuierlichen Verbrauch in der Produktion herzustellen. Eingangsläger werden sowohl bei der Einzel– als auch der Serien– und der Massenfertigung benötigt. Sind bei mehrstufiger Fertigung die Kapazitäten und Produktionsgeschwindigkeiten auf den

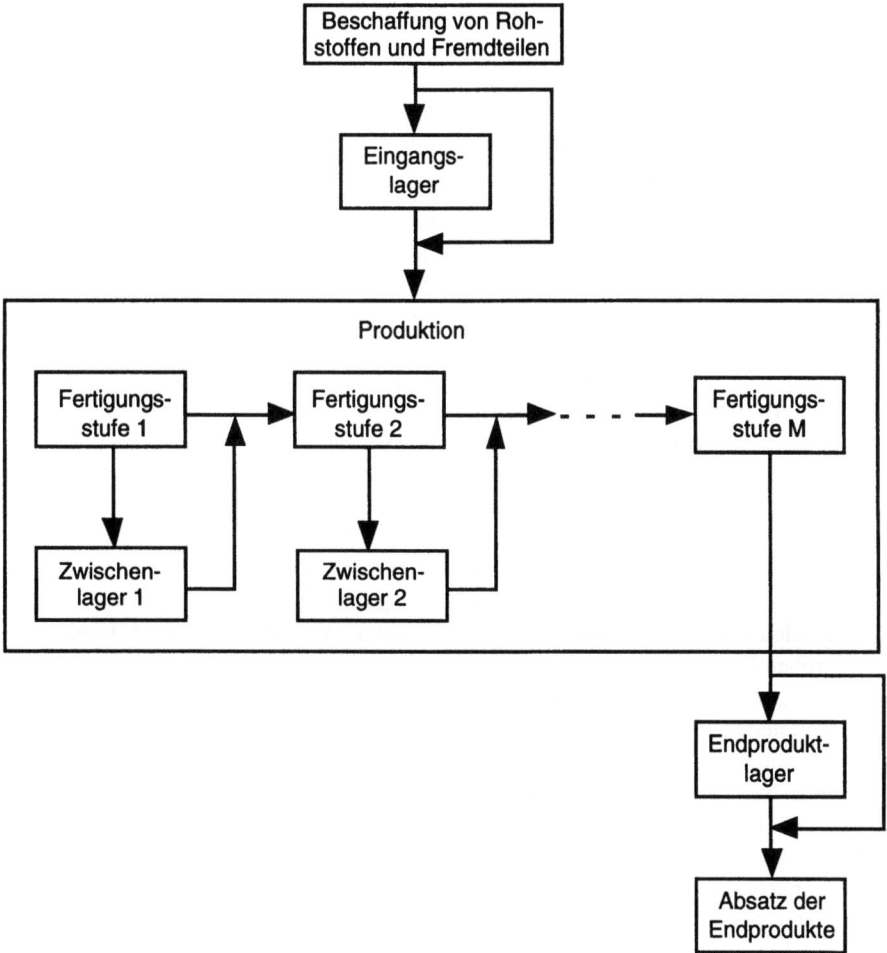

Abb. 3.1.1: Läger im Produktionsprozeß

einzelnen Stufen nicht vollständig aufeinander abgestimmt, dann werden *Zwischen-läger* als Puffer notwendig. Zwischenläger treten vor allem in der Einzel– und in der Serienfertigung auf. Bei der Großserien– und Massenfertigung richtet sich die Pro-duktion nicht wie bei der Einzel– und Kleinserienfertigung vollständig nach der Nachfrage. Statt dessen wird etwa in Perioden mit unterdurchschnittlicher Nachfrage vorproduziert, um Nachfragespitzen in späteren Perioden abfangen zu können. Zum Ausgleich der Unterschiede zwischen Produktion und Absatz sind dann *Endprodukt*– oder *Absatzläger* erforderlich.

Bei den im folgenden betrachteten Lagerhaltungsmodellen spielt es im allgemeinen keine Rolle, ob das jeweilige zu lagernde Gut bestellt oder selbst produziert wird. In der Regel unterscheiden sich diese beiden Möglichkeiten nur durch die unterschied-liche Bezeichnungsweise der relevanten Größen (z.B. Bestellkosten einerseits und Produktionskosten andererseits oder Bestellmenge und Losgröße). Wir werden der Einfachheit halber im folgenden oft nur eine der beiden möglichen Bezeichnungen verwenden.

Die zentrale Frage der Lagerhaltung ist, *wann und wieviel bestellt* bzw. *produziert* werden soll. Ziel der Lagerhaltung ist die Minimierung der gesamten *Lagerhaltungs-kosten* über den betrachteten Planungszeitraum hinweg. Im einzelnen können fol-gende Kosten anfallen:

(a) Fixkosten des Lagers: Hierzu gehören die durch die Einrichtung und ständige Un-terhaltung des Lagers entstehenden Kosten (z.B. für Miete der Lagerräume, Be-leuchtungs– und Heizungskosten, Lohn des Lagerverwalters). Diese Kosten hängen vom Bestehen des Lagers und nicht von der Produktion bzw. Beschaffung der Güter ab. Sie werden in der strategischen Produktionsplanung berücksichtigt und sind deshalb im Rahmen der Lagerhaltung *nicht* entscheidungsrelevant.

(b) Bestell– bzw. auflagefixe Kosten fallen bei jeder Bestellung bzw. beim Auflegen eines Fertigungsloses an und sind von der Bestellmenge bzw. Losgröße unab-hängig. Zu den bestellfixen Kosten gehören z.B. Grundgebühren je Lieferung ein-schließlich fixer Transportkosten sowie Verwaltungskosten im Zusammenhang mit einer Bestellung inklusive Porti, Telefongebühren etc. Die auflagefixen Kosten stellen im wesentlichen Rüstkosten für die Einrichtung oder Umstellung von Maschinen dar. Die bestell– bzw. auflagefixen Kosten bezeichnen wir im fol-genden mit $K \geq 0$. Hohe auflagefixe Kosten K implizieren eine Tendenz zu großen Losen.

(c) Variable Bestell– bzw. Produktionskosten: Hierzu rechnen wir die von der Be-stellmenge bzw. Losgröße q abhängigen (im folgenden als zu q proportional an-genommenen) Bestell– bzw. Produktionskosten. Den Preis (oder Bestellkosten-satz) bzw. bei Eigenfertigung die Produktionskosten pro ME bezeichnen wir mit $c > 0$. Die variablen Bestellkosten für ein Los der Größe q sind dann gleich cq.

(d) (Eigentliche) Lagerungskosten umfassen in erster Linie Kapitalbindungskosten (Zinskosten für das durch die Lagerung der Produkte gebundene Kapital), ferner Versicherungsprämien, Kosten durch Verderb oder Schwund o.ä. Die Lagerungs-stückkosten (Lagerkostensatz) pro Periode werden üblicherweise mit $h > 0$ be-zeichnet. Da die Kapitalbindungskosten den wesentlichen Anteil der Lagerungs-

kosten darstellen, können wir die Lagerungskosten durch einen Zinssatz modellieren. Seien I die Zinsrate (bzw. $100I\,\%$ der Zinssatz) und c das in einer ME des bestellten bzw. produzierten Gutes gebundene Kapital (variable Bestellstückkosten). Dann gilt für die Lagerungsstückkosten

(3.1.1) $h = Ic$.

(e) *Fehlmengenkosten*: Fehlmengen sind Bedarfsmengen, die nicht aus dem vorhandenen Lagerbestand befriedigt werden können. Wir unterscheiden zwei Fälle:

(i) *Vormerkungsfall* (back orders): Die unbefriedigte Nachfrage (Fehlmenge) wird vorgemerkt und nachgeliefert. Es entstehen höhere Kosten als bei fristgerechter Lieferung, bedingt z.B. durch verspätete Einnahmen, extra Buchführung und extra Versand.

(ii) *Verlustfall* (lost sales): Die unbefriedigte Nachfrage geht verloren oder wird durch Fremdbezug befriedigt. Die Kosten entsprechen dem entgangenen Gewinn bzw. den (zusätzlichen) Kosten des Fremdbezugs.

In beiden Fällen können Konventionalstrafen wegen Lieferverzugs, Goodwill–Verluste und Abwanderung von Kunden zu anderen Lieferanten zu zusätzlichen Kosten führen. Einige Auswirkungen von Fehlmengen, insbesondere Goodwill–Verluste, sind schwierig zu quantifizieren, und deshalb sind Fehlmengenkosten in der Praxis meist schwer zu schätzen. Im folgenden legen wir, wenn nichts anderes gesagt wird, den in der Praxis häufiger auftretenden Vormerkungsfall zugrunde. Die Fehlmengenstückkosten bezeichnen wir mit $p > 0$.

Zwischen der Bestellung und der Lieferung der bestellten Menge eines Gutes verstreicht meist eine gewisse Zeitspanne, die sogenannte *Lieferzeit*. Bei Eigenfertigung entspricht der Lieferzeit die Zeit für das Auflegen eines Fertigungsloses. Der Einfachheit halber werden wir bei manchen der im folgenden behandelten Lagerhaltungsmodelle die Lieferzeit vernachlässigen.

Wie schon erwähnt, sucht man in der Lagerhaltung *Bestellzeitpunkt* (wann bestellen) und *Bestellmenge* (wieviel bestellen) so zu bestimmen, daß die gesamten Lagerhaltungskosten minimal werden. Man möchte also eine in diesem Sinne *optimale Bestellpolitik* oder *Lagerhaltungspolitik* ermitteln. Vom Bestellzeitpunkt ist der sogenannte *Bestellpunkt* zu unterscheiden, d.h. derjenige Lagerbestand, bei dem bzw. bei dessen Unterschreitung bestellt wird. Als *Bestellgrenze* oder *Bestellniveau* bezeichnet man denjenigen Lagerbestand, auf den das Lager bei der Lieferung aufgefüllt wird. Abb. 3.1.2 zeigt den Lagerbestand in Abhängigkeit von der Zeit bei einer in der Praxis häufig angewandten Lagerhaltungspolitik, der sogenannten *(s,S)–Bestellpolitik* mit dem Bestellpunkt s und der Bestellgrenze S (t_1, t_2 und t_3 sind Bestellzeitpunkte). Die Bestellmenge q ist dann (bei vernachlässigter Lieferzeit) gleich $S - s$.

Besteht der Planungszeitraum aus (endlich vielen) einzelnen Planungsperioden, wobei pro Periode höchstens eine Bestellung aufgegeben wird (im allgemeinen zu Beginn jeder Periode), dann liegt ein *dynamisches Lagerhaltungsmodell* vor. In der Praxis ist oft von vornherein festgelegt, daß etwa nur jeden Monat oder jede Woche einmal bestellt werden kann, d.h., die Bestellperioden sind fest vorgegeben. Haben wir es mit einer einzigen Planungsperiode zu tun (z.B. bei leicht verderblichen

Lagerbestand

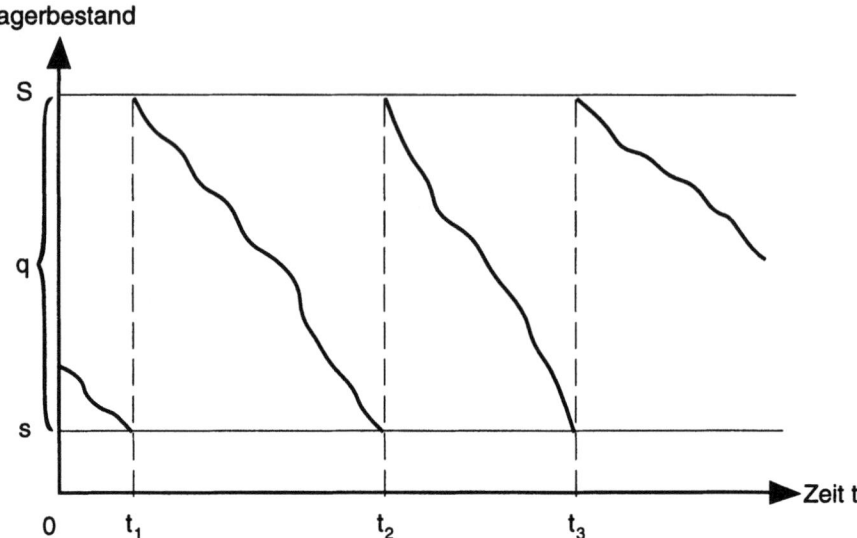

Abb. 3.1.2: (s,S)–Bestellpolitik

Gütern), oder gibt es mehrere gleiche Bestellperioden (mit gleicher Länge, gleichem Nachfrageverhalten usw.), so daß eine einzige Bestellperiode zur Modellierung des Problems ausreicht (z.B. bei den in Abschnitt 3.2 betrachteten sogenannten Losgrößenmodellen), so sprechen wir von einem *statischen Lagerhaltungsmodell*.

Eine weitere Unterscheidung betrifft *deterministische* und *stochastische Lagerhaltungsmodelle*. In der Praxis unterliegt die Nachfrage meistens Zufallseinflüssen und sollte folglich als stochastische Größe angesehen werden. Dies führt auf stochastische Lagerhaltungsmodelle, die jedoch in der Regel schwierig zu behandeln sind, wie wir in Abschnitt 3.4 sehen werden. In der Praxis arbeitet man deshalb im allgemeinen mit deterministischen Modellen, bei denen die Nachfrage als deterministische Größe betrachtet wird. Um in letzterem Fall einen stochastischen Nachfrageprozeß wenigstens näherungsweise erfassen zu können, verwendet man häufig eine sogenannte *rollierende Planung*. Hierbei schiebt man in einem dynamischen Lagerhaltungsmodell jeweils nach Realisierung einer Planungsperiode den Planungshorizont um eine Periode hinaus und verwendet neue Nachfrageprognosen unter Berücksichtigung der zuletzt verfügbaren Information.

3.1.2   ABC–Analyse

Wie wir später sehen werden, sind Lagerhaltungsmodelle für mehrere gleichzeitig zu lagernde Güter erheblich komplizierter als Modelle für ein Lagergut. Deshalb sollte bei mehreren Lagergütern stets geprüft werden, ob nach den verschiedenen Gütern unabhängig nachgefragt und Beschaffung und Lagerung jedes der Güter nicht oder nur unwesentlich von Beschaffung und Lagerung der übrigen Güter abhängen. In

letzterem Fall kann man jedes Lagergut separat betrachten und jeweils ein Modell für
nur ein Gut verwenden. Ist dies nicht möglich, sollte man prüfen, ob es sinnvoll ist,
alle Güter bzw. Erzeugnisse mit dem gleichen Aufwand zu disponieren.

Bei einer genaueren Untersuchung der Lagerbestände stellt sich meistens heraus,
daß der größte Teil des Unternehmenserfolges (gemessen z.B. durch den Umsatz oder
Gewinn) mit wenigen Produkten erzielt wird, während viele Erzeugnisse aufgrund
geringer Nachfrage nur wenig zum Umsatz beitragen. Dieser Sachverhalt ist Ausgangspunkt der sogenannten ABC–Analyse.

Die *ABC–Analyse* identifiziert diejenigen Erzeugnisse, bei denen aufgrund ihres
hohen Beitrages zum Unternehmenserfolg eine aufwendigere Disposition sinnvoll ist.
Hierzu werden die Erzeugnisse etwa nach fallendem Jahresumsatz geordnet. Betrachtet man dann den kumulierten Jahresumsatz als Funktion der kumulierten Erzeugnisse, so erhält man die in Abb. 3.1.3 skizzierte Kurve (die dieser Kurve zugrundeliegenden Daten sind Erfahrungswerte aus der Praxis). Die Erzeugnisse lassen sich
also in drei verschiedene Klassen einordnen:

A–Teile: Mit etwa 8 % der Erzeugnisse werden ca. 75 % des Jahresumsatzes erzielt.
Diese Produkte sollten deshalb besonders sorgfältig disponiert werden.

B–Teile: Die nächsten etwa 25 % der Erzeugnisse tragen mit rund 20 % zum Jahresumsatz bei, d.h., ca. 33 % der Produkte (A– und B–Teile zusammen) liefern 95 %
des Jahresumsatzes. Die Disposition der B–Teile ist also ebenfalls von großer Bedeutung für den Unternehmenserfolg.

C–Teile: Mit den restlichen 67 % der Erzeugnisse werden lediglich 5 % des Jahresumsatzes getätigt. Diese Produkte sind von untergeordneter Bedeutung und sollten
deshalb nur auf relativ einfache Weise (z.B. aufgrund praktischer Erfahrungen)
disponiert werden.

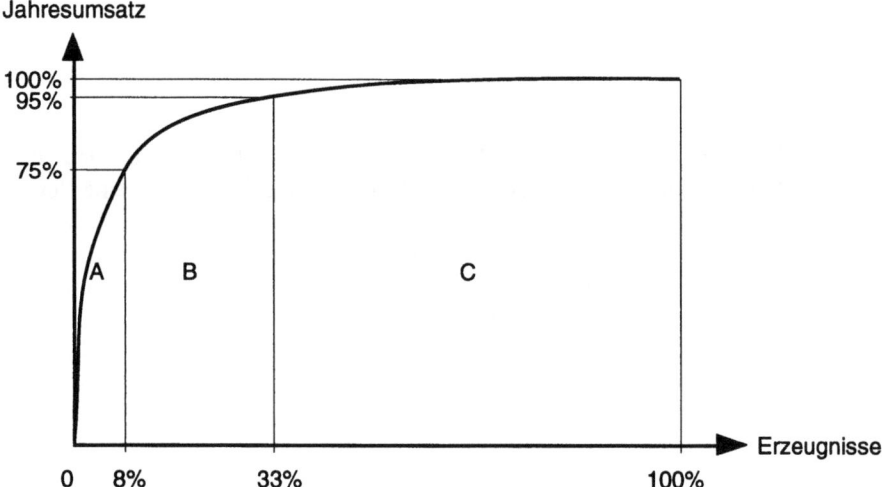

Abb. 3.1.3: A–, B– und C–Teile

3.2 Deterministische Losgrößenmodelle

3.2.1 Ein Lagergut

(a) Das klassische Losgrößenmodell

Das sogenannte klassische Losgrößenmodell (auch als *EOQ–Modell* bezeichnet, wobei EOQ für economic order quantity steht) stellt das einfachste (deterministische) Lagerhaltungsmodell dar. Es basiert auf folgenden Annahmen:

(i)   Der Lagerabgang erfolgt kontinuierlich mit einer konstanten Nachfragerate (Nachfrage pro Zeiteinheit ZE) $d > 0$.

(ii) Der Lagerzugang erfolgt durch Lieferung von Losen der jeweiligen Größe q ohne Lieferzeit.

(iii) Fehlmengen seien nicht zugelassen.

(iv) Die Lagerkapazität sei unbeschränkt.

(v)   Die Bestellkosten haben die Form

$$K\delta(q)+cq \quad \text{mit} \quad \delta(q):=\begin{cases} 1, & \text{falls } q>0 \\ 0, & \text{falls } q=0, \end{cases}$$

wobei $K \geq 0$ die fixen Bestellkosten (bzw. Rüstkosten) und $c > 0$ den Preis (bzw. die Produktionskosten) pro ME darstellen. Die Lagerungskosten pro ME und ZE seien $h > 0$.

Die Annahme (iii) sowie die Voraussetzung der Vernachlässigbarkeit der Lieferzeit werden wir später fallenlassen. Gesucht ist eine optimale Losgröße q^*, welche die gesamten Lagerhaltungskosten pro ZE minimiert. Außerdem sollen die optimalen Bestellzeitpunkte ermittelt werden.

Ohne Einschränkung der Allgemeinheit nehmen wir an, daß das Lager zur Zeit 0 leer sei. Da Fehlmengen nicht zugelassen sind, erfolgt zum Zeitpunkt 0 eine Bestellung und (wegen der vernachlässigten Lieferzeit) eine Lieferung der Menge q. Anschließend nimmt der Lagerbestand mit der Rate d kontinuierlich ab, bis zum Zeitpunkt $\Delta := q/d$ das Lager wieder leer ist, also der gleiche Sachverhalt wie zur Zeit 0 vorliegt. Abb. 3.2.1 zeigt den Lagerbestand in Abhängigkeit von der Zeit t. Der Bestellpunkt ist 0, die Bestellgrenze ist q, und die Bestellzeitpunkte sind $0, \Delta, 2\Delta, \ldots$

Die Zeitspanne zwischen zwei aufeinander folgenden Bestellungen bezeichnen wir auch als einen *Bestellzyklus* (bzw. *Produktionszyklus*, wenn der Lagerhalter selbst produziert), dessen Länge (*Zykluslänge* oder *Zyklusdauer*) also $\Delta = q/d$ ist.

Für jeden Bestellzyklus sind die Bestellkosten gleich $K + cq$. Der durchschnittliche Lagerbestand beträgt $q/2$. Die entsprechenden Lagerungskosten sind gleich $hq/2$ pro

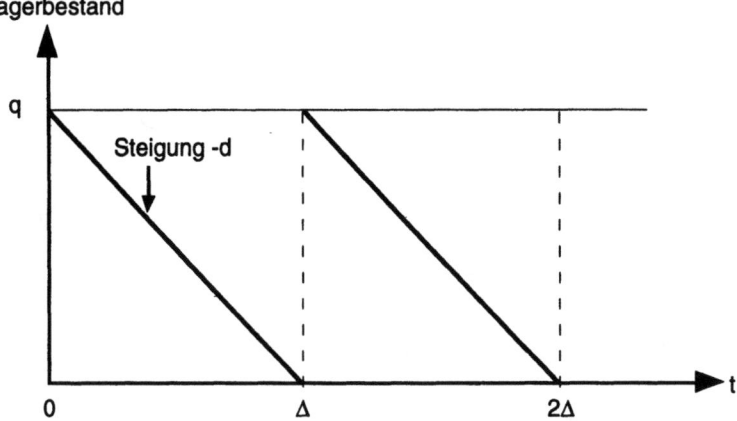

Abb. 3.2.1: Lagerbestand als Funktion der Zeit beim EOQ–Modell

ZE bzw. $hq\Delta/2 = hq^2/2d$ pro Bestellzyklus. Damit ergeben sich die gesamten Lagerhaltungskosten pro Bestellzyklus zu

$$K + cq + \frac{hq^2}{2d}$$

und die Gesamtkosten pro ZE, $C(q)$, zu

(3.2.1) $C(q) = \dfrac{Kd}{q} + cd + \dfrac{hq}{2}.$

Die zu minimierende Kostenfunktion C ist in Abb. 3.2.2 wiedergegeben. Da C konvex und für $q > 0$ differenzierbar ist, erhält man die optimale Losgröße q^* durch Nullsetzen der Ableitung C' der Funktion C,

$$C'(q) = -\frac{Kd}{q^2} + \frac{h}{2} = 0,$$

als

(3.2.2) $q^* = \sqrt{\dfrac{2Kd}{h}}$

(*klassische Losgrößenformel*). Die optimale Zykluslänge ergibt sich zu

(3.2.3) $\Delta^* = \dfrac{q^*}{d} = \sqrt{\dfrac{2K}{hd}}.$

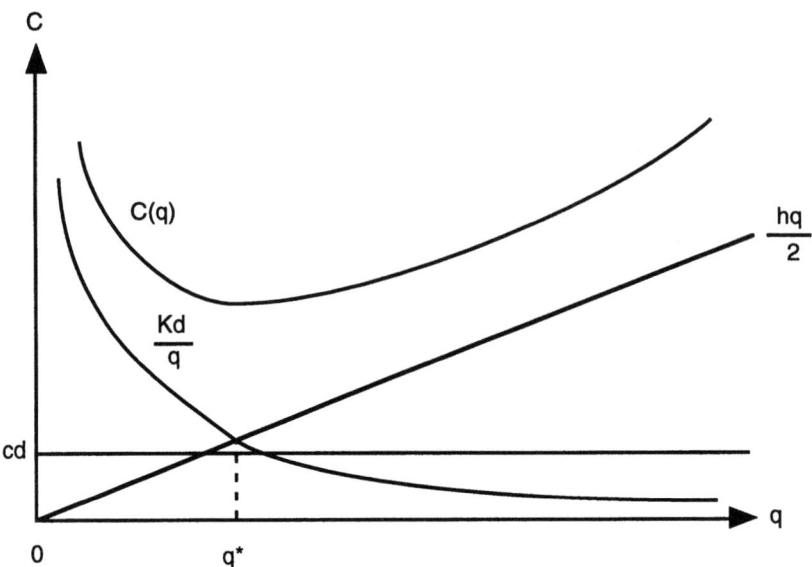

Abb. 3.2.2: Gesamte Lagerhaltungskosten pro ZE als Funktion der Losgröße

Gegebenenfalls sind q^* und Δ^* noch auf ganzzahlige Werte zu runden. Da die Kostenfunktion C konvex ist, erhält man eine optimale ganzzahlige Losgröße q^+ (z.B. für ein Stückgut) wie folgt:

$$q^+ = \begin{cases} \lfloor q^* \rfloor , & \text{falls } C\left(\lfloor q^* \rfloor\right) \le C\left(\lceil q^* \rceil\right) \\ \lceil q^* \rceil , & \text{sonst.} \end{cases}$$

Dabei sind $\lfloor q^* \rfloor$ die größte ganze Zahl $\le q^*$ (Abrundung) und $\lceil q^* \rceil$ die kleinste ganze Zahl $\ge q^*$ (Aufrundung).

Für die minimalen Gesamtkosten pro ZE bekommen wir unter Beachtung von (3.2.2)

(3.2.4) $C\left(q^*\right) = \dfrac{Kd}{q^*} + cd + \dfrac{hq^*}{2} = \sqrt{2hKd} + cd.$

Wir registrieren noch das plausible Resultat der Grenzkostengleichheit von Bestellung bzw. Produktion und Lagerung im Optimum. Außerdem folgt aus (3.2.3), daß im Optimum die fixen Bestellkosten pro ZE gleich den Lagerungskosten pro ZE sind:

(3.2.5) $\dfrac{K}{\Delta^*} = \dfrac{hq^*}{2}$.

Weiter bemerken wir, daß die Bestellstückkosten c nicht explizit in den Formeln (3.2.2) und (3.2.3) für die optimale Losgröße q^* und die optimale Zyklusdauer Δ^*

auftreten. Dies hat seinen Grund darin, daß der Bestellkostensatz c zeitlich konstant ist und folglich fixe Kosten in Höhe von cd pro ZE anfallen, unabhängig von der Wahl der Bestellpolitik. Die Bestellstückkosten c beeinflussen jedoch die Werte q^* und Δ^* insofern, als q^* und Δ^* von h abhängen und nach (3.1.1) $h = Ic$ mit der Zinsrate I gilt.

In der Praxis wird selten eine (exakt) konstante Nachfragerate d auftreten. Man kann das klassische Losgrößenmodell jedoch auch dann anwenden, wenn die Nachfrage nur wenig im Laufe der Zeit variiert. Sei in letzterem Fall d_t die Nachfrage in der Planungsperiode t mit $1 \le t \le T$, wobei eine Periode einer ZE entspricht und T den Planungshorizont darstellt. Dann setzt man

$$d := \frac{1}{T} \sum_{t=1}^{T} d_t$$

(durchschnittliche Nachfrage pro Periode) und legt die optimale Losgröße q^* wieder gemäß der klassischen Losgrößenformel (3.2.2) fest. Die zugehörige Länge des Bestellzyklus ist jetzt nicht mehr konstant. Wählte man die Zykluslänge gemäß (3.2.3), dann wäre es möglich, daß entweder die Nachfrage nicht befriedigt oder ein Los der Größe q^* verfrüht bestellt bzw. aufgelegt wird. Statt dessen wählt man die „erste" Zykluslänge Δ_1^* so, daß

$$d_1 + \ldots + d_{\Delta_1^*} \le q^*$$

$$d_1 + \ldots + d_{\Delta_1^*} + d_{\Delta_1^*+1} > q^*$$

gilt. Entsprechend fährt man fort.

Man kann jedoch auch zunächst die Zykluslänge Δ^* nach der Formel (3.2.3) bestimmen und auf einen ganzzahligen Wert runden (die gerundete Zykluslänge sei der Einfachheit halber wieder mit Δ^* bezeichnet). Anschließend berechnet man die Losgrößen wie folgt:

$$q_1^* := \sum_{t=1}^{\Delta^*} d_t, \quad q_2^* := \sum_{t=\Delta^*+1}^{2\Delta^*} d_t, \ldots$$

Eine für die Praxis wichtige Frage ist, wie stark sich ein Fehler in der Bestimmung der Losgröße auf die Lagerhaltungskosten auswirkt (*Sensitivitätsanalyse*). Da der Summand cd in den Gesamtkosten pro ZE, $C(q)$, unabhängig von der Losgröße q ist, lassen wir ihn im folgenden weg und schreiben dann $\tilde{C}$ statt C:

$$\tilde{C}(q) = \frac{Kd}{q} + \frac{hq}{2}$$

$$\tilde{C}(q^*) = \sqrt{2hKd}$$

(vgl. (3.2.1), (3.2.4)). Wir bestimmen das Verhältnis $\tilde{C}(q)/\tilde{C}(q^*)$ der „suboptimalen" Kosten $\tilde{C}(q)$ und der minimalen Kosten $\tilde{C}(q^*)$:

$$\frac{\tilde{C}(q)}{\tilde{C}(q^*)} = \frac{\dfrac{Kd}{q} + \dfrac{hq}{2}}{\sqrt{2hKd}} = \frac{1}{2q}\sqrt{\frac{2Kd}{h}} + \frac{q}{2}\sqrt{\frac{h}{2Kd}} = \frac{1}{2}\left(\frac{q^*}{q} + \frac{q}{q^*}\right).$$

Wir sehen, daß die Kostenfunktion $\tilde{C}(\cdot)$ relativ wenig empfindlich gegenüber Fehlern in q^* ist. Als Beispiel betrachten wir einen Fehler von 33 % in q^*. Wird q^* um 33 % überschätzt, d.h., wir haben $q/q^* = 4/3$ und $q^*/q = 3/4$, dann erhalten wir

$$\frac{\tilde{C}(q)}{\tilde{C}(q^*)} = \frac{1}{2}\left(\frac{3}{4} + \frac{4}{3}\right) = \frac{25}{24} \approx 1,042,$$

also nur einen Fehler von rund 4 % in den zugehörigen Kosten. Wird q^* um 33 % unterschätzt, d.h. $q/q^* = 2/3$ und $q^*/q = 3/2$, so ergibt sich

$$\frac{\tilde{C}(q)}{\tilde{C}(q^*)} = \frac{1}{2}\left(\frac{3}{2} + \frac{2}{3}\right) = \frac{13}{12} \approx 1,083,$$

also ein Fehler von rund 8 % in den zugehörigen Kosten. Wir stellen außerdem fest, daß es günstiger ist, die optimale Losgröße q^* zu überschätzen als zu unterschätzen. Dies sollte man z.B. beachten, wenn ein nichtganzzahliges q^* bei Stückgütern auf einen ganzzahligen Wert gerundet werden muß.

(b) Auftreten von Fehlmengen

Läßt man im klassischen Losgrößenmodell die Annahme (iii) fallen, d.h., Fehlmengen sind zugelassen mit den Fehlmengenkosten p pro ME und ZE, so variiert der Lagerbestand in Abhängigkeit von der Zeit t gemäß Abb. 3.2.3 mit dem Bestellpunkt s und der Bestellgrenze S.

Die Länge eines Bestellzyklus ist wieder $\Delta = q/d$. Einen nichtnegativen Lagerbestand haben wir jedoch nur während einer Zeitspanne der Länge S/d. Der durchschnittliche Lagerbestand während dieser Zeit ist $S/2$. Die entsprechenden Lagerungskosten sind folglich gleich $hS/2$ pro ZE bzw.

$$\frac{hS}{2}\frac{S}{d} = \frac{hS^2}{2d}$$

pro Bestellzyklus. Eine Fehlmenge tritt während einer Zeitspanne der Länge $(q-S)/d$ auf. Die durchschnittliche Fehlmenge während dieser Zeit beträgt $(q-S)/2$. Damit sind die zugehörigen Fehlmengenkosten gleich $p(q-S)/2$ pro ZE bzw.

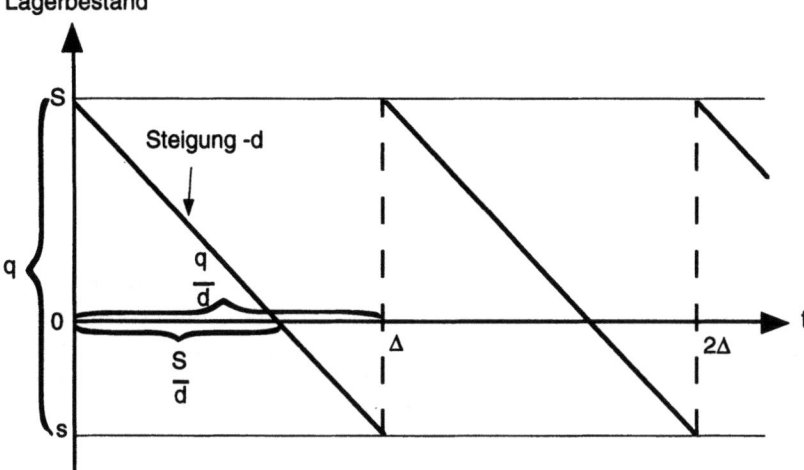

Abb. 3.2.3: Lagerbestand als Funktion der Zeit beim EOQ–Modell mit Fehlmengen

$$\frac{p(q-S)}{2}\frac{q-S}{d} = \frac{p(q-S)^2}{2d}$$

pro Bestellzyklus. Zusammen mit den Bestellkosten pro Zyklus, $K + cq$, ergeben sich also die gesamten Lagerhaltungskosten pro Bestellzyklus zu

$$K + cq + \frac{hS^2}{2d} + \frac{p(q-S)^2}{2d}$$

und die Gesamtkosten pro ZE, $C(q,S)$, zu

$$C(q,S) = \frac{Kd}{q} + cd + \frac{hS^2}{2q} + \frac{p(q-S)^2}{2q}.$$

Die zu minimierende Kostenfunktion C ist konvex und differenzierbar für $q > 0$ und $0 \le S \le q$. Somit erhält man die optimalen Werte q^* und S^* durch Nullsetzen der partiellen Ableitungen $\partial C/\partial q$ und $\partial C/\partial S$ als

$$(3.2.6) \quad q^* = \sqrt{\frac{2Kd}{h}}\sqrt{\frac{h+p}{p}}$$

(optimale Losgröße) und

$$(3.2.7) \quad S^* = \sqrt{\frac{2Kd}{h}}\sqrt{\frac{p}{h+p}}$$

(optimale Bestellgrenze). Für die optimale Zykluslänge bekommen wir

(3.2.8) $\Delta^* = \dfrac{q^*}{d} = \sqrt{\dfrac{2K}{hd}} \sqrt{\dfrac{h+p}{p}}$.

Die maximale Fehlmenge ist

(3.2.9) $q^* - S^* = -s^* = \sqrt{\dfrac{2Kd}{p}} \sqrt{\dfrac{h}{h+p}}$

mit dem optimalen Bestellpunkt s^*.

Wie bereits erwähnt, lassen sich die Fehlmengenkosten p in der Praxis nur schwer schätzen. Es ist oft günstiger, andere leichter abzuschätzende Größen vorzugeben und daraus p zu ermitteln. Hierfür kommt z.B. die maximale Zeitdauer in Frage, während der eine Fehlmenge auftritt (das Lager also nicht lieferbereit ist), auch *maximale Verzugszeit* genannt und mit Θ bezeichnet [1] : Mit (3.2.9) ergibt sich dann

$$\Theta = \frac{q^* - S^*}{d} = \sqrt{\frac{2K}{pd}} \sqrt{\frac{h}{h+p}}$$

oder

$$p(h+p) = \frac{2hK}{d\Theta^2} .$$

Die nichtnegative Wurzel dieser quadratischen Gleichung für p stellt die *induzierten Fehlmengenkosten* dar:

(3.2.10) $p = -\dfrac{h}{2} + \sqrt{\dfrac{h^2}{4} + \dfrac{2hK}{d\Theta^2}}$.

Wir sehen, daß kleinere maximale Verzugszeiten größere Fehlmengenkosten bedingen.

Wir bemerken noch, daß das klassische Losgrößenmodell aus Unterabschnitt (a) als Modell mit unendlich großen Fehlmengenkosten ($p \to \infty$) interpretiert werden kann. Außerdem stellen wir fest, daß die Lagerhaltungspolitik der beiden Losgrößenmodelle ohne und mit Fehlmengen die Form einer *(s, S)–Politik* hat.

Tritt eine Lieferzeit der Länge λ mit $0 < \lambda < \Delta^*$ auf, so ist der optimale Bestellpunkt gleich $s^* + \lambda d$ (s^* ist der Lagerbestand bei Eintreffen der Lieferung, die Bestellung erfolgt eine Zeitspanne λ früher). Gilt allgemeiner

$$l\Delta^* \le \lambda < (l+1)\Delta^* \quad (l = 0, 1, 2, \dots) ,$$

dann ist der optimale Bestellpunkt gleich $s^* + \lambda d - lq^*$. Die optimalen Bestellzeitpunkte sind $v\Delta^* - \lambda$ ($v = 0, 1, 2, \dots$), vgl. Abb. 3.2.4. Der bisherige Bestellpunkt s^*

---

[1]   In Abschnitt 3.4.2e werden wir den sogenannten Servicegrad als weitere die Lieferbereitschaft des Lagers charakterisierende Größe kennenlernen, die leichter als p zu schätzen ist.

Lagerbestand

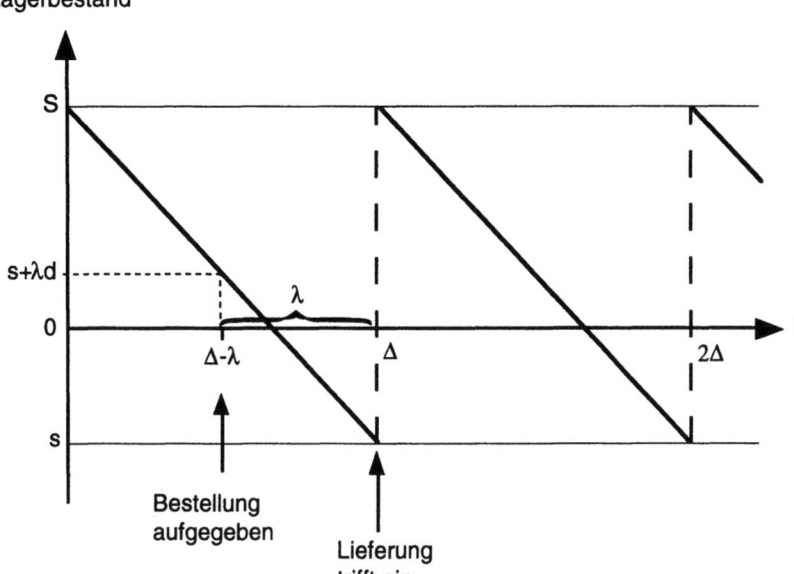

Abb. 3.2.4: Auftreten einer Lieferzeit λ

stellt jetzt den Lagerbestand bei Lieferung dar. Bei Verschwinden der Lieferzeit fallen Bestellpunkt und Lagerbestand bei Lieferung zusammen.

Wir betrachten ein *Zahlenbeispiel*. Ein Einzelhändler verkaufe jeden Tag fünf Pfeffermühlen, die er zu einem Einkaufspreis von 30 DM pro Stück erwerbe. Für jede Warenlieferung bezahle er 200 DM Anlieferungskosten, dafür werde nach jeder Bestellung sofort ausgeliefert. Die Pfeffermühlen verursachen (ungewöhnlich hohe) Lagerungskosten von 1 DM pro Stück und Tag. Um keine Kunden zu verlieren, achte der Händler darauf, daß kein Kunde länger als zwei Tage auf eine Pfeffermühle warten muß. Der Händler möchte seine gesamten Lagerhaltungskosten so gering wie möglich halten.

Die gegebenen Größen sind

$$K = 200 \text{ [DM]}, \quad c = 30 \text{ [DM/Stck]}, \quad h = 1 \text{ [DM/Stck} \cdot \text{Tag]}$$

$$d = 5 \text{ [Stck/Tag]}, \quad \Theta = 2 \text{ [Tage]}.$$

Wir berechnen zunächst die induzierten Fehlmengenkosten. Nach (3.2.10) ergibt sich

$$p = -\frac{h}{2} + \sqrt{\frac{h^2}{4} + \frac{2hK}{d\Theta^2}} = -0,5 + \sqrt{20,25} = 4 \text{ [DM/Stck} \cdot \text{Tag]}.$$

(3.2.6) liefert die optimale Bestellmenge

$$q^* = \sqrt{\frac{2Kd}{h}}\sqrt{\frac{h+p}{p}} = \sqrt{2000}\sqrt{1,25} = \sqrt{2500} = 50 \text{ [Stck]}.$$

Als optimale Bestellgrenze und optimalen Bestellpunkt erhalten wir mit (3.2.7) und (3.2.9)

$$S^* = \sqrt{\frac{2Kd}{h}}\sqrt{\frac{p}{h+p}} = \sqrt{2000}\sqrt{0,8} = \sqrt{1600} = 40 \text{ [Stck]}$$

$$s^* = S^* - q^* = -10 \text{ [Stck]}.$$

(3.2.8) ergibt

$$\Delta^* = \frac{q^*}{d} = 10 \text{ [Tage]}.$$

Der Händler muß folglich alle 10 Tage 50 Pfeffermühlen bestellen. Beträgt die Lieferzeit eine Woche (d.h. $\lambda = 7$ [Tage]), dann ist der optimale Bestellpunkt gleich

$$s^* + \lambda d = -10 + 35 = 25 \text{ [Stck]}.$$

(c) Endliche Produktionsrate

Als eine weitere Modifikation des klassischen Losgrößenmodells betrachten wir den Fall, daß der *Lagerhalter* ein Produkt (etwa auf einer Maschine) *selbst produziere*, und zwar mit der *Produktionsrate* r. Die Lagerabgangsrate sei wieder d, wobei wir $r > d$ voraussetzen (im Fall $r = d$ liegt eine kontinuierliche Fertigung vor, und es erübrigt sich eine Lagerung des Produktes bzw. Gutes). d/r ist also der Anteil der Zeit, die das Produkt die Maschine belegt („Auslastungsgrad" der Maschine). Fehlmengen seien nicht zugelassen, und die Zeit für das Auflegen eines neuen Fertigungsloses (die der Lieferzeit bei einem „reinen Lagerhaltungsmodell" entspricht) vernachlässigen wir. Jetzt stellen K die Rüstkosten (Fixkosten für das Auflegen eines Fertigungsloses) und c die Produktionskosten pro ME dar. Abb. 3.2.5 zeigt den Lagerbestand in Abhängigkeit von der Zeit t.

Während eines jeden Bestell– bzw. Produktionszyklus der Länge Δ wird zunächst in einer „Produktionsphase" der Länge Δ_1 (mit der Rate r) produziert und gleichzeitig nach dem Gut (mit der Rate d) nachgefragt. Anschließend wird während einer Zeitspanne der Länge Δ_2 (mit der Rate d) das Lager entleert. Da die Losgröße gleich der produzierten Menge und gleich dem Lagerabgang (jeweils pro Zyklus) ist, gilt

$$q = r\Delta_1 = d\Delta,$$

woraus $\Delta_1 = q/r$ folgt. Die Lagerbestandsfunktion in Abb. 3.2.5 hat während einer Produktionsphase die Steigung $r - d$ („Lagerzugangsrate"). Folglich haben wir für

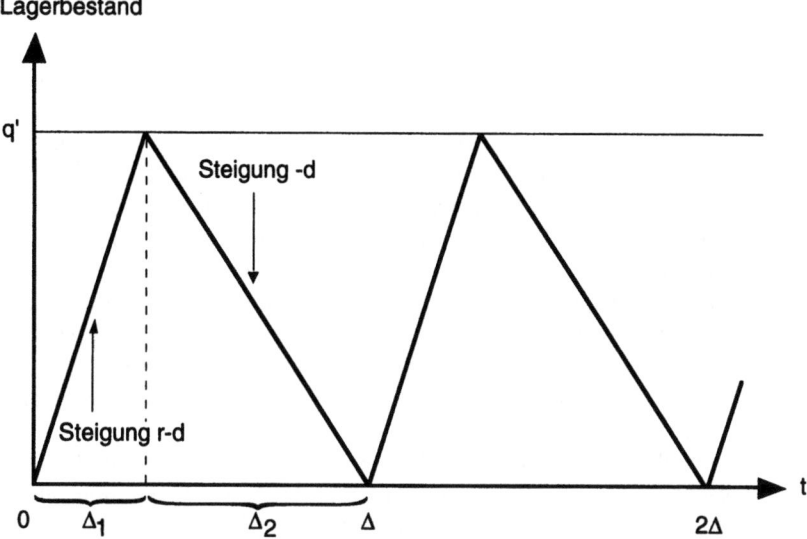

Abb. 3.2.5: Lagerbestand in Abhängigkeit von der Zeit bei endlicher Produktionsrate

den maximalen Lagerbestand q' während eines Bestellzyklus unter Beachtung von $\Delta_1 = q/r$

$$q' = (r-d)\Delta_1 = \left(1 - \frac{d}{r}\right)q.$$

Wie bereits erwähnt, kann der Quotient $d/r < 1$ als Auslastungsgrad der Produktionsanlage angesehen werden. Der mittlere Lagerbestand während eines Bestellzyklus ist $q'/2$ statt $q/2$ beim klassischen Losgrößenmodell. Damit betragen die Lagerungskosten pro ZE

$$\frac{hq'}{2} = \frac{\left(1 - \frac{d}{r}\right)hq}{2}$$

statt $hq/2$. Um die optimalen Werte q^* und Δ^* für Losgröße und Zykluslänge zu erhalten, braucht man in den Formeln (3.2.2) und (3.2.3) also nur h durch $(1-d/r)h$ zu ersetzen:

$$q^* = \sqrt{\frac{2Kd}{(1-d/r)h}}, \quad \Delta^* = \sqrt{\frac{2K}{(1-d/r)hd}}.$$

3.2.2   Mehrere Lagergüter

Bisher haben wir nur die Lagerung eines Gutes diskutiert. In der Praxis haben wir es aber im allgemeinen mit mehreren gelagerten Gütern zu tun. Wird nach den verschiedenen Gütern unabhängig voneinander nachgefragt und beeinflussen die Beschaffung bzw. Produktion und Lagerung jedes dieser Güter nicht (oder nur unwesentlich) die Beschaffung und Lagerung der übrigen Güter, so kann man jedes Gut für sich betrachten und eines der Losgrößenmodelle aus Abschnitt 3.2.1 auf jeweils nur ein Gut anwenden. Gibt es Restriktionen, die sich auf alle Güter gemeinsam beziehen, dann muß ein entsprechendes Modell für mehrere Lagergüter herangezogen werden. Solche Restriktionen können z.B. ein vorgegebenes Budget zur Beschaffung aller Güter in einem Bestellzyklus oder ein beschränkter Lagerraum für alle Güter sein, oder innerhalb eines Produktionszyklus sollen alle Güter je einmal nacheinander produziert werden.

Im folgenden wollen wir das klassische Losgrößenmodell aus Abschnitt 3.2.1a sowie den in Abschnitt 3.2.1c betrachteten Fall einer endlichen Produktionsrate auf $n \geq 1$ Güter verallgemeinern. Die sich auf das Gut j beziehenden Größen versehen wir dabei jeweils mit dem Index j ($j = 1, \ldots, n$).

(a) Klassisches Losgrößenmodell bei mehreren Gütern und Restriktionen

Zunächst betrachten wir kurz den Fall, daß sich die n Güter gegenseitig nicht beeinflussen. Wir berücksichtigen nur den von den Losgrößen abhängigen Anteil $\tilde{C}$ der Gesamtkosten pro ZE:

$$(3.2.11) \quad \tilde{C}(q_1, \ldots, q_n) = \sum_{j=1}^{n} \left(\frac{K_j d_j}{q_j} + \frac{h_j q_j}{2} \right)$$

(vgl. (3.2.1)). Entsprechend (3.2.2), (3.2.3) ergibt sich für die optimalen Losgrößen und Zykluslängen

$$(3.2.12) \quad \left. \begin{array}{l} q_j^+ = \sqrt{\dfrac{2 K_j d_j}{h_j}} \\[3mm] \Delta_j^+ = \dfrac{q_j^+}{d_j} = \sqrt{\dfrac{2 K_j}{h_j d_j}} \end{array} \right\} \quad (j = 1, \ldots, n) \ ,$$

wobei wir die Optimalität bei unabhängigen Gütern durch + statt durch * kennzeichnen.

Als eine sich auf alle n Güter gemeinsam beziehende Nebenbedingung betrachten wir zuerst den Fall, daß für die (einmalige) Beschaffung der Güter (abgesehen von den Fixkosten) nur ein Betrag $B > 0$ zur Verfügung stehe, d. h., wir haben

$$(3.2.13) \quad \sum_{j=1}^{n} c_j q_j \leq B.$$

Die Minimierung der Kostenfunktion $\tilde{C}$ unter der Nebenbedingung (3.2.13) kann als ein sogenanntes *Aufteilungsproblem* interpretiert werden (das verfügbare Budget ist auf n Güter optimal aufzuteilen), das mit Hilfe der Methode der dynamischen Optimierung (vgl. etwa NEUMANN UND MORLOCK (1993), Abschnitt 5.1) gelöst werden kann. Um den Unterschied zu der entsprechenden unrestringierten Optimierungsaufgabe zu verdeutlichen, wollen wir jedoch einen anderen Lösungsweg einschlagen.

Es seien q_j^* die optimalen Losgrößen bzw. Bestellmengen *mit* und q_j^+ die optimalen Losgrößen *ohne* Berücksichtigung der Ungleichung (3.2.13). q_j^+ ist durch (3.2.12) gegeben. Haben wir $\sum_{j=1}^{n} c_j q_j^+ \leq B$, so gilt $q_j^* = q_j^+$ ($j = 1,...,n$). Im Fall

$$\sum_{j=1}^{n} c_j q_j^+ > B$$

müssen die optimalen Losgrößen q_j^* gegenüber den Werten q_j^+ (unter Beachtung der Konvexität der Zielfunktion $\tilde{C}$) derart verringert werden, daß die Beziehung (3.2.13) mit dem Gleichheitszeichen erfüllt ist. Es bleibt also das Optimierungsproblem

$$(3.2.14) \quad \text{Min. } \tilde{C}(q_1,...,q_n) := \sum_{j=1}^{n} \left(\frac{K_j d_j}{q_j} + \frac{h_j q_j}{2} \right)$$

$$(3.2.15) \quad \text{u.d.N. } \sum_{j=1}^{n} c_j q_j = B$$

zu lösen. Wie aus der Differentialrechnung bekannt ist, führt man hierzu einen nichtnegativen *Lagrange–Multiplikator* μ sowie die erweiterte Zielfunktion (*Lagrange–Funktion*)

$$L(q_1,...,q_n,\mu) := \tilde{C}(q_1,...,q_n) + \mu \left(\sum_{j=1}^{n} c_j q_j - B \right)$$

ein. Der Lagrange–Multiplikator $\mu > 0$ spielt die Rolle von „Strafkosten", da die Verletzung der ursprünglichen Nebenbedingung $\sum_{j=1}^{n} c_j q_j \leq B$ den Zielfunktionswert um $\mu \left(\sum_{j=1}^{n} c_j q_j - B \right) > 0$ vergrößert. Das Nullsetzen der ersten partiellen Ableitungen der Funktion L liefert dann eine notwendige Bedingung für ein (relatives) Minimum der Funktion $\tilde{C}$ unter der Nebenbedingung (3.2.15) bzw. (3.2.13). Wir bekommen

$$(3.2.16) \quad \frac{\partial L}{\partial q_j}(q_1,...,q_n,\mu) = -\frac{K_j d_j}{q_j^2} + \frac{h_j}{2} + \mu c_j = 0 \quad (j = 1,...,n)$$

$$(3.2.17) \quad \frac{\partial L}{\partial \mu}(q_1,...,q_n,\mu) = \sum_{j=1}^{n} c_j q_j - B = 0 .$$

Aus (3.2.16) erhalten wir

$$(3.2.18) \quad q_j = \sqrt{\frac{2K_j d_j}{h_j + 2\mu c_j}} \quad (j = 1, \ldots, n).$$

Dies in (3.2.17) eingesetzt ergibt die Bedingung

$$(3.2.19) \quad \sum_{j=1}^{n} c_j \sqrt{\frac{2K_j d_j}{h_j + 2\mu c_j}} = B,$$

deren linke Seite mit $f(\mu)$ bezeichnet werde. Die Funktion f ist auf $\mathbb{R}_+$ streng monoton fallend, und es gilt

$$f(0) = \sum_{j=1}^{n} c_j q_j^+ > B , \quad \lim_{\mu \to \infty} f(\mu) = 0 < B$$

(vgl. Abb. 3.2.6). Die Gleichung (3.2.19) besitzt genau eine positive Lösung μ^*, also die Funktion $f(\cdot) - B$ genau eine Nullstelle im Intervall $(0, \infty)$, die mit einem numerischen Verfahren zur Nullstellenbestimmung (z.B. dem Sekanten– oder dem Halbierungsverfahren bzw. wegen der Differenzierbarkeit von f auch mit dem Newtonverfahren) näherungsweise ermittelt werden kann. (3.2.18) liefert dann für jedes $j = 1, \ldots, n$ genau ein zugehöriges positives q_j^*. Da aufgrund der obigen Überlegungen das Minimierungsproblem (3.2.14), (3.2.15) eine optimale Lösung hat und die Funktion $\tilde{C}$ für $q_j > 0$ ($j = 1, \ldots, n$) konvex ist, stellen diese Werte q_j^* tatsächlich die (eindeutige) Lösung der Minimierungsaufgabe (3.2.14), (3.2.15) dar.

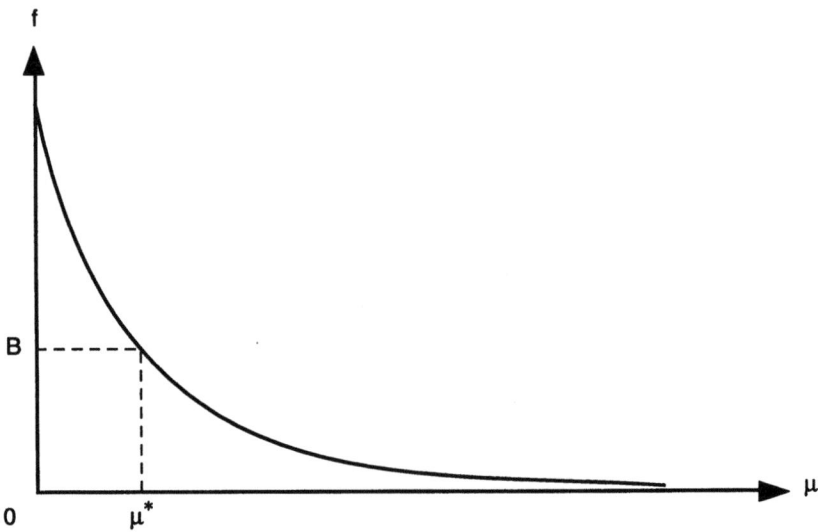

Abb. 3.2.6: Verlauf der Funktion f

Wir betrachten noch den Spezialfall

$$(3.2.20) \quad \frac{c_1}{h_1} = \ldots = \frac{c_n}{h_n} =: a.$$

Da die Lagerungskosten h_j im wesentlichen Kapitalbindungskosten entsprechen, besagt (3.2.20) wegen (3.1.1), daß für alle Güter die gleiche Zinsrate anzusetzen ist, was in der Praxis meistens eine vernünftige Annahme ist. Mit (3.2.18) und (3.2.12) erhalten wir dann nach Division von Zähler und Nenner durch h_j

$$(3.2.21) \quad q_j = \frac{\sqrt{\dfrac{2K_j d_j}{h_j}}}{\sqrt{1+2\mu a}} = \frac{q_j^+}{\sqrt{1+2\mu a}}.$$

Setzen wir dies in die Nebenbedingung (3.2.15) ein, so ergibt sich

$$\sum_{j=1}^{n} c_j q_j = \frac{\displaystyle\sum_{j=1}^{n} c_j q_j^+}{\sqrt{1+2\mu a}} = B$$

oder

$$(3.2.22) \quad \frac{1}{\sqrt{1+2\mu a}} = \frac{B}{\displaystyle\sum_{j=1}^{n} c_j q_j^+} =: m.$$

Hiermit bekommen wir aus (3.2.21) für die optimalen Losgrößen

$$(3.2.23) \quad q_j^* = m q_j^+ \quad (j = 1, \ldots, n).$$

Jede (durch (3.2.12) gegebene) Losgröße q_j^+ ohne Budgetbeschränkung ist also mit dem gleichen Faktor $m < 1$ zu multiplizieren, um die entsprechende Losgröße q_j^* mit Budgetbeschränkung zu erhalten.

Bezieht sich bei n Gütern die Nebenbedingung statt auf das verfügbare Budget auf den verfügbaren Lagerraum, dann haben wir eine Restriktion etwa der Form

$$(3.2.24) \quad \sum_{j=1}^{n} w_j q_j \leq W.$$

Beispielsweise können im zweidimensionalen Fall W die insgesamt verfügbare Lagerfläche und w_j die pro ME von Gut j benötigte Lagerfläche bedeuten. Die Nebenbedingung (3.2.24) kann mathematisch genauso wie die Budgetbeschränkung (3.2.13) behandelt werden (Anwendung der Methode der Lagrange–Funktion). Der (3.2.20) entsprechende Spezialfall

$$\frac{w_1}{h_1} = \ldots = \frac{w_n}{h_n}$$

besagt jetzt, daß der für ein Gut benötigte Lagerraum proportional zu den Lagerungskosten (pro ME und ZE) sein soll. Dies bedeutet bei gleicher Zinsrate für alle Güter, daß der benötigte Lagerraum proportional zum Preis (Bestellkostensatz) des Gutes sein soll, was in der Praxis jedoch häufig nicht der Fall sein dürfte.

Wir betrachten ein *Beispiel*. Ein Gemüsehändler auf einem Wochenmarkt habe 100 qm Platz für Tomaten, Chinakohl und Gurken zur Verfügung. Nachfrage und Einkaufspreise für die drei Gemüsearten seien in Tab. 3.2.1 gegeben.

Die Anlieferungskosten pro Bestellung betragen für jede Gemüseart 500 DM. Der für eine Gemüseart benötigte Platz sei jeweils proportional zum Einkaufspreis und belaufe sich für Tomaten auf 0,1 qm pro kg. Wegen guter alternativer Geldanlagemöglichkeiten lege der Gemüsehändler zur Berechnung seiner Lagerungskosten einen Zinssatz von 25 % p.a. zugrunde. Der Händler möchte die Bestellmengen so bestimmen, daß die gesamten jährlichen Lagerhaltungskosten minimal werden.

Da der von den Gemüsearten benötigte Platz proportional zum Einkaufspreis ist, liegt der Spezialfall

$$\frac{w_1}{h_1} = \frac{w_2}{h_2} = \frac{w_3}{h_3}$$

mit $h_j = I c_j$ vor, wobei I die Zinsrate und w_j der Platzbedarf (in qm pro kg) von Gemüseart j seien ($j = 1, 2, 3$). Hieraus folgt mit $w_1 = 0,1$

$$w_2 = \frac{c_2}{c_1} w_1 = 0,155$$

$$w_3 = \frac{c_3}{c_1} w_1 = 0,086.$$

Weiter sind die Größen $I = 0,25$, $W = 100$ und $K_j = 500$ ($j = 1, 2, 3$) gegeben. Für die optimalen Bestellmengen ohne Platzbeschränkung gilt nach (3.2.12)

$$q_j^+ = \sqrt{\frac{2 K_j d_j}{I c_j}} \quad (j = 1, 2, 3),$$

j Gemüseart	1 Tomaten	2 Chinakohl	3 Gurken
Jährliche Nachfrage in kg (d_j)	425	640	315
Einkaufspreis je kg in DM (c_j)	2,90	4,50	2,50

Tab. 3.2.1: Datenübersicht des Gemüsehändlerbeispiels

und wir erhalten

$$q_1^+ = 765,6; \quad q_2^+ = 754,3; \quad q_3^+ = 709,9.$$

In Analogie zu (3.2.22) haben wir

$$m = \frac{W}{\sum\limits_{j=1}^{3} w_j q_j^+} = 0,392$$

und bekommen aus (3.2.23) für die optimalen Bestellmengen mit Platzbeschränkung

$$q_1^* = m q_1^+ \approx 300 \text{ [kg]}$$

$$q_2^* = m q_2^+ \approx 296 \text{ [kg]}$$

$$q_3^* = m q_3^+ \approx 279 \text{ [kg]}.$$

(b) Endliche Produktionsrate bei mehreren Gütern

Wir nehmen an, daß der Lagerhalter selbst produziere, und zwar werde Produkt bzw. Gut j mit der Produktionsrate r_j hergestellt ($j = 1,...,n$). In Analogie zu der Bedingung $d/r < 1$ für ein Gut (vgl. Abschnitt 3.2.1c) setzen wir voraus, daß $\sum_{j=1}^{n} d_j/r_j < 1$ gelte, wobei d_j wieder die Nachfragerate für Gut j sei. In jedem Produktionszyklus der Länge Δ soll für jedes Gut j ein Los der Größe q_j produziert werden, und zwar werden in jedem Zyklus die Produkte bzw. Güter in der gleichen Reihenfolge nacheinander auf einer Produktionsanlage (etwa einer Maschine) gefertigt. Abb. 3.2.7 zeigt für $n = 3$ Produkte die Lagerbestände in Abhängigkeit von der Zeit (man beachte die Zeitspanne δ, während der in jedem Produktionszyklus nichts produziert wird.)

Der nur von den Losgrößen abhängige Anteil $\tilde{C}$ der Gesamtkosten pro ZE beträgt nach (3.2.11) mit h_j durch $(1 - d_j/r_j)h_j$ ersetzt (vgl. Abschnitt 3.2.1c)

$$(3.2.25) \quad \tilde{C}(q_1,...,q_n) = \sum_{j=1}^{n} \left[\frac{K_j d_j}{q_j} + \frac{\left(1 - \dfrac{d_j}{r_j}\right) h_j q_j}{2} \right].$$

Da keine Fehlmengen zugelassen sind, muß die in einem Produktionszyklus der Länge Δ produzierte Losgröße q_j von Gut j gerade ausreichen, um die Nachfrage in diesem Zyklus zu befriedigen. Folglich gilt

$$(3.2.26) \quad q_j = d_j \Delta \quad (j = 1,...,n).$$

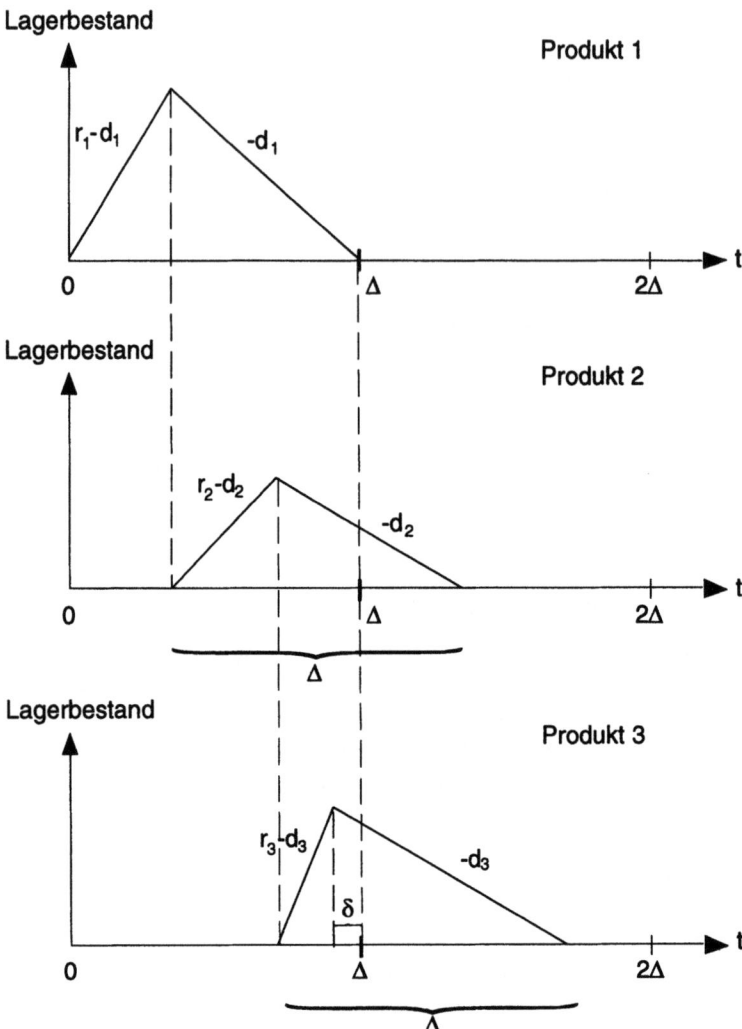

Abb. 3.2.7: Endliche Produktionsrate bei 3 Gütern

Dies in (3.2.25) eingesetzt ergibt die von Δ abhängigen Kosten pro ZE

$$\hat{C}(\Delta) = \sum_{j=1}^{n} \left[\frac{K_j}{\Delta} + \frac{\left(1 - \dfrac{d_j}{r_j}\right) h_j d_j \Delta}{2} \right].$$

Die Funktion $\hat{C}$ ist konvex und für $\Delta > 0$ differenzierbar. Damit erhält man die optimale Zyklusdauer aus

$$\hat{C}'(\Delta) = \sum_{j=1}^{n} \left[-\frac{K_j}{\Delta^2} + \frac{\left(1 - \frac{d_j}{r_j}\right) h_j d_j}{2} \right] = 0$$

zu

$$(3.2.27) \quad \Delta^* = \sqrt{\frac{2 \sum\limits_{j=1}^{n} K_j}{\sum\limits_{j=1}^{n} \left(1 - d_j / r_j\right) h_j d_j}}.$$

Die optimalen Losgrößen sind nach (3.2.26) dann $q_j^* = d_j \Delta^*$ ($j = 1, \ldots, n$).

Ist für Produkt j neben den Rüstkosten K_j noch eine Rüstzeit ϑ_j zu berücksichtigen, so muß die zusätzliche Nebenbedingung

$$(3.2.28) \quad \sum_{j=1}^{n} \left(\vartheta_j + \frac{q_j}{r_j} \right) \leq \Delta$$

erfüllt sein. (3.2.28) besagt, daß die Summe der Rüst– und Produktionszeiten für alle Produkte höchstens gleich der Zykluslänge sein darf. Man beachte, daß stets $\sum_{j=1}^{n} q_j / r_j < \Delta$ ist. Mit (3.2.26) wird aus (3.2.28)

$$\sum_{j=1}^{n} \left(\vartheta_j + \frac{d_j \Delta}{r_j} \right) \leq \Delta$$

oder

$$(3.2.29) \quad \Delta \geq \Delta_{min} := \frac{\sum\limits_{j=1}^{n} \vartheta_j}{1 - \sum\limits_{j=1}^{n} d_j / r_j}.$$

Gilt $\Delta^* < \Delta_{min}$, so ist die Länge des Produktionszyklus von Δ^* auf Δ_{min} zu vergrößern, etwa durch zusätzliche Überstunden.

Ein Zahlenbeispiel für das in diesem Abschnitt betrachtete Losgrößenmodell findet sich in Abschnitt 5.3.3 im Rahmen der Losgrößenplanung bei Sortenfertigung.

3.3 Deterministische dynamische Modelle

3.3.1 Dynamisches Lagerhaltungsmodell für ein Lagergut

Die Losgrößenmodelle aus Abschnitt 3.2 sollten in der Praxis nur verwendet werden, wenn die Nachfrage pro ZE nahezu konstant ist. Bei im Zeitverlauf stärker schwankender Nachfrage (z.B. aufgrund saisonaler Einflüsse) ist ein dynamisches Lagerhaltungsmodell zugrunde zu legen. Wir betrachten zunächst ein solches Modell für ein Lagergut, das auf folgenden Annahmen basiert:

(i)   Der Planungszeitraum bestehe aus T Perioden.
(ii)   Die Nachfrage in Periode t sei $d_t > 0$ ($t = 1, \ldots, T$).
(iii) Zu Beginn jeder Periode t kann eine Bestellung der Höhe $q_t \geq 0$ aufgegeben bzw. ein Fertigungslos der Größe $q_t \geq 0$ aufgelegt werden ($t = 1, \ldots, T$). Eine Lieferzeit darf auftreten, wobei die Beschaffungskosten für eine bestellte Menge aber erst zum Zeitpunkt der Lieferung in Rechnung gestellt werden. In letzterem Fall ist q_t die zu Beginn von Periode t gelieferte Menge.
(iv)   Fehlmengen seien nicht zugelassen.
(v)   Die Lager– bzw. Produktionskapazität sei unbeschränkt.
(vi) $K \geq 0$ seien die fixen Bestellkosten (bzw. Rüstkosten), $c > 0$ der Einkaufspreis (bzw. die Produktionskosten) pro ME und $h > 0$ die Lagerungskosten pro ME und Periode (bezogen auf den Lagerbestand am *Ende* der betreffenden Periode).

Der Anfangslagerbestand x_1 (zu Beginn von Periode 1) sei o.B.d.A. gleich 0. Da $h > 0$ gilt und die Kosten minimiert werden sollen, ist auch der Endlagerbestand (am Ende von Periode T) gleich 0. Mit x_{t+1} bezeichnen wir den Lagerbestand zu Beginn von Periode $t + 1$ (vor einer Bestellung bzw. Lieferung) bzw. am Ende von Periode t ($1 \leq t \leq T$). Dann gilt die *Lagerbilanzgleichung*

(3.3.1) $x_{t+1} = x_t + q_t - d_t$ ($t = 1, \ldots, T$)

sowie

$$x_1 = x_{T+1} = 0.$$

Da Fehlmengen nicht zugelassen sind, ist der Lagerbestand stets nichtnegativ. Aus $x_t = x_{t+1} - q_t + d_t \geq 0$ (vgl. (3.3.1)) folgt

$$0 \leq q_t \leq x_{t+1} + d_t \quad (t = 1, \ldots, T).$$

Die in Periode t anfallenden Kosten betragen

$$\left. \begin{array}{l} K + cq_t + hx_{t+1}, \text{falls } q_t > 0 \\ hx_{t+1}, \text{falls } q_t = 0 \end{array} \right\} \quad (t = 1, \ldots, T).$$

Wegen $x_1 = x_{T+1} = 0$ ist die Summe der Lieferungen gleich der Summe der Nachfragen über alle Perioden:

$$\sum_{t=1}^{T} q_t = \sum_{t=1}^{T} d_t \,.$$

Folglich sind die gesamten variablen Bestellkosten, $c\sum_{t=1}^{T} q_t$, konstant und brauchen in der zu minimierenden Kostenfunktion nicht berücksichtigt zu werden. Führen wir zur Abkürzung wieder

$$\delta(q) := \begin{cases} 1, & \text{falls } q > 0 \\ 0, & \text{falls } q = 0 \end{cases}$$

ein, dann ergeben sich die gesamten Kosten über alle T Perioden (abgesehen von den variablen Bestellkosten) zu

$$\sum_{t=1}^{T} \left[K\delta(q_t) + hx_{t+1} \right].$$

Die Minimierung der Kosten über den gesamten Planungszeitraum führt damit auf das Optimierungsproblem

$$(3.3.2) \quad \begin{cases} \text{Min.} \; \sum_{t=1}^{T} \left[K\delta(q_t) + hx_{t+1} \right] \\ \text{u.d.N.} \; x_{t+1} = x_t + q_t - d_t \quad (t = 1, \dots, T) \\ \qquad x_1 = x_{T+1} = 0 \\ \qquad x_t \geq 0 \quad (t = 2, \dots, T) \\ \qquad 0 \leq q_t \leq x_{t+1} + d_t \quad (t = 1, \dots, T) \,. \end{cases}$$

Wir suchen eine *optimale Bestellpolitik* $\left(q_1^*, \dots, q_T^* \right)$ und eine zugehörige Folge optimaler Lagerbestände $\left(x_1^* = 0, x_2^*, \dots, x_T^*, x_{T+1}^* = 0 \right)$.

(3.3.2) stellt ein *dynamisches Optimierungsproblem* dar und kann mit Hilfe der Bellmanschen Funktionalgleichungsmethode der dynamischen Optimierung gelöst werden (vgl. hierzu etwa NEUMANN UND MORLOCK (1993), Abschnitt 5.1). Seien $C_\tau^*\left(x_{\tau+1} \right)$ die minimalen Kosten (wieder abgesehen von den variablen Bestellkosten) der Perioden $1, \dots, \tau$ bei gegebenem Lagerbestand $x_{\tau+1}$ am Ende von Periode τ. *Bellmans Funktionalgleichung* der dynamischen Optimierung lautet dann

$$(3.3.3) \quad C_\tau^*\left(x_{\tau+1} \right) = \min_{0 \leq q_\tau \leq x_{\tau+1} + d_\tau} \left\{ K\delta(q_\tau) + hx_{\tau+1} + C_{\tau-1}^*\left(x_{\tau+1} - q_\tau + d_\tau \right) \right\} \quad (1 \leq \tau \leq T)$$

$$C_0^*(x_1 = 0) = 0 \,.$$

In (3.3.3) stellen $K\delta(q_\tau) + hx_{\tau+1}$ die Kosten in Periode τ und $C_{\tau-1}^*\left(x_\tau \right)$ mit $x_\tau = x_{\tau+1} - q_\tau + d_\tau$ die minimalen Kosten der Perioden $1, \dots, \tau - 1$ dar. Statt (wie in der dynamischen Optimierung generell üblich) die Bellmansche Funktionalgleichung

(3.3.3) sukzessiv für $\tau = 1, \ldots, T$ zu lösen, beginnend mit $C_0^*(x_1) = 0$, werden wir in Abschnitt 3.3.2 einen von Wagner und Whitin entwickelten Algorithmus beschreiben, der eine optimale Bestellpolitik bestimmt und die spezielle Struktur des Lagerhaltungsproblems (3.3.2) ausnutzt. In Abschnitt 3.3.3 werden wir zwei einfache Heuristiken angeben, die dieses Lagerhaltungsproblem näherungsweise lösen. Gegenüber (3.3.2) allgemeinere dynamische Lagerhaltungsmodelle mit Kapazitätsbeschränkungen für ein und mehrere Lagergüter werden wir in Abschnitt 3.3.4 behandeln.

3.3.2 Wagner–Whitin–Algorithmus

Man kann zeigen, daß das Lagerhaltungsproblem (3.3.2) die folgende Eigenschaft besitzt (vgl. etwa NEUMANN UND MORLOCK (1993), Abschnitt 5.2.3):

Wagner–Whitin–Eigenschaft: Bei optimaler Lagerhaltung erfolgen Lieferungen nur bei geräumtem Lager und sind jeweils so dimensioniert, daß der Bedarf bis zur nächsten Lieferung gedeckt wird. In anderen Worten, es gilt

$$\text{entweder} \quad x_t^* > 0, \ q_t^* = 0 \quad \text{oder} \quad x_t^* = 0, \ q_t^* > 0 \quad (1 \le t \le T),$$

und die optimale Bestellmenge q_t^* kann nur einen der Werte

$$0, d_t, d_t + d_{t+1}, \ldots, d_t + d_{t+1} + \ldots + d_T \quad (1 \le t \le T)$$

annehmen.

Sei $\tau > 1$ eine Periode, an deren Ende der Lagerbestand gleich 0 ist, d.h. $x_{\tau+1}^* = 0$ (eine solche Periode existiert wegen $x_{T+1}^* = 0$). Sei $t \in \{1, \ldots, \tau\}$ so gewählt, daß

$$x_t^* = 0, \ x_{t+1}^* > 0, \ \ldots, \ x_\tau^* > 0, \ x_{\tau+1}^* = 0$$

gilt (ein derartiges t existiert wegen $x_1^* = 0$). In anderen Worten, t ist der größte Index $\mu \le \tau$ mit $x_\mu^* = 0$ (vgl. Abb. 3.3.1). Hieraus folgt aufgrund der Wagner–Whitin–Eigenschaft

(3.3.4) $q_t^* = d_t + \ldots + d_\tau, \ q_{t+1}^* = \ldots = q_\tau^* = 0, \ q_{\tau+1}^* > 0.$

Wir sagen dann auch, daß die Bestellmenge (Liefermenge) oder Losgröße q_t^* bzw. das betreffende Fertigungslos die *Reichweite* $t, \ldots, \tau$ habe, d.h., die gelieferte oder produzierte Menge q_t^* befriedigt die Nachfrage der Perioden $t, \ldots, \tau$. Für die mit dem Fertigungslos der Größe q_t^* mit der Reichweite $t, \ldots, \tau$ verbundenen Kosten $C_{t\tau}$ gilt

(3.3.5) $C_{t\tau} = K + h\left(x_{t+1}^* + x_{t+2}^* + \ldots + x_\tau^* \right).$

Aus $x_t^* = 0$, $x_{\mu+1}^* = x_\mu^* + q_\mu^* - d_\mu^*$ für $\mu = t, \ldots, \tau - 1$ und (3.3.3) folgt

$$x_{\mu+1}^* = d_{\mu+1} + \ldots + d_\tau \quad (\mu = t, \ldots, \tau - 1).$$

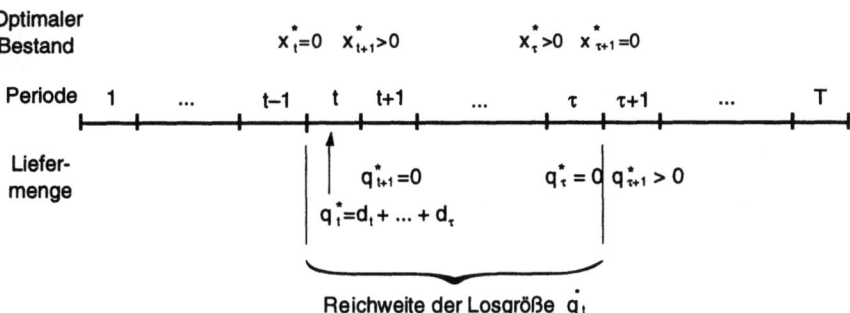

Abb. 3.3.1: Lagerbestände und Losgrößen beim Wagner-Whitin-Modell

Dies in (3.3.5) eingesetzt liefert

(3.3.6)　$C_{t\tau} = K + h(d_{t+1} + 2d_{t+2} + \ldots + (\tau - t)d_\tau)$ für $\tau > t$.

Aus (3.3.6) ergibt sich für die Kosten $C_{t\tau}$ der Perioden $t, \ldots, \tau$ (Reichweite der Losgröße q_t^*) die Rekursionsformel

(3.3.7)　$C_{t\tau} = C_{t,\tau-1} + (\tau - t)hd_\tau$ für $\tau > t$

mit

(3.3.8)　$C_{tt} = K$.

Nach dem *Bellmanschen Optimalitätsprinzip* (s. NEUMANN UND MORLOCK (1993), Abschnitt 5.1.3) ist eine optimale Bestellpolitik für die Perioden $t, \ldots, \tau$ bei gegebenem Lagerbestand x_t^* ($= 0$) zu Beginn von Periode t unabhängig von der Bestellpolitik für die vorherigen Perioden $1, \ldots, t-1$. Für die minimalen Kosten $C_\tau^*(x_{\tau+1})$ der Perioden $1, \ldots, \tau$ mit dem Endlagerbestand $x_{\tau+1}^* = 0$ liefert dies die Funktionalgleichung

(3.3.9)　$C_\tau^*\big(x_{\tau+1}^* = 0\big) = \min\limits_{t=1,\ldots,\tau}\Big\{C_{t\tau} + C_{t-1}^*\big(x_t^* = 0\big)\Big\}$.

Setzen wir zur Abkürzung

$$B_\tau^* := C_\tau^*\big(x_{\tau+1}^* = 0\big),$$

und bezeichnen wir den Ausdruck in der geschweiften Klammer in (3.3.9) mit $B_{t\tau}$,

$$B_{t\tau} := C_{t\tau} + B_{t-1}^*,$$

dann bleibt als Aufgabe, das Minimum

$$B_\tau^* = \min\limits_{t=1,\ldots,\tau} B_{t\tau}$$

sowie eine entsprechende Minimalstelle t_τ^* zu berechnen (gibt es zwei oder mehr Minimalstellen, dann bezeichnen wir die größte von ihnen mit t_τ^*). Man kann zeigen (vgl. NEUMANN (1977), Abschnitt 9.2), daß

(3.3.10) $t_1^* \leq t_2^* \leq \ldots \leq t_T^*$

gilt. Beachten wir die zu (3.3.7) analoge Rekursionsformel für die Größen $B_{t\tau}$,

$$B_{t\tau} = B_{t,\tau-1} + (\tau - t)hd_\tau \quad (1 \leq t \leq \tau - 1, \ 2 \leq \tau \leq T),$$

sowie

$$B_{\tau\tau} = K + B_{\tau-1}^* \quad (2 \leq \tau \leq T)$$
$$B_{11} = B_1^* = K,$$

dann hat das Verfahren von Wagner und Whitin folgende Form:

Algorithmus von Wagner und Whitin (dynamisches Lagerhaltungsmodell)
Schritt 1 (Vorwärtsrechnung)
    Setze $B_1^* := B_{11} := K$ und $t_1^* = 1$
    Für $\tau = 2, 3, \ldots, T$ bestimme
$$B_\tau^* = \min_{t = t_{\tau-1}^*, \ldots, \tau} B_{t\tau}$$
$$B_{t\tau} := \begin{cases} B_{t,\tau-1} + (\tau - t)hd_\tau, & \text{falls } t < \tau \\ K + B_{\tau-1}^*, & \text{falls } t = \tau \end{cases}$$

und die (größte) entsprechende Minimalstelle t_τ^*

Schritt 2 (Rückwärtsrechnung)
    Setze $v = t_T^*$, $q_v^* := d_v + d_{v+1} + \ldots + d_T$, $q_{v+1}^* := \ldots := q_T^* := 0$
    Solange $v > 1$
        Setze $\mu = t_{v-1}^*$, $q_\mu^* := d_\mu + d_{\mu+1} + \ldots + d_{v-1}$
        $q_{\mu+1}^* := \ldots := q_{v-1}^* := 0$ und $v := \mu$

❑

Die Beziehung $t_{v-1}^* = \mu$ in der Rückwärtsrechnung bedeutet, daß die Nachfrage in den Perioden $\mu, \ldots, v-1$ durch die Lieferung in Periode μ befriedigt wird, also die Losgröße q_μ^* die Reichweite $\mu, \ldots, v-1$ hat. Eine optimale Bestellpolitik hat folglich die in Abb. 3.3.2 skizzierte prinzipielle Form. Wir bemerken noch, daß die minimalen Lagerhaltungskosten für die T Perioden $B_T^* + c\sum_{t=1}^T d_t$ betragen.

Der Wagner–Whitin–Algorithmus kann auf den Fall übertragen werden, daß die fixen Bestell- bzw. Rüstkosten, K, die Bestell- bzw. Produktionskosten pro ME, c, und die Lagerungskosten pro ME und Periode, h, von Periode zu Periode variieren. Die Bedingung (3.3.10) ist dann erfüllt, wenn für die periodenabhängigen Rüstkosten $K_1 \leq K_2 \leq \ldots \leq K_T$ gilt. Eine effiziente Implementierung des Wagner–Whitin–Algorithmus für den Fall periodenabhängiger Kosten mit dem Rechenaufwand

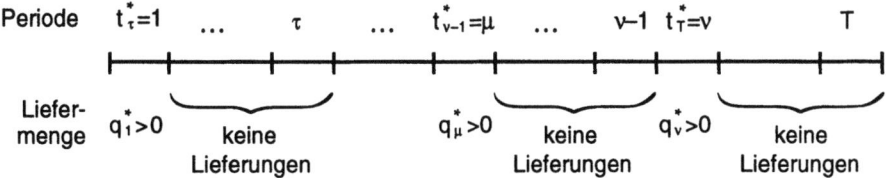

Abb. 3.3.2: Prinzipielle Form einer optimalen Bestellpolitik

$O(T \log T)$ [2] findet sich in FEDERGRUEN UND TZUR (1991). Gilt $K_1 \leq K_2 \leq \ldots$
$\leq K_T$, dann kann der Rechenaufwand sogar auf $O(T)$ reduziert werden. Für eine
weitere effiziente Implementierung des Wagner–Whitin–Algorithmus vgl. WAGEL-
MANS ET AL. (1992).

Ein Zahlenbeispiel zum Wagner–Whitin–Algorithmus werden wir am Ende des folgenden Abschnittes 3.3.3 betrachten.

3.3.3 Heuristiken

Obwohl der Wagner–Whitin–Algorithmus (bei effizienter Implementierung) keinen
großen Rechenaufwand erfordert, wird er leider in der Praxis z.Z. noch selten benutzt.
Häufige Verwendung in der Praxis finden *Heuristiken* zur Lösung des Lagerhaltungsproblems (3.3.2), also Verfahren, die in der Regel nur suboptimale Bestellpolitiken
liefern. Wir wollen im folgenden zwei solche Heuristiken skizzieren (für weitere
Heuristiken vgl. z.B. KISTNER UND STEVEN (1993), Teil 2, Abschnitt 1.2.2.2, und
NAHMIAS (1993), Abschnitt 6.3).

(a) Silver–Meal–Heuristik

Die Kosten eines Fertigungsloses mit der Reichweite $t, \ldots, \tau - 1$ bezeichnen wir
wieder mit $C_{t,\tau-1}$ (s. Abb. 3.3.3), und die zugehörigen „Periodenkosten" betragen
$C_{t,\tau-1}/(\tau - t)$. Die Silver–Meal–Heuristik strebt an, die mit einem Fertigungslos verbundenen Kosten pro ZE zu minimieren, indem die Reichweite des Loses so lange
vergrößert wird, bis die Periodenkosten erstmalig zunehmen („myopische Sicht").
Hierdurch erhält man jedoch nicht notwendig die (global) minimalen Periodenkosten,
da die Periodenkosten z.B. bei zeitlich stark schwankender Nachfrage mehrere lokale
Minima besitzen können.

Man startet die Silver–Meal–Heuristik mit

$$C_{11} := K$$

(vgl. (3.3.8)) und berechnet sukzessiv C_{12}, C_{13}, … mit Hilfe der Rekursionsformel
(3.3.7), bis erstmalig

---

2   Zum Rechenaufwand von Algorithmen vgl. NEUMANN UND MORLOCK (1993), Abschnitt
     2.2.1.

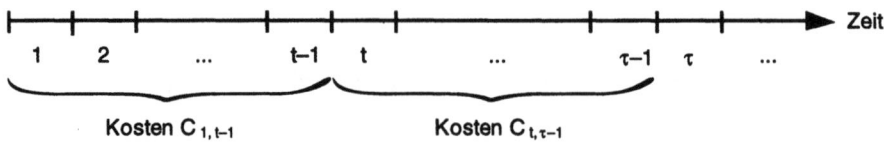

Abb. 3.3.3: Kosten aufeinander folgender Fertigungslose

$$\frac{C_{1t}}{t} > \frac{C_{1,t-1}}{t-1}$$

gilt. Dann setzt man für die Bestellmengen (Losgrößen) in den Perioden $1,\ldots,t-1$

$$q_1^+ := d_1 + \ldots + d_{t-1}, \quad q_2^+ := \ldots := q_{t-1}^+ := 0.$$

Anschließend beginnt man mit

$$C_{tt} := K$$

und berechnet sukzessiv $C_{t,t+1}$, $C_{t,t+2}$, ... mit Hilfe von (3.3.7), bis erstmalig

$$(3.3.11) \quad \frac{C_{t\tau}}{\tau-t+1} > \frac{C_{t,\tau-1}}{\tau-t}$$

ist. Dann haben wir

$$q_t^+ := d_t + \ldots + d_{\tau-1}, \quad q_{t+1}^+ := \ldots := q_{\tau-1}^+ := 0.$$

Entsprechend fährt man fort. $\left(q_1^+, \ldots, q_T^+\right)$ ist eine (im allgemeinen) suboptimale Bestellpolitik für das dynamische Lagerhaltungsproblem (3.3.2).

Da für die Differenz zwischen rechter und linker Seite der Ungleichung (3.3.11) unter Berücksichtigung der Rekursionsformel (3.3.7)

$$
\begin{aligned}
(3.3.12) \quad \Gamma_{t\tau} &:= \frac{C_{t,\tau-1}}{\tau-t} - \frac{C_{t\tau}}{\tau-t+1} = \frac{C_{t,\tau-1}}{\tau-t} - \frac{C_{t,\tau-1}+(\tau-t)hd_\tau}{\tau-t+1} \\
&= \frac{C_{t,\tau-1}-(\tau-t)^2 hd_\tau}{(\tau-t)(\tau-t+1)} \quad \text{für } \tau > t
\end{aligned}
$$

gilt, kann die Rechenvorschrift für die Silver–Meal–Heuristik auch wie folgt formuliert werden: Startend mit

$$\Gamma_{t,t+1} := \frac{C_{tt}-hd_{t+1}}{2} \quad \text{mit } C_{tt} = K,$$

berechne sukzessiv $\Gamma_{t,t+2}$, $\Gamma_{t,t+3}$, ... mit Hilfe der Formel (3.3.12), bis erstmalig für ein $\tau > t$

$$\Gamma_{t\tau} < 0$$

ist. Die Reichweite des in Periode t produzierten Loses umfaßt dann die Perioden $t, ..., \tau-1$, und die Losgröße ist $q_t^+ := d_t + ... + d_{\tau-1}$. Die Größe $\Gamma_{t\tau}$ wird auch *Kostensenkungspotential* genannt. Sie gibt die Verringerung der Periodenkosten an, wenn die Reichweite $t, ..., \tau-1$ des Loses um die Periode τ vergrößert wird.

(b) Heuristik von Groff

Die Heuristik von Groff überträgt die Grenzkostengleichheit von Produktion und Lagerung beim klassischen Losgrößenmodell (vgl. (3.2.5)) auf das dynamische Lagerhaltungsproblem (3.3.2), wobei vorausgesetzt wird, daß innerhalb jeder Periode die Nachfragerate konstant sei.

Wird in Periode t ein Fertigungslos mit der Reichweite $t, ..., \tau-1$ aufgelegt, so betragen die Rüstkosten pro Periode $K/(\tau-t)$. Wird die Reichweite um die Periode τ erhöht, dann führt dies zu einer Verringerung der Rüstkosten pro Periode von

$$\frac{K}{\tau-t} - \frac{K}{\tau-t+1} = \frac{K}{(\tau-t)(\tau-t+1)}.$$

Andererseits bewirkt diese Vergrößerung der Reichweite des Loses eine Erhöhung der Lagerungskosten pro Periode um $hd_\tau/2$. Man wird folglich die Reichweite so lange vergrößern, bis erstmalig

$$(3.3.13) \quad \frac{hd_\tau}{2} > \frac{K}{(\tau-t)(\tau-t+1)}$$

gilt. Dann setzen wir

$$q_t^+ := d_t + ... + d_{\tau-1}, \quad q_{t+1}^+ := ... := q_{\tau-1}^+ := 0.$$

Bei der Groff–Heuristik tritt also die Bedingung (3.3.13) an die Stelle der Bedingung (3.3.11) in der Silver–Meal–Heuristik.

Wir bemerken noch, daß sowohl die Silver–Meal–Heuristik als auch die Heuristik von Groff auf den Fall übertragen werden können, daß die Rüstkosten K und die Lagerstückkosten h von Periode zu Periode variieren.

(c) Beispiel

Die prognostizierte Nachfrage nach einem Bauteil (in 1000 Stück) sei für 8 aufeinander folgende Monate in Tab. 3.3.1 gegeben. Das Bauteil koste 30 Pfennig pro Stück. Für die Berechnung der Lagerungskosten werde ein kalkulatorischer Zinssatz von 24 % p.a. zugrunde gelegt. Die fixen Bestellkosten betragen 200 DM. Mit dem Wagner–Whitin–Algorithmus sowie den Heuristiken von Silver und Meal und von Groff sollen jeweils eine Bestellpolitik sowie die zugehörigen Lagerhaltungskosten berechnet werden.

Neben Tab. 3.3.1 sind folgende Daten gegeben, wobei eine ME 1000 Stück entspreche:

$$K = 200, \quad c = 300, \quad I = \frac{0,24}{12} = 0,02, \quad h = Ic = 6.$$

Monat t	1	2	3	4	5	6	7	8
Nachfrage d_t	11	17	16	6	4	22	27	8

Tab. 3.3.1: Prognostizierte Nachfragen

Wagner–Whitin–Algorithmus

$$B_1^* = B_{11} = K = 200, \quad t_1^* = 1$$

$$B_{12} = B_{11} + hd_2 = 302$$
$$B_{22} = K + B_1^* = 400$$
$$B_2^* = \min(B_{12}, B_{22}) = 302, \quad t_2^* = 1$$

$$B_{13} = B_{12} + 2hd_3 = 494$$
$$B_{23} = B_{22} + hd_3 = 496$$
$$B_{33} = K + B_2^* = 502$$
$$B_3^* = \min(B_{13}, B_{23}, B_{33}) = 494, \quad t_3^* = 1$$

Entsprechend erhalten wir

$$B_4^* = 538, \quad t_4^* = 3$$
$$B_5^* = 586, \quad t_5^* = 3$$
$$B_6^* = 786, \quad t_6^* = 6$$
$$B_7^* = 948, \quad t_7^* = 6$$
$$B_8^* = 1034, \quad t_8^* = 7$$

Die Rückwärtsrechnung liefert die optimale Bestellpolitik

$$q_7^* = d_7 + d_8 = 35, \quad q_8^* = 0$$
$$q_6^* = d_6 = 22$$
$$q_3^* = d_3 + d_4 + d_5 = 26, \quad q_4^* = q_5^* = 0$$
$$q_1^* = d_1 + d_2 = 28, \quad q_2^* = 0$$

Die minimalen fixen Bestell– plus Lagerungskosten für die 8 Monate betragen

$$B_8^* = 1034 \ [DM],$$

und die minimalen gesamten Lagerhaltungskosten sind

$$B_8^* + c \sum_{t=1}^{8} d_t = 1034 + 300 \cdot 111 = 34\ 334\ [\text{DM}].$$

Silver–Meal–Heuristik

$$C_{11} = K = 200$$

$$C_{12} = C_{11} + hd_2 = 302, \quad \frac{C_{12}}{2} = 151$$

$$C_{13} = C_{12} + 2hd_3 = 494, \quad \frac{C_{13}}{3} = 164,7$$

Wegen $\dfrac{C_{13}}{3} > \dfrac{C_{12}}{2}$ ist $q_1^+ = d_1 + d_2 = 28, \quad q_2^+ = 0$

$$C_{33} = K = 200$$

$$C_{34} = C_{33} + hd_4 = 236, \quad \frac{C_{34}}{2} = 118$$

$$C_{35} = C_{34} + 2hd_5 = 284, \quad \frac{C_{35}}{3} = 94,7$$

$$C_{36} = C_{35} + 3hd_6 = 680, \quad \frac{C_{36}}{4} = 170$$

$$q_3^+ = d_3 + d_4 + d_5 = 26, \quad q_4^+ = q_5^+ = 0$$

$$C_{66} = K = 200$$

$$C_{67} = K + hd_7 = 362, \quad \frac{C_{67}}{2} = 181$$

$$C_{68} = K + 2hd_8 = 458, \quad \frac{C_{68}}{3} = 152,7$$

$$q_6^+ = d_6 + d_7 + d_8 = 57, \quad q_7^+ = q_8^+ = 0$$

Wir erhalten eine andere Bestellpolitik als mit dem Wagner–Whitin–Algorithmus. Die Lagerbestände x_{t+1}^+ am Ende der Monate $t = 1, \ldots, 8$ ergeben sich mit Hilfe der Lagerbilanzgleichung (3.3.1) und sind in Tab. 3.3.2 aufgelistet. Die fixen Bestell- plus Lagerungskosten für die 8 Monate betragen

$$3K + h \sum_{t=1}^{8} x_{t+1}^+ = 600 + 6 \cdot 74 = 1044\ [\text{DM}]$$

und sind höher als die entsprechenden minimalen Kosten $B_8^* = 1034$ [DM]. Die Be-stellpolitik $\left(q_1^+, \ldots, q_8^+ \right)$ ist also nicht optimal.

t	1	2	3	4	5	6	7	8
x_{t+1}^+	17	0	10	4	0	35	8	0

Tab. 3.3.2: Lagerbestände nach der Silver–Meal–Heuristik

Groff–Heuristik

$t = 1,$ $\tau = 2$: $\dfrac{hd_\tau}{2} = 51 \ < \ \dfrac{K}{(\tau - t)(\tau - t + 1)} = \dfrac{200}{1 \cdot 2} = 100$

$\tau = 3$: $\dfrac{hd_\tau}{2} = 48 \ > \ \dfrac{K}{(\tau - t)(\tau - t + 1)} = \dfrac{200}{2 \cdot 3} = 33,3$

Folglich ist $q_1^+ = d_1 + d_2 = 28,$ $q_2^+ = 0$

$t = 3$: $\dfrac{hd_4}{2} = 18 < \dfrac{K}{1 \cdot 2} = 100$

$\dfrac{hd_5}{2} = 12 < \dfrac{K}{2 \cdot 3} = 33,3$

$\dfrac{hd_6}{2} = 66 > \dfrac{K}{3 \cdot 4} = 16,7$

$q_3^+ = d_3 + d_4 + d_5 = 26,$ $q_4^+ = q_5^+ = 0$

$t = 6$: $\dfrac{hd_7}{2} = 81 < \dfrac{K}{1 \cdot 2} = 100$

$\dfrac{hd_8}{2} = 24 < \dfrac{K}{2 \cdot 3} = 33,3$

$q_6^+ = d_6 + d_7 + d_8 = 57,$ $q_7^+ = q_8^+ = 0.$

Wir erhalten also die gleiche (nicht optimale) Bestellpolitik wie mit Hilfe der Silver–Meal–Heuristik.

3.3.4   Kapazitätsbeschränkungen bei einem und mehreren Lagergütern

In der Praxis sind bei der Produktion eines oder mehrerer Lagergüter die verfügbaren Produktionskapazitäten in der Regel beschränkt. Wir wollen im folgenden den Fall beschränkter Produktionskapazitäten bei einem dynamischen Lagerhaltungsmodell zunächst für ein Lagergut und anschließend für mehrere Güter behandeln.

(a) Ein Lagergut

Wir betrachten das dynamische Lagerhaltungsproblem (3.3.2) mit der zusätzlichen Nebenbedingung, daß in den einzelnen Perioden maximale Produktionskapazitäten vorgegeben sind, etwa

$q_t \leq \kappa_t \quad (t = 1, \ldots, T)$.

Dies bedeutet, daß die Nebenbedingung $0 \leq q_t \leq x_{t+1} + d_t$ in (3.3.2) durch

$$0 \leq q_t \leq \min\left(\kappa_t, x_{t+1} + d_t\right) \quad \text{für} \quad t = 1, \ldots, T$$

zu ersetzen ist. Dieses modifizierte Lagerhaltungsproblem stellt weiterhin ein dynamisches Optimierungsproblem dar, das durch Auswertung der Bellmanschen Funktionalgleichung

$$C_\tau^*(x_{\tau+1}) = \min_{0 \leq q_\tau \leq \min(\kappa_\tau, x_{\tau+1} + d_\tau)} \left\{ K\delta(q_\tau) + hx_{\tau+1} + C_{\tau-1}^*(x_{\tau+1} - q_\tau + d_\tau) \right\} \quad (1 \leq \tau \leq T)$$

$$C_0^*(x_1) = 0$$

(vgl. (3.3.3)) gelöst werden kann. Jedoch gilt nicht mehr die Wagner–Whitin–Eigenschaft aus Abschnitt 3.3.2, und damit kann nicht mehr der effiziente Wagner–Whitin–Algorithmus angewendet werden. Wir werden deshalb eine einfache *Heuristik* zur näherungsweisen Lösung des kapazitierten dynamischen Lagerhaltungsproblems für ein Lagergut skizzieren, die aus folgenden Teilen besteht (vgl. NAHMIAS (1993), Abschnitt 6.6):

Teil 1: Prüfe, ob es überhaupt eine zulässige Lagerhaltungspolitik gibt.

Teil 2: Falls eine zulässige Lagerhaltungspolitik existiert, bestimme eine zulässige Politik („Eröffnungsverfahren").

Teil 3: Modifiziere die zulässige Lagerhaltungspolitik so, daß sich geringere Gesamtkosten ergeben („Verbesserungsverfahren").

Teil 1
Es gibt genau dann eine zulässige Lagerhaltungspolitik, wenn

$$\sum_{\tau=1}^{t} \kappa_\tau \geq \sum_{\tau=1}^{t} d_\tau \quad \text{für} \quad t = 1, \ldots, T$$

ist. Diese Bedingung besagt, daß die Nachfrage in jeder Periode befriedigt werden muß (wir erinnern daran, daß Fehlmengen nicht zugelassen sind).

Wir betrachten das durch Tab. 3.3.3 gegebene Beispiel. Wie wir aus Tab. 3.3.3 ersehen, existiert eine zulässige Politik.

t	1	2	3	4	5	6
$\kappa_t \left(\sum_{\tau=1}^{t} \kappa_\tau \right)$	20 (20)	10 (30)	20 (50)	20 (70)	10 (80)	10 (90)
$d_t \left(\sum_{\tau=1}^{t} d_\tau \right)$	5 (5)	15 (20)	10 (30)	5 (35)	5 (40)	30 (70)

Tab. 3.3.3: Gegebene Kapazitäten und Nachfragen im Beispiel

t	1	2	3	4	5	6
κ_t	20	10	20	20	10	10
d_t	5	15	10	5	5	30
q_t	~~5~~	~~15~~	10	~~5~~	~~5~~	~~30~~
	10	10		20	10	10

Tab. 3.3.4: Konstruktion einer zulässigen Lagerhaltungspolitik

Teil 2
Wir bestimmen eine zulässige Anfangslösung, indem wir in den Perioden t, in denen die Nachfrage d_t größer als die Produktionskapazität κ_t ist, die κ_t übersteigende Nachfrage durch eine Produktion in den vorhergehenden Perioden $t-1, t-2, \ldots$ zu erfüllen suchen.

In unserem Zahlenbeispiel starten wir mit der unzulässigen Anfangslösung $q_t = d_t$ ($t = 1, \ldots, 6$). Die erste Periode t, in der $d_t > \kappa_t$ gilt, ist Periode 2:

$$d_2 = 15 > \kappa_2 = 10.$$

Die 5 ME, um die die Nachfrage in Periode 2 die verfügbare Kapazität übersteigt, produzieren wir in Periode 1, d.h., wir setzen

$$q_2 := 10, \quad q_1 := 10.$$

Die nächste Periode t mit $d_t > \kappa_t$ ist Periode 6:

$$d_6 = 30 > \kappa_6 = 10.$$

Zunächst „verschieben" wir von den 20 übersteigenden ME 5 ME in Periode 5 und danach die restlichen 15 ME in Periode 4. Wir setzen also

$$q_6 := 10, \quad q_5 := 10, \quad q_4 := 20.$$

Damit haben wir eine zulässige Lagerhaltungspolitik erhalten. Tab. 3.3.4 faßt die Konstruktion dieser Politik zusammen.

Teil 3
Beginnend mit der letzten Periode (und dann sukzessiv die weiteren Perioden von hinten nach vorn inspizierend) untersuchen wir, ob das in der Periode produzierte Fertigungslos mit geringeren Kosten in einer früheren Periode hergestellt werden kann [3]. Braucht in der vorliegenden Periode nichts mehr produziert zu werden, so entfallen die Rüstkosten, dafür treten zusätzliche Lagerungskosten auf. Sind die zu-

---

[3] Statt in dieser Weise von Periode T aus „rückwärts" vorzugehen, könnte man auch eine „Vorwärtsrechnung" durchführen, indem man versucht, sobald in einer Periode noch Restkapazität verfügbar ist, dort zusätzlich ein für eine spätere Periode vorgesehenes Fertigungslos zu produzieren.

sätzlichen Lagerungskosten geringer als die Rüstkosten, dann verschieben wir die Produktion zeitlich „nach vorn".

Wir erläutern diese Vorgehensweise an Hand unseres Zahlenbeispiels. Die Rüstkosten und die Lagerungskosten pro ME seien

$$K = 50 \; [DM]$$

$$h = 2 \; [DM/ME \cdot Periode].$$

Wir beginnen mit Periode 6. Das Fertigungslos der Größe $q_6 = 10$ kann früher, und zwar spätestens in Periode 3 (in der eine freie Kapazität von 10 ME vorliegt) produziert werden. Wir prüfen, ob dies zu einer Kostenreduzierung führt. Wir erhalten

Zusätzliche Lagerungskosten $= 3hq_6 = 3 \cdot 2 \cdot 10 = 60 \; > \; 50 = K,$

wobei 3 die Anzahl der Perioden ist, die das Los früher produziert werden kann. Da diese Verschiebung jedoch die Gesamtkosten erhöhen würde, führen wir sie nicht aus (q_6 bleibt also unverändert).

Wir betrachten Periode 5. Das Los der Größe $q_5 = 10$ kann wieder in Periode 3 produziert werden. Wir haben

Zusätzliche Lagerungskosten $= 2hq_5 = 2 \cdot 2 \cdot 10 = 40 \; < \; 50 = K.$

Die Verschiebung der Produktion von Periode 5 in die Periode 3 führt zu einer Kostensenkung, und wir setzen

$$q_5 := 0, \quad q_3 := 20.$$

Schließlich kann noch die Produktion des Loses $q_2 = 10$ in die Periode 1 verschoben werden. Wir bekommen

Zusätzliche Lagerungskosten $= 1 \cdot 2 \cdot 10 = 20 \; < \; 50 = K,$

d.h., die Verschiebung wird ausgeführt. Dies ergibt

$$q_2 := 0, \quad q_1 := 20.$$

Insgesamt haben wir damit eine kostengünstigere Lagerhaltungspolitik erhalten. In Tab. 3.3.5 ist die Konstruktion dieser Politik zusammengefaßt.

t	1	2	3	4	5	6
κ_t	20	10	20	20	10	10
q_t	~~10~~	~~10~~	~~10~~	20	~~10~~	10
	20	0	20		0	
Freie Kapazität	~~10~~	~~0~~	~~10~~	0	~~0~~	0
	0	10	0		10	

Tab. 3.3.5: Konstruktion einer „besseren" Lagerhaltungspolitik

(b) Mehrere Lagergüter

Die bisher betrachteten dynamischen Lagerhaltungsmodelle beziehen sich auf nur ein Produkt. Beeinflussen sich bei mehreren Lagergütern die einzelnen Güter nicht, so kann man die Bestellung bzw. Produktion der Güter wieder unabhängig voneinander planen. Gibt es jedoch Restriktionen etwa für die Produktionskapazität, die sich auf mehrere Produkte gleichzeitig beziehen, ist ein Modell für mehrere Lagergüter heranzuziehen.

Wir betrachten im folgenden ein Modell, das dem in Abschnitt 3.3.1 eingeführten Lagerhaltungsmodell entspricht mit dem Unterschied, daß n Produkte bzw. Lagergüter vorliegen und in jeder Periode eine vorgegebene Produktionskapazität (für alle Produkte zusammen) nicht überschritten werden darf. Zur Lösung dieses Problems skizzieren wir eine relativ einfache *Heuristik von Eisenhut* (vgl. etwa KISTNER UND STEVEN (1993), Teil 2, Abschnitt 1.2.3, und SCHWINDT (1994)). Hierbei geht man in jeder Planungsperiode wie folgt vor: Besteht noch eine effektive Nachfrage nach einzelnen Produkten in der Periode (d.h., die Nachfrage wird nicht durch die Produktion in einer der Vorperioden gedeckt), so wird diese Nachfrage durch Fertigungslose erfüllt, deren Größe zunächst der jeweiligen Nachfrage entspricht. Steht nach Auflegen dieser Lose noch Produktionskapazität zur Verfügung, dann werden die Reichweiten der Lose der einzelnen Produkte sukzessiv vergrößert, indem jeweils die Nachfrage nach einem Produkt in einer anschließenden Periode hinzugefügt wird, bis

(a)   die Erhöhung der Reichweite keines Loses mehr zu einer Verringerung der Kosten führt oder

(b)   die Restkapazität nicht mehr ausreicht, um die Reichweite eines Loses um eine ganze Periode zu erhöhen.

Die Nachfragen weiterer Perioden werden dabei in der Reihenfolge abnehmender (positiver) Kostensenkungspotentiale eingelastet, die gegenüber (3.3.12) etwas modifiziert sind.

Im einzelnen verwenden wir folgende Bezeichnungen und Symbole, wobei wir die Zeitperioden durch untere Indizes und die verschiedenen Produkte durch obere Indizes kennzeichnen:

Perioden $t = 1, \ldots, T$
Produkte $j = 1, \ldots, n$

$d_t^j > 0$ Nachfrage nach Produkt j in Periode t

$\kappa_t > 0$ Produktionskapazität (für alle Produkte zusammen) in Periode t (gemessen durch die verfügbare (Maschinen–)Zeit zur Herstellung der Produkte)

$t^j > 0$ Zeit für die Produktion von 1 ME von Produkt j

q_t^j Losgröße für Produkt j, produziert in Periode t

$\gamma_{t\tau}^j := \dfrac{\Gamma_{t\tau}^j}{d_\tau^j}$ Gegenüber (3.3.12) modifiziertes Kostensenkungspotential (Verringerung der Periodenkosten pro nachgefragter ME von Produkt j in Periode τ, wenn die Reichweite $t, \ldots, \tau - 1$ des Loses um die Periode τ vergrößert wird)

$$\text{mit } \Gamma_{t\tau}^j := \frac{C_{t,\tau-1}^j}{\tau - t} - \frac{C_{t\tau}^j}{\tau - t + 1}, \ C_{t,\tau}^j = K^j + h^j \left(d_{t+1}^j + 2d_{t+2}^j + \ldots + (\tau - t)d_\tau^j \right),$$

K^j Rüstkosten, h^j Lagerungskosten pro ME und Periode (jeweils für Produkt j).

Wir bemerken noch, daß wieder keine Fehlmengen zugelassen sind. Die Heuristik von Eisenhut läuft dann wie folgt ab:

Algorithmus von Eisenhut (kapazitiertes dynamisches Lagerhaltungsmodell für mehrere Güter)

Schritt 1
Für alle $j = 1, \ldots, n$ und $t = 1, \ldots, T$ setze $q_t^j := 0$
Setze $t := 1$

Schritt 2
Setze $KSP := \varnothing$ [4]
Für $j = 1, \ldots, n$
    Falls $d_t^j > 0$
        Falls $d_t^j t^j \leq \kappa_t$, setze $q_t^j := d_t^j$ und $\kappa_t := \kappa_t - d_t^j t^j$
        Andernfalls terminiere (effektive Nachfrage nach Produkt j in Periode t ist nicht zu erfüllen und damit keine zulässige Lösung zu finden)
        Setze $\tau := t + 1$ und berechne $\gamma_{t\tau}^j$ [5]
        Solange $\gamma_{t\tau}^j > 0$
            Füge $\gamma_{t\tau}^j$ in KSP ein und setze $\tau := \tau + 1$
            Berechne $\gamma_{t\tau}^j$

Schritt 3
Solange $KSP \neq \varnothing$ und $\kappa_t > 0$
    Bestimme $k \in \{1, \ldots, n\}$ und $\tau' > t$ so, daß $\gamma_{t\tau'}^k = \max\{\gamma_{t\tau}^j \in KSP\}$
    (Produkt k hat das größte Kostensenkungspotential)
    Entferne $\gamma_{t\tau'}^k$ aus KSP
    Falls $\sum\limits_{v=t+1}^{\tau'} d_v^k t^k \leq \kappa_t$, setze $q_t^k := \sum\limits_{v=t}^{\tau'} d_v^k$, $\kappa_t := \kappa_t - \sum\limits_{v=t+1}^{\tau'} d_v^k t^k$ und
    $d_{t+1}^k := \ldots := d_{\tau'}^k := 0$ (Nachfrage nach Produkt k in Perioden $t+1, \ldots,$
    τ' wird in Periode t produziert)
    Entferne alle $\gamma_{t\tau}^k$ mit $t < \tau < \tau'$ aus KSP

---

[4] KSP ist eine Menge von Kostensenkungspotentialen.
[5]   Tritt in Periode t keine effektive Nachfrage nach dem Produkt j mehr auf (d.h. ist $d_t^j = 0$), so sind keine Kostensenkungspotentiale $\gamma_{tt}^j, \gamma_{t,t+1}^j, \ldots$ erklärt.

Schritt 4

Falls $t < T$, setze $t := t+1$ und gehe zu Schritt 2

Andernfalls terminiere (zulässige Lösung gefunden)

❏

Eisenhuts Heuristik liefert nur eine „myopische Lösung". Um zu entscheiden, ob die aktuelle Losgröße um die Nachfrage der nächsten Periode erhöht werden soll, werden nur die Kosten der nächsten Periode und nicht die späteren Folgekosten herangezogen. Außerdem kann jeweils nur die Gesamtnachfrage einer Periode zur aktuellen Losgröße hinzugefügt werden. Folglich werden oft Produktionskapazitäten in früheren Perioden verschwendet, die zur Befriedigung der Nachfrage in späteren Perioden benötigt werden. Deshalb findet das Verfahren von Eisenhut manchmal keine zulässige Lösung (insbesondere bei „sehr knappen" Produktionskapazitäten), obwohl eine existiert.

In DIXON UND SILVER (1981) ist eine Heuristik angegeben, die es erlaubt, nur einen Teil der Nachfrage einer Folgeperiode zur aktuellen Losgröße hinzuzufügen, und die damit nicht Produktionskapazitäten früherer Perioden verschwendet (vgl. hierzu DOMSCHKE ET AL. (1993), Abschnitt 3.3.2.2, und SCHWINDT (1994)). In Abschnitt 4.5 werden wir im Anschluß an die Materialbedarfsplanung bei mehrstufiger Fertigung ein mehrstufiges Mehrgüter–Losgrößenmodell mit Kapazitätsbeschränkungen betrachten und einen Lösungsansatz hierfür skizzieren.

3.4   Stochastische Modelle

3.4.1   Arrow–Harris–Marschak–Modell

Die Vorhersage der Nachfrage ist in der Praxis oft mit großen Unsicherheiten verbunden. In diesem Fall ist es realistischer, die Nachfrage durch Zufallsgrößen zu beschreiben. Im vorliegenden Abschnitt wollen wir einige kurze Bemerkungen zu einem stochastischen Mehr–Perioden–Modell für ein Lagergut machen, das unter dem Namen *Arrow–Harris–Marschak–Modell* bekannt ist. Für eine ausführliche Behandlung verweisen wir auf NEUMANN UND MORLOCK (1993), Abschnitt 5.2.5. Das Modell basiert auf den folgenden Annahmen:

(i)   Der Planungszeitraum bestehe aus T Perioden.

(ii) Die Nachfragen in den Perioden $1, \ldots, T$ seien (nichtnegative) unabhängige, identisch verteilte Zufallsvariablen mit der Verteilungsdichte f [6].

---

[6]   Bei einem Stückgut mit diskreter Wahrscheinlichkeitsverteilung sind die im folgenden auftretenden Integrale durch entsprechende Summen zu ersetzen.

(iii) Zu Beginn einer jeden Periode kann eine Bestellung erfolgen (bzw. ein Los aufgelegt werden). Die Lieferzeit (bzw. Produktionszeit) sei gleich 0.

(iv) Die Lager– bzw. Produktionskapazität sei unbeschränkt.

(v) $K \geq 0$ seien die fixen Bestellkosten (bzw. Rüstkosten), $c > 0$ der Einkaufspreis (bzw. die Produktionskosten) pro ME, $h > 0$ die Lagerungskosten pro ME und Periode und $p > c$ die Fehlmengenkosten pro ME und Periode [7].

(vi) Die Kosten werden mit einem Faktor α $(0 < \alpha \leq 1)$ diskontiert.

Wir erinnern an die Bedeutung eines Diskontfaktors α: Ein Geldbetrag von 1 DM am Ende einer Periode ist zu Beginn dieser Periode (bzw. am Ende der vorhergehenden Periode) $\alpha = 1/(1 + I)$ DM wert, wobei $100\,I$ % der Zinssatz pro Periode sei. Wir bemerken noch, daß wegen der Unabhängigkeit der Größen f, K, c, h und p von der jeweiligen Periode t ein sogenanntes *stationäres Modell* vorliegt.

Gesucht ist eine optimale Bestellpolitik, die die diskontierten erwarteten Kosten über den Planungszeitraum hinweg (diskontiert auf den Beginn von Periode 1) minimiert. Da die Nachfragen und damit die Lagerbestände in den einzelnen Perioden (abgesehen vom vorgegebenen Anfangslagerbestand zu Beginn des Planungszeitraumes) Zufallsgrößen darstellen, gibt man die Bestellpolitik in Form einer sogenannten *Rückkopplungssteuerung* $\left(q_1^*(x), \ldots, q_T^*(x)\right)$ an, wobei $q_t^*(x)$ die optimale Bestellmenge bzw. Losgröße zu Beginn von Periode t $(1 \leq t \leq T)$ bei einem realisierten Lagerbestand x ist.

Wir wollen die erwarteten Kosten in *einer* Periode bestimmen: Seien x der realisierte Lagerbestand zu Beginn einer Periode, q die Bestellmenge, $y = x + q$ der Lagerbestand unmittelbar nach der Bestellung bzw. Lieferung (d.h. der Bestand, bis zu dem das Lager aufgefüllt wird) und z die (unmittelbar nach Eingang der Lieferung) realisierte Nachfrage. Gilt $z \leq y$, so entstehen Lagerungskosten in Höhe von $h(y - z)$; ist $z \geq y$, dann fallen die Fehlmengenkosten $p(z - y)$ an. Die erwarteten Lagerungs–plus Fehlmengenkosten in Abhängigkeit von y sind dann

$$L(y) = h \int\limits_0^y (y - z)f(z)dz \; + \; p \int\limits_y^\infty (z - y)f(z)dz \, .$$

Die erwarteten Gesamtkosten in Periode t betragen folglich

$$K\delta(q_t) + cq_t + L(x_t + q_t) \, ,$$

wenn x_t der realisierte Lagerbestand zu Beginn von Periode t und q_t die in Periode t bestellte (und gelieferte) Menge sind.

Die Bestimmung einer optimalen Bestellpolitik führt auf ein stochastisches dynamisches Optimierungsproblem, das mit der Bellmanschen Funktionalgleichungsmethode gelöst werden kann. Der erforderliche Rechenaufwand ist jedoch im allgemeinen erheblich. Man kann allerdings zeigen, daß eine optimale Bestellpolitik die Form einer

---

[7] Im Fall $p \leq c$ wäre die Entscheidung, nichts zu bestellen bzw. zu produzieren, kostenminimal.

(s, S)-Politik hat. Für die optimale Bestellmenge $q_t^*(x)$ in Periode t bei einem realisierten Lagerbestand x zu Beginn der Periode gilt

$$q_t^*(x) = \begin{cases} S_t - x, & \text{falls } x < s_t \\ 0, & \text{falls } x \geq s_t, \end{cases}$$

wobei s_t der Bestellpunkt und S_t die Bestellgrenze in Periode t sind ($1 \leq t \leq T$). Es müssen also nur die Parameter $S_1, \ldots, S_T$, $s_1, \ldots, s_T$ berechnet werden.

Gilt $K = 0$, dann ist eine *(S, S)-Politik* optimal (d.h., es ist $s_t = S_t$ für alle $t = 1$, $\ldots, T$). Wird der Restlagerbestand x_{T+1} am Ende von Periode T in Höhe des Einkaufspreises c pro ME bewertet (ein Restlagerbestand $x_{T+1} > 0$ hat also den Wert cx_{T+1}, während für eine zu befriedigende Restnachfrage $-x_{T+1} > 0$ die Kosten $-cx_{T+1}$ anfallen), dann gilt im Fall $K = 0$ für die Bestellgrenzen

$$S_1 = S_2 = \ldots = S_T = S.$$

Die gemeinsame Bestellgrenze S ergibt sich aus

$$F(S) = \frac{p - (1 - \alpha)c}{p + h},$$

wobei F die Verteilungsfunktion der Nachfrage ist. Da F als Verteilungsfunktion monoton wachsend ist, nimmt die Bestellgrenze S mit sinkendem Diskontfaktor α (und damit zunehmendem Zinssatz) ab. Bei steigenden Zinsen sollte also „vorsichtiger disponiert" werden, was ein plausibles Resultat ist.

3.4.2   Ein stochastisches Losgrößenmodell

(a) Problemstellung

Da der Rechenaufwand zur Bestimmung einer optimalen Bestellpolitik für das Arrow–Harris–Marschak–Modell sehr groß ist, wird statt dessen in der Praxis häufig ein *stochastisches Losgrößenmodell* verwendet, das folgende Annahmen zugrunde legt:

(i)   Es werde (wie bei den deterministischen Losgrößenmodellen) ein kontinuierlicher Zeitablauf unterstellt (nicht T einzelne Planungsperioden).

(ii) Ist der Lagerbestand auf den Wert s gesunken, so werde eine Bestellung der Höhe q aufgegeben (bzw. eine Losgröße q gefertigt), die nach einer Lieferzeit (bzw. Produktionsdauer) $\lambda \geq 0$ verfügbar sei.

(iii) Die erwartete Nachfrage pro ZE („Nachfragerate") sei konstant und betrage $d > 0$. Die (kumulierte) Nachfrage während der Lieferzeit $\lambda > 0$ sei eine stetige Zufallsgröße mit der Verteilungsdichte f. Ist μ der Erwartungswert zur Verteilungsdichte f, dann muß also $d = \mu / \lambda$ gelten.

(iv) Die Lager– bzw. Produktionskapazität sei unbeschränkt.

(v) $K \geq 0$ seien die fixen Bestellkosten (bzw. Rüstkosten), $c > 0$ der Preis (bzw. die Produktionskosten) pro ME, $h > 0$ die Lagerungskosten pro ME und ZE

und $p > 0$ die Fehlmengenkosten pro ME (während eines Bestellzyklus).
Nicht befriedigte Nachfrage werde wieder vorgemerkt.

(vi) Die Kosten werden nicht diskontiert.

Wir suchen den Bestellpunkt s und die Losgröße q so zu bestimmen, daß die erwarteten Gesamtkosten pro ZE minimal werden. Man spricht dann auch von einer *(s, q)–Bestellpolitik*. Wir weisen darauf hin, daß im Unterschied zu den deterministischen Losgrößenmodellen mit Lieferzeit aus Abschnitt 3.2.1 jetzt s der wirkliche Bestellpunkt und nicht der Lagerbestand bei Lieferung ist.

Zum Zeitpunkt $t = 0$ sei das Lager leer, und es treffe die Losgröße (Bestellmenge) q ein. Sobald der Lagerbestand danach auf den Wert s (Bestellpunkt) gefallen ist, bestellen wir die Losgröße q. Die Losgröße trifft eine Zeitspanne λ (Lieferzeit) nach der Bestellung ein, etwa zum Zeitpunkt Δ_1 (Ende des ersten bzw. Beginn des zweiten Bestellzyklus). Entsprechend wird in den weiteren Bestellzyklen verfahren. Abb. 3.4.1 zeigt den Lagerbestand in Abhängigkeit von der Zeit t.

Während die Lieferzeit λ, der Bestellpunkt s und die Losgröße q (in den einzelnen Bestellzyklen jeweils gleich große) deterministische Größen sind, ist die Bestellgrenze S (also der Bestand, bis zu dem das Lager bei der Lieferung aufgefüllt wird) eine Zufallsgröße. Ebenso sind die Bestellzeitpunkte $\Delta_1 - \lambda$, $\Delta_2 - \lambda$, ... und damit die Länge eines Bestellzyklus Zufallsgrößen.

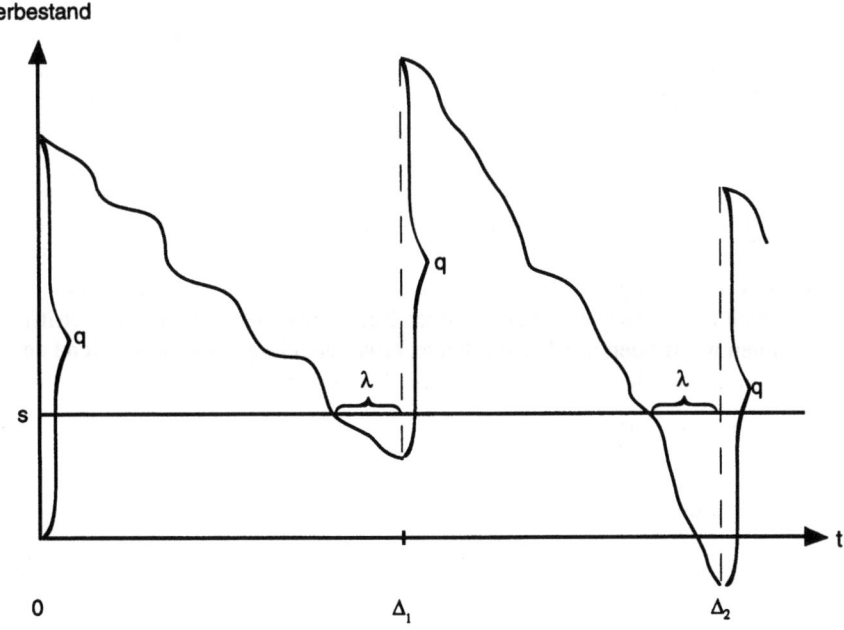

Abb. 3.4.1: Lagerbestand als Funktion der Zeit beim stochastischen Losgrößenmodell

(b) Berechnung der erwarteten Gesamtkosten pro Zeiteinheit

Wir ermitteln jetzt die erwarteten Gesamtkosten pro ZE

$$(3.4.1) \quad C(s,q) = E(OC) + E(HC) + E(SC),$$

wobei $E(OC)$ die erwarteten Bestellkosten (engl. ordering cost), $E(HC)$ die erwarteten Lagerungskosten (holding cost) und $E(SC)$ die erwarteten Fehlmengenkosten (shortage cost), jeweils pro ZE, seien.

Um diese Kosten zu bestimmen, setzen wir voraus, daß erstens die Lieferzeit λ so klein sei, daß niemals mehr als eine Bestellung aussteht, und daß zweitens für den Bestellpunkt $s \geq 0$ gelte. Die erste Annahme garantiert, daß der Lagerbestand nach Eintreffen der Lieferung einer Losgröße q (also die Bestellgrenze) stets größer als s ist. Bei genügend großem p/h (was in der Praxis üblicherweise der Fall ist) sind die beiden Annahmen erfüllt.

Die *erwarteten Bestellkosten pro ZE*, $E(OC)$, sind gleich den Bestellkosten pro Bestellzyklus multipliziert mit der erwarteten Anzahl von Bestellungen pro ZE. Die Bestellkosten pro Zyklus betragen $K + cq$, und die erwartete Anzahl von Bestellungen pro ZE ist d/q (da d die erwartete Nachfrage pro ZE und q die Bestellmenge sind). Damit haben wir

$$(3.4.2) \quad E(OC) = \frac{Kd}{q} + cd$$

wie beim klassischen deterministischen Losgrößenmodell aus Abschnitt 3.2.1a.

Die *erwarteten Lagerungskosten pro ZE*, $E(HC)$, sind gleich den Lagerungskosten h pro ME und ZE, multipliziert mit dem durchschnittlichen erwarteten Lagerbestand während der Zeitspanne, in der der Lagerbestand nichtnegativ ist. Den durchschnittlichen erwarteten Lagerbestand erhält man als arithmetisches Mittel der erwarteten Bestände zu Beginn und am Ende eines Bestellzyklus. Nach Abb. 3.4.1 sind der erwartete Anfangsbestand gleich $s + q - \lambda d$ und der erwartete Endbestand gleich $s - \lambda d$. Wir nehmen an, daß eine eventuelle Fehlmenge (negativer Lagerbestand) während der Lieferverzögerung bei der Berechnung des durchschnittlichen Lagerbestandes vernachlässigt werden kann (was sinnvoll ist, wenn höchstens während einer im Vergleich zur Zykluslänge sehr kurzen Zeitspanne eine Fehlmenge auftritt). Dann bekommen wir für den durchschnittlichen erwarteten Lagerbestand während der Zeitspanne, in der der Bestand nichtnegativ ist, (näherungsweise)

$$\frac{(s+q-\lambda d)+(s-\lambda d)}{2} = \frac{q}{2} + s - \lambda d.$$

Für die erwarteten Lagerungskosten pro ZE ergibt sich damit (näherungsweise)

$$(3.4.3) \quad E(HC) = h\left(\frac{q}{2} + s - \lambda d\right).$$

Wir erinnern daran, daß die entsprechenden Kosten beim klassischen Losgrößenmodell gleich $hq/2$ sind.

Die *erwarteten Fehlmengenkosten pro ZE*, $E(SC)$, ergeben sich als die erwarteten Fehlmengenkosten pro Bestellzyklus multipliziert mit der erwarteten Anzahl von Bestellungen pro ZE, d/q. Es bleibt also noch die Berechnung der erwarteten Fehlmengenkosten pro Bestellzyklus.

Falls die realisierte (kumulierte) Nachfrage (während der Lieferzeit λ) in einem Bestellzyklus, die wir mit z bezeichnen, größer als s ist, tritt die Fehlmenge $z - s$ auf. Die erwartete Fehlmenge (während der Lieferzeit λ) in einem Bestellzyklus ist also gleich

$$\int\limits_{s}^{\infty} (z - s) f(z) dz,$$

wobei f die Verteilungsdichte der (kumulierten) Nachfrage während der Lieferzeit ist. Die erwarteten Fehlmengenkosten pro Bestellzyklus sind folglich

$$p \int\limits_{s}^{\infty} (z - s) f(z) dz.$$

Für die erwarteten Fehlmengenkosten pro ZE bekommen wir damit

$$(3.4.4) \quad E(SC) = \frac{pd}{q} \int\limits_{s}^{\infty} (z - s) f(z) dz.$$

Insgesamt erhalten wir dann mit (3.4.1) bis (3.4.4) für die erwarteten Gesamtkosten pro ZE

$$(3.4.5) \quad C(s, q) = \frac{Kd}{q} + h\left(\frac{q}{2} + s\right) + \frac{pd}{q} \int\limits_{s}^{\infty} (z - s) f(z) dz + cd - h\lambda d.$$

(c) Berechnung einer optimalen (s,q)-Bestellpolitik

Man kann zeigen, daß die Funktion C in (3.4.5) konvex und differenzierbar für $s \geq 0$ und $q > 0$ ist. Folglich können die optimalen Werte s^* und q^* durch Nullsetzen der partiellen Ableitungen $\partial C / \partial s$ und $\partial C / \partial q$ gefunden werden.

Wir erinnern an die Differentiation eines Integrals

$$G(s) := \int\limits_{\alpha(s)}^{\beta(s)} g(z, s) dz$$

nach dem Parameter s:

$$G'(s) = \int\limits_{\alpha(s)}^{\beta(s)} \frac{\partial g}{\partial s}(z, s) dz + \beta'(s) g(\beta(s), s) - \alpha'(s) g(\alpha(s), s),$$

wobei die Ableitung nach s durch einen Strich gekennzeichnet ist. Die Anwendung der letzteren Formel liefert

$$\frac{d}{ds}\int_s^\infty (z-s)f(z)dz = -\int_s^\infty f(z)dz - 1\cdot(s-s)f(s)$$

und damit

$$(3.4.6)\quad \frac{\partial C}{\partial s} = h - \frac{pd}{q}\int_s^\infty f(z)dz.$$

Weiter ist

$$(3.4.7)\quad \frac{\partial C}{\partial q} = -\frac{Kd}{q^2} + \frac{h}{2} - \frac{pd}{q^2}\int_s^\infty (z-s)f(z)dz.$$

Bezeichnen wir die erwartete Fehlmenge in einem Bestellzyklus mit $v(s)$, also

$$(3.4.8)\quad v(s):=\int_s^\infty (z-s)f(z)dz,$$

und beachten wir

$$\int_s^\infty f(z)dz = 1 - F(s),$$

wobei F die Verteilungsfunktion der (kumulierten) Nachfrage während der Lieferzeit ist, dann erhalten wir aus

$$\frac{\partial C}{\partial s} = 0, \quad \frac{\partial C}{\partial q} = 0$$

mit (3.4.7) und (3.4.6)

$$(3.4.9)\quad q^* = \sqrt{\frac{2\left(K + pv\left(s^*\right)\right)d}{h}}$$

$$(3.4.10)\quad F\left(s^*\right) = 1 - \frac{hq^*}{pd}.$$

Diese beiden nichtlinearen Gleichungen für s^* und q^* sind numerisch (näherungsweise) zu lösen, z.B. mit dem folgenden

Iterationsverfahren (stochastisches Losgrößenmodell)
Schritt 1:   Berechne q^* aus (3.4.9) mit $p := 0$
Schritt 2:   Bestimme s^* aus (3.4.10)
Schritt 3:   Bestimme q^* aus (3.4.9)
Wiederhole die Schritte 2 und 3, bis die (betragsmäßige) Differenz zweier auf-
einander folgender Werte von q^* und s^* jeweils kleiner als eine vorgegebene
Fehlerschranke ist.

❏

Im allgemeinen konvergiert dieses Iterationsverfahren relativ schnell (d.h., es sind nur
wenige Iterationen auszuführen). Der Anfangswert für q^* (mit $p = 0$ in (3.4.9))
entspricht gerade der optimalen Losgröße beim klassischen Losgrößenmodell
(vgl. (3.2.2)).

Bemerkungen

1. Da F eine Verteilungsfunktion ist, muß in (3.4.10) $0 \le hq^*/pd \le 1$ sein. Falls das
   Iterationsverfahren zu einem Wert $hq^*/pd > 1$ führt, ist dies ein Anzeichen dafür, daß p/h zu klein ist und ein negativer Lagerbestand während der Lieferverzögerung bei der Berechnung von $E(HC)$ nicht mehr vernachlässigt werden kann
   (durch die Näherungsformel (3.4.3) für $E(HC)$ werden die erwarteten Lagerungskosten pro ZE zu stark unterschätzt).
2. Wenn die Lieferzeit λ zu nahe an die erwartete Länge eines Bestellzyklus, q^*/d,
   herankommt (wir erinnern an die Voraussetzung $\lambda < q^*/d$), kann ebenfalls ein bei
   der Berechnung von $E(HC)$ nicht mehr vernachlässigbarer negativer Lagerbestand auftreten.
3. Die Größe $s^* - \lambda d = s^* - \mu$ ist als *Sicherheitsbestand* aufzufassen, der gegen
   einen negativen Lagerbestand während der Lieferzeit schützen soll. Die Wahrscheinlichkeit, daß ein negativer Lagerbestand auftritt, d.h. die (kumulierte) Nachfrage während der Lieferverzögerung größer als der Bestellpunkt s^* wird, ist nach
   (3.4.10)

   $$1 - F\left(s^*\right) = \frac{hq^*}{pd}.$$

   Bei wachsendem p/h wird diese Wahrscheinlichkeit kleiner.
4. Zur Lösung der beiden nichtlinearen Gleichungen (3.4.9) und (3.4.10) muß der In-
   tegralausdruck (3.4.8) für die erwartete Fehlmenge im Bestellzyklus, $v(s)$, wiederholt ausgewertet werden. Wir betrachten zwei spezielle Nachfrageverteilungen,
   für die dies relativ einfach möglich ist.
   Zunächst nehmen wir an, daß die *Nachfrage* während der Lieferzeit (μ, σ)-
   normalverteilt sei, also normalverteilt mit dem Erwartungswert $\mu = \lambda d$ und der
   Standardabweichung σ, was wie folgt motiviert werden kann: Stellt die gesamte
   Nachfrage die Summe der Nachfragen vieler einzelner Kunden dar und sind die

einzelnen Kundennachfragen voneinander unabhängig, so ist die Gesamtnachfrage aufgrund des zentralen Grenzwertsatzes näherungsweise normalverteilt. Mit

$$f(z) = \frac{1}{\sqrt{2\pi}\sigma} e^{-\frac{1}{2}\left(\frac{z-\mu}{\sigma}\right)^2}$$

liefert (3.4.8) nach einigen Zwischenrechnungen (vgl. RAVINDRAN ET AL. (1987), Abschnitt 8.10)

$$\text{(3.4.11)} \quad v(s) = \int_s^\infty (z-s) f(z) dz = \frac{1}{\sqrt{2\pi}} \int_s^\infty \left(\frac{z-\mu}{\sigma} - \frac{\mu-s}{\sigma}\right) e^{-\frac{1}{2}\left(\frac{z-\mu}{\sigma}\right)^2} dz$$

$$= \sigma\varphi\left(\frac{s-\mu}{\sigma}\right) + (\mu-s)\left(1 - \Phi\left(\frac{s-\mu}{\sigma}\right)\right).$$

Dabei sind φ die Verteilungsdichte und Φ die Verteilungsfunktion der (0,1)–Normalverteilung (tabellierte Standardnormalverteilung). Weiter hat man in (3.4.10)

$$\text{(3.4.12)} \quad F(s) = \Phi\left(\frac{s-\mu}{\sigma}\right).$$

$v(s)$ kann auch mit Hilfe der *(Standard–)Verlustfunktion* L berechnet werden, die durch

$$L(s) := \int_s^\infty (z-s)\varphi(z) dz$$

gegeben und ebenfalls tabelliert ist (vgl. z.B. NAHMIAS (1993), Abschnitt 5.4). Wir erhalten

$$\text{(3.4.13)} \quad v(s) = \sigma L\left(\frac{s-\mu}{\sigma}\right).$$

Ist die *Nachfrage* während der Lieferzeit *exponentialverteilt* mit dem Erwartungswert $\mu = \lambda d$, also

$$f(z) = \frac{1}{\mu} e^{-\frac{z}{\mu}} \quad \text{für } z \geq 0,$$

dann bekommen wir mit (3.4.8) und (3.4.9)

$$v(s) = \int_{s}^{\infty} (z-s) f(z) dz = \mu e^{-\frac{s}{\mu}} = \lambda d\, e^{-\frac{s}{\lambda d}}$$

$$q^* = \sqrt{\frac{2\left(K + p\lambda d\, e^{-\frac{s^*}{\lambda d}}\right) d}{h}}$$

sowie

$$F(s) = 1 - e^{-\frac{s}{\lambda d}} \quad \text{für } s \ge 0$$

und mit (3.4.10)

$$s^* = -\lambda d\, \ln \frac{hq^*}{pd}.$$

(d) Verlust unbefriedigter Nachfrage

Wir behandeln noch kurz den Fall, daß nicht befriedigte Nachfrage nicht vorgemerkt wird, sondern verloren geht. Die Fehlmengenkosten sind dann im wesentlichen als entgangener Gewinn zu interpretieren. Dieses Modell unterscheidet sich von dem bisher betrachteten Modell mit Vormerkung nur dann, wenn in einem Bestellzyklus die Nachfrage während der Lieferzeit größer als der Bestellpunkt s ist. In letzterem Fall startet man im anschließenden Bestellzyklus mit dem Lagerbestand 0. Der Lagerbestand in Abhängigkeit von der Zeit t hat im Unterschied zu Abb. 3.4.1 jetzt die in Abb. 3.4.2 gezeigte Form.

Die erwarteten Bestellkosten pro ZE, $E(OC)$, und die erwarteten Fehlmengenkosten pro ZE, $E(SC)$, sind im Verlustfall genauso groß wie im Fall mit Vormerkung. Da der durchschnittliche Lagerbestand beim jetzigen Modell ohne Vormerkung jedoch größer als beim Modell mit Vormerkung ist, ändern sich die erwarteten Lagerungskosten pro ZE, $E(HC)$. Der erwartete Endlagerbestand im Bestellzyklus ist jetzt nicht mehr $s - \lambda d$, da der Lagerbestand im Verlustfall nicht negativ sein darf. Sei z die realisierte Nachfrage während der Lieferzeit, dann ist der Endlagerbestand im Bestellzyklus gleich

$$s - z, \quad \text{falls } z \le s$$
$$0, \quad \text{falls } z > s \,.$$

Damit erhalten wir für den erwarteten Endlagerbestand unter Beachtung von $\mu = \lambda d$ und (3.4.8)

Lagerbestand

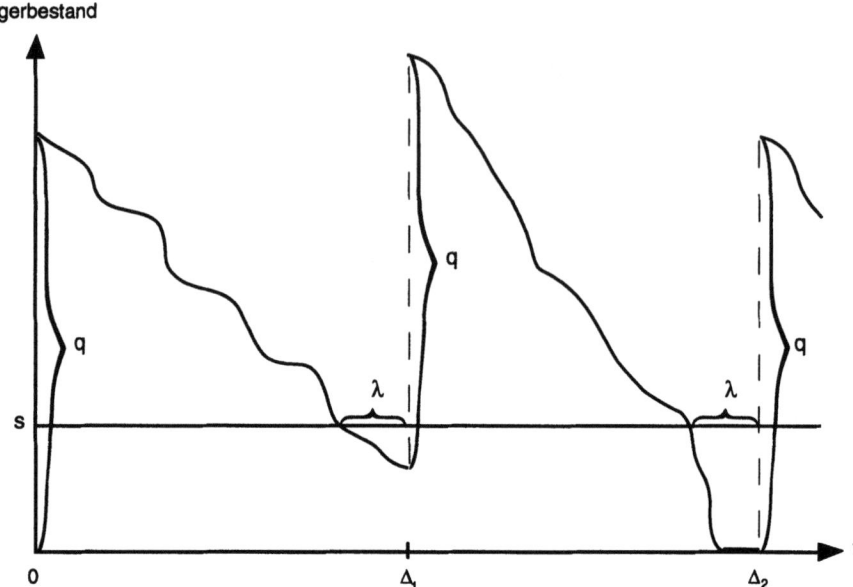

Abb. 3.4.2: Lagerbestand als Funktion der Zeit im Verlustfall

$$\int\limits_0^s (s-z)f(z)dz \;+\; \int\limits_s^\infty 0\cdot f(z)dz \;=\; \int\limits_0^s (s-z)f(z)dz$$

$$=\; \int\limits_0^\infty (s-z)f(z)dz \;-\; \int\limits_s^\infty (s-z)f(z)dz$$

$$=\; s\int\limits_0^\infty f(z)dz \;-\; \int\limits_0^\infty zf(z)dz \;+\; \int\limits_s^\infty (z-s)f(z)dz \;=\; s-\lambda d+v(s).$$

Ebenso wie der erwartete Endlagerbestand liegt beim Modell ohne Vormerkung auch der erwartete Anfangslagerbestand und damit der durchschnittliche erwartete Lagerbestand in einem Bestellzyklus um die erwartete Fehlmenge $v(s)$ höher als im Vormerkungsfall. Kennzeichnen wir die Kosten im Modell ohne Vormerkung durch einen Querstrich, so sind die erwarteten Lagerungskosten pro ZE, $E(\overline{HC})$, folglich gleich

$$E(\overline{HC}) = E(HC) \;+\; hv(s) = h\!\left(\frac{q}{2}+s-\lambda d+v(s)\right)$$

(vgl. (3.4.3)). Für die erwarteten Gesamtkosten pro ZE haben wir

$$\overline{C}(s,q) = C(s,q) + hv(s),$$

wobei $C(s,q)$ wieder durch (3.4.5) gegeben ist. Weiter ist

$$\frac{\partial \overline{C}}{\partial q} = \frac{\partial C}{\partial q}$$

und damit wie bisher

$$q^* = \sqrt{\frac{2\left(K + p v(s^*)\right)d}{h}}$$

(vgl. (3.4.9)). Nach (3.4.8) erhalten wir für die Ableitung von v nach s

$$v'(s) = \frac{d}{ds}\int\limits_s^\infty (z-s)f(z)dz = -\int\limits_s^\infty f(z)dz,$$

und wir bekommen für die partielle Ableitung von $\overline{C}$ bezüglich s (vgl. (3.4.6))

$$\frac{\partial \overline{C}}{\partial s} = \frac{\partial C}{\partial s} + hv'(s) = h - \left(\frac{pd}{q} + h\right)\int\limits_s^\infty f(z)dz.$$

$\partial \overline{C}/\partial s = 0$ liefert dann unter Beachtung von $\int_s^\infty f(z)dz = 1 - F(s)$ an Stelle von (3.4.10)

$$(3.4.14) \quad F\left(s^*\right) = 1 - \frac{hq^*}{pd + hq^*} = \frac{pd}{pd + hq^*}.$$

$F\left(s^*\right)$ und damit s^* ist also bei Verlust unbefriedigter Nachfrage größer als im Vormerkungsfall.

(e) Servicegrade

In der Praxis ist es oft schwierig, die Fehlmengenkosten p einigermaßen genau zu schätzen, insbesondere, da hierbei Goodwill–Verluste mit zu berücksichtigen sind. Statt dessen ist es einfacher, eine gewisse *Lieferbereitschaft* des Lagers zu spezifizieren, die auch *Servicegrad* genannt wird und ein Maß für die Befriedigung der Nachfrage darstellt. Im folgenden wollen wir zwei verschiedene Servicegrade kurz betrachten.

Beim *Servicegrad vom Typ 1* wird die Wahrscheinlichkeit α vorgegeben, daß während der Lieferzeit die Nachfrage befriedigt wird. Die Wahrscheinlichkeit α entspricht dem Anteil der Bestellzyklen, in denen keine Fehlmenge auftritt. Der Servicegrad vom Typ 1 wird verwendet, wenn jedes Auftreten einer Fehlmenge die gleichen Auswirkungen hat unabhängig von der Höhe der Fehlmenge (z.B., wenn ein Produktionsprozeß bei Fehlen eines Zwischenproduktes gestoppt wird unabhängig davon, ob eine oder 100 ME des Produktes fehlen).

Da die Wahrscheinlichkeit, daß keine Fehlmenge während der Lieferzeit auftritt, gleich $F(s)$ ist, ergibt sich der optimale Bestellpunkt s^* aus

(3.4.15) $F(s^*) = \alpha$.

Wir geben nun an, wie die optimale Losgröße q^* berechnet werden kann. Aus (3.4.10) und (3.4.15) folgt

$$\alpha = 1 - \frac{hq^*}{pd}$$

oder

(3.4.16) $p = \dfrac{hq^*}{(1-\alpha)d}$.

Setzen wir (3.4.16) in (3.4.9) ein, so erhalten wir

(3.4.17) $q^* = \sqrt{\dfrac{2Kd}{h} + \dfrac{2q^* v(s^*)}{1-\alpha}}$,

wobei s^* aus (3.4.15) bekannt ist. (3.4.17) stellt eine quadratische Gleichung für q^* dar, deren positive Wurzel die optimale Losgröße

(3.4.18) $q^* = \dfrac{v(s^*)}{1-\alpha} + \sqrt{\dfrac{2Kd}{h} + \left(\dfrac{v(s^*)}{1-\alpha}\right)^2}$

ist. Im Unterschied zum in Unterabschnitt (c) betrachteten Fall, wo die Fehlmengenkosten p gegeben sind, kann man also bei vorgeschriebenem Servicegrad α die gesuchten Größen s^* und q^* *nacheinander* berechnen und benötigt kein Iterationsverfahren.

Setzen wir (3.4.18) in (3.4.16) ein, dann bekommen wir die *induzierten Fehlmengenkosten p*. Wir stellen fest, daß mit wachsender Lieferbereitschaft α auch die induzierten Fehlmengenkosten p steigen.

Der Servicegrad vom Typ 1 stellt nicht das dar, was man in der Praxis im allgemeinen unter Lieferbereitschaft versteht. Eine Lieferbereitschaft von 95 % bedeutet üblicherweise, daß 95 % der auftretenden Nachfrage befriedigt werden und nicht, daß die Nachfrage in 95 % der Bestellzyklen erfüllt wird. Beim *Servicegrad vom Typ 2* gibt man den Anteil β der Nachfrage vor, der befriedigt wird. Da die erwartete Nachfrage pro Bestellzyklus gleich der optimalen Bestellmenge q^* ist und die erwartete Fehlmenge pro Bestellzyklus im optimalen Fall gleich $v(s^*)$ ist, beträgt der Anteil der unbefriedigten Nachfrage $v(s^*)/q^*$. Bei gegebenem β erhält man damit die Gleichung

$$\frac{v(s^*)}{q^*} = 1 - \beta$$

oder

(3.4.19) $v(s^*) = (1-\beta)q^*$.

Bei bekannter Losgröße q^* kann man aus (3.4.19) den optimalen Bestellpunkt s^* berechnen. Ist die Nachfrage während der Lieferzeit (μ, σ)–normalverteilt, so ergibt sich aus (3.4.19) und (3.4.13)

$$(3.4.20) \quad L\left(\frac{s^* - \mu}{\sigma}\right) = \frac{(1-\beta)q^*}{\sigma}.$$

Mit Hilfe der tabellierten Verlustfunktion L erhält man bei bekanntem q^* aus (3.4.20) den optimalen Bestellpunkt s^*.

Die zweite zur Berechnung von s^* und q^* erforderliche Gleichung resultiert aus (3.4.18), wenn man dort α durch $F(s^*)$ ersetzt:

$$(3.4.21) \quad q^* = \frac{v(s^*)}{1 - F(s^*)} + \sqrt{\frac{2Kd}{h} + \left(\frac{v(s^*)}{1 - F(s^*)}\right)^2}.$$

Die beiden nichtlinearen Gleichungen (3.4.21) und (3.4.19) zur Bestimmung von s^* und q^* können analog wie die Gleichungen (3.4.9) und (3.4.10) in Unterabschnitt (c) durch ein Iterationsverfahren (näherungsweise) gelöst werden. Als Anfangsnäherung für q^* wählt man wieder die optimale Losgröße beim klassischen Losgrößenmodell (s. (3.2.2)). Setzt man die optimale Losgröße q^* in (3.4.16) mit $F(s^*)$ an Stelle von α ein, dann erhält man die induzierten Fehlmengenkosten für den Servicegrad Typ 2:

$$(3.4.22) \quad p = \frac{hq^*}{\left(1 - F(s^*)\right)d}.$$

Wächst der Anteil β der befriedigten Nachfrage, so steigen auch wieder die induzierten Fehlmengenkosten p.

(f) Beispiel

Ein Feinkostgeschäft verkaufe eine beliebte Sorte Weißwurstsenf, die von einem Münchner Lieferanten zum Einkaufspreis von 10 DM pro Karton mit 6 Gläsern bezogen werde. Die Lieferzeit nach einer Bestellung betrage aufgrund der hohen Nachfrage beim Lieferanten ein halbes Jahr. Das Geschäft kalkuliere seine Lagerungskosten mit einem Zinssatz von 20 % p.a. und bewerte den Sympathieverlust beim Kunden für jeden nicht lieferbaren Karton mit 25 DM. Die Verwaltungskosten für die Aufgabe einer Bestellung belaufen sich auf 50 DM. Aus den Absatzdaten der Vergangenheit sei bekannt, daß die Nachfrage während der Lieferzeit normalverteilt ist mit einem Erwartungswert von 100 Kartons und einer Standardabweichung von 25 Kartons.

(i)   Bestimme eine optimale Bestellpolitik.
(ii)   Berechne folgende zusätzlichen Größen:
    Sicherheitsbestand
    Erwartete jährliche Bestell–, Lagerungs– und Fehlmengenkosten

Erwartete Zeitspanne zwischen zwei Bestellungen (erwartete Länge eines Bestellzyklus)

Anteil der Bestellzyklen, in denen keine Fehlmenge auftritt

Anteil der nicht befriedigten Nachfrage.

(iii) Ermittle eine optimale Bestellpolitik für den Fall, daß unbefriedigte Nachfrage nicht vorgemerkt wird, sondern verloren geht.

(iv) Bestimme eine optimale Bestellpolitik und die induzierten Fehlmengenkosten bei vorgegebenem

Servicegrad α vom Typ 1 mit $\alpha = 0,95$ bzw. $\alpha = 0,98$

Servicegrad β vom Typ 2 mit $\beta = 0,95$ bzw. $\beta = 0,98$.

Wir fassen die gegebenen Daten noch einmal zusammen:

Kumulierte Nachfrage (μ, σ)–normalverteilt mit $\mu = 100$, $\sigma = 25$ [Kartons],
$\lambda = 0,5$ [Jahre], $d = \mu/\lambda = 200$ [Kartons/Jahr], $I = 0,2$ [1/Jahr], $K = 50$ [DM],
$c = 10$ [DM/Karton], $h = Ic = 2$ [DM/Karton · Jahr], $p = 25$ [DM/Karton].

(i) Optimale Bestellpolitik

Nach (3.4.11), (3.4.13) und (3.4.12) ist

$$v(s) = 25\,\varphi\!\left(\frac{s-100}{25}\right) + (100-s)\!\left(1-\Phi\!\left(\frac{s-100}{25}\right)\right)$$

(3.4.23) $$= 25\,L\!\left(\frac{s-100}{25}\right)$$

$$F(s) = \Phi\!\left(\frac{s-100}{25}\right),$$

wobei φ die Verteilungsdichte und Φ die Verteilungsfunktion der Standardnormalverteilung sowie L die (Standard–)Verlustfunktion sind, die, wie schon erwähnt, tabelliert vorliegen. Wir bestimmen mit dem Iterationsverfahren aus Unterabschnitt (c) sukzessiv Näherungswerte q_i und s_i für die optimale Bestellmenge q^* und den optimalen Bestellpunkt s^*.

Start:

Aus (3.4.9) mit $p = 0$ erhalten wir

$$q_0 = \sqrt{\frac{2Kd}{h}} = 100.$$

Iteration 1:

Mit (3.4.10) bekommen wir

$$F(s_1) = \Phi\!\left(\frac{s_1-100}{25}\right) = 1 - \frac{hq_0}{pd} = 0,96,$$

was $s_1 \approx 144$ ergibt. Dies in (3.4.23) eingesetzt liefert

$$v(s_1) = 25\varphi\left(\frac{44}{25}\right) - 44\left(1 - \Phi\left(\frac{44}{25}\right)\right) = 25L\left(\frac{44}{25}\right) = 0,3595$$

und mit (3.4.9)

$$q_1 = \sqrt{\frac{2(K + pv(s_1))d}{h}} \approx 109.$$

Iteration 2:

$$\Phi\left(\frac{s_2 - 100}{25}\right) = 1 - \frac{hq_1}{pd} = 0,9565$$

$$s_2 \approx 143$$

$$v(s_2) = 25\varphi\left(\frac{43}{25}\right) - 43\left(1 - \Phi\left(\frac{43}{25}\right)\right) = 25L\left(\frac{43}{25}\right) = 0,3975$$

$$q_2 = \sqrt{\frac{2(K + pv(s_2))d}{h}} \approx 109.$$

Wegen $q_2 = q_1$ bricht das Iterationsverfahren ab, und wir erhalten als optimale $(s,q)-$Bestellpolitik

$$s^* = 143 \text{ [Kartons]}, \quad q^* = 109 \text{ [Kartons]}.$$

(ii) Zusätzliche Größen

Sicherheitsbestand: $\qquad\qquad\qquad\qquad s^* - \mu = 43$ [Kartons]

Erwartete jährliche Bestellkosten: $\qquad E(OC) = \dfrac{Kd}{q^*} + cd = 2092$ [DM]

Erwartete jährliche Lagerungskosten: $\quad E(HC) = h\left(\dfrac{q^*}{2} + s^* - \mu\right) = 195$ [DM]

Erwartete jährliche Fehlmengenkosten: $\quad E(SC) = \dfrac{pd}{q^*}v(s^*) = 18$ [DM]

Erwartete Länge eines Bestellzyklus: $\qquad \dfrac{q^*}{d} = 0,545$ [Jahre] $\approx 6\dfrac{1}{2}$ Monate

Anteil der Bestellzyklen ohne Fehlmenge: $\quad F(s^*) = 1 - \dfrac{hq^*}{pd} = 0,9564$

Erinnerung: $F(s^*)$ ist die Wahrscheinlichkeit, daß die Nachfrage während eines Bestellzyklus $\leq s^*$ ist, also keine Fehlmenge auftritt

Anteil der unbefriedigten Nachfrage: $\qquad\qquad \dfrac{v(s^*)}{q^*} = 0,00365 \hat{=} 0,365\%$

Erinnerung: $v(s^*)$ ist die erwartete Fehlmenge pro Bestellzyklus und q^* die erwartete Nachfrage pro Bestellzyklus.

(iii) Optimale Bestellpolitik im Verlustfall
Im Iterationsverfahren aus Unterabschnitt (c) ist jetzt (3.4.10) durch (3.4.14) zu ersetzen.

Iteration 1:
(3.4.14) liefert mit $q_0 = 100$

$$F(s_1) = \Phi\left(\frac{s_1 - 100}{25}\right) = \frac{pd}{pd + hq_0} = 0,9615$$

$$s_1 \approx 144$$

$$q_1 \approx 109.$$

Iteration 2:

$$\Phi\left(\frac{s_2 - 100}{25}\right) = \frac{pd}{pd + hq_1} = 0,9582$$

$$s_2 \approx 143$$

$$q_2 \approx 109.$$

Es ergibt sich also die gleiche optimale (s,q)–Bestellpolitik mit $s^* = 143$, $q^* = 109$ wie im Vormerkungsfall.

(iv) Optimale Bestellpolitik bei vorgegebenem Servicegrad
Vorgegebener Servicegrad $\alpha = 0,95$:
Aus (3.4.15) erhalten wir

$$F\left(s^*\right) = \Phi\left(\frac{s^* - 100}{25}\right) = \alpha = 0,95$$

$$s^* \approx 141$$

$$v\left(s^*\right) = 25\varphi\left(\frac{41}{25}\right) - 41\left(1 - \Phi\left(\frac{41}{25}\right)\right) = 25L\left(\frac{41}{25}\right) = 0,515$$

(3.4.18) ergibt

$$q^* = \frac{v\left(s^*\right)}{1 - \alpha} + \sqrt{\frac{2Kd}{h} + \left(\frac{v\left(s^*\right)}{1 - \alpha}\right)^2} \approx 111$$

(3.4.16) liefert für die induzierten Fehlmengenkosten

$$p = \frac{hq^*}{(1 - \alpha)d} = 22,17 \ [\text{DM}].$$

Vorgegebener Servicegrad $\alpha = 0,98$:

$$\Phi\left(\frac{s^* - 100}{25}\right) = \alpha = 0,98$$

$$s^* \approx 151$$

$$v\left(s^*\right) = 0,185$$

$$q^* \approx 110$$

$$p = 54,84 \ .$$

Vorgegebener Servicegrad $\beta = 0,95$:
Im Iterationsverfahren aus Unterabschnitt (c) sind jetzt (3.4.10) durch (3.4.20) und (3.4.9) durch (3.4.21) zu ersetzen.

Iteration 1:
(3.4.20) ergibt mit $q_0 = 100$

$$L\left(\frac{s_1 - 100}{25}\right) = \frac{(1-\beta)q_0}{25} = 0,2$$

$$s_1 \approx 112$$

(3.4.21) und (3.4.23) liefern mit $F(s) = \Phi((s - 100)/25)$

$$q_1 = \frac{v(s_1)}{1 - F(s_1)} + \sqrt{\frac{2Kd}{h} + \left(\frac{v(s_1)}{1 - F(s_1)}\right)^2} \approx 117 \ .$$

Iteration 2:

$$L\left(\frac{s_2 - 100}{25}\right) = \frac{(1-\beta)q_1}{25} = 0,2346$$

$$s_2 \approx 110$$

$$q_2 = \frac{v(s_2)}{1 - F(s_2)} + \sqrt{\frac{2Kd}{h} + \left(\frac{v(s_2)}{1 - F(s_2)}\right)^2} \approx 118 \ .$$

Iteration 3:

$$L\left(\frac{s_3 - 100}{25}\right) = \frac{(1-\beta)q_2}{25} = 0,2364$$

$$s_3 \approx 110 \ .$$

Wegen $s_3 = s_2$ bricht das Iterationsverfahren ab, und wir erhalten als optimale $(s, q)-$ Bestellpolitik

$$s^* = 110, \quad q^* = 118$$

sowie mit (3.4.23) die induzierten Fehlmengenkosten

$$p = \frac{hq^*}{\left(1 - F(s^*)\right)d} = 3,36.$$

Vorgegebener Servicegrad $\beta = 0,98$:
Startend mit $q_0 = 100$, ergeben sich in zwei Iterationen die Werte

$$s_1 \approx 126, \quad q_1 \approx 114$$
$$s_2 \approx 124, \quad q_2 \approx 114$$

und damit

$$s^* = 124, \quad q^* = 114$$
$$p = 6,67 .$$

Wir stellen fest, daß sowohl beim Servicegrad α vom Typ 1 als auch beim Servicegrad β vom Typ 2 die induzierten Fehlmengenkosten p mit wachsendem α bzw. β steigen.

Kapitel 4   Materialbedarfsplanung

Die Materialbedarfsplanung befaßt sich damit, die zur Erzeugung vorgegebener End-produktmengen (etwa aus Nachfrageprognosen und Kundenaufträgen oder aufgrund einer Produktions–Programmplanung bekannt) benötigten Mengen an Rohstoffen und Fremdteilen (auch als *Vorprodukte* bezeichnet) sowie an (selbstgefertigten) Zwi-schenprodukten zu ermitteln. Die vorgegebenen für den Absatzmarkt bestimmten Endproduktmengen nennt man den *Primärbedarf*, und die benötigten Mengen der Vor– und Zwischenprodukte stellen den *Sekundärbedarf* dar. Manchmal besteht auch ein Primärbedarf an gewissen Zwischenprodukten (z.B. Ersatzteilen) auf dem Absatz-markt.

Den sogenannten *Tertiärbedarf*, d.h. den Bedarf an Betriebsstoffen (z.B. Treib-stoffen und Schmiermitteln), Verschleißwerkzeugen u.ä. für die Produktion, werden wir im folgenden nicht betrachten. Der Tertiärbedarf wird in der Praxis im allgemei-nen aufgrund technologischer Kennzahlen (z.B. Schmiermittelverbrauch pro Maschi-nenstunde) oder mit Hilfe von Prognosemethoden (vgl. Kapitel 2) bestimmt bzw. ge-schätzt.

Der Sekundärbedarf wird aus sogenannten *Stücklisten* (die alle zur Erzeugung eines Produktes benötigten Materialien und Teile mit den zur Fertigung einer ME des Pro-duktes erforderlichen Mengen enthalten) oder entsprechenden Informationsträgern im Rahmen der *Stücklistenauflösung* bestimmt. Man spricht hierbei auch von *programm-gesteuerten Dispositionsverfahren*, da die Bedarfsmengen implizit durch die Produk-tions–Programmplanung bzw. Absatzplanung gegeben sind. Sogenannte *verbrauchs-gesteuerte Dispositionsverfahren* ermitteln die benötigten Mengen aus der Nachfrage-entwicklung in der Vergangenheit. Sie entsprechen also den in Kapitel 2 behandelten Prognosemethoden und werden vor allem bei Endprodukten, Ersatzteilen und, wie oben erwähnt, der Bestimmung des Tertiärbedarfs verwendet.

4.1   Erzeugnisstrukturen und ihre Darstellung

Die *Produktions–* oder *Erzeugnisstruktur* eines Unternehmens oder Teilbetriebes gibt die Zusammensetzung der im Unternehmen hergestellten Endprodukte aus den ein-zelnen Vor– und Zwischenprodukten (z.B. Baugruppen und Einzelteilen) wieder. Die einzelnen Produkte oder *Erzeugnisse* werden hierbei auch als (bestellte oder gefertigte) *Artikel* bezeichnet. Erzeugnisstrukturen lassen sich in verschiedener Form darstellen, z.B. als Erzeugnisbäume, Gozinto–Graphen oder Stücklisten.

4.1.1   Erzeugnisbäume und Gozinto–Graphen

Ein *Erzeugnisbaum* (auch *Stammbaum* genannt) zeigt die Komponenten eines Endproduktes, geordnet nach dem fertigungstechnischen Ablauf, den *Fertigungsstufen*. Die höchste Fertigungsstufe, etwa Stufe M, entspricht dem Endprodukt und die niedrigste Fertigungsstufe 0 den Rohstoffen und sonstigen Fremdteilen. Mehrfach verwendete Artikel, sogenannte *Wiederholteile*, führt man auf jeder Fertigungsstufe, in der sie vorkommen, entsprechend oft auf.

Bei einem Erzeugnisbaum sind den einzelnen Erzeugnissen die Knoten eines bewerteten *Intrees* (d.h. eines Digraphen, der genau eine Senke und für jeden übrigen Knoten genau einen Nachfolger [1] besitzt) zugeordnet. Ein Pfeil $< j, k >$ mit der Bewertung a_{jk} besagt, daß für die Fertigung von 1 ME des Artikels k unmittelbar (direkt) a_{jk} ME des Artikels j benötigt werden. a_{jk} wird *Direktbedarfskoeffizient, Produktionskoeffizient* oder *Inputkoeffizient* genannt. Abb. 4.1.1 zeigt je einen Erzeugnisbaum für zwei Endprodukte I und II, die aus Baugruppen A, B, C und Einzelteilen a, b, c, d gefertigt werden, wobei A, a, b und d Wiederholteile sind. Es ist zu beachten, daß, wenn ein Pfeil $< j, k >$ in mehreren Erzeugnisbäumen vorkommt (z.B. der Pfeil $< a, A >$ in Abb. 4.1.1), er jeweils die gleiche Bewertung a_{jk} hat.

Die Erzeugnisbäume in Abb. 4.1.1 sind *nach Fertigungsstufen* geordnet, d.h., Wiederholteile werden auf der Stufe aufgeführt, auf der sie tatsächlich verwendet werden. Abb. 4.1.2 zeigt die Erzeugnisbäume von Abb. 4.1.1 *nach Dispositionsstufen* geordnet. Gleiche Erzeugnisse, die auf unterschiedlichen Fertigungsstufen eingesetzt werden (aber nur einmal disponiert werden sollen), werden hierbei der untersten dieser Stufen zugeordnet. Knoten der Tiefe μ in nach Dispositionsstufen geordneten Erzeugnisbäumen entsprechen also Produkten der Dispositionsstufe $M - \mu$ ($\mu = 0, 1, ...,$ M). Im folgenden werden wir stets Dispositionsstufen statt Fertigungsstufen betrachten.

Eine kompaktere Darstellung einer Erzeugnisstruktur, die die Erzeugnisbäume für alle Endprodukte „zusammenfaßt" und bei der Wiederholteile nur jeweils einmal aufgeführt werden, liefert der sogenannte *Gozinto–Graph* (der Name rührt von dem Wortspiel "the part that goes into" her). Ein Pfeil $< j, k >$ im Gozinto–Graphen hat die gleiche Bewertung a_{jk} wie der entsprechende Pfeil $< j, k >$ in (evtl. mehreren) Erzeugnisbäumen. Abb. 4.1.3 zeigt den Gozinto–Graphen, der den beiden Erzeugnisbäumen in Abb. 4.1.2 entspricht, mit den zugehörigen Dispositionsstufen.

Ein Gozinto–Graph ist ein schwach zusammenhängender bewerteter Digraph mit Quellen und Senken. Die Quellen entsprechen den fremdbezogenen Artikeln (Rohstoffen und Fremdteilen) und die Senken den Endprodukten. Knoten mit sowohl Vor-

---

[1]   Unter Nachfolgern und Vorgängern eines Knotens in einem Digraphen verstehen wir im folgenden stets *unmittelbare* Nachfolger bzw. Vorgänger.

gängern als auch Nachfolgern sind Zwischenprodukten zugeordnet. Ist der Gozinto–Graph einer Erzeugnisstruktur ein Intree (insbesondere wird also nur ein Endprodukt gefertigt), so spricht man auch von einer *konvergierenden Erzeugnisstruktur,* die für reine Montageprozesse typisch ist. Ist der Gozinto–Graph ein *Outtree* (d.h. ein Digraph, der genau eine Quelle besitzt – die einem einzigen Ausgangsprodukt entspricht – und wobei jeder übrige Knoten genau einen Vorgänger hat), dann liegt eine *divergierende Erzeugnisstruktur* vor. Divergierende Erzeugnisstrukturen treten besonders häufig in der chemischen Industrie auf.

Fertigungsstufe

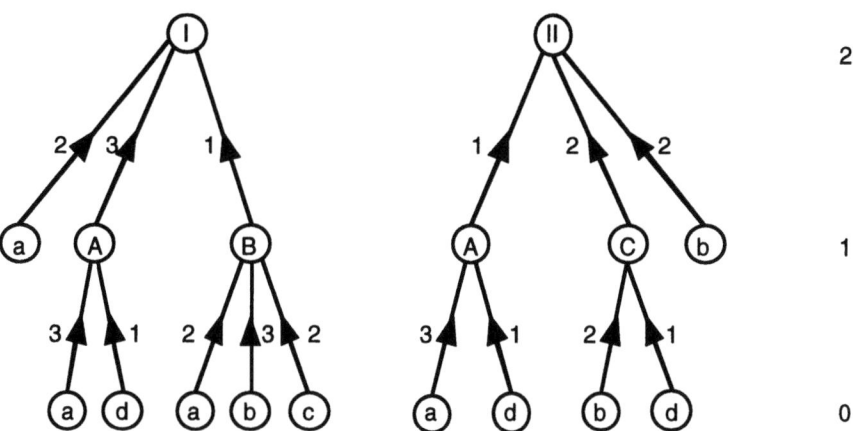

Abb. 4.1.1: Erzeugnisbäume nach Fertigungsstufen

Dispositionssstufe

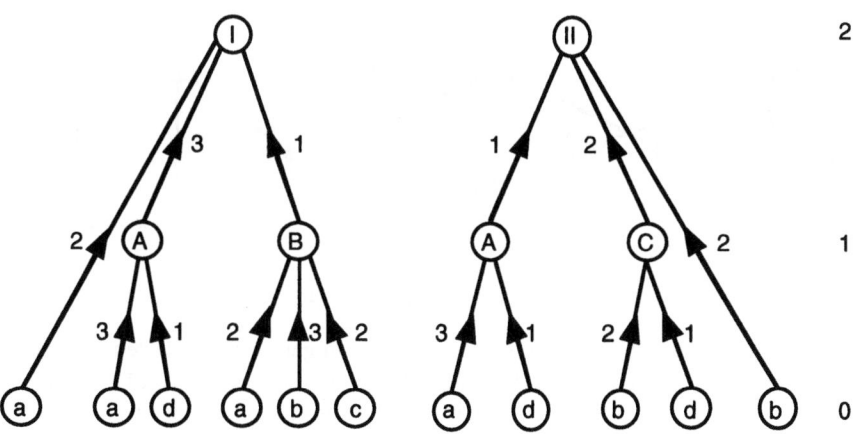

Abb. 4.1.2: Erzeugnisbäume nach Dispositionsstufen

Dispositionsstufe

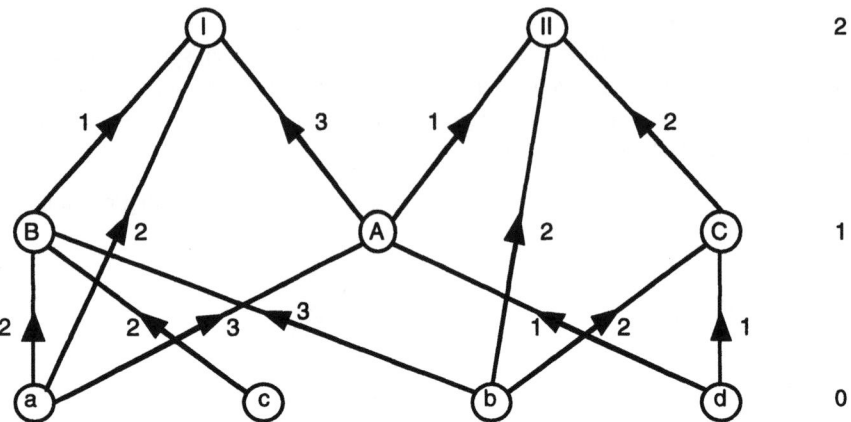

Abb. 4.1.3: Gozinto–Graph einer Erzeugnisstruktur

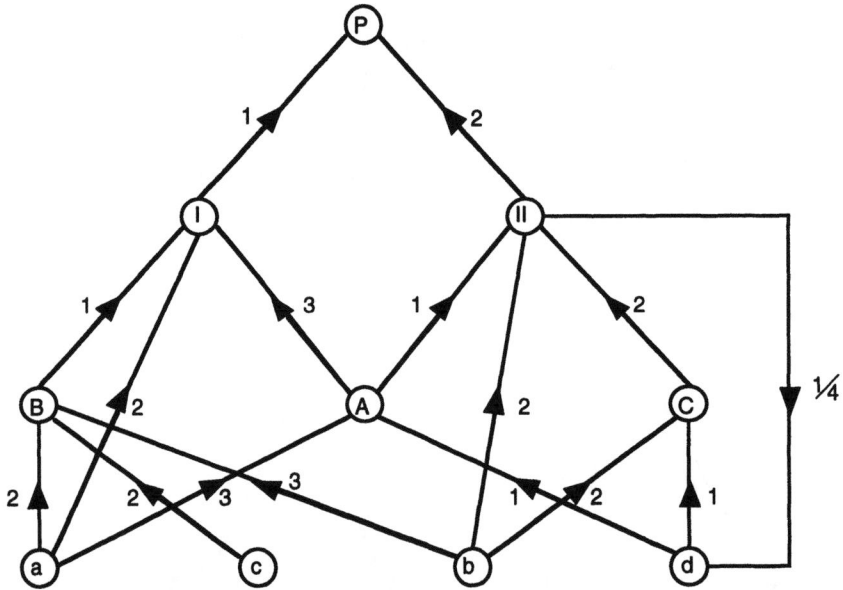

Abb. 4.1.4: Gozinto-Graph einer zyklischen Erzeugnisstruktur

Der Gozinto–Graph von Abb. 4.1.3 ist zyklenfrei. Fügen wir jedoch den Knoten P und die drei Pfeile $< I, P >$, $< II, P >$ und $< II, d >$ mit entsprechenden Bewertungen hinzu (vgl. Abb. 4.1.4), dann erhalten wir den Gozinto–Graphen einer *zyklischen Er-zeugnisstruktur*. P ist bei dieser Erweiterung das einzige Endprodukt, und I, II, A,

B, C und *d* sind Zwischenprodukte. Zyklischen Erzeugnisstrukturen kann man keine Erzeugnisbäume zuordnen. Zyklische Erzeugnisstrukturen treten z.b. in der chemischen Industrie auf, während im Maschinenbau zyklenfreie Produktionsstrukturen vorherrschen (z.b. bei Montagestrukturen und der Veredelungsfertigung).

4.1.2   Stücklisten

In der industriellen Praxis sind die Erzeugnisstrukturen meistens in Form von Listen dokumentiert, z.B. Stücklisten im Maschinenbau, Rezepturen in der chemischen Industrie, Materiallisten in der Bauwirtschaft und Zutatenlisten in der Textilindustrie. Von diesen Informationsträgern ist die *Stückliste* die allgemeinste Form. Die besonders häufig anzutreffende *Baukastenstückliste* enthält für jedes End– und jedes Zwischenprodukt genau diejenigen Komponenten mit ihren Mengen, die zur Erzeugung einer ME erforderlich sind (also die Produktionskoeffizienten). Für jedes Produkt existiert dabei eine getrennte (Teil–)Liste, für Wiederholteile aber nur jeweils eine Liste. Abb. 4.1.5 zeigt eine Baukastenstückliste für die Erzeugnisstruktur von Abb. 4.1.2 bzw. Abb. 4.1.3. Weitere Stücklistenarten sind z.B. in HOITSCH (1993), Abschnitt III.3.2.1.1, beschrieben.

4.1.3   Speicherung von Erzeugnisstrukturen

Wir betrachten kurz die Speicherung von Erzeugnisstrukturen in einer relationalen Datenbank (für Details verweisen wir auf SCHEER (1994), Abschnitt B.I.3.2.1). Wir verwenden die beiden Relationen **Teile** (entspricht einem Entitytyp im Entity–Relationship–Modell) und **Struktur** (entspricht einem Beziehungstyp).

Die Relation **Teile** besitze die Attribute *TNR* (Teilenummer), *Bezeichnung* und *Dispositionsstufe* (auf der das betreffende Teil disponiert wird). *TNR* ist hierbei ein Schlüsselattribut, das die eindeutige Identifizierung der Teile erlaubt. Die Relation **Struktur** besitze die Attribute *OTNR* (Teilenummer des übergeordneten Artikels, d.h. Endknoten des betreffenden Pfeils im Gozinto–Graphen), *UTNR* (Teilenummer des untergeordneten Artikels, d.h. Anfangsknoten des Pfeils im Gozinto–Graphen) und *Produktionskoeffizient*. *OTNR* und *UTNR* sind Schlüsselattribute zur eindeutigen Identifizierung der Pfeile im Gozinto–Graphen. Das Relationenmodell schreibt sich also kurz

   Teile (*TNR, Bezeichnung, Dispositionsstufe*)
   Struktur (*OTNR, UTNR, Produktionskoeffizient*).

Abb. 4.1.6 zeigt die Speicherung der durch die Erzeugnisbäume von Abb. 4.1.2 und den Gozinto–Graphen von Abb. 4.1.3 gegebenen Erzeugnisstruktur.

Endprodukt I besteht aus		
Bezeichnung	Teiletyp	Menge
A	Baugruppe	3
B	Baugruppe	1
a	Einzelteil	2

Endprodukt II besteht aus		
Bezeichnung	Teiletyp	Menge
A	Baugruppe	1
C	Baugruppe	2
b	Einzelteil	2

Baugruppe A besteht aus		
Bezeichnung	Teiletyp	Menge
a	Einzelteil	3
d	Einzelteil	1

Baugruppe B besteht aus		
Bezeichnung	Teiletyp	Menge
a	Einzelteil	2
b	Einzelteil	3
c	Einzelteil	2

Baugruppe C besteht aus		
Bezeichnung	Teiletyp	Menge
b	Einzelteil	2
d	Einzelteil	1

Abb. 4.1.5: Baukastenstückliste

Relation **Teile**	TNR	Bezeichnung	Dispositionsstufe
	1	I	2
	2	II	2
	3	A	1
	4	B	1
	5	C	1
	6	a	0
	7	b	0
	8	c	0
	9	d	0
Relation **Struktur**	OTNR	UTNR	Produktionskoeffizient
	1	3	3
	1	4	1
	1	6	2
	2	3	1
	2	5	2
	2	7	2
	3	6	3
	3	9	1
	4	6	2
	4	7	3
	4	8	2
	5	7	2
	5	9	1

Abb. 4.1.6: Relationenmodell

4.2 Bruttobedarfsermittlung (Stücklistenauflösung)

Bei der *Bruttobedarfsermittlung* (man spricht auch von *Stücklistenauflösung*) handelt es sich um die Bestimmung des Gesamtbedarfs aller Erzeugnisse, die wir von 1 bis n durchnumerieren wollen. Bei einer zyklenfreien Produktionsstruktur ist es zweckmäßig, den Endprodukten (also den Artikeln auf der höchsten Dispositionsstufe M) die ersten Nummern zuzuweisen, den Artikeln auf der zweithöchsten Dispositionsstufe $M-1$ die nächsten Nummern etc.

Sei d_j der (gegebene) *Primärbedarf* (in ME) des Erzeugnisses j $(j = 1, ..., n)$. Wie bereits bemerkt, kann auch für gewisse Zwischenprodukte (z.B. Ersatzteile) ein Primärbedarf bestehen. Weiter sei wieder a_{jk} die Anzahl der ME des Erzeugnisses j, die unmittelbar zur Herstellung einer ME des Erzeugnisses k benötigt werden, also der Direktbedarfs– oder Produktionskoeffizient $(j, k = 1, ..., n)$. Speziell sei $a_{jj} := 0$ $(j = 1, ..., n)$. Die $n \times n$–Matrix A mit den Elementen a_{jk} wird auch *Direktbedarfsmatrix* genannt. Schließlich seien s_j der *Sekundärbedarf* und z_j der (gesuchte) *Gesamtbedarf* (jeweils in ME) des Produktes j $(j = 1, ..., n)$. Es gilt dann

$$(4.2.1) \qquad \left. \begin{array}{l} z_j = d_j + s_j \\[2mm] s_j = \displaystyle\sum_{k=1}^{n} a_{jk} z_k \end{array} \right\} \quad (j = 1, ..., n) \ .$$

Führen wir Vektoren $z = (z_1, ..., z_n)^T$ und $d = (d_1, ..., d_n)^T$ ein, so schreibt sich (4.2.1) kürzer

$$z = d + Az$$

oder

$$(4.2.2) \qquad (I - A)z = d$$

mit der $n \times n$–Einheitsmatrix I. (4.2.2) stellt ein lineares Gleichungssystem für die gesuchten Größen $z_1, ..., z_n$ dar, das wir formal auflösen können:

$$z = (I - A)^{-1} d$$

(vorausgesetzt, die inverse Matrix $(I - A)^{-1}$ existiert). Die Matrix

$$G := (I - A)^{-1}$$

wird auch *Gesamtbedarfsmatrix* oder *Verflechtungsbedarfsmatrix* genannt. Das Element g_{jk} der Matrix G gibt die Anzahl ME des Artikels j an, die produziert (oder bestellt) werden müssen, um 1 ME von Artikel k zu erhalten.

Für unser Zahlenbeispiel aus Abschnitt 4.1 (gegeben etwa durch den Gozinto–Graphen von Abb. 4.1.3) lautet das Gleichungssystem (4.2.2), wenn wir als Primärbedarf für das Endprodukt *I* 2 ME, für das Endprodukt *II* 1 ME und für alle Zwischen– und Vorprodukte jeweils 0 annehmen:

$$
\begin{array}{rrrrrrrrrr}
z_I & & & & & & & & & = 2 \\
& z_{II} & & & & & & & & = 1 \\
-3z_I & -z_{II} & +z_A & & & & & & & = 0 \\
-z_I & & & +z_B & & & & & & = 0 \\
& -2z_{II} & & & +z_C & & & & & = 0 \\
-2z_I & & -3z_A & -2z_B & & +z_a & & & & = 0 \\
& -2z_{II} & & -3z_B & -2z_C & & +z_b & & & = 0 \\
& & & -2z_B & & & & +z_c & & = 0 \\
& & -z_A & & -z_C & & & & +z_d & = 0
\end{array}
$$

Es handelt sich hierbei um ein gestaffeltes Gleichungssystem, dessen Koeffizienten-matrix eine untere Dreiecksmatrix ist, wobei alle Diagonalelemente gleich 1 sind. Ein solches Gleichungssystem läßt sich leicht sukzessiv lösen (mit dem Rechenaufwand $O(n^2)$). Als Lösung des gestaffelten Gleichungssystems für unser Zahlenbeispiel be-kommen wir

$$
z_I = 2, \quad z_{II} = 1
$$
$$
z_A = 7, \quad z_B = 2, \quad z_C = 2
$$
$$
z_a = 29, \quad z_b = 12, \quad z_c = 4, \quad z_d = 9 \ .
$$

Allgemein erhält man bei zyklenfreien Produktionsstrukturen das folgende gestaffelte Gleichungssystem mit einer unteren Dreiecksmatrix als Koeffizientenmatrix, wenn man die Erzeugnisse, wie oben beschrieben, nach nichtwachsenden Dispositions-stufen durchnumeriert:

$$
(4.2.3) \quad z_j = d_j + \sum_{k=1}^{j-1} a_{jk} z_k \quad (j = 1, \ldots, n)
$$

$$
\text{mit} \ \sum_{k=1}^{0} a_{1k} z_k := 0.
$$

Bezeichnet $S(j)$ die Menge der Nachfolger von Knoten j im Gozinto–Graphen bzw. von Erzeugnis j, so kann (4.2.3) auch durch

$$
(4.2.4) \quad z_j = d_j + \sum_{k \in S(j)} a_{jk} z_k \quad (j = 1, \ldots, n)
$$

$$
\text{mit} \ \sum_{k \in \emptyset} a_{jk} z_k := 0
$$

ersetzt werden, wobei $S(j) \subseteq \{1, \ldots, j-1\}$ gilt und $S(j) = \emptyset$ ist, falls j einem End-produkt entspricht.

Das Gleichungssystem (4.2.3) bzw. (4.2.4) besitzt eine eindeutige Lösung (und damit existiert auch die Gesamtbedarfsmatrix G). Bei zyklischen Produktionsstrukturen aus der Praxis (falls bei der Modellierung keine Fehler gemacht werden) sollte das Gleichungssystem (4.2.2) ebenfalls eine eindeutige Lösung haben, die z.B. mit dem Gaußschen Algorithmus mit dem Rechenaufwand $O(n^3)$ bestimmt werden kann.

Bei zyklenfreien Produktionsstrukturen gilt für die Diagonalelemente der Matrix G $g_{ij} = 1$ ($j = 1, ..., n$). In diesem Fall führt man oft noch die sogenannte *Mengenübersichtsmatrix*

$$M := G - I$$

ein, die sich von G nur dadurch unterscheidet, daß alle Diagonalelemente gleich 0 statt gleich 1 sind. Abb. 4.2.1 zeigt die Matrix M für die in den Abbildungen 4.1.2 bis 4.1.5 dargestellte Erzeugnisstruktur. Die Zeilen von M repräsentieren die *Teileverwendungsnachweise*. So benötigt man in unserem Beispiel etwa von Artikel a 13 ME für 1 ME des Endproduktes I, 3 ME von a für 1 ME von II, 3 ME von a für 1 ME von A und 2 ME von a für 1 ME von B (vgl. Zeile a in Abb. 4.2.1). Die Elemente m_{jk} der Matrix M ergeben sich wie folgt: Für jeden Weg von j nach k im zugehörigen Gozinto-Graphen bilden wir das Produkt der Bewertungen (Direktbedarfskoeffizienten) der Pfeile dieses Weges. Anschließend summieren wir die erhaltenen Produkte über alle Wege auf. In unserem Beispiel bekommen wir etwa

$$m_{aI} = 2 \cdot 1 + 2 + 3 \cdot 3 = 13.$$

Einsatz von \ Einsatz in	I	II	A	B	C	a	b	c	d
I	0	0	0	0	0	0	0	0	0
II	0	0	0	0	0	0	0	0	0
A	3	1	0	0	0	0	0	0	0
B	1	0	0	0	0	0	0	0	0
C	0	2	0	0	0	0	0	0	0
a	13	3	3	2	0	0	0	0	0
b	3	6	0	3	2	0	0	0	0
c	2	0	0	2	0	0	0	0	0
d	3	3	1	0	1	0	0	0	0

Abb. 4.2.1: Mengenübersichtsmatrix

4.3 MRP (Material Requirements Planning)

4.3.1 Ablauf von MRP

MRP ist ein rechnergestütztes Verfahren für die Materialwirtschaft, das zur

- Bedarfsermittlung
- Teiledisposition
- Lagerbestandsführung

bei mehrstufiger Fertigung benutzt wird. Dabei beschränkt man sich im allgemeinen auf zyklenfreie Erzeugnisstrukturen. MRP ermittelt für jedes Erzeugnis innerhalb eines vorgegebenen Planungszeitraumes die in den einzelnen Perioden zu produzierenden Losgrößen (bzw. die Bestellmengen der zu beschaffenden Rohstoffe und Fremdteile). In der Praxis entspricht eine Planungsperiode meistens einer Woche.

Für MRP werden folgende Daten benötigt:

(i) Erzeugnisstruktur (durch einen Gozinto–Graphen oder Stücklisten bzw. entsprechende Dateien gegeben), engl. *Bill of Materials File (BOM File)*, und „Durchlaufzeiten" der Fertigungslose auf den einzelnen Dispositionsstufen.

(ii) Primärbedarf aller Erzeugnisse für jede Periode des Planungszeitraumes (aufgrund von Bedarfsprognosen und bekannten Kundenaufträgen oder aufgrund eines Produktionsprogramms, vgl. Abschnitte 6.1 und 6.2.1), engl. *Master Production Schedule (MPS)*.

(iii) Disponibler (verfügbarer) Lagerbestand jedes Produktes für jede Periode t des Planungszeitraumes (d.h. körperlicher Lagerbestand plus vor Beginn des Planungszeitraumes bestellte bzw. produzierte, in Periode t verfügbare Menge minus gegebenenfalls erforderliche Nachlieferungen aufgrund von Fehlmengen in früheren Perioden), engl. *Inventory Records File (IR File)*.

Die *Durchlaufzeit* oder *Vorlaufzeit* für ein Fertigungslos eines Erzeugnisses auf einer Dispositionsstufe umfaßt die *Durchführungszeit* (Rüst– und Bearbeitungszeit) und die sogenannte *Übergangszeit* (Transport–, ablaufbedingte Liege– und Kontrollzeiten). Im Rahmen von MRP, wo nur eine Grobterminplanung vorgenommen wird, begnügt man sich in der Regel mit einer groben Schätzung der Durchlaufzeiten. Bei externen Produkten (Rohstoffen und Fremdteilen) entspricht der Durchführungszeit die Beschaffungszeit.

Im Rahmen von MRP werden für die Produkte auf jeder Dispositionsstufe für alle Perioden nacheinander die Schritte

- Stücklistenauflösung (Bruttobedarfsermittlung)
- Nettobedarfsermittlung
- Losbildung
- Vorlaufverschiebung oder Grobterminplanung (Terminierung der Lose)

durchgeführt, beginnend mit Dispositionsstufe M (Endprodukte) und endend mit Stufe 0 (externe Produkte). Diese Schritte wollen wir jetzt etwas detaillierter betrachten.

Schritte 1 und 2: Brutto- und Nettobedarfsermittlung

Bei bekanntem Bruttobedarf z_j eines Erzeugnisses j ergibt sich der *Nettobedarf* (engl. requirement) r_j, indem man von z_j den disponiblen Lagerbestand x_j subtrahiert und einen *Sicherheitsbestand* $b_j \geq 0$ addiert. Genauer gilt

$$r_j = \max\left(0, z_j - x_j + b_j\right).$$

Um auszudrücken, daß die letztere Beziehung für jede Periode t des betrachteten Planungszeitraumes gilt, schreiben wir

(4.3.1) $r_t^j = \max\left(0, z_t^j - x_t^j + b_t^j\right).$

Um Produktindex j und Periodenindex t auseinanderzuhalten, tritt hierbei wie in Abschnitt 3.3.3b der Produktindex als oberer Index auf. Ein positiver Nettobedarf r_t^j führt bei einem eigengefertigten (internen) Produkt j zu einem Produktionsauftrag und bei einem fremdbezogenen (externen) Produkt j zu einer Bestellung.

Das Gleichungssystem (4.2.4) für den Bruttobedarf ist jetzt durch folgende Beziehung für den Bruttobedarf z_t^j von Erzeugnis j in Periode t zu ersetzen:

(4.3.2) $z_t^j = d_t^j + \sum_{k \in S(j)} a_{jk} r_t^k.$

Dabei ist d_t^j der Primärbedarf von Erzeugnis j in Periode t. Die Gleichungen (4.3.2) und (4.3.1) sind für jeden Artikel j der vorliegenden Dispositionsstufe und jede Periode t wie folgt auszuwerten, wobei L_μ die Menge der auf Dispositionsstufe μ produzierten Erzeugnisse sei:

Algorithmus Brutto- und Nettobedarfsermittlung
Für $\mu = M, M-1, \ldots, 0$
    Für alle $j \in L_\mu$ und $t = 1, \ldots, T$
        Berechne z_t^j aus (4.3.2)
        Berechne r_t^j aus (4.3.1)   ❏

Schritt 3: Losbildung

Bei der Serienproduktion erfolgt die Fertigung im allgemeinen nicht bedarfssynchron. Statt dessen werden in der Regel für jedes Erzeugnis separat die Nettobedarfsmengen (Nachfragen) mehrerer Perioden zu Fertigungslosen bzw. Bestellmengen zusammengefaßt. Geschieht eine solche Zusammenfassung nicht, so spricht man von einer *Los–für–Los–Fertigung* (engl. lot for lot), die bei sehr geringen Umrüstkosten günstig sein kann (z.B. bei vielen flexiblen Fertigungssystemen, vgl. Abschnitt 5.4). Schwankt die Nachfrage nur wenig von Periode zu Periode, dann kann die Bestimmung der Losgröße nach der klassischen Losgrößenformel (s. Abschnitt 3.2.1a) zweckmäßig sein. Bei zeitlich stärker variierendem Nettobedarf empfiehlt sich ein dynamisches Losgrößenmodell, und die Losgrößen ermittelt man etwa mit dem Wagner–Whitin–Algorithmus (Abschnitt 3.3.2) oder mit einem heuristischen Verfahren, z.B. der Silver–Meal–Heuristik (Abschnitt 3.3.3). Wir bemerken noch, daß bei der Losgrößenbestimmung im Rahmen von MRP eine beschränkte Produktionskapazität in der Regel unberücksichtigt bleibt.

Werden bei nicht bedarfssynchroner Fertigung die Nettobedarfsmengen mehrerer Perioden zu Fertigungslosen zusammengefaßt, so ist in (4.3.2) r_t^k durch die in Periode t zu produzierende Menge q_t^k von Produkt k zu ersetzen.

Schritt 4: Vorlaufverschiebung (Grobterminplanung)

Damit die Erzeugnisse einer Dispositionsstufe μ für die Produktion auf der nächsthöheren Dispositionsstufe $\mu+1$ rechtzeitig zur Verfügung stehen, ist der Produktionsbeginn (bzw. Bestellzeitpunkt) für die Lose auf Stufe μ im allgemeinen vorzuverlegen. Wird ein Los eines auf Stufe μ disponierten Artikels j in Periode t benötigt (zur Produktion der Artikel auf Stufe $\mu+1$) und beträgt die *Durchlaufzeit* oder *Vorlaufzeit* für dieses Los p^j Perioden, so ist der Produktionslauf hierfür in Periode $t-p^j$ zu starten (die Durchlaufzeit p^j des Loses hängt im allgemeinen von der Losgröße ab). Die terminierten Lose werden dann als *Betriebsaufträge* bezeichnet. Im Fall eines eigengefertigten Artikels spricht man auch von einem *Produktions–* oder *Fertigungsauftrag* und bei einem fremdbezogenen Artikel von einem *Bestell–* oder *Einkaufsauftrag*.

Im Rahmen von MRP werden beschränkte Produktionskapazitäten explizit nicht berücksichtigt [2]. Bevor die Betriebsaufträge zur Fertigung freigegeben werden, muß also noch überprüft werden, ob die Kapazitäten ausreichen. Dies erfolgt in dem sich an MRP anschließenden *Kapazitätsabgleich*, auf den wir in Abschnitt 4.4 eingehen werden. MRP und Kapazitätsabgleich liefern im allgemeinen eine „wochengenaue" Planung, die sich oft nur auf A–Teile (vgl. Abschnitt 3.1.2) bezieht und Transport– und Rüstzeiten in der Regel nicht berücksichtigt. Sollen die letzteren Einschränkungen entfallen und ist man etwa an einer „schichtgenauen" Planung interessiert, so ist eine auf einem feineren Zeitraster basierende *Auftragsterminplanung* und eine damit gekoppelte *Kapazitätsplanung* anzuschließen, worauf wir in Abschnitt 5.1 eingehen werden.

---

[2] Eine implizite Berücksichtigung der verfügbaren Maschinenkapazitäten findet insofern statt, als geringere Kapazitäten zu größeren Durchlaufzeiten (bedingt durch längere Warte- bzw. Liegezeiten) führen.

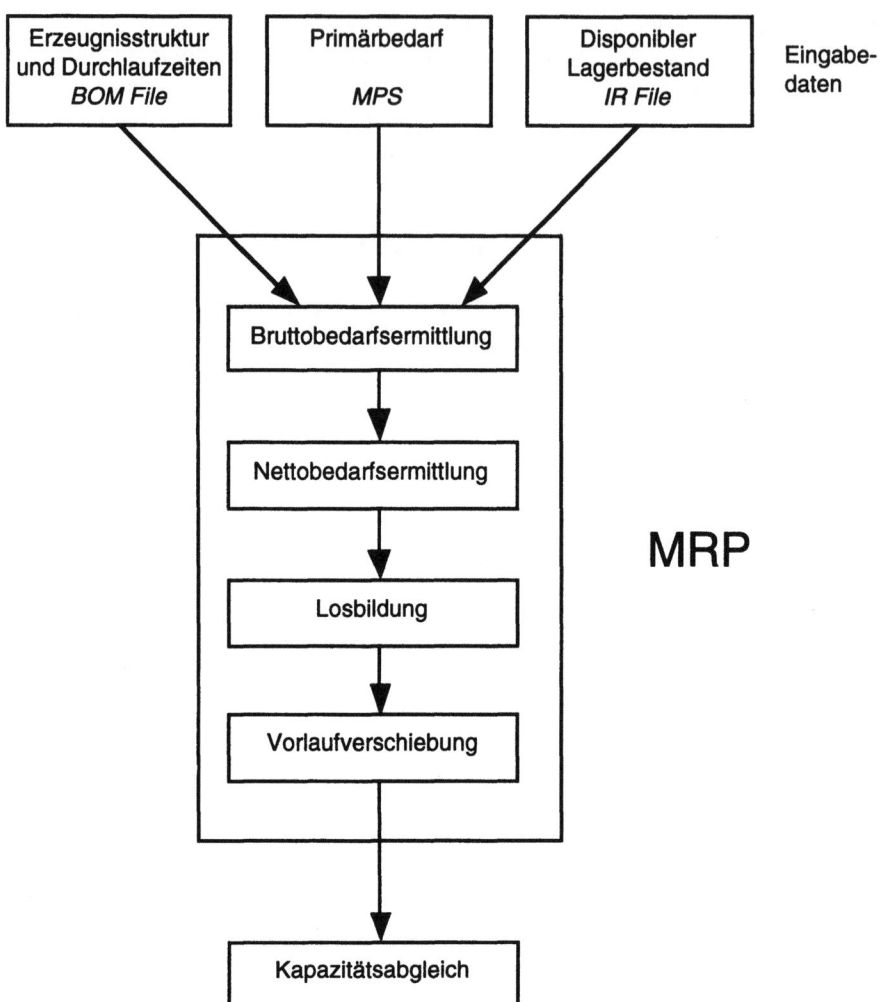

Abb. 4.3.1: MRP–Ablauf in einer Planungsperiode auf einer Dispositionsstufe

In Abb. 4.3.1 ist der prinzipielle Ablauf von MRP in einer Planungsperiode auf einer Dispositionsstufe zusammen mit den Eingabedaten illustriert.

Wir geben noch einmal die einzelnen Rechenschritte von MRP an:

Algorithmus MRP
Für $\mu = M, M-1, \ldots, 0$
   Für alle $j \in L_\mu$
      Für $t = 1, \ldots, T$
         Setze $z_t^j := d_t^j + \sum\limits_{k \in S(j)} a_{jk} q_t^k$ *(Bruttobedarfsermittlung)*

         Setze $r_t^j := \max\left(0, z_t^j - x_t^j + b_t^j\right)$ *(Nettobedarfsermittlung)*

      Für $t = 1, \ldots, T$
         Berechne die Losgröße q_t^j mit einem geeigneten Verfahren
                                                        (Losbildung)
         Ermittle die Durchlaufzeit p^j für das Los der Größe q_t^j
         Für $t < 1$ setze $q_t^j := 0$ [3]
      Für $t = 1, \ldots, T$
         Falls $q_t^j > 0$, setze $q_{t-p^j}^j := q_{t-p^j}^j + q_t^j$ und $q_t^j := 0$

                                      (Vorlaufverschiebung)

                                                   ❑

4.3.2 Zahlenbeispiel

Zur Illustration von MRP betrachten wir ein Zahlenbeispiel. Der Einfachheit halber legen wir nur den in Abb. 4.3.2 wiedergegebenen Ausschnitt des Gozinto–Graphen von Abb. 4.1.3 zugrunde. Die Durchlaufzeiten p^j der einzelnen Produkte j seien unabhängig von der jeweiligen Losgröße.

Wir nehmen an, daß eine Zeitperiode einer Woche entspreche und Vorhersagen des Primärbedarfs (= Bruttobedarfs) von *Endprodukt I* in den Kalenderwochen 12 bis 18 eines Jahres bekannt seien, die in Tab. 4.3.1 zusammengestellt sind. Zu Beginn der Wochen 12 und 14 betrage der disponible (verfügbare) Lagerbestand 8 bzw. 4 ME, so daß der Nettobedarf in diesen beiden Wochen gleich $30-8=22$ bzw. $24-4=20$ ME ist, wobei wir vorausgesetzt haben, daß kein Sicherheitsbestand erforderlich sei. In den übrigen Wochen sei der disponible Lagerbestand gleich 0.

Wir nehmen an, daß die Rüstkosten für das Endprodukt I sehr niedrig seien, so daß sich eine Los–für–Los–Fertigung (bedarfssynchrone Fertigung) empfiehlt. Da die Durchlaufzeit für ein Los 2 Wochen beträgt, ist der Produktionsbeginn für die einzelnen Lose jeweils um 2 Wochen vorzuverlegen, was die Betriebsaufträge ergibt.

Wir betrachten jetzt die *Baugruppe A*. Für die Produktion einer ME des Endproduktes I sind 3 Baugruppen A erforderlich (vgl. Abb. 4.3.2). Dies liefert den in Tab. 4.3.2 aufgelisteten Bruttobedarf von Baugruppe A in den einzelnen Wochen. Der verfügbare Lagerbestand zu Beginn von Woche 10 betrage 12 ME und sei in den

---

[3] Streng genommen müßte „$t < 1$" durch „$t = 1 - \max_{j \in L_\mu} p^j, \ldots, 0$" ersetzt werden.

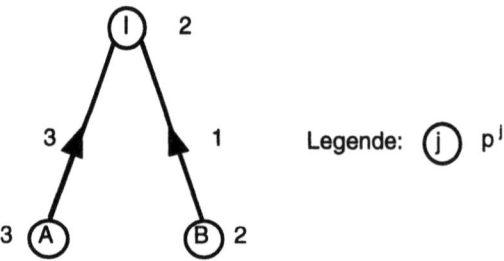

Abb. 4.3.2: Teil eines Gozinto-Graphen mit Durchlaufzeiten

Woche	10	11	12	13	14	15	16	17	18
Primärbedarf			30	16	24	14	22	15	13
Verfügbarer Bestand			8		4				
Nettobedarf = Fertigungslose			22	16	20	14	22	15	13
Aufträge	22	16	20	14	22	15	13		

Tab. 4.3.1: Endprodukt I

Woche	7	8	9	10	11	12	13	14	15	16
Bruttobedarf				66	48	60	42	66	45	39
Verfügbarer Bestand				12						
Nettobedarf				54	48	60	42	66	45	39
Lose				162	0	0	192	0	0	0
Endlagerbestand				108	60	0	150	84	39	0
Aufträge	162	0	0	192	0	0	0			

Tab. 4.3.2: Baugruppe A

übrigen Wochen gleich 0. Sicherheitsbestände seien nicht erforderlich. Damit erhalten wir den in Tab. 4.3.2 angegebenen Nettobedarf in den einzelnen Wochen.

Die Rüstkosten K für Baugruppe A sollen 400 DM und der Lagerkostensatz pro Woche und Baugruppe $h = 2$ DM betragen. Mit Hilfe der Silver–Meal–Heuristik wollen wir Losgrößen bestimmen. Seien $C_{t\tau}$ wieder die Rüst– plus Lagerungskosten für ein Los mit der Reichweite $t, t+1, ..., \tau$. Die Kosten $C_{t\tau}$ für $\tau = t, t+1, ...$ können wie folgt sukzessiv berechnet werden (vgl. (3.3.7) und (3.3.8) mit r statt d):

$$C_{tt} = K$$

$$C_{t\tau} = C_{t,\tau-1} + (\tau - t)hr_\tau \quad \text{für} \quad \tau = t+1, t+2, \ldots$$

Dabei ist r_τ der Nettobedarf in Woche τ.
   Wir starten die Silver–Meal–Heuristik mit

$$C_{10,10} = K = 400.$$

Weiter ist

$$C_{10,11} = C_{10,10} + hr_{11} = 400 + 2 \cdot 48 = 496, \qquad \frac{C_{10,11}}{2} = 248$$

$$C_{10,12} = C_{10,11} + 2hr_{12} = 496 + 2 \cdot 2 \cdot 60 = 736, \qquad \frac{C_{10,12}}{3} = 245,3$$

$$C_{10,13} = C_{10,12} + 3hr_{13} = 736 + 3 \cdot 2 \cdot 42 = 988, \qquad \frac{C_{10,13}}{4} = 247 .$$

Wegen

$$\frac{C_{10,13}}{4} > \frac{C_{10,12}}{3}$$

brechen wir ab. Die Reichweite des Fertigungsloses in Woche 10 umfaßt also die Wochen 10 bis 12, und die Losgröße ist gleich $q_{10} = r_{10} + r_{11} + r_{12} = 162$ (für die Wochen 11 und 12 haben wir $q_{11} = q_{12} = 0$).
   Anschließend berechnen wir

$$C_{13,13} = K = 400$$

$$C_{13,14} = C_{13,13} + hr_{14} = 532, \qquad \frac{C_{13,14}}{2} = 266$$

$$C_{13,15} = C_{13,14} + 2hr_{15} = 712, \qquad \frac{C_{13,15}}{3} = 237,3$$

$$C_{13,16} = C_{13,15} + 3hr_{16} = 946, \qquad \frac{C_{13,16}}{4} = 236,5 .$$

Folglich umfaßt die Reichweite des Loses in Woche 13 die Wochen 13 bis 16, und die Losgröße ist $q_{13} = r_{13} + r_{14} + r_{15} + r_{16} = 192$. Da die Durchlaufzeit eines Loses 3 Wochen beträgt, ist der Produktionsbeginn der beiden Lose jeweils um 3 Wochen vorzuverlegen (vgl. Tab. 4.3.2). In Tab. 4.3.2 ist außerdem der Lagerbestand am Ende jeder Woche (vor der Vorlaufverschiebung) angegeben, der die Differenz aus Losgröße und bisher angefallenem Nettobedarf darstellt.
   Wir wollen die Rüst- plus Lagerungskosten für die Silver–Meal–Politik und die Los–für–Los–Politik miteinander vergleichen. Bei der Silver–Meal–Politik werden zwei Fertigungslose aufgelegt, die gesamten Rüstkosten betragen also 800 DM. Die Summe der Endlagerbestände in den einzelnen Wochen beträgt $108 + 60 + \ldots + 39 + 0$

Woche	8	9	10	11	12	13	14	15	16
Bruttobedarf = Nettobedarf = Lose			22	16	20	14	22	15	13
Aufträge	22	16	20	14	22	15	13		

Tab. 4.3.3: Baugruppe B

$= 441$. Damit ergeben sich die gesamten Lagerungskosten zu $2 \cdot 441 = 882$ DM. Die Rüst– plus Lagerungskosten der Silver–Meal–Heuristik sind folglich $C_{10,12} + C_{13,16} = 1682$ DM. Bei der Los–für–Los–Politik fallen keine Lagerungskosten an, jedoch in jeder der 7 Wochen Rüstkosten in Höhe von 400 DM. Die Gesamtkosten betragen damit $7 \cdot 400 = 2800$ DM und sind erheblich höher als bei der Silver–Meal–Politik.

Für eine ME des Endproduktes *I* benötigen wir eine *Baugruppe B*. Den entsprechenden Bruttobedarf für Baugruppe *B* zeigt Tab. 4.3.3. Wir nehmen an, daß der verfügbare Lagerbestand in jeder Woche gleich 0 und ein Sicherheitsbestand nicht erforderlich sei. Damit ist der Nettobedarf gleich dem Bruttobedarf. Die Rüstkosten seien relativ gering, so daß eine bedarfssynchrone Fertigung erfolgt. Die Durchlaufzeit von 2 Wochen bedingt eine Vorverlegung der Lose um jeweils 2 Wochen (vgl. Tab. 4.3.3).

4.3.3 Mängel und Modifikationen von MRP

MRP stellt ein in der Praxis häufig verwendetes Planungsinstrument dar. Einige der Voraussetzungen, auf denen MRP basiert, sind jedoch nicht sehr realistisch. Im folgenden wollen wir diese Voraussetzungen und ihre Konsequenzen kurz diskutieren sowie Möglichkeiten der Abhilfe ansprechen.

(i) Unsichere Daten

MRP setzt voraus, daß alle benötigten Daten genau bekannt sind. In der Praxis lassen sich jedoch weder der Primärbedarf der einzelnen (End–)Produkte (außer bei festen Kundenaufträgen) noch die Durchlaufzeiten der verschiedenen Artikel genau vorhersagen.

Was die *Nachfrageprognosen* betrifft, so ist einmal der realisierte Primärbedarf im allgemeinen von der prognostizierten Nachfrage verschieden. Zweitens können aufgrund neuerer Informationen (Eingang zusätzlicher oder Stornierung bisheriger Aufträge, neue Prognosen über das Marktverhalten potentieller Kunden) revidierte Nachfrageprognosen von früheren Prognosen verschieden sein. Um solche Unsicherheiten zu berücksichtigen, kann es sich empfehlen, etwa mit Hilfe des stochastischen Losgrößenmodells aus Abschnitt 3.4.2 einen Sicherheitsbestand für jedes Endprodukt zu ermitteln. Diese Sicherheitsbestände pflanzen sich bei der Stücklistenauflösung automatisch durch die gesamte Produktionsstruktur fort. Es ist in der Regel nicht zweckmäßig, für jedes Zwischen– und Fremdprodukt extra einen Sicherheitsbestand vorzusehen, da sich diese Sicherheitsbestände bei der Stücklistenauflösung „aufschaukeln" und zu hohen Lagerbeständen führen würden.

Unsicherheiten bei den *Durchlaufzeiten* sind in erster Linie durch ungenaue Schätzungen der Liegezeiten bedingt. Auf die Liegezeit eines Artikels entfallen häufig bis zu 80 % der Durchlaufzeit. Zudem sind die genauen Liegezeiten erst nach der Einlastung der Betriebsaufträge auf den einzelnen Maschinen (also am Ende der Maschinenbelegungsplanung, vgl. Abschnitt 5.2) bekannt. Das „Aufschaukeln" von falschen (in der Regel Über–)Schätzungen der Durchlaufzeiten wird auch als *Durchlaufzeit–Syndrom* bezeichnet. Hierauf werden wir in Abschnitt 6.5.1 genauer eingehen.

(ii) Beschränkte Kapazitäten

MRP berücksichtigt beschränkte Produktionskapazitäten nicht explizit. Auch die Verwendung eines (einstufigen) Lagerhaltungsmodells mit Kapazitätsbeschränkungen (vgl. Abschnitt 3.3.3) löst nicht das Kapazitätsproblem für alle Dispositionsstufen. Selbst wenn die Losgrößen für eine Dispositionsstufe μ die verfügbaren Produktionskapazitäten nicht übersteigen, ist nicht garantiert, daß der hierdurch bedingte Brutto– bzw. Nettobedarf auf Stufe $\mu - 1$ mit den dort vorhandenen Kapazitäten befriedigt werden kann.

Maßnahmen, im Anschluß an MRP beschränkte Produktionskapazitäten zu berücksichtigen, sind unter dem Namen *Capacity Requirements Planning (CRP)* bekannt. Eine erste Möglichkeit ist der in Abschnitt 4.4 behandelte Kapazitätsabgleich. Eine andere Möglichkeit besteht darin, den Primärbedarf für die Endprodukte zu reduzieren und danach MRP erneut anzuwenden. Dies entspricht einem Trial–and–Error–Verfahren und erfordert im allgemeinen einen hohen Rechenaufwand, ohne ein befriedigendes Ergebnis zu garantieren. Einen Lösungsansatz zur mehrstufigen Losgrößenbestimmung bei beschränkten Kapazitäten werden wir in Abschnitt 4.5 skizzieren.

Ein Instrument zur Produktionsplanung, das CRP in MRP integriert, stellt das Planungssystem *MRP II (Manufacturing Resource Planning)* dar. Außerdem beinhaltet MRP II üblicherweise weitere für die Produktionsplanung wichtige Aktivitäten des betreffenden Unternehmens, insbesondere Aspekte der Finanzierung, des Rechnungswesens und des Marketings. Häufig wird MRP II auch synonym mit „PPS–System" (Produktionsplanungs– und Steuerungs–System) verwendet, was außer MRP noch die Produktions–Programmplanung, die Termin– und Kapazitätsplanung (bei Einzel– und Kleinserienfertigung) und evtl. die Maschinenbelegungsplanung (bei Reihen– oder Werkstattfertigung) umfaßt. Auf PPS–Systeme werden wir in den Abschnitten 6.3 und 6.6 genauer eingehen.

(iii) Rollierende Planung

Bei gegebenem Primärbedarf der Endprodukte für einen ebenfalls vorgegebenen Planungszeitraum ermittelt MRP in einem Durchlauf terminierte Lose für alle Produkte über den Planungszeitraum hinweg. In der Praxis empfiehlt es sich, sobald eine Planungsperiode verstrichen ist, den Planungshorizont um eine Periode hinauszu-

schieben und einen erneuten MRP–Lauf mit neuen Nachfrageprognosen (unter Berücksichtigung der zuletzt verfügbaren Informationen) zu starten. Entsprechend fährt
man nach Realisierung der nächsten Planungsperiode fort.

4.4 Kapazitätsabgleich

Wie bereits erwähnt, ist im Anschluß an MRP der Kapazitätsbedarf aller Lose (auch
Belastung genannt) mit der verfügbaren Kapazität „abzugleichen", falls dies nicht
bereits im Rahmen von MRP (z.B. durch Verwendung mehrstufiger Losgrößenmodelle unter Berücksichtigung beschränkter Kapazitäten) erfolgt ist. Wir werden in
diesem Abschnitt lediglich einige generelle Möglichkeiten für einen relativ „groben"
Kapazitätsabgleich auflisten. Verfahren zur Kapazitätsplanung werden wir in Abschnitt 5.1.3 im Anschluß an die Terminplanung behandeln.

Zunächst wollen wir präzisieren, wie *Kapazität* gemessen werden kann. In der
Regel betrachtet man die Kapazität von *Arbeitsplätzen* oder *Arbeitsstationen*, die (auf
einer bestimmten Dispositionsstufe) einen Betriebsauftrag bearbeiten. Die Kapazität
des Arbeitsplatzes bzw. der Arbeitsstation ist dann die maximale Anzahl von ME, die
pro ZE (oder Periode) bearbeitet werden kann. Da im allgemeinen unterschiedliche
Produkte bearbeitet werden, wird die Kapazität oft in ZE statt in ME angegeben (wobei hier meistens eine kleinere ZE als die Dauer einer Periode gewählt wird, um stets
mit ganzzahligen Daten arbeiten zu können). Mit Hilfe der Bearbeitungszeit pro ME
erhält man daraus sofort die entsprechende Anzahl bearbeiteter ME. Statt von der Kapazität eines Arbeitsplatzes spricht man in der Praxis auch häufig von der Kapazität
einer Ressource oder einer Maschine, da ein Arbeitsplatz sich oft auf eine Maschine
bezieht und die Anzahl der pro ZE produzierten ME in erster Linie durch die Produk-
tionsgeschwindigkeit der Maschine bedingt ist.

Wir nehmen an, daß der Planungszeitraum T Perioden betrage, wobei eine Periode
im allgemeinen einer Woche entspricht. Wir greifen eine Ressource oder Maschine
heraus, deren Kapazität (pro Periode) gleich κ sei. Der Kapazitätsbedarf sei innerhalb einer Periode (für alle in dieser Periode produzierten Lose zusammen) konstant
und betrage in Periode t etwa γ_t (vgl. Abb. 4.4.1). Die γ_t entsprechende Treppen-
funktion bezeichnet man auch als *(Kapazitäts–)Belastungsprofil*.

Ist der Kapazitätsbedarf (die Belastung) generell höher als die verfügbare Kapazität,
so muß man versuchen, die Kapazität an die Belastung oder die Belastung an die Kapazität anzupassen (umgekehrt wird man auch, wenn die Belastung erheblich niedri-
ger als die verfügbare Kapazität ist, eine entsprechende Anpassung vornehmen). Zur
Anpassung der Kapazität an die Belastung, also eine Kapazitätsausweitung, bieten
sich z.B. folgende Möglichkeiten an:

- Zeitliche Anpassung durch Überstunden oder zusätzliche Schichten
- Intensitätsmäßige Anpassung etwa durch Erhöhung der Produktionsgeschwin-
  digkeit von Maschinen (falls technologisch möglich)

Kapazität

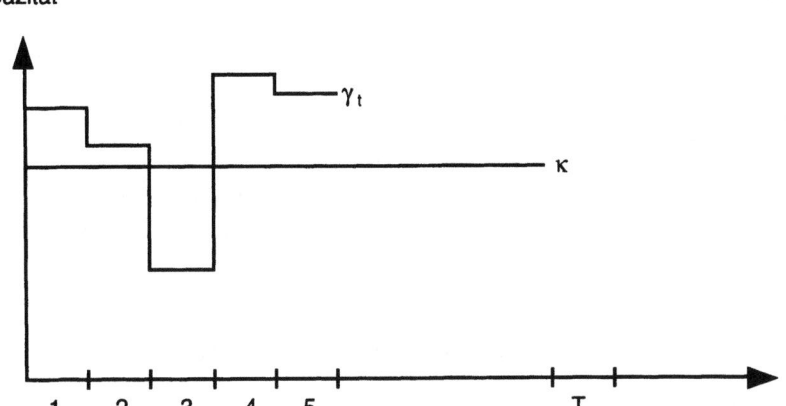

Abb. 4.4.1: Belastungsprofil

- Quantitative Anpassung durch Inbetriebnahme von Reservekapazitätseinheiten und Umsetzung von Arbeitskräften aus unterbeschäftigten Bereichen.

Für die *Anpassung der Belastung an die Kapazität*, d.h. eine Senkung des Kapazitätsbedarfs, kommen z.B. folgende Maßnahmen in Frage:

- Auslagerung von Losen auf Ausweich– oder Ersatzarbeitsplätze
- Vergabe von Lohnarbeiten an andere Betriebe (Auswärtsvergabe)
- Verschieben von Losen auf zukünftige Perioden (was gegebenenfalls zu Terminverzögerungen führt) oder Vorausproduktion in früheren Perioden (was Lagerbestände aufbaut)
- Los–Splitting (d.h. Teilen von Losen und Verschieben von Teillosen auf zukünftige oder frühere Perioden).

Die Verschiebung auf zukünftige Perioden werden wir im Rahmen der Kapazitätsplanung in Abschnitt 5.1.3 noch genauer betrachten, wo ein zeitlicher Belastungsausgleich zwischen den Perioden vorgenommen wird, um das Belastungsprofil zu „glätten".

4.5 Mehrstufige Mehrgüter–Losgrößenplanung mit Kapazitätsbeschränkungen

In diesem Abschnitt wollen wir ein mehrstufiges dynamisches Mehrgüter–Losgrößenmodell mit Kapazitätsbeschränkungen und allgemeiner zyklenfreier Erzeugnisstruktur betrachten und einen heuristischen Lösungsansatz skizzieren. Wir erläutern zunächst die verwendeten Größen:

Perioden $t = 1, \ldots, T$
Produkte $j = 1, \ldots, n$
Ressourcen $i = 1, \ldots, m$.

Als Ressourcen kommen z.B. Maschinen in Frage. Es treten folgende *Entscheidungsvariablen* auf:

q_t^j Produzierte Menge (Losgröße) von Produkt j in Periode t
x_t^j Lagerbestand von Produkt j zu Beginn von Periode t bzw. am Ende von Periode $t-1$
δ_t^j Binäre Variable definiert durch

$$(4.5.1) \qquad \delta_t^j := \begin{cases} 1, & \text{falls Produkt } j \text{ in Periode } t \text{ gefertigt wird (d.h. } q_t^j > 0 \text{ ist)} \\ 0, & \text{sonst.} \end{cases}$$

Die folgenden im Losgrößenmodell vorkommenden Größen seien gegebene Daten:

d_t^j Primärbedarf von Produkt j in Periode t
a_{jk} Direktbedarfskoeffizient
J_i Menge der auf Ressource i bearbeiteten Produkte
κ_{it} Verfügbare Kapazität von Ressource i in Periode t
t_i^j Bearbeitungszeit (ohne Rüstzeit!) von 1 ME von Produkt j auf Ressource i
ϑ_i^j Rüstzeit für Produkt j auf Ressource i
K^j Rüstkosten für Produkt j
h^j Lagerungskosten für 1 ME von Produkt j pro Periode
p^j Vorlaufzeit für ein Los von Produkt j.

p^j bezeichnet die Mindestvorlaufzeit bzw. Mindestdurchlaufzeit eines Fertigungsauftrags für Produkt j bei unbeschränkten Produktionskapazitäten. Die beschränkte Verfügbarkeit der Ressourcen werden wir im Losgrößenmodell durch geeignete Restriktionen extra berücksichtigen. Die Vorgabe der Größen p^j ist problematisch, da sie von den erst noch zu bestimmenden Losgrößen abhängen. Insbesondere muß gelten:

$$(4.5.2) \qquad p^j \geq \max_{i=1,\ldots,m} \vartheta_i^j + \max_{i=1,\ldots,m} \max_{t=1,\ldots,T} t_i^j q_t^j.$$

Im weiteren bezeichne noch Z eine sehr große Zahl, und $S(j)$ steht wie in den Abschnitten 4.2 und 4.3 für die Menge der Nachfolger von Knoten (bzw. Produkt) j im Gozinto–Graphen der Erzeugnisstruktur.

Das kapazitierte mehrstufige dynamische Mehrgüter–Losgrößenmodell kann dann wie folgt als Optimierungsproblem formuliert werden:

$$(4.5.3) \qquad \text{Min.} \quad \sum_{t=1}^{T} \sum_{j=1}^{n} \left(K^j \delta_t^j + h^j x_{t+1}^j \right)$$

$$(4.5.4) \qquad \text{u.d.N.} \quad x_t^j + q_{t-p^j}^j - \sum_{k \in S(j)} a_{jk} q_t^k - x_{t+1}^j = d_t^j \quad (t = 1, \ldots, T;\ j = 1, \ldots, n)$$

(4.5.5) $\displaystyle\sum_{j \in J_i}\left(\vartheta_i^j \delta_t^j + t_i^j q_t^j\right) \le \kappa_{it} \quad (t = 1, \ldots, T; \ i = 1, \ldots, m)$

(4.5.6) $Z\delta_t^j - q_t^j \ge 0 \quad (t = 1, \ldots, T; \ j = 1, \ldots, n)$

(4.5.7) $x_1^j = 0 \quad (j = 1, \ldots, n)$

(4.5.8) $\left.\begin{array}{l} q_t^j, \ x_{t+1}^j \ge 0 \\[1mm] \delta_t^j \in \{0,1\} \end{array}\right\} \quad (t = 1, \ldots, T; \ j = 1, \ldots, n).$

Die zu minimierende Zielfunktion in (4.5.3) entspricht derjenigen im dynamischen Eingüter–Losgrößenmodell (3.3.2). Sollen zusätzlich Produktionsstückkosten c_t^j (für Produkt j in Periode t) berücksichtigt werden, dann ist die Zielfunktion durch den additiven Term $\sum_{t=1}^T \sum_{j=1}^n c_t^j q_t^j$ zu ergänzen. Hängen die Rüstkosten für Produkt j noch von der Ressource i ab (etwa K_i^j), so tritt in der Zielfunktion eine dreifache Summe auf.

Die Nebenbedingung (4.5.4) entspricht der Lagerbilanzgleichung (3.3.1), wobei statt des Primärbedarfs d_t^j jetzt der Gesamtbedarf (Primär– plus Sekundärbedarf)

$$z_t^j = d_t^j + \sum_{k \in S(j)} a_{jk} q_t^k$$

steht. Die Nebenbedingung (4.5.5) berücksichtigt die beschränkten Ressourcenkapazitäten, während (4.5.6) sicherstellt, daß die Definitionsgleichung (4.5.1) für die Binärvariablen δ_t^j erfüllt ist. (4.5.7) besagt, daß der Anfangslagerbestand für alle Güter gleich 0 ist. Stattdessen können auch positive Lagerbestände vorgegeben sein. Die Nichtnegativität der Variablen x_{t+1}^j in (4.5.8) schließt Fehlmengen aus.

Die Optimierungsaufgabe (4.5.3) bis (4.5.8) stellt ein gemischt–ganzzahliges (bei Stückgütern ein rein ganzzahliges) Optimierungsproblem dar, das für realistische Problemgrößen nicht mehr exakt gelöst werden kann. Wir skizzieren deshalb einen heuristischen Lösungsansatz von TEMPELMEIER UND DERSTROFF (1993), der im allgemeinen gute Näherungslösungen liefert, wie Testrechnungen gezeigt haben (ein anderes heuristisches Verfahren für ein ähnliches Losgrößenmodell ohne Berücksichtigung von Rüstzeiten ist in TEMPELMEIER UND HELBER (1994) angegeben).

Vernachlässigt man die Bedingung (4.5.2) und setzt $p^j := 0 \ (j = 1, \ldots, n)$, so liefert die Lagerbilanzgleichung (4.5.4) unter Berücksichtigung von (4.5.7) und (4.5.8) die Beziehung

(4.5.9) $\displaystyle x_{t+1}^j = \sum_{\tau=1}^{t}\left(q_\tau^j - d_\tau^j - \sum_{k \in S(j)} a_{kj} q_\tau^k\right) \ge 0 \quad (t = 1, \ldots, T; \ j = 1, \ldots, n),$

die wir als *Fehlmengenrestriktion* bezeichnen. Wie wir in Abschnitt 3.2.2a gesehen haben, können die Nebenbedingungen eines Optimierungsproblems mit Hilfe von sogenannten Lagrange–Multiplikatoren (die als Strafkosten interpretierbar sind) in die Zielfunktion einbezogen werden (für eine ausführlichere Darstellung dieser Vorgehensweise vgl. etwa NEUMANN UND MORLOCK (1993), Abschnitt 3.8.1). Im Verfahren von Tempelmeier und Derstroff wird dies für die Fehlmengenrestriktion (4.5.9) und die Kapazitätsrestriktion (4.5.5) getan. Damit erhält man für jedes Produkt j ein separates dynamisches Eingüter–Losgrößenproblem ohne Kapazitätsbeschränkungen folgender Gestalt, wobei die Fehlmengenrestriktion extra berücksichtigt wird, um in jedem einzelnen Verfahrensschritt Fehlmengen auszuschließen:

$$
(4.5.10) \quad \left\{
\begin{array}{ll}
\text{Min.} & \displaystyle\sum_{t=1}^{T}\left(\alpha_t^j \delta_t^j + \beta_t^j q_t^j\right) \\[2ex]
\text{u.d.N.} & \displaystyle\sum_{\tau=1}^{t}\left(q_\tau^j - d_\tau^j - \sum_{k\in S(j)} a_{kj} q_\tau^k\right) \geq 0 \\[2ex]
& Z\delta_t^j - q_t^j \geq 0 \\[1ex]
& q_t^j \geq 0 \\[1ex]
& \delta_t^j \in \{0,1\}
\end{array}
\right\} \quad (t=1,\dots,T).
$$

Die Zielfunktionskoeffizienten α_t^j und β_t^j hängen u.a. von den Lagrange–Multiplikatoren ab. Numeriert man die Produkte wieder gemäß nichtwachsenden Dispositionsstufen von 1 bis n durch, dann gilt $S(j) \subseteq \{1,\dots,j-1\}$, und die Probleme (4.5.10) können sukzessiv für $1,2,\dots,n$ gelöst werden (z.B. mit dem Wagner–Whitin–Algorithmus aus Abschnitt 3.3.2 oder näherungsweise mit der Silver–Meal– oder der Groff–Heuristik aus Abschnitt 3.3.3).

Mit einer sogenannten Subgradientenmethode (vgl. etwa NEUMANN UND MORLOCK (1993), Abschnitt 3.8.1) werden die Lagrange–Multiplikatoren im Verfahren von Tempelmeier und Derstroff iterativ „verbessert". Außerdem werden in jedem Iterationsschritt eine untere und eine obere Schranke für den minimalen Zielfunktionswert des Problems (4.5.3) bis (4.5.8) ermittelt. Das Verfahren von Tempelmeier und Derstroff wird abgebrochen, wenn die Differenz zwischen oberer und unterer Schranke genügend klein geworden oder die Kapazitätsrestriktion (4.5.5) nur noch unwesentlich verletzt ist oder wenn die Anzahl der Iterationen eine vorgegebene Maximalzahl überschritten hat. Für alle Einzelheiten verweisen wir auf TEMPELMEIER UND DERSTROFF (1993), DERSTROFF (1995) und TEMPELMEIER (1995), Abschnitt 434432.

Kapitel 5   Planung spezieller Produktions-
            segmente

Die in den Kapiteln 2 bis 4 betrachteten Planungsmethoden sind bei ganz verschie-
denartigen Fertigungstypen anwendbar. Im vorliegenden Kapitel werden wir uns Verfahren zuwenden, die auf die Planung spezieller Produktionssegmente zugeschnitten
sind. Unter einem *Produktionssegment* versteht man üblicherweise ein Teilsystem des
Produktionsbereichs, das einem bestimmten Organisationstyp der Fertigung entspricht. Beispiele für ein Produktionssegment sind eine Organisationseinheit mit
Werkstatt– oder Reihenfertigung, ein Fließband mit Variantenfließfertigung und ein
Produktions– oder Fertigungszentrum (etwa ein flexibles Fertigungssystem oder eine
Fertigungsinsel), in dem Produktionsanlagen räumlich zusammengefaßt sind, die eine
Menge verwandter Erzeugnisse (Erzeugnisfamilie) produzieren. In den Abschnitten
5.2 bis 5.5 dieses Kapitels werden wir Planungsprobleme im Zusammenhang mit Reihen– und Werkstattfertigung, Fließfertigung, flexiblen Fertigungssystemen und Ferti-
gungsinseln behandeln.

Wie wir in Abschnitt 4.3.1 gesehen haben, erfolgt als letzter Schritt im Rahmen von
MRP eine im allgemeinen „wochengenaue" Grobterminplanung, die Betriebs– bzw.
Fertigungsaufträge liefert. Insbesondere in der Einzel– und Kleinserienfertigung, wo
in der Regel Kundenaufträge vorliegen und Termine genau einzuhalten sind, schließt
sich an die Grobterminplanung eine (etwa „schichtgenaue") Feinterminierung der Betriebsaufträge an. Hierbei werden die Betriebsaufträge aufgrund detaillierter Arbeits-
plandaten in einzelne Arbeits(vor)gänge zerlegt, für die dann eine *Termin– und Kapazitätsplanung* durchzuführen ist. Diese Termin– und Kapazitätsplanung werden wir in
Abschnitt 5.1 behandeln.

Nach der Termin– und Kapazitätsplanung bzw. dem Kapazitätsabgleich, falls keine
Feinterminierung der Betriebsaufträge stattfindet, erfolgt die *Freigabe der Betriebs-
aufträge* für die Fertigung. Die Freigabe setzt in der Regel noch eine *Verfügbarkeitsprüfung* voraus, d.h. eine Bestandsprüfung, die sicherzustellen hat, daß alle für die
Fertigung des betreffenden Auftrags benötigten Produktionsfaktoren (Teile, Betriebsmittel, Personal) bereitstehen. Die Auftragsfreigabe hat in den letzten Jahren über die
Verfügbarkeitsprüfung hinaus erhöhte Bedeutung erlangt, da ungenaue (Über–)
Schätzungen der Durchlaufzeiten im allgemeinen zu verfrühter Auftragsfreigabe und
damit langen Warteschlangen vor den einzelnen Arbeitsplätzen führen („Durchlauf-
zeitsyndrom", vgl. Abschnitt 6.5.1). Hierzu sind neue Planungstechniken wie z.B. die

sogenannte *belastungsorientierte Auftragsfreigabe* entwickelt worden (für Details vgl.
etwa HOITSCH (1993), Abschnitt III.4.4.2, und ZÄPFEL UND MISSBAUER (1993)).
Nach der Freigabe der Fertigungsaufträge erfolgt als letzter Planungsschritt vor der
eigentlichen (häufig echtzeit–gesteuerten) Fertigung die sogenannte *Ablaufplanung*,
die die zeitlich feinste Planung darstellt und in der Regel eine *Reihenfolgeplanung*
impliziert. Beispielsweise ist in der Reihen– und der Werkstattfertigung eine Bearbeitungsreihenfolge der einzelnen freigegebenen Fertigungsaufträge auf den verschiedenen Maschinen festzulegen (man spricht dann auch von *Maschinenbelegungsplanung*, die „stundengenau“ oder sogar „minutengenau“ erfolgt und oft schon zur
Produktionssteuerung gerechnet wird). Bei flexiblen Fertigungssystemen werden im
Rahmen der Maschinenbelegungsplanung die einzelnen Werkstücke eines Auftrags
separat betrachtet und auf den betreffenden Maschinen eingelastet. In der Variantenfließfertigung beinhaltet die Reihenfolgeplanung die Bestimmung der Reihenfolge, in
der die einzelnen Varianten eines Produktes gefertigt werden. Mit derartigen Reihen-
folgeplanungsproblemen werden wir uns insbesondere in den Abschnitten 5.2 bis 5.4
befassen.

5.1   Termin– und Kapazitätsplanung in der Einzel– und Klein-
serienfertigung

Im Unterschied zur Grobterminplanung im Rahmen von MRP mit anschließendem
Kapazitätsabgleich berücksichtigt die Termin– und Kapazitätsplanung *alle* Erzeugnisse (also auch sämtliche B– und C–Teile, vgl. Abschnitt 3.1.2) und bezieht explizit
Transportvorgänge und Rüstzeiten an den einzelnen Maschinen mit ein. Hierfür sind
die Betriebsaufträge in einzelne *Arbeits(vor)gänge* zu zerlegen. Ein *Arbeitsgang*
(auch *Bearbeitungsoperation* genannt, engl. work element oder operation) ist eine
wertsteigernde, nicht weiter unterteilbare Arbeit(seinheit), die an evtl. mehreren Einheiten eines Produktes verrichtet wird. Ein oder mehrere aufeinander folgende Arbeitsgänge werden an einem *Arbeitsplatz* (oder einer *Arbeitsstation*, engl. work-
station) ausgeführt.
Die arbeitsgangorientierte Termin– und Kapazitätsplanung ist vor allem für die Einzel– und Kleinserienfertigung relevant, wo feste Kundenaufträge vorliegen und vorgegebene Termine einzuhalten sind. Ein Kundenauftrag (der mehrere Endprodukte
umfassen kann) bzw. der zur Erledigung dieses Auftrages erforderliche Produktionsprozeß läßt sich als ein durchzuführendes Projekt auffassen, und man spricht dann
auch von *Projektplanung*. Allgemein versteht man unter einem *Projekt* ein Vorhaben,
das sich aus einzelnen Teilarbeiten (z.B. Arbeitsgängen) zusammensetzt, zwischen
denen Anordnungsbeziehungen bestehen und die für ihre Ausführung Zeit benötigen,
Ressourcen (z.B. Maschinen, Arbeitskräfte) beanspruchen und Kosten verursachen.
Entsprechend beinhaltet die Projektplanung eine *Terminplanung*, eine *Ressourcen–
oder Kapazitätsplanung* und eine *Kostenplanung*. Die Termin– und die Kapazitäts-

planung werden wir in den Abschnitten 5.1.2 und 5.1.3 behandeln. Zur Kostenplanung verweisen wir auf NEUMANN UND MORLOCK (1993), Abschnitt 2.10.3. Wie wir sehen werden, basiert die Projektplanung darauf, daß dem Projektablauf ein Netzwerk, auch *Netzplan* genannt, zugeordnet wird. Die im Rahmen der Projektplanung zu bestimmenden Größen ergeben sich dann als Lösungen von Optimierungsproblemen auf Netzwerken.

Wir bemerken noch, daß man in der Einzelfertigung vor der Materialbedarfsplanung häufig eine mittelfristige Terminplanung durchführt. Dabei handelt es sich nicht um eine detaillierte Projektplanung; statt dessen interessiert man sich nur für wesentliche „Ecktermine" (sogenannte *Meilensteine*). Der zugehörige Netzplan stellt dann einen sogenannten *Grobnetzplan* dar.

5.1.1   Projektplanung

Wie bereits erwähnt, verstehen wir unter einem *Projekt* ein Vorhaben, das sich aus einzelnen Arbeits(vor)gängen oder kurz *Vorgängen* zusammensetzt, zwischen denen Anordnungsbeziehungen bestehen und die zu ihrer Ausführung Zeit benötigen sowie (Ressourcen-, z.B. Maschinen-)Kapazität beanspruchen. Der Termin- und Kapazitätsplanung eines Projektes geht folglich eine (Struktur-, Zeit- und Kapazitäts-) *Analyse* voraus, in der das Projekt in einzelne Vorgänge zerlegt wird und die Anordnungsbeziehungen zwischen den Vorgängen sowie der Zeit- und Kapazitätsbedarf der einzelnen Vorgänge ermittelt werden.

In einem Produktionsprozeß ist für jeden Fertigungsauftrag bzw. für das betreffende Produkt ein sogenannter *Arbeitsplan* gegeben. Dieser Arbeitsplan enthält die einzelnen Arbeits(vor)gänge, die zur Herstellung des Produktes erforderlich sind, und die Reihenfolge, in der die Arbeitsgänge auszuführen sind. Faßt man den Produktionsprozeß als ein Projekt auf, so entspricht jeder Arbeitsgang eines Fertigungsauftrages einem Vorgang des Projektes. Die *Durchlaufzeit* eines Vorgangs, auch *Vorgangsdauer* genannt, setzt sich in der Regel aus folgenden Komponenten zusammen:

(i)   Transportzeit (zum betreffenden Arbeitsplatz)
(ii)   (Ablaufbedingte) Liege- oder Wartezeit
(iii)   Rüstzeit
(iv)   Bearbeitungszeit.

Oft schließt sich an die Bearbeitung noch eine Kontrollzeit und eine Nachliegezeit an (die Liegezeit vor der eigentlichen Bearbeitung wird dann auch als Vorliegezeit bezeichnet). Wir wollen im folgenden annehmen, daß die Durchlaufzeit aus den Komponenten (i) bis (iv) bestehe, wobei die Transport- und die Liegezeit zusammen als *Übergangszeit* und die Rüst- und die Bearbeitungszeit zusammen als *Durchführungszeit* bezeichnet werden. Auf die Liegezeit entfallen in der Praxis häufig bis zu 80 % der Durchlaufzeit. Zudem ist die genaue Liegezeit erst nach der Maschinenbelegungsplanung bekannt, und da die Terminplanung vor der Maschinenbelegungsplanung erfolgt, ist man auf Schätzungen der Liegezeit angewiesen. Die Güte einer solchen Schätzung entscheidet also wesentlich über die Qualität der Ergebnisse der Terminplanung, was einen großen Unsicherheitsfaktor für die Terminplanung bedeutet. Wir erwähnen noch, daß die Rüst- und Bearbeitungszeiten und der Ressourcenbedarf der einzelnen Arbeits(vor)gänge eines Fertigungsauftrages in den Arbeitsplan dieses Auftrags mit aufgenommen werden.

Die Anordnungsbeziehungen zwischen den einzelnen Vorgängen ergeben sich bei einem Produktionsprozeß aus der Erzeugnisstruktur des betreffenden Unternehmens und den Arbeitsplänen für die einzelnen Erzeugnisse bzw. Fertigungsaufträge. Um diese Anordnungsbeziehungen zu spezifizieren, muß präzisiert werden, was unter der unmittelbaren Aufeinanderfolge von zwei Vorgängen A und B zu verstehen ist. Hierfür wendet man in der Regel eine der zwei folgenden Verknüpfungen an:

Ende–Start–Beziehung: Vorgang B kann begonnen werden, wenn Vorgang A beendet worden ist.

Start–Start–Beziehung: Vorgang B kann begonnen werden, wenn Vorgang A begonnen worden ist.

Neben den Vorgangsdauern sind beim zeitlichen Ablauf eines Projektes manchmal noch gewisse Minimal- oder Maximalabstände zwischen Start bzw. Ende aufeinander folgender Vorgänge zu berücksichtigen, die ebenfalls im Rahmen der Zeitanalyse zu ermitteln sind. Maximalabstände treten in der Praxis seltener als Minimalabstände auf. Maximalabstände spielen allerdings häufig in der chemischen Verfahrenstechnik eine Rolle (z.B. beim Kochen in der Reifenindustrie), wenn sich eine Substanz durch längeres Warten chemisch verändert. Maximalabstände werden auch benötigt, wenn einzuhaltende Fertigstellungstermine für gewisse Vorgänge vorgegeben sind (sogenannte *Ecktermine*) oder wenn (etwa aus technologischen Gründen) zwei Vorgänge in lückenloser Folge auszuführen sind (dies kann durch Kombination eines Minimal- und eines Maximalabstandes erzwungen werden). Zum Auftreten von Maximalabständen in der Praxis vgl. NEUMANN UND SCHWINDT (1995).

In der Kapazitätsplanung ist es zweckmäßig vorauszusetzen, daß der Kapazitätsbedarf jedes Vorgangs pro ZE für jede benötigte Ressource konstant ist. Entspricht die Vorgangsdauer der Durchlaufzeit eines Arbeitsgangs, so ist der Arbeitsgang in zwei (Teil-)Vorgänge im Sinne der Projektplanung zu zerlegen. Die Dauer des ersten (Teil-)Vorgangs ist gleich der Übergangszeit, während der keine (Maschinen-) Kapazität beansprucht wird. Die Dauer des zweiten (Teil-)Vorgangs ist gleich der anschließenden Durchführungszeit des Arbeitsgangs, während der eine gewisse Kapazität benötigt wird. In Abschnitt 5.1.2 werden wir jedoch eine Methode der Terminplanung betrachten, bei der eine solche Zerlegung der Arbeitsgänge und damit eine Verdopplung der Anzahl der Vorgänge vermieden werden kann.

Nach erfolgter (Struktur-, Zeit- und Kapazitäts-)Analyse des zugrundeliegenden Projektes ordnet man dem Projekt ein Netzwerk (also einen bewerteten Digraphen) zu, das in der Projektplanung üblicherweise *Netzplan* genannt wird. Ein Netzplan dient zum einen der visuellen Veranschaulichung des Projektes und erlaubt zum anderen die Anwendung von Verfahren zur Bestimmung längster Wege in Netzwerken für die Terminplanung (für die im folgenden benötigten Grundbegriffe über Digraphen und Netzwerke vgl. NEUMANN UND MORLOCK (1993), Abschnitt 2.1).

Die Zuordnung Projekt – Netzplan ist auf zwei verschiedene Arten möglich. Weist man jedem Vorgang des Projektes einen Pfeil zu, wobei unmittelbar aufeinander folgenden Vorgängen aneinander geheftete Pfeile entsprechen und die Bewertung eines Pfeils gleich der Dauer des zugehörigen Vorgangs ist, dann erhält man ein sogenanntes *Vorgangspfeilnetz*. Bei einem *Vorgangsknotennetz* ist jedem Vorgang ein Knoten zugeordnet, während die Anordnungsbeziehungen durch Pfeile wiedergegeben werden. Die Bewertungen der Pfeile resultieren aus den Vorgangsdauern sowie den Minimal– und Maximalabständen zwischen den einzelnen Vorgängen.

Ziel der Terminplanung ist die Minimierung der Gesamtdauer des Projektes (eine Auflistung aller im Rahmen der Terminplanung zu bestimmenden Größen erfolgt in Abschnitt 5.1.2). Die Kapazitätsplanung strebt eine Minimierung der Projektdauer unter Einhaltung der vorgegebenen Kapazitätsrestriktionen an.

5.1.2   Terminplanung

In der Praxis werden für die Terminplanung in erster Linie die beiden Netzplantechnik–Methoden *CPM* (Critical Path Method) und *MPM* (Metra–Potential–Methode) verwendet. CPM benutzt ein Vorgangspfeilnetz mit Ende–Start–Verknüpfung der Vorgänge (*CPM–Netzplan* genannt), während MPM auf einem Vorgangsknotennetz mit Start–Start–Beziehung (*MPM–Netzplan*) basiert. Netzplantechnik–Methoden, die stochastische Vorgangsdauern berücksichtigen (z.B. PERT, vgl. etwa NEUMANN (1987)) spielen im Rahmen der Produktionsplanung kaum eine Rolle.

Wir werden im folgenden die Netzplantechnik–Methode MPM kurz behandeln und uns dabei an NEUMANN UND MORLOCK (1993), Abschnitte 2.5.4 und 2.5.5, anlehnen. Für CPM verweisen wir auf NEUMANN UND MORLOCK (1993), Abschnitte 2.5.2 und 2.5.3. MPM ist CPM aus folgenden Gründen vorzuziehen und setzt sich auch mehr und mehr in der Praxis durch:

(i)   Ein Vorgangspfeilnetz macht in der Regel die Einführung sogenannter *Scheinvorgänge* notwendig, d.h. fiktiver Vorgänge, die keinen realen Arbeitsvorgängen entsprechen, sondern nur zur Wiedergabe von Anordnungsbeziehungen zwischen realen Vorgängen benötigt werden und die Dauer 0 haben. Die Einführung von Scheinvorgängen ist im allgemeinen nicht auf eindeutige Weise möglich und stellt eine häufige Fehlerquelle bei der Modellierung und Planung von Projekten dar.

(ii)   Die oben erwähnte Verdopplung der Anzahl der Vorgänge für die Kapazitätsplanung kann bei MPM vermieden werden.

(iii)   Neben zeitlichen Minimalabständen erlaubt MPM im Unterschied zu CPM die Berücksichtigung von Maximalabständen.

(iv)   Vorgangsknotennetze lassen sich (auch mit Hilfe eines Rechners) schneller und übersichtlicher zeichnen als Vorgangspfeilnetze.

(v)   Nachträgliche Änderungen im Netzplan (z.B. durch die Berücksichtigung zusätzlicher Vorgänge oder Anordnungsbeziehungen bedingt) sind in Vorgangsknotennetzen einfacher als in Vorgangspfeilnetzen möglich.

Die Konstruktion eines MPM–Netzplans zu einem vorgegebenen Projekt werden wir in Unterabschnitt (a) erläutern. Die im anschließenden Unterabschnitt (b) behandelte *Terminplanung* mit Hilfe von MPM (die, wenn es um die terminliche Einplanung von Betriebsaufträgen geht, auch als *Durchlaufterminierung* bezeichnet wird) beinhaltet die Bestimmung der folgenden für die Projektüberwachung wichtigen Größen:

1. Kürzeste Projektdauer
2. Kritische Vorgänge
3. Anfangs– und Endtermine aller Vorgänge
4. Pufferzeiten aller Vorgänge.

Hierbei heißt ein Vorgang *kritisch*, wenn die Verlängerung seiner Dauer eine gleich große Verlängerung der kürzesten Projektdauer bewirkt. Bei der Ausführung des Projektes wird man also besonders auf die kritischen Vorgänge achten. Unter einer *Pufferzeit* eines Vorgangs versteht man die maximale Zeitspanne, um die der Vorgang hinausgeschoben werden kann, ohne gewisse Restriktionen (z.B. die Einhaltung eines vorgegebenen Endtermins) zu verletzen.

(a) MPM–Netzpläne

Wir nehmen an, daß das betrachtete Projekt N Vorgänge habe, die von 1 bis N durchnumeriert seien. Zusätzlich führen wir die fiktiven Vorgänge „Projektbeginn" als Vorgang 0 und „Projektende" als Vorgang $N+1$, jeweils mit der Dauer 0, ein. Mit D_i bezeichnen wir die Dauer und mit AZ_i den Anfangszeitpunkt von Vorgang i ($i = 0, 1, ..., N+1$). Insbesondere ist $D_0 = D_{N+1} = 0$, und AZ_0 und AZ_{N+1} stellen die Zeitpunkte des Projektbeginns bzw. Projektendes dar. Wir setzen $AZ_0 := 0$; AZ_{N+1} ist dann gleich der Projektdauer.

Bei Projekten spielen Startvorgänge und Zielvorgänge eine besondere Rolle. Ein Vorgang $i \neq 0$ heißt *Startvorgang*, wenn kein anderer Vorgang $j \neq 0$ existiert, der vor Beginn von Vorgang i gestartet werden muß. Einen Vorgang $i \neq N+1$ nennen wir *Zielvorgang*, wenn es keinen anderen Vorgang $j \neq N+1$ gibt, der nach Beendigung von Vorgang i begonnen wird.

Wir erklären nun die Anordnungsbeziehung MIN, die die Festlegung eines zeitlichen Minimalabstandes zwischen dem Beginn zweier Vorgänge erlaubt. Die seltener auftretenden zeitlichen Maximalabstände werden wir im folgenden nicht betrachten (vgl. hierzu NEUMANN UND MORLOCK (1993), Abschnitt 2.5.4, und NEUMANN UND SCHWINDT (1995)).

Anordnungsbeziehung MIN

Zwischen dem Beginn zweier Vorgänge i und j liege ein zeitlicher Minimalabstand $T_{ij}^{min} \geq 0$, d.h., Vorgang j kann frühestens eine Zeitspanne T_{ij}^{min} nach Beginn von Vorgang i gestartet werden (vgl. Abb. 5.1.1):

$$AZ_j - AZ_i \geq T_{ij}^{min}.$$

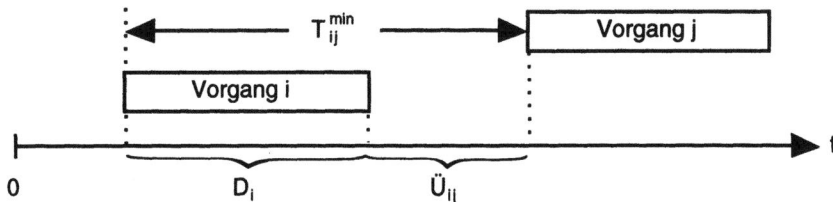

Abb. 5.1.1: Anordnungsbeziehung MIN

Kann Vorgang j unmittelbar nach Abschluß von Vorgang i starten, dann gilt $T_{ij}^{min} = D_i$. Kann Vorgang j bereits vor der Beendigung von Vorgang i beginnen, d.h., die Vorgänge i und j „überlappen" sich, so ist $T_{ij}^{min} < D_i$.

Die Anordnungsbeziehung MIN erlaubt es, die in Abschnitt 5.1.1 erwähnte Zerlegung von Arbeitsgängen in je zwei Vorgänge zu umgehen. Wir betrachten zwei unmittelbar aufeinander folgende Arbeitsgänge i und j. Als Dauer D_i von Vorgang i wählen wir die Durchführungszeit $\vartheta_i + q_i t_i$ von Arbeitsgang i, wobei ϑ_i die Rüstzeit, q_i die Losgröße und t_i die Bearbeitungszeit pro ME seien. $\ddot{U}_{ij}$ sei die Übergangszeit (Transport– plus Liegezeit) von Arbeitsgang j, die auch vom unmittelbar vorangehenden Arbeitsgang i abhängen kann. Wir setzen dann $T_{ij}^{min} := D_i + \ddot{U}_{ij}$ (s. Abb. 5.1.1). Schließt sich an die Durchführungszeit von Arbeitsgang i noch eine Kontrollzeit und eine Nachliegezeit an (wie in Abschnitt 5.1.1 erwähnt), so ist $T_{ij}^{min} - D_i$ gleich der Summe der beiden letzteren Zeiten und der Übergangszeit $\ddot{U}_{ij}$ von i nach j.

Mit Hilfe der Anordnungsbeziehung MIN ist es auch möglich, sich überlappende Arbeitsgänge zu erfassen. Die Überlappung von Arbeitsgängen stellt eine wichtige Maßnahme zur Verkürzung der Durchlaufzeiten dar. Hierbei wird ein Erzeugnis von einer Arbeitsstation zur nächsten bereits weitergeleitet, während die Bearbeitung auf der ersteren Station noch läuft. Die Weitergabe erfolgt also in Transportlosen, die kleiner als das Fertigungslos sind, oder sogar in einzelnen Werkstücken. Man spricht dann auch von *offener Fertigung(sweise)* im Unterschied zur *geschlossenen Fertigung(sweise)*, bei der ein Arbeitsgang erst dann begonnen wird, wenn alle Werkstücke eines Fertigungsloses im vorhergehenden Arbeitsgang bearbeitet worden sind.

Zur Erläuterung der offenen Fertigung betrachten wir ein Erzeugnis mit der Losgröße q, das nacheinander zwei Arbeitsgänge i und j durchlaufe. Können die Werkstücke auch einzeln von einer Arbeitsstation zur nächsten weitergegeben werden, so setzen wir

(5.1.1) $\quad T_{ij}^{min} := \max\left(\vartheta_i + t_i + \ddot{U}_{ij} - \vartheta_j, \ 0\right)$, $\quad$ falls $\quad t_i \leq t_j$

(vgl. Abb. 5.1.2 mit $q = 3$) und

$$(5.1.2) \quad \begin{aligned} T_{ij}^{min} &:= \max\left(\vartheta_i + q t_i + \ddot{U}_{ij} - (q-1)t_j - \vartheta_j, \ 0\right) \\ &= \max\left(\vartheta_i + t_i + (q-1)(t_i - t_j) + \ddot{U}_{ij} - \vartheta_j, \ 0\right), \quad \text{falls} \quad t_i > t_j \end{aligned}$$

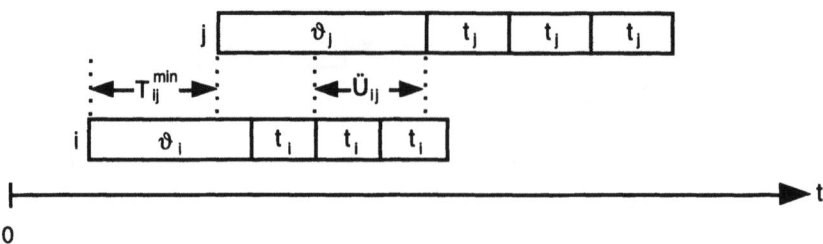

Abb. 5.1.2: Offene Fertigung für $t_i \leq t_j$

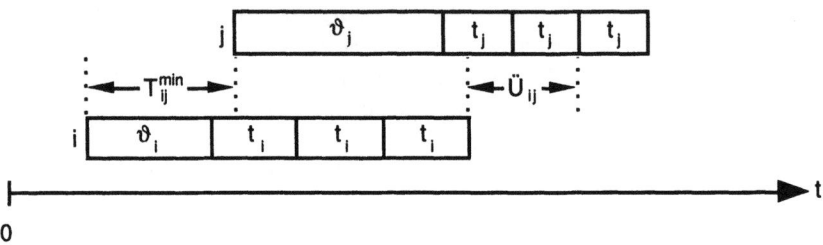

Abb. 5.1.3: Offene Fertigung für $t_i > t_j$

(vgl. Abb. 5.1.3). Bei geschlossener Fertigung (ohne Überlappung der Arbeitsgänge) gilt $T_{ij}^{min} = \vartheta_i + qt_i + \ddot{U}_{ij}$. Für allgemeinere Fälle, z.B. die Berücksichtigung eines Mindestvorlaufs zwischen den Arbeitsgängen oder einer Mindestweitergabemenge und die Überlappung von Montagevorgängen ohne und mit Wiederholteilen, verweisen wir auf GÜNTHER (1992) und NEUMANN UND SCHWINDT (1995).

Wir betrachten noch die folgenden beiden Spezialfälle von MIN:

MINA

Vorgang j kann frühestens eine vorgeschriebene Zeitspanne T_{0j}^{min} nach Projektbeginn gestartet werden (vgl. Abb. 5.1.4):

$$AZ_j - AZ_0 \geq T_{0j}^{min}.$$

Insbesondere ist für jeden Startvorgang j des Projektes eine Anordnungsbeziehung vom Typ MINA gegeben. Kann Startvorgang j bereits bei Projektbeginn gestartet werden, so ist $T_{0j}^{min} = 0$. Entspricht Startvorgang j einem Arbeitsgang j in einem

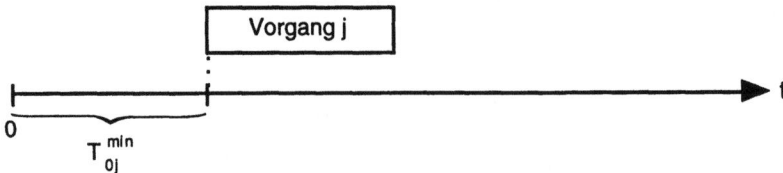

Abb. 5.1.4: Anordnungsbeziehung MINA

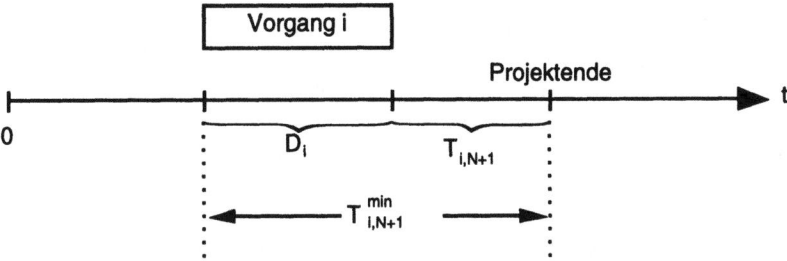

Abb. 5.1.5: Anordnungsbeziehung MINE

Produktionsprozeß, dann setzen wir T_{0j}^{min} gleich der Übergangszeit von Arbeitsgang j.

MINE

Vorgang i muß spätestens eine vorgegebene Zeitspanne $T_{i,N+1}$ vor Projektende abgeschlossen sein. In anderen Worten, Vorgang $N+1$ kann frühestens eine Zeitspanne $T_{i,N+1}^{min} := D_i + T_{i,N+1}$ nach Beginn von Vorgang i anfangen (vgl. Abb. 5.1.5):

$$AZ_{N+1} - AZ_i \geq T_{i,N+1}^{min}.$$

Insbesondere ist für jeden Zielvorgang i eine Anordnungsbeziehung vom Typ MINE gegeben. Braucht Zielvorgang i erst bei Projektende abgeschlossen zu sein, dann ist $T_{i,N+1}^{min} = D_i$. Gilt für einen Vorgang i und alle unmittelbar auf i folgenden Vorgänge j (für die also eine Anordnungsbeziehung MIN gegeben ist) $T_{ij}^{min} + D_j < D_i$ [1], so ist eine Anordnungsbeziehung MINE mit $T_{i,N+1}^{min} := D_i$ einzuführen.

Dem zugrundeliegenden Projekt ordnen wir nun wie folgt in eindeutiger Weise einen *MPM–Netzplan* zu. Jedem Vorgang i des Projektes entspreche ein (gleichfalls mit i bezeichneter) Knoten, und wir identifizieren im weiteren die Vorgänge des Projektes mit den Knoten des zugeordneten MPM–Netzplans. Die Knotenmenge des Netzplans ist also $V = \{0, 1, ..., N+1\}$. Ist für ein Vorgangspaar (i, j) eine Anordnungsbeziehung MIN mit dem Minimalabstand T_{ij}^{min} gegeben, so enthalte der Netzplan den Pfeil $<i, j>$ mit der Bewertung T_{ij}^{min}.

Aufgrund der Konstruktionsvorschrift für einen MPM–Netzplan ist es theoretisch möglich, daß ein MPM–Netzplan Zyklen der Länge 0 enthält. Beispielsweise tritt ein Zyklus auf, bestehend aus den drei Pfeilen $<i, j>$, $<j, k>$ und $<k, i>$, wenn für die Vorgangspaare (i, j), (j, k) und (k, i) jeweils eine Anordnungsbeziehung MIN mit den Minimalabständen $T_{ij}^{min} = T_{jk}^{min} = T_{ki}^{min} = 0$ gegeben ist. Letzteres bedeutet jedoch, daß die drei Vorgänge i, j und k zum gleichen Zeitpunkt starten *müssen*, d.h. einer der drei Minimalabstände (etwa derjenige zwischen k und i) tatsächlich einen Maximalabstand (zwischen i und k) darstellt, was wir ausgeschlossen haben. Kommen neben den zeitlichen Minimalabständen auch Maximalabstände vor, dann enthält der

---

[1] d.h., Vorgang i wird erst nach Vorgang j beendet, falls Vorgang j nicht noch auf andere Vorgänge „warten muß"

zugehörige MPM–Netzplan Pfeile mit nichtpositiver Bewertung und Zyklen nichtpositiver Länge, vgl. NEUMANN UND MORLOCK (1993), Abschnitt 2.5.4.

Wir stellen einige Eigenschaften von MPM–Netzplänen zusammen für den Fall,
daß nur Minimalabstände auftreten. Ein MPM–Netzplan ist schwach zusammenhängend und zyklenfrei. Jeder MPM–Netzplan besitzt die Quelle 0 und die Senke
$N+1$, und jeder Knoten des Netzplans ist von der Quelle 0 aus erreichbar, und die
Senke $N+1$ ist von jedem Knoten aus erreichbar. Folglich gibt es in jedem MPM–
Netzplan mindestens einen Weg von der Quelle 0 zur Senke $N+1$ und (aufgrund der
Zyklenfreiheit) auch einen längsten Weg von 0 nach $N+1$. Die kürzeste Projektdauer
ist gleich der kürzesten Zeitspanne, die die Einhaltung aller Minimalabstände des
Projektes garantiert, und damit gleich der Länge eines längsten Weges von der Quelle
0 zur Senke $N+1$. Jeder Vorgang (bzw. Knoten) i auf einem solchen längsten Weg
W^* ist *kritisch*, d.h., benötigt er bei der Durchführung des Projektes mehr Zeit als
vorgesehen (d.h. mehr als D_i), dann vergrößert sich die Länge von W^* und folglich
die kürzeste Projektdauer um den gleichen Betrag (vgl. die Definition eines kritischen
Vorgangs zu Beginn von Abschnitt 5.1.2). Ein längster Weg von der Quelle 0 zur
Senke $N+1$ wird deshalb auch *kritischer Weg* genannt.

Wir wollen an einem Beispiel illustrieren, wie ein MPM–Netzplan aus der Erzeugnisstruktur eines Unternehmens und den Arbeitsplänen der einzelnen Fertigungsaufträge konstruiert werden kann. Die Erzeugnisstruktur sei durch den Gozinto–Graphen
von Abb. 5.1.6 (ohne Direktbedarfskoeffizienten) gegeben. Die Arbeitspläne für die
einzelnen Fertigungsaufträge bzw. Produkte sind in Abb. 5.1.7 zusammengestellt,
wobei für jeden Arbeitsgang die Durchführungszeit (jeweils für das gesamte Los) in
ZE (z.B. Stunden) hinter dem Doppelpunkt angegeben ist. Die Übergangszeiten für
die Arbeitsgänge A1, B und C1, die Startvorgänge darstellen, sollen jeweils 10 ZE
und die Übergangszeiten für alle übrigen Arbeitsgänge jeweils 5 ZE betragen.

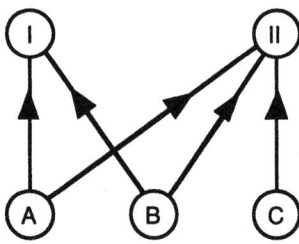

Abb. 5.1.6: Gozinto–Graph

	II	A		C
	II 1 : 2 ZE	A 1 : 1 ZE		
I	II 2 : 1 ZE	A 2 : 3 ZE		C 1 : 2 ZE
I 1 : 2 ZE	II 3 : 2 ZE	A 3 : 2 ZE	B : 4 ZE	C 2 : 1 ZE
I 2 : 3 ZE				

Abb. 5.1.7: Arbeitspläne

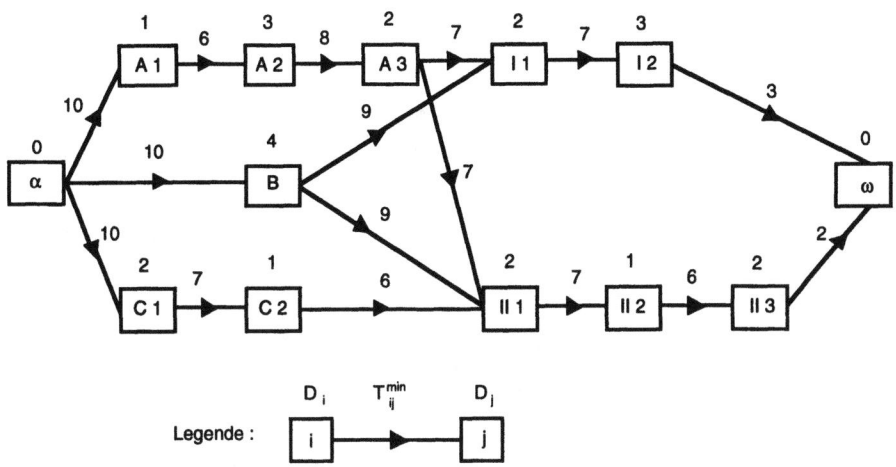

Abb. 5.1.8: MPM–Netzplan

Abb. 5.1.8 zeigt den zugehörigen MPM–Netzplan mit den fiktiven Vorgängen α (Projektbeginn) und ω (Projektende). Der Minimalabstand T_{ij}^{min} für ein Vorgangspaar (i, j) ergibt sich als Summe aus der Durchführungszeit von Arbeitsgang i (die gleich der Dauer D_i von Vorgang i ist) und der Übergangszeit von Arbeitsgang j.

In einem weiteren Zahlenbeispiel betrachten wir das durch die Vorgangsliste in Tab. 5.1.1 gegebene Projekt. Eine *Vorgangsliste* enthält die einzelnen Vorgänge des Projektes, für jeden Vorgang die unmittelbar vorangehenden Vorgänge, die Zeitdauer jedes Vorgangs sowie die vorgeschriebenen zeitlichen Minimalabstände zwischen einzelnen Vorgängen. Der Einfachheit halber haben wir in unserem Beispiel $T_{ij}^{min} = D_i$ für jedes Vorgangspaar (i, j) mit vorgegebenem Minimalabstand gewählt.

Vorgangsnummer	Vorgangsdauer	Nummern der unmittelbar vorangehenden Vorgänge	Frühester Beginn nach Start der unmittelbar voran-gehenden Vorgänge
0	0		
1	2	0	0
2	3	0	0
3	1	1	2
4	2	1	2
5	2	2, 3	3, 1
6	4	2, 3	3, 1
7	1	4, 5	2, 2
8	0	6, 7	4, 1

Tab. 5.1.1: Vorgangsliste

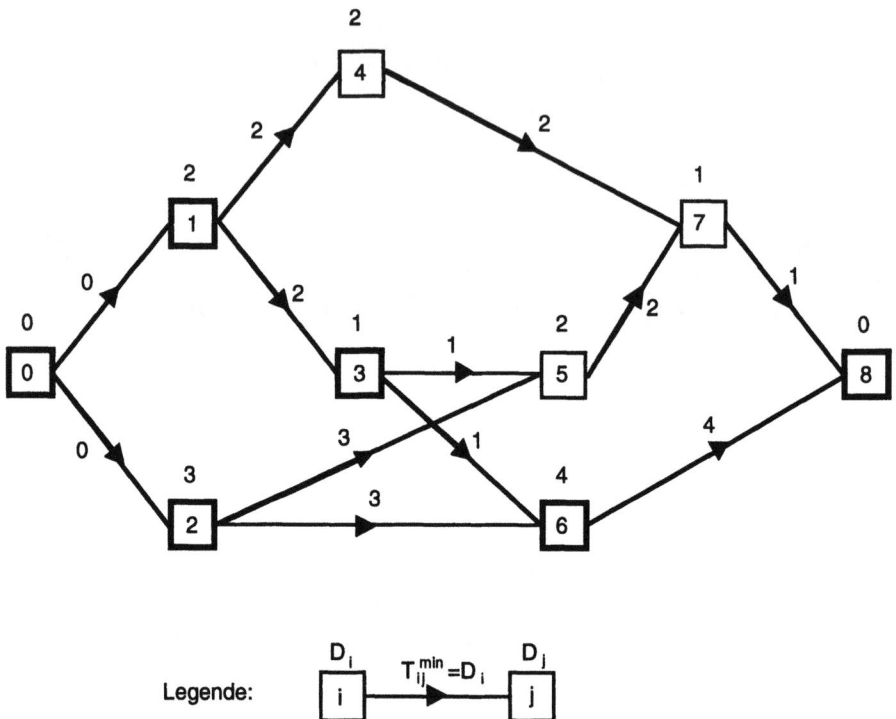

Abb. 5.1.9: MPM–Netzplan

Die Vorgänge 1 und 2 sind Startvorgänge, und die Vorgänge 6 und 7 sind Zielvorgänge. Abb. 5.1.9 zeigt den zugehörigen MPM–Netzplan.

(b) Terminplanung mit MPM

Die Terminplanung beinhaltet, wie bereits zu Beginn von Abschnitt 5.1.2 erwähnt,
die Bestimmung der kürzesten Projektdauer, der kritischen Vorgänge sowie der Anfangs– und Endtermine und der Pufferzeiten aller Vorgänge. Für die Vorgänge führen
wir die folgenden frühest und spätest möglichen Anfangs– und Endtermine ein:

FAZ_i: Frühest möglicher Anfangszeitpunkt ⎫
FEZ_i: Frühest möglicher Endzeitpunkt ⎬ von Vorgang *i*.
SAZ_i: Spätest möglicher Anfangszeitpunkt ⎪
SEZ_i: Spätest möglicher Endzeitpunkt ⎭

Wir setzen

$$FAZ_0 := 0$$

$$(5.1.2) \quad SAZ_{N+1} := \begin{cases} T, & \text{falls ein Projektendtermin (Fertigstellungs-} \\ & \text{termin) } T \text{ explizit vorgegeben ist} \\ FAZ_{N+1}, & \text{sonst} \end{cases}$$

wobei $T \geq FAZ_{N+1}$ sein muß. Weiter haben wir

$$(5.1.3) \quad \left. \begin{array}{l} FEZ_i = FAZ_i + D_i \\ SEZ_i = SAZ_i + D_i \end{array} \right\} \quad (i = 0, 1, \ldots, N+1),$$

und FAZ_{N+1} ist gleich der kürzesten Projektdauer. Für alle möglichen Anfangszeitpunkte AZ_i der Vorgänge i gilt

$$FAZ_i \leq AZ_i \leq SAZ_i \quad (i = 0, 1, \ldots, N+1).$$

Wir nehmen im folgenden an, daß die Knoten des zyklenfreien MPM–Netzplans topologisch sortiert seien, d.h., es gelte

$$\left. \begin{array}{l} k \in \mathcal{P}(i) \quad \text{impliziert} \quad k < i \\ j \in \mathcal{S}(i) \quad \text{impliziert} \quad j > i \end{array} \right\} \quad (1 \leq i \leq N),$$

wobei $\mathcal{P}(i)$ die Menge der Vorgänger und $\mathcal{S}(i)$ die Menge der Nachfolger von Knoten i sind. Der MPM–Netzplan in Abb. 5.1.9 ist topologisch sortiert.

Bei fixiertem $FAZ_0 = 0$ ist der frühest mögliche Anfangszeitpunkt FAZ_i von Vorgang i gleich der kürzesten Zeitspanne, in der *alle* bis zum Start von Vorgang i zu beendenden Vorgänge ausgeführt und Minimalabstände eingehalten sein müssen, und damit gleich der Länge eines längsten Weges im MPM–Netzplan von der Quelle 0 zum Knoten i. Wegen der topologischen Sortierung der Knoten des zyklenfreien Netzplans können dann die Termine FAZ_i mit Hilfe der *Bellmanschen Funktionalgleichung* wie folgt sukzessiv bestimmt werden:

$$FAZ_i = \max_{k \in \mathcal{P}(i)} \left(FAZ_k + T_{ki}^{min} \right) \quad \text{für} \quad i = 1, 2, \ldots, N+1$$

(zur Bellmanschen Gleichung s. NEUMANN UND MORLOCK (1993), Abschnitt 2.4.1). Da die Termine FAZ_i „vorwärts" von $i = 0$ bis $i = N+1$ berechnet werden, spricht man auch von *Vorwärtsterminierung.* Die frühest möglichen Endzeitpunkte FEZ_i erhält man aus (5.1.3).

Bei gemäß (5.1.2) fixiertem SAZ_{N+1} ist $SAZ_{N+1} - SAZ_i$ gleich dem Minimalabstand zwischen dem Start von Vorgang i und dem Projektende SAZ_{N+1} und damit gleich der Länge eines längsten Weges vom Knoten i zur Senke $N+1$. Die Bellmansche Gleichung liefert dann folgende sukzessive Berechnung der spätest möglichen Anfangszeitpunkte SAZ_i der Vorgänge i (*Rückwärtsterminierung*):

$$SAZ_{N+1} - SAZ_i = \max_{j \in \mathcal{S}(i)} \left[SAZ_{N+1} - \left(SAZ_j - T_{ij}^{min} \right) \right]$$

oder

Vorgang i	D_i	FAZ_i	FEZ_i	SAZ_i	SEZ_i	GP_i
* 0	0	0	0	0	0	0
* 1	2	0	2	0	2	0
* 2	3	0	3	0	3	0
* 3	1	2	3	2	3	0
4	2	2	4	4	6	2
5	2	3	5	4	6	1
* 6	4	3	7	3	7	0
7	1	5	6	6	7	1
* 8	0	7	7	7	7	0

Tab. 5.1.2: Ergebnisse der MPM–Terminplanung

$$SAZ_i = \min_{j \in S(i)} \left(SAZ_j - T_{ij}^{min} \right) \quad \text{für} \quad i = N, N-1, \ldots, 0 .$$

Die spätest möglichen Endzeitpunkte SEZ_i ergeben sich wieder aus (5.1.3).

Die sogenannte *Gesamtpufferzeit* GP_i des Vorgangs i ist gleich der maximalen Zeitspanne, um die der Beginn von Vorgang i nach hinten verschoben werden kann, ohne den Projektendtermin $SEZ_{N+1} = SAZ_{N+1}$ zu gefährden. Hierfür gilt

$$GP_i = SAZ_i - FAZ_i = SEZ_i - FEZ_i .$$

Ein Vorgang ist genau dann kritisch, wenn die Gesamtpufferzeit für ihn ihren kleinst möglichen Wert annimmt, der gleich $SAZ_{N+1} - FAZ_{N+1} = SAZ_0 - FAZ_0 = SAZ_0$ ist:

(5.1.4) i ist genau dann kritisch, wenn $GP_i = \min\limits_{k=0,1,\ldots,N+1} GP_k = SAZ_0 .$

Hat man die Gesamtpufferzeit für einen Vorgang i bestimmt, so kann man mittels (5.1.4) sofort feststellen, ob Vorgang i kritisch ist oder nicht. Für weitere Puffer-zeiten verweisen wir auf NEUMANN UND MORLOCK (1993), Abschnitt 2.5.5.

Für das durch die Vorgangsliste in Tab. 5.1.1 bzw. den Netzplan von Abb. 5.1.9 ge-gebene Projekt wollen wir jetzt eine MPM–Terminplanung durchführen. Ein Projekt-endtermin sei nicht vorgeschrieben (d.h., wir setzen $SAZ_{N+1} := FAZ_{N+1}$). Die Ergeb-nisse sind in Tab. 5.1.2 zusammengestellt. Die kritischen Vorgänge sind durch einen Stern markiert und in Abb. 5.1.9 stark ausgezeichnet.

Ein Netzplan gibt einen guten Überblick über die Reihenfolge der einzelnen Vor-gänge, jedoch keine gute Übersicht über den zeitlichen Ablauf des Projektes; für letz-teres empfiehlt sich die Zeichnung eines *Balken–* oder *Ganttdiagramms*. Im Balken-diagramm entspricht jedem Vorgang i (abgesehen von den fiktiven Vorgängen 0 und $N+1$) ein Balken über der Zeitachse, der vom Zeitpunkt FAZ_i bis zum Zeitpunkt FEZ_i reicht, dessen Länge also gleich der Vorgangsdauer D_i ist. An diesen Balken wird ein Balkenstück der Länge GP_i angefügt, das gestrichelt gezeichnet wird. Kriti-

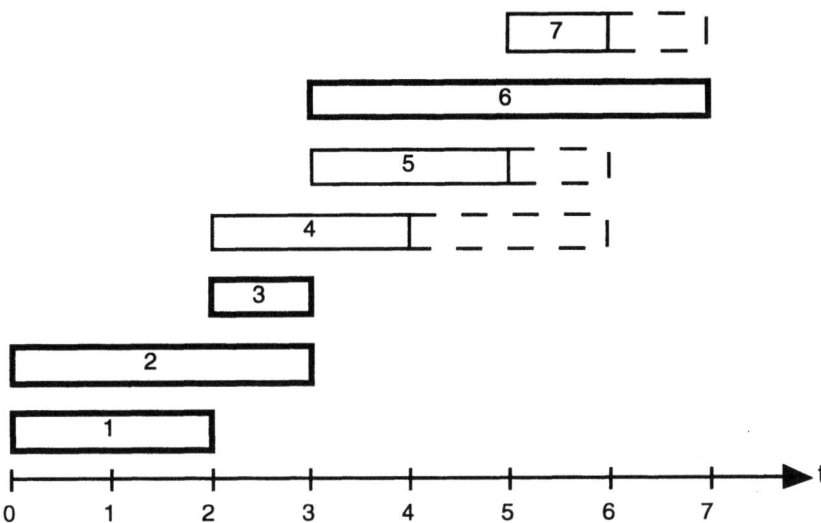

Abb. 5.1.10: Balkendiagramm

sche Vorgänge werden stark ausgezeichnet. Abb. 5.1.10 zeigt das Balkendiagramm für das obige Beispiel.

(c) Mehrprojektplanung

In der Einzel– und Kleinserienfertigung liegen häufig mehrere Kundenaufträge vor, die simultan abzuarbeiten sind. Jeder dieser Kundenaufträge kann als ein Projekt aufgefaßt werden. Wir nehmen an, daß die Kundenaufträge bzw. Projekte $P_1, \ldots, P_l$ gegeben seien, und wollen diesen Projekten insgesamt einen MPM–Netzplan zuordnen. Man spricht dann auch von *Mehrprojektplanung*. Projekt P_λ soll zum Zeitpunkt $t_\lambda \geq 0$ beginnen, und für P_λ sei ein einzuhaltender Fertigstellungstermin T_λ vorgegeben $(\lambda = 1, \ldots, l)$.

Die Projekte $P_1, \ldots, P_l$ sollen insgesamt die Vorgänge $1, \ldots, N$ mit den Dauern $D_1, \ldots, D_N$ enthalten. Wir führen wieder die fiktiven Vorgänge 0 („Gesamtprojektbeginn") und $N+1$ („Gesamtprojektende") mit den Dauern $D_0 = D_{N+1} = 0$ ein. Den Vorgängen $0, 1, \ldots, N+1$ ordnen wir die Knoten $0, 1, \ldots, N+1$ eines MPM–Netzplans zu. Ist für ein Vorgangspaar (i, j) eine Anordnungsbeziehung MIN mit dem Minimalabstand T_{ij}^{min} gegeben, so führen wir einen Pfeil $< i, j >$ mit der Bewertung T_{ij}^{min} ein.

Das Gesamtprojekt beginne zum Zeitpunkt 0. Kann ein zum Einzelprojekt P_λ gehörender Vorgang j frühestens eine Zeitspanne T_{0j}^{λ} nach Beginn von Projekt P_λ gestartet werden (z.B., wenn j ein Startvorgang von P_λ ist), dann führen wir einen Pfeil $< 0, j >$ mit der Bewertung $T_{0j}^{min} := T_{0j}^{\lambda} + t_\lambda$ ein (vgl. Abb. 5.1.11).

Sei $T := \max_{\lambda = 1, \ldots, l} T_\lambda$ der Fertigstellungstermin des Gesamtprojektes. Muß ein zum Teilprojekt P_λ gehörender Vorgang i spätestens eine Zeitspanne $T_{i,N+1}^{\lambda}$ vor Ende von Projekt P_λ und damit eine Zeitdauer $T_{i,N+1}^{\lambda} + T - T_\lambda$ vor Ende des Gesamtprojektes

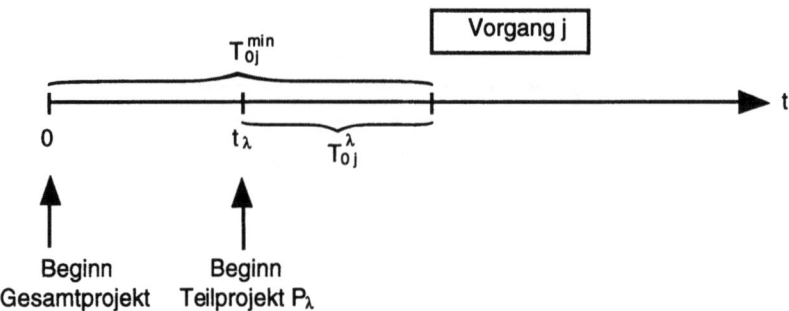

Abb. 5.1.11: Vorgang j beginnt frühestens T_{0j}^{λ} ZE nach Beginn von Projekt P_{λ}

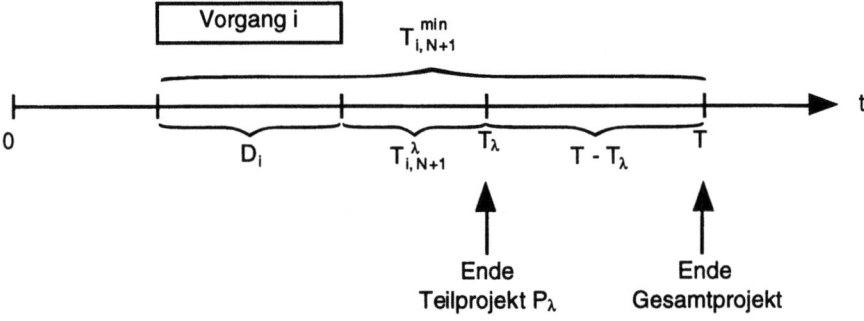

Abb. 5.1.12: Vorgang i endet spätestens $T_{i,N+1}^{\lambda}$ ZE vor Ende von Projekt P_{λ}

abgeschlossen sein (z.B., wenn i ein Zielvorgang von P_{λ} ist), so führen wir einen Pfeil $<i, N+1>$ mit der Bewertung $T_{i,N+1}^{min} := D_i + T_{i,N+1}^{\lambda} + T - T_{\lambda}$ ein (vgl. Abb. 5.1.12).

5.1.3   Kapazitätsplanung

Wir gehen wieder aus von einem Projekt, das durch einen topologisch sortierten MPM–Netzplan mit der Knoten– bzw. Vorgangsmenge $\{0, 1, \ldots, N+1\}$ gegeben sei. Mit T bezeichnen wir die Projektdauer bzw. Anzahl der Perioden (eine Periode entspreche einer ZE). Zeitangaben werden sich im folgenden manchmal auf Perioden und manchmal auf Zeitpunkte beziehen. Dabei vereinbaren wir, daß die Periode t vom Zeitpunkt $t-1$ bis zum Zeitpunkt t dauert ($t = 1, \ldots, T$). Ein Anfangszeitpunkt beziehe sich immer auf den Beginn und ein Endzeitpunkt auf das Ende einer Periode. Beispielsweise wird ein Vorgang mit dem Anfangszeitpunkt 3 und dem Endzeitpunkt 7 in den Perioden 4 bis 7 ausgeführt, und seine Dauer beträgt 4 ZE.

Wir betrachten der Einfachheit halber nur eine Ressource, etwa eine Maschine, deren Kapazität κ zeitlich konstant sei (für den allgemeinen Fall, daß mehrere Ressourcen erforderlich sind und Maximalabstände zwischen Vorgängen auftreten, verweisen wir auf ZHAN (1994) und NEUMANN UND ZHAN (1995)). Für jeden Vorgang i sei der Kapazitätsbedarf β_i pro ZE bzw. Periode konstant (für die fiktiven Vorgänge 0 und $N+1$ ist der Kapazitätsbedarf gleich 0), und es gelte

$$\beta_i \le \kappa \quad (i = 1, ..., N).$$

γ_t sei der gesamte Kapazitätsbedarf des Projektes (Belastung) in Periode t (d.h. die Summe der benötigten Kapazitäten aller Vorgänge, die in Periode t ausgeführt werden). Wir setzen voraus, daß die einzelnen Vorgänge nicht unterbrochen werden dürfen.

Wir wollen nun die Projektdauer T minimieren unter den Nebenbedingungen, daß

$$\gamma_t \le \kappa \quad (t = 1, ..., T)$$

ist und die durch den MPM–Netzplan gegebenen Anordnungsbeziehungen und zeitlichen Minimalabstände gelten. Führt man binäre Variablen

$$x_{it} := \begin{cases} 1, & \text{falls Vorgang } i \text{ in Periode } t \text{ ausgeführt wird} \\ 0, & \text{sonst} \end{cases}$$

$$(i = 0, 1, ..., N+1; \ t = 1, ..., T)$$

ein, so läßt sich diese Minimierungsaufgabe als (im allgemeinen sehr großes) Optimierungsproblem mit den binären Variablen x_{it} und der ganzzahligen Variablen T formulieren. Ein solches ganzzahliges Optimierungsproblem ist „schwer" (d.h. nach gegenwärtigem Wissensstand nicht mit polynomialem Rechenaufwand exakt lösbar, vgl. NEUMANN UND MORLOCK (1993), Kapitel 3) und kann für praktisch relevante Größenordnungen nur mit Hilfe einer Heuristik näherungsweise gelöst werden. Bei einer solchen *Heuristik* kann man etwa wie folgt vorgehen:

Zunächst führt man eine MPM–Terminplanung durch und plant die einzelnen Vorgänge zu ihren frühest möglichen Zeitpunkten (den *aktuellen Anfangszeitpunkten*) ein. Diese Ausgangslösung ist im allgemeinen unzulässig, und die zugehörige Projektdauer (die gleich dem *aktuellen Projektendtermin* ist) stellt eine untere Schranke für die minimale (zulässige) Projektdauer dar. Im Fall, daß die Ausgangslösung zulässig ist, d.h.

(5.1.5) $\gamma_t \le \kappa$ für $t = 1, ..., T$ mit $T = FAZ_{N+1}$

gilt, ist bereits eine (optimale) Lösung gefunden.

Andernfalls versucht man, durch zeitliches Hinausschieben von Vorgängen eine möglichst gute zulässige Lösung zu erhalten. Hierzu führen wir die Begriffe eines einplanbaren und eines neu einplanbaren Vorgangs ein. Ein Vorgang j heißt *in Periode t neu einplanbar*, wenn

(i)   Vorgang j in den Perioden $1, ..., t-1$ noch nicht eingeplant worden ist

(ii) $AZ_i + T_{ij}^{min} \le t-1$ für alle Vorgänger i von j gilt.

Dabei ist AZ_i der aktuelle Anfangszeitpunkt von Vorgang i. Diejenigen Vorgänge, die sich bereits in Periode $t-1$ in Ausführung befunden haben, aber noch nicht abgeschlossen sind, müssen wegen der Nichtunterbrechbarkeit der Vorgänge in Periode t weiter bearbeitet werden. Die letzteren *weiter zu bearbeitenden* Vorgänge und die in Periode t neu einplanbaren Vorgänge heißen *in Periode t einplanbar* [2].

Die in einer Periode t einplanbaren Vorgänge werden nach fallenden Prioritäten geordnet. Die höchste Priorität erhalten die weiter zu bearbeitenden Vorgänge. Unter den neu einplanbaren Vorgängen haben Vorgänge mit kleinerer aktueller Gesamtpufferzeit höhere Priorität. Die *aktuelle Gesamtpufferzeit GP_i* von Vorgang i ist dabei die Zeitspanne, um die der Vorgang i von seinem aktuellen Anfangszeitpunkt aus unter Einhaltung des aktuellen Projektendtermins nach hinten verschoben werden kann. Sind für zwei oder mehr Vorgänge die aktuellen Gesamtpufferzeiten gleich, so erhalten Vorgänge mit größerem Kapazitätsbedarf höhere Priorität. Unterscheiden sich Vorgänge auch nicht in ihrem Kapazitätsbedarf, wird einem Vorgang mit kleinerer Vorgangsnummer eine höhere Priorität zugewiesen. Man spricht dann auch vom „Hauptsortierkriterium" Gesamtpufferzeit, vom „1. Nebensortierkriterium" Kapazitätsbedarf und vom „2. Nebensortierkriterium" Vorgangsnummer. Diese spezielle Wahl der Haupt- und Nebensortierkriterien ist nur eine Möglichkeit von mehreren, die sich in der Praxis bewährt haben (für weitere Sortierkriterien vgl. ZHAN (1994) und NEUMANN UND ZHAN (1995)).

Ist die mit Hilfe der MPM-Terminplanung erhaltene Ausgangslösung nicht zulässig, d.h. (5.1.5) nicht erfüllt, so wird, ausgehend von Periode 1, die erste Periode t_1 mit $\gamma_{t_1} > \kappa$ bestimmt. Nach fallender Priorität geordnet werden dann so viele in Periode t_1 einplanbare Vorgänge tatsächlich eingeplant, wie unter Einhaltung der Kapazitätsrestriktion möglich ist. Die übrigen Vorgänge werden um eine ZE „nach rechts" verschoben [3]. Anschließend wird eine neue MPM-Terminplanung für denjenigen „Teilnetzplan" durchgeführt, dessen Startvorgänge die in Periode t_1 eingeplanten Vorgänge sind. Danach bestimmt man die nächste Periode $t_2 > t_1$ mit $\gamma_{t_2} > \kappa$ und fährt entsprechend fort. In dieser Weise werden sukzessiv alle Vorgänge unter Einhaltung der Kapazitätsrestriktion eingeplant. Der Projektendtermin kann beim Verschieben der Vorgänge ebenfalls nach hinten verschoben werden (dies ist insbesondere bei der Verschiebung von Vorgängen mit aktueller Gesamtpufferzeit 0 der Fall).

Wir erläutern die Heuristik an Hand des in Abschnitt 5.1.2b betrachteten Zahlenbeispiels und geben den zugehörigen (topologisch sortierten) MPM-Netzplan von Abb. 5.1.9 noch einmal in Abb. 5.1.13 an zusammen mit dem Kapazitätsbedarf β_i für jeden Vorgang i.

Die vorgegebene Kapazität sei $\kappa = 10$. Abb. 5.1.14 bis Abb. 5.1.17 zeigen die (unzulässige) Anfangslösung sowie drei „Verbesserungsschritte", wobei jeweils das Balkendiagramm und das Kapazitätsbelastungsprofil angegeben sind. Nach den drei Ver-

---

[2] Den fiktiven Vorgang 0 denken wir uns zu Beginn von Periode 1 bereits eingeplant.
[3] Statt Vorgänge nur um eine ZE zu verschieben, kann man sie gleich um mehrere Perioden verschieben, solange keiner der Vorgänge endet, die sich in Ausführung befinden.

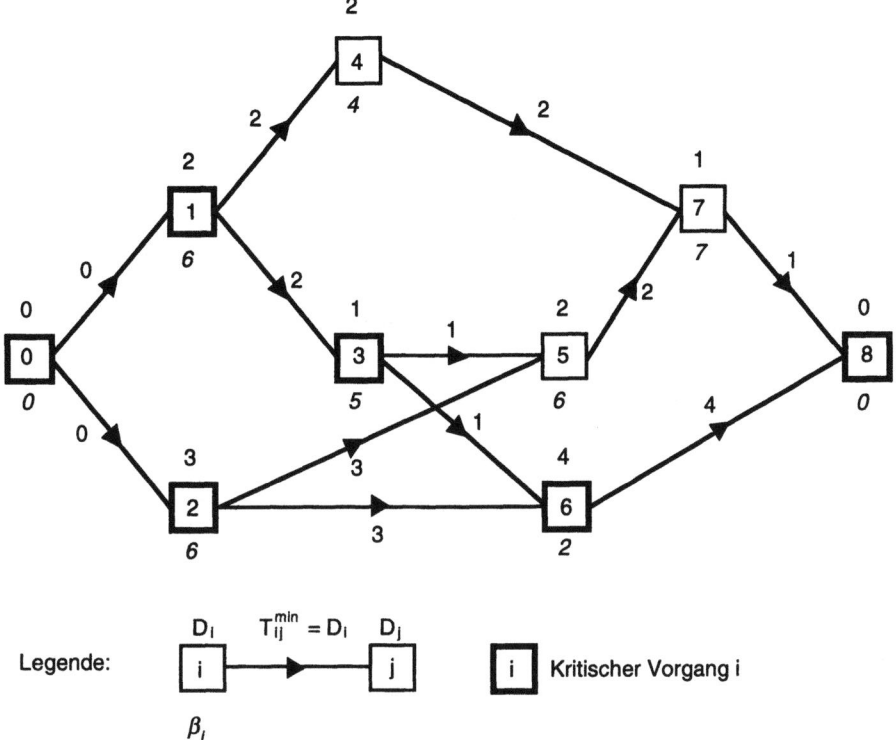

Abb. 5.1.13: MPM–Netzplan mit Kapazitätsbedarfen

besserungsschritten gilt $\gamma_t \leq \kappa$ für $t = 1,\ldots, T$ mit der Projektdauer $T = 10$, und die Heuristik bricht ab.

In den Perioden 1 und 2 in Abb. 5.1.14 ist $\gamma_t > \kappa$. Wegen $GP_1 = GP_2$ und $\beta_1 = \beta_2$ wird Vorgang 2 um zwei Perioden nach rechts verschoben. Dies liefert die erste Verbesserung in Abb. 5.1.15.

In Periode 3 in Abb. 5.1.15 ist $\gamma_t > \kappa$. Wegen $GP_2 < GP_3 < GP_4$ und $\beta_2 + \beta_3 > \kappa$ wird Vorgang 3 um eine Periode nach rechts verschoben. Weil nunmehr für Periode 4 das gleiche wie vorher für Periode 3 gilt, wird Vorgang 3 um eine weitere Periode nach rechts verschoben. Da $\beta_2 + \beta_4 = \kappa$ ist, wird Vorgang 4 nicht verschoben. Dies ergibt die 2. Verbesserung in Abb. 5.1.16.

In Periode 5 in Abb. 5.1.16 ist $\gamma_t > \kappa$. Da Vorgang 2 schon vorher begonnen hat, wird Vorgang 3 um eine Periode nach rechts verschoben. Wir erhalten die 3. Verbesserung in Abb. 5.1.17.

Da in Abb. 5.1.17 nunmehr $\gamma_t \leq \kappa$ für $t = 1,\ldots, T = 10$ ist, bricht die Heuristik (mit der Projektdauer $T = 10$) ab.

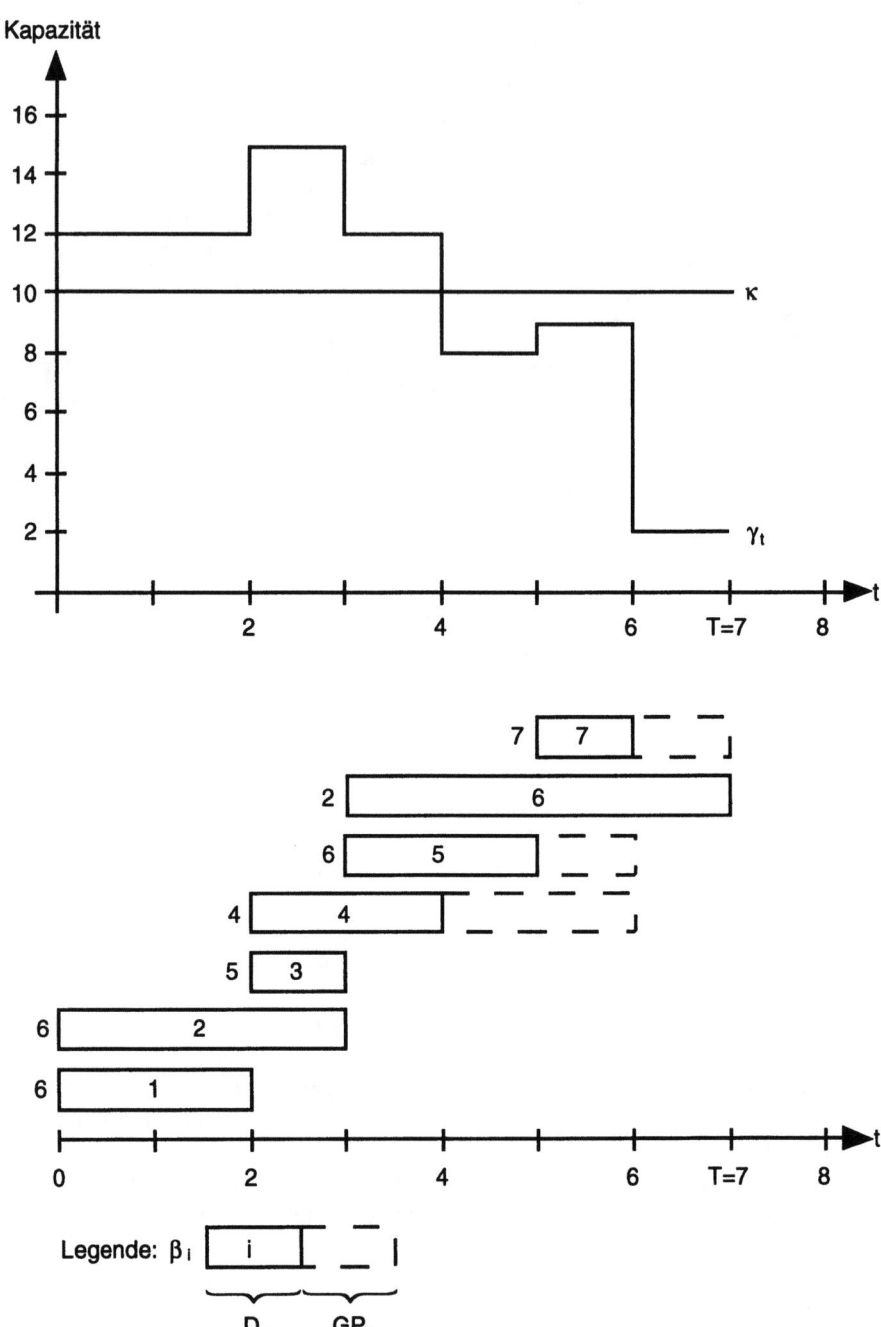

Abb. 5.1.14: Anfangslösung

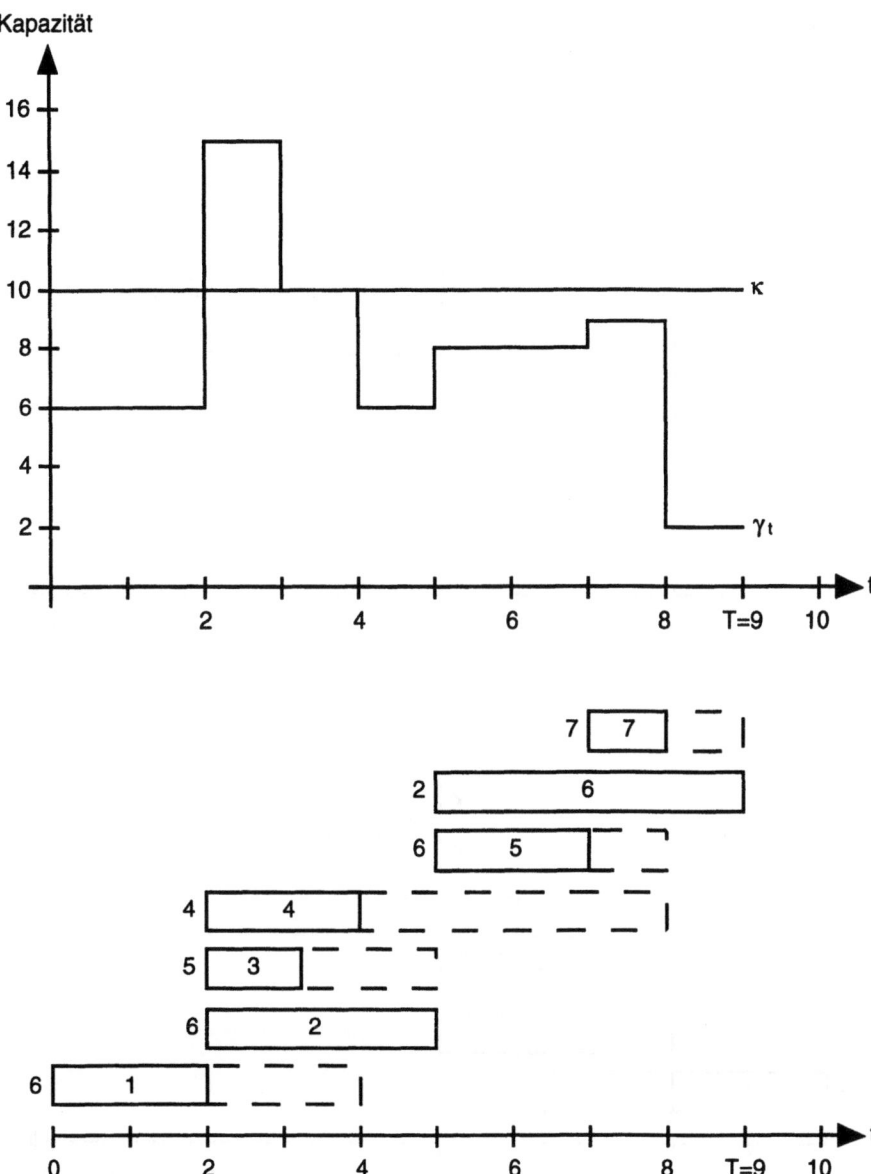

Abb. 5.1.15: 1. Verbesserung

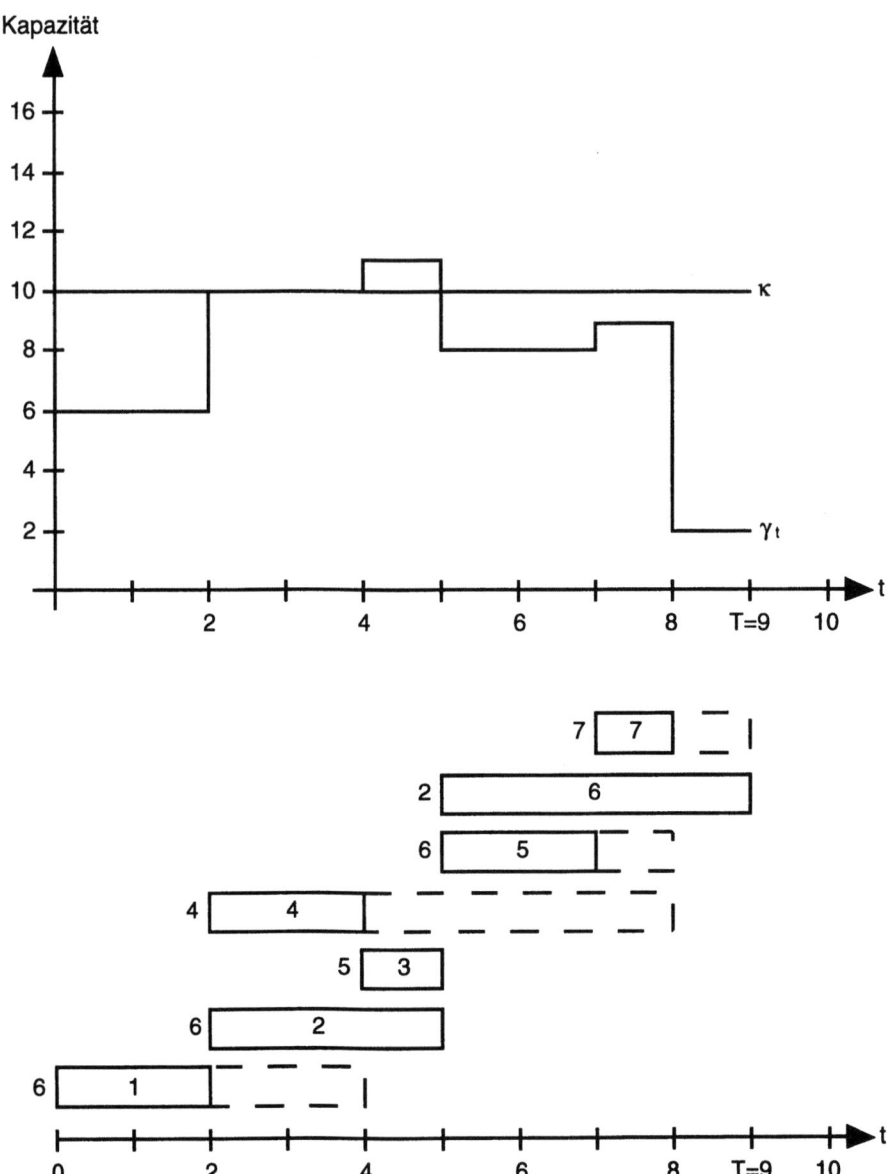

Abb. 5.1.16: 2. Verbesserung

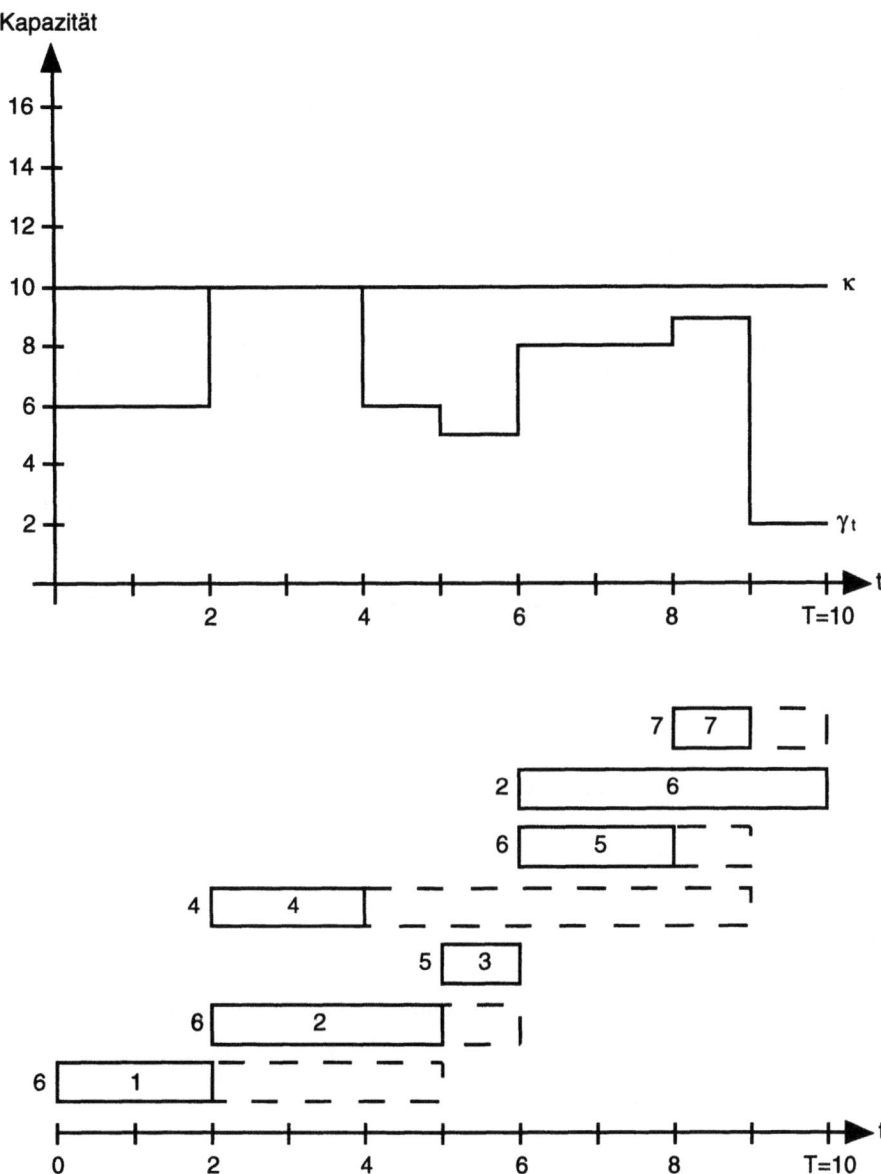

Abb. 5.1.17: 3. Verbesserung

5.2 Maschinenbelegungsplanung in der Reihen– und Werkstattfertigung

In der Einzel– und der Serienfertigung ist nach der Freigabe der Betriebsaufträge für die Fertigung die Reihenfolge zu bestimmen, in der die Betriebsaufträge auf den einzelnen Maschinen (bzw. an den entsprechenden Arbeitsplätzen) bearbeitet (oder „eingelastet") werden. Außerdem sind Anfangs– und Endzeitpunkt für die Bearbeitung eines jeden Auftrags auf jeder Maschine festzulegen. Wird die Bearbeitung eines Auftrags auf einer Maschine nicht unterbrochen, was wir im folgenden stets annehmen wollen, so genügt die Angabe des Anfangs– oder des Endzeitpunktes. Im Unterschied zur *arbeitsgangsorientierten* Termin– und Kapazitätsplanung aus Abschnitt 5.1 handelt es sich jetzt also um eine *maschinenorientierte* Planung. Sind die Reihenfolge der Aufträge und für jeden Auftrag Anfangs– und Endzeitpunkt der Bearbeitung auf jeder der Maschinen festgelegt, dann spricht man von einem (*Maschinenbelegungs-* oder *Bearbeitungs-*)*Plan*. In der *Maschinenbelegungsplanung* (auch *Maschinenscheduling* genannt) werden die zu bearbeitenden Betriebsaufträge häufig als *Jobs* bezeichnet.

Die Maschinenbelegungsplanung erfolgt in der Praxis oft noch per Hand im Rahmen der *Arbeitsvorbereitung* von Meistern oder Gruppenleitern in der Fertigung aufgrund von Erfahrungswerten. Die Arbeitsvorbereitung hat in erster Linie sicherzustellen, daß die notwendigen Werkzeuge bereitstehen und die erforderlichen Mitarbeiter anwesend sind. Mehr und mehr werden jedoch auch für die Maschinenbelegungsplanung moderne Methoden des Operations Research eingesetzt, und die Planung wird durch einen elektronischen *Leitstand* unterstützt. In den letzten Jahren ist eine Vielzahl sehr schneller und leistungsfähiger Algorithmen für die Maschinenbelegungsplanung entwickelt worden, von denen wir einige in den Abschnitten 5.2.2 und 5.2.3 behandeln werden. In Abschnitt 5.2.4 werden wir ein heuristisches Verfahren zur integrierten Losgrößen– und Maschinenbelegungsplanung skizzieren.

5.2.1 Grundbegriffe

Wir nehmen an, daß n Aufträge (Jobs), von 1 bis n durchnumeriert, auf m Maschinen $M_1, \ldots, M_m$ zu bearbeiten sind. Dabei gelte stets, daß zu einem Zeitpunkt auf einer Maschine höchstens ein Auftrag und jeder Auftrag auf höchstens einer Maschine bearbeitet werden kann. Wie bereits erwähnt, nehmen wir an, daß die Bearbeitung eines Auftrags auf einer Maschine *nicht unterbrochen* werden darf.

Die *Bearbeitungsdauer* (engl. processing time) von Auftrag j auf Maschine M_i bezeichnen wir mit p_{ij}. Im Unterschied zu Abschnitt 5.1 sei in der Bearbeitungszeit p_{ij} jetzt die Rüstzeit und eine eventuelle Transportzeit von Auftrag j zur Maschine M_i

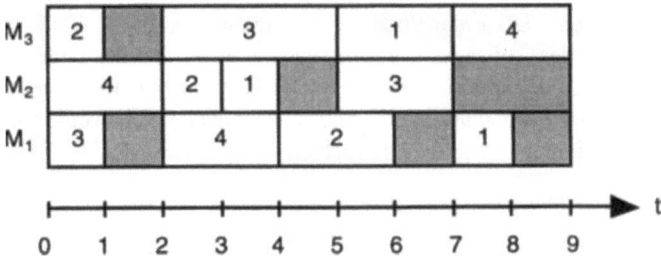

Abb. 5.2.1: Balkendiagramm eines Bearbeitungsplans für 4 Aufträge und 3 Maschinen

mit enthalten. Manchmal ist für Auftrag j ein *Bereitstellungstermin* (engl. release date oder ready time) r_j vorgegeben, d.h. der Zeitpunkt, ab dem Auftrag j zur Bearbeitung verfügbar ist. Auch ein *Fälligkeitstermin* (engl. due date) d_j kann für Auftrag j vorgegeben sein, d.h. der Zeitpunkt, bis zu dem Auftrag j fertig bearbeitet sein sollte. Es sei stets $p_{ij} \geq 0$, $r_j \geq 0$, $d_j \geq 0$ $(i = 1,...,m; \ j = 1,...,n)$. Ist für einen Auftrag j kein Bereitstellungstermin $r_j > 0$ angegeben, so sei der frühest mögliche Bearbeitungstermin der Zeitpunkt 0. Manchmal werden die Aufträge j noch mit (kardinalskalierten) *Gewichten* $w_j \geq 0$ versehen, die die Bedeutung oder Dringlichkeit der Aufträge wiedergeben. $w_j > w_k$ gelte genau dann, wenn Auftrag j wichtiger oder dringender als Auftrag k ist.

Den *Abschluß–* oder *Fertigstellungszeitpunkt* (engl. completion time) von Auftrag j (auf der Maschine, auf der Auftrag j zuletzt bearbeitet wird) bezeichnen wir mit C_j. Die Zeitspanne von der Bereitstellung bis zur Fertigstellung des Auftrags j, $C_j - r_j$, nennt man dann auch die *Durchlaufzeit* (engl. flow time) von Auftrag j [4].

Zur Veranschaulichung eines Bearbeitungsplans verwendet man ein *Balken–* oder *Ganttdiagramm*, wie es in ähnlicher Weise in der Termin– und Kapazitätsplanung (vgl. Abschnitte 5.1.2b und 5.1.3) benutzt wird. Jeder Maschine entspricht ein Balken über der Zeitachse. In jedem Balken sind die Zeitintervalle, in denen die einzelnen Aufträge auf der betreffenden Maschine bearbeitet werden, eingetragen. Leerzeiten kennzeichnen wir durch eine dunklere Tönung. Abb. 5.2.1 zeigt einen Plan für 4 Aufträge und 3 Maschinen, bei dem z.B. Auftrag 3 auf Maschine M_1 im Zeitintervall $[0,1)$, auf M_3 im Zeitintervall $[2,5)$ und auf M_2 im Zeitintervall $[5,7)$ bearbeitet wird. Der Abschlußzeitpunkt (entspricht der Durchlaufzeit) von Auftrag 3 ist gleich 7.

Zur Klassifikation von Maschinenscheduling–Problemen ist eine Notation in der Form $\alpha \mid \beta \mid \gamma$ eingeführt worden. Dabei kennzeichnet das Symbol α die Maschinenkonfiguration, β gewisse Eigenschaften der Aufträge und γ die zu minimierende Zielfunktion.

Beispielsweise bedeuten $\alpha = 1$ eine einzelne Maschine, $\alpha = F2$ ein sogenanntes Flow–Shop–Problem mit 2 Maschinen und $\alpha = J$ ein Job–Shop–Problem mit einer beliebigen Anzahl von Maschinen. Vorgegebene Bereitstellungstermine für die Auf-

---

[4] Die Durchlaufzeit eines Auftrages ist von der in Abschnitt 5.1 betrachteten Durchlaufzeit eines (Arbeits–)Vorgangs zu unterscheiden.

träge werden durch „r_j" an der Position β ausgedrückt, und „$p_{ij} = 1$" bedeutet, daß die Bearbeitung jedes Auftrages j auf irgendeiner Maschine M_i 1 ZE dauert.

Was die zu minimierende *Zielfunktion* an der Position γ betrifft, unterscheiden wir zwischen *Minimax–Problemen* und *Minisum–Problemen*. Wir werden folgende Zielfunktionen für Minimax–Probleme betrachten:

$$C_{max} := \max_{j=1,\dots,n} C_j,$$

was im Fall $r_j = 0$ für $j = 1,\dots,n$ der maximalen Durchlaufzeit eines Auftrags entspricht (auch *Zykluszeit* genannt, engl. makespan), und

$$L_{max} := \max_{j=1,\dots,n} L_j,$$

wobei $L_j := C_j - d_j$ die *Verspätung* oder *Terminabweichung* (engl. lateness) von Auftrag j ist. Zielfunktionen für Minisum–Probleme sind z.B.

$$\sum C_j := \sum_{j=1}^{n} C_j$$

$$\sum w_j C_j := \sum_{j=1}^{n} w_j C_j .$$

Wir geben noch zwei Beispiele für die Notation $\alpha \mid \beta \mid \gamma$ an. $1 \mid r_j, p_j = 1 \mid L_{max}$ bedeutet ein Ein–Maschinen–Problem, wobei Bereitstellungstermine für die Aufträge vorgegeben sind, die Bearbeitungszeit p_j jedes Auftrags j auf der einen Maschine (wir schreiben p_j statt p_{ij}, da nur eine Maschine vorhanden ist) 1 ZE beträgt und die maximale Verspätung der Aufträge zu minimieren ist. $F2 \parallel C_{max}$ steht für ein Flow–Shop–Problem mit zwei Maschinen, wobei die Zykluszeit minimiert werden soll.

In den folgenden Abschnitten 5.2.2 und 5.2.3 werden wir Ein–Maschinen–Probleme sowie Flow–Shop– und Job–Shop–Probleme behandeln. In Abschnitt 5.2.4 werden wir die Losgrößenbestimmung mit der Werkstattfertigung (Job–Shop–Problem) kombinieren. Für eine ausführlichere Darstellung der Maschinenbelegungsplanung vgl. etwa BLAZEWICZ ET AL. (1994), DOMSCHKE ET AL. (1993), Kapitel 5, FRENCH (1982) und PINEDO (1995).

5.2.2   Ein–Maschinen–Probleme

Der Fall, daß alle Aufträge nur auf einer Maschine bearbeitet werden, tritt in der Praxis nicht sehr häufig auf. Jedoch werden einige Regeln, die für gewisse Ein–Maschinen–Probleme eine optimale Bearbeitungsreihenfolge der Aufträge liefern, oft als Prioritätsregeln in Heuristiken für Mehr–Maschinen–Probleme verwendet. Außerdem tritt in der Praxis häufig der Fall auf, daß in erster Linie die Einlastung der Aufträge auf einer „Engpaßmaschine" die Fertigstellungszeitpunkte der Aufträge bestimmt. Bei

Ein–Maschinen–Problemen bezeichnen wir die Bearbeitungszeit von Auftrag j auf der einen Maschine mit p_j.

Wir zitieren zunächst einen Satz, der sich leicht verifizieren läßt, wenn wir die Monotonie der in Abschnitt 5.2.1 angeführten Zielfunktionen bezüglich C_j beachten.

Satz 5.2.1: Für ein Ein–Maschinen–Problem mit verschwindenden Bereitstellungsterminen gibt es stets einen optimalen Plan ohne Leerzeiten.

Wir wenden uns nun speziellen Ein–Maschinen–Problemen zu und betrachten zuerst *Minimax–Probleme*. Das Schedulingproblem $1 \parallel C_{max}$ ist trivial, da die Zielfunktion $C_{max} = \sum_{j=1}^{n} p_j$ konstant ist. Jede Bearbeitungsreihenfolge ist also optimal.

Das Problem $1 \parallel L_{max}$, bei dem die größtmögliche Verspätung eines Auftrags zu minimieren ist, wird durch die folgende *EDD–Regel* („earliest due date" first) gelöst: Jede Bearbeitungsreihenfolge ist optimal, welche die Aufträge nach nichtfallenden Fälligkeitsterminen ordnet (Aufträge mit frühesten Fälligkeitsterminen zuerst).

Zur Bestimmung einer optimalen Bearbeitungsreihenfolge mit der EDD–Regel muß man lediglich die Aufträge j nach nichtfallenden Fälligkeitsterminen ordnen. Dies ist mit dem Rechenaufwand $O(n\log n)$ möglich (zum Rechenaufwand von Algorithmen vgl. NEUMANN UND MORLOCK (1993), Abschnitt 2.2.1). Die Zeitkomplexität der EDD–Regel ist also $O(n\log n)$. Wir betrachten ein Zahlenbeispiel mit 5 Aufträgen, das durch Tab. 5.2.1 gegeben ist (die Eingabedaten stehen in den ersten 3 Spalten). Einen optimalen Bearbeitungsplan mit der maximalen Verspätung 2 zeigt das Balkendiagramm in Abb. 5.2.2. Vertauscht man die Aufträge 1 und 4, so bleibt der Plan optimal.

Wir betrachten nun den Fall, daß Bereitstellungstermine $r_j > 0$ für gewisse Aufträge j vorgegeben sind. Satz 5.2.1 ist jetzt nicht mehr anwendbar, und es können

Auftrag j	p_j	d_j	Position in optimaler Reihenfolge	C_j	L_j
1	3	6	3	6	0
2	1	2	1	1	-1
3	2	4	2	3	-1
4	2	6	4	8	2
5	4	11	5	12	1

Tab. 5.2.1: Beispiel zum $1\|L_{max}$ –Problem

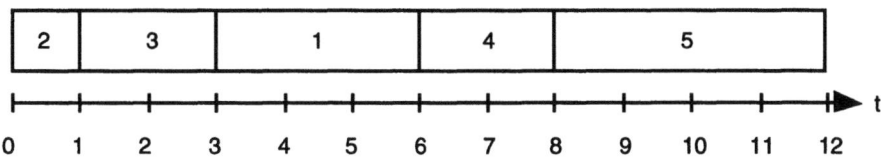

Abb. 5.2.2: Optimaler Bearbeitungsplan für ein $1\|L_{max}$ –Problem

Leerzeiten in optimalen Plänen auftreten. Das Schedulingproblem $1 \mid r_j \mid L_{max}$ ist „schwer" (d.h. nach gegenwärtigem Wissensstand nicht mit polynomialem Rechenaufwand lösbar) im Unterschied zum polynomial lösbaren Problem $1 \parallel L_{max}$. Der Spezialfall $1 \mid r_j, p_j = 1 \mid L_{max}$, bei dem die Bearbeitungsdauern p_j aller Aufträge j eine ZE betragen, läßt sich mit der folgenden *erweiterten EDD–Regel* mit dem Rechenaufwand $O(n \log n)$ lösen: Wähle in jedem Zeitpunkt $t = 0, 1, 2, \dots$ als nächsten einzuplanenden Auftrag unter den „verfügbaren" Aufträgen j (d.h. den noch nicht eingelasteten Aufträgen j mit $r_j \leq t$) einen mit dem kleinsten Fälligkeitstermin d_j. Ein Zahlenbeispiel ist in Tab. 5.2.2 gegeben. Abb. 5.2.3 zeigt einen optimalen Plan, der eine Leerzeit enthält.

Wir wenden uns nun *Minisum–Problemen* zu. Das Problem $1 \parallel \sum C_j$ kann mit der sogenannten *SPT–Regel* („shortest processing time" first) gelöst werden: Jede Bearbeitungsreihenfolge ist optimal, welche die Aufträge j nach nichtfallenden Bearbeitungsdauern p_j ordnet. Daß die SPT–Regel eine optimale Bearbeitungsreihenfolge liefert, ist unmittelbar plausibel: Für zwei Aufträge j und k mit $p_j < p_k$ ist, wenn man Auftrag j vor Auftrag k bearbeitet, die Summe ihrer Abschlußzeitpunkte $C_j + C_k$ kleiner als wenn man Auftrag k vor Auftrag j ausführt (bei gleicher Reihenfolge der übrigen Aufträge), vgl. Abb. 5.2.4.

Eine mit der SPT–Regel bestimmte Bearbeitungsreihenfolge minimiert auch die *mittlere Durchlaufzeit* $(1/n) \sum_{j=1}^{n} (C_j - r_j)$ eines Auftrags, da eine positive multiplikative und eine additive Konstante in der Zielfunktion die Optimalität einer Lösung nicht beeinflussen. Eine Verallgemeinerung der SPT–Regel stellt die *Quotientenregel von Smith* für das Schedulingproblem $1 \parallel \sum w_j C_j$ (wobei also eine gewichtete Summe der Abschlußzeitpunkte der Aufträge zu minimieren ist) dar: Jede Bearbei

Auftrag j	r_j	d_j	Position in optimaler Reihenfolge	C_j	L_j
1	1	2	2	2	0
2	0	1	1	1	0
3	5	8	6	7	-1
4	1	2	3	3	1
5	4	5	4	5	0
6	5	6	5	6	0

Tab. 5.2.2: Beispiel zum $1 \mid r_j, p_j = 1 \mid L_{max}$–Problem

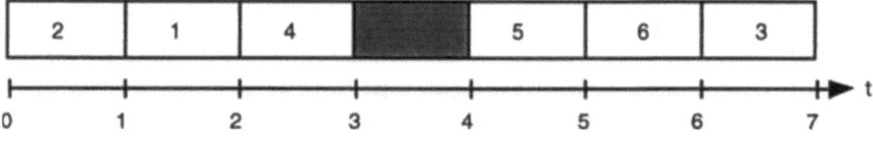

Abb. 5.2.3: Optimaler Bearbeitungsplan für ein $1 \mid r_j, p_j = 1 \mid L_{max}$–Problem

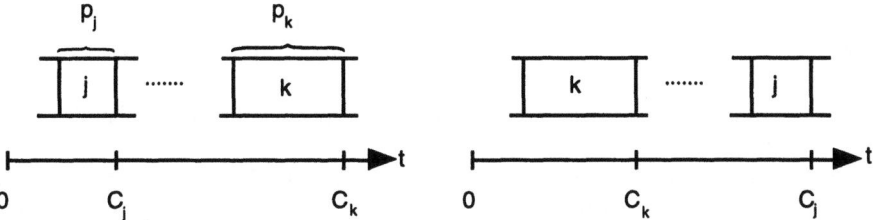

Abb. 5.2.4: Verifizierung der SPT–Regel

Auftrag j	p_j	w_j	q_j	Position in optimaler Reihenfolge
1	2	2	1	2
2	4	3	1,33	3
3	5	2	2,5	5
4	1	2	0,5	1
5	6	3	2	4

Tab. 5.2.3: Beispiel zum $1 \| \sum w_j C_j$ –Problem

tungsreihenfolge ist optimal, welche die Aufträge nach nichtfallenden Quotienten $q_j := p_j/w_j$ ordnet (mit $q_j := \infty$ für $w_j = 0$). Der Rechenaufwand der Quotientenregel und der SPT–Regel ist gleich $O(n\log n)$. Ein Zahlenbeispiel zur Quotientenregel zeigt Tab. 5.2.3.

5.2.3 Flow–Shop– und Job–Shop–Probleme (Reihen– und Werkstattfertigung)

Wir betrachten nun den in der Reihen– und der Werkstattfertigung vorherrschenden Fall, daß jeder Auftrag nacheinander auf verschiedenen Maschinen zu bearbeiten ist. Jeder Auftrag j bestehe aus einer Menge von *Arbeits(vor)gängen* oder *Bearbeitungsoperationen* (engl. operations) $O_{1j}, ..., O_{mj}$. Der Arbeitsgang O_{ij} sei auf Maschine M_i auszuführen und benötige p_{ij} ZE ($i = 1, ..., m$; $j = 1, ..., n$), wobei eine eventuelle Rüstzeit in p_{ij} mit enthalten sei. Wird Auftrag j nicht auf Maschine M_i bearbeitet, so setzen wir $p_{ij} := 0$. Der Einfachheit halber nehmen wir an, daß jeder Auftrag auf jeder Maschine höchstens einmal bearbeitet werde.

Was die Reihenfolge betrifft, in der ein Auftrag die Maschinen $M_1, ..., M_m$ durchlaufen muß (die sogenannte *Maschinenfolge*), unterscheiden wir zwei Fälle. Bei der *Reihenfertigung* (engl. flow shop, Symbol F) durchlaufen alle Aufträge die Maschinen in der gleichen Reihenfolge (die Aufträge „fließen" von Maschine zu Maschine),

wobei wir o.B.d.A. annehmen, daß jeder Auftrag die Maschinen in der Reihenfolge
$M_1, M_2, ..., M_m$ durchlaufe. Bei der *Werkstattfertigung* ist die (vorgegebene) Reihenfolge, in der ein Auftrag die einzelnen Maschinen durchläuft, also die Maschinenfolge, im allgemeinen von Auftrag zu Auftrag verschieden (engl. job shop, Symbol J).
Die Maschinenfolge für einen Fertigungsauftrag ist dabei dem Arbeitsplan des Auftrags zu entnehmen.

Die Reihenfolge, in der die Aufträge auf einer Maschine bearbeitet werden, nennt
man *Auftragsfolge* (auf der betreffenden Maschine). Im allgemeinen ist die Auftragsfolge von Maschine zu Maschine verschieden.

Für Flow–Shop– und Job–Shop–Probleme spielen spezielle Bearbeitungspläne eine
besondere Rolle (vgl. DOMSCHKE ET AL. (1993), Abschnitt 5.6.2.2). Aus jedem Plan
erhält man einen *semiaktiven Plan*, indem man die einzelnen Arbeitsgänge im Balkendiagramm so weit wie möglich nach links verschiebt, ohne eine Auftragsfolge zu
ändern oder für einen Auftrag die vorgegebene Maschinenfolge zu verletzen. Ein
aktiver Plan ist ein semiaktiver Plan, für den es nicht möglich ist, den Beginn eines
Arbeitsganges vorzuverlegen (evtl. unter Vertauschung einer Auftragsfolge), ohne
den Beginn eines anderen Arbeitsganges zu verzögern. Bei den von uns betrachteten
Zielfunktionen gibt es unter den optimalen Plänen stets mindestens einen aktiven
Plan. Wir können uns also im folgenden auf aktive Pläne beschränken.

Ein *unverzögerter Plan* ist ein aktiver Plan, bei dem auf einer jeden Maschine stets
zum frühest möglichen Zeitpunkt ein verfügbarer Auftrag bearbeitet wird. Unter den
optimalen Plänen gibt es jedoch nicht immer einen unverzögerten Plan. Trotzdem
sind unverzögerte Pläne für heuristische Verfahren zur Lösung von Schedulingpro-
blemen von Bedeutung, da sie wie die aktiven Pläne einfach zu generieren sind und
oft im Durchschnitt bessere Näherungslösungen liefern als wenn man die Menge aller
aktiven Pläne zugrunde legt (vgl. Unterabschnitt (b)).

Wir werden im folgenden primär die (für die Praxis besonders wichtige) Zielfunktion C_{max} betrachten (also bei verschwindenden Bereitstellungsterminen die maximale Durchlaufzeit eines Auftrages oder Zykluszeit).

(a) Flow–Shop–Probleme

Ein Bearbeitungsplan für ein Flow–Shop–Problem heißt *Permutationsplan*, wenn die
Auftragsfolge auf jeder Maschine die gleiche ist (d.h. kein Auftrag einen anderen
„überholen" darf). Ein Permutationsplan entspricht also einer Permutation der Auf-
tragsnummern $1, 2, ..., n$ und ist durch diese Auftragsfolge eindeutig festgelegt, wenn
wir uns auf aktive Pläne beschränken. Man kann dann zeigen (für die Beweise der
folgenden Aussagen vgl. etwa FRENCH (1982), Abschnitte 5.2 und 5.3):

Satz 5.2.2: Für die Probleme $F2 \parallel C_{max}$ und $F3 \parallel C_{max}$ gibt es stets einen Permutationsplan, der ein optimaler Plan ist.

Für das Zwei–Maschinen–Problem $F2 \parallel C_{max}$ skizzieren wir ein von Johnson stam-
mendes Verfahren, das einen optimalen Permutationsplan liefert. Seien $a_j := p_{1j}$ und
$b_j := p_{2j}$ die Bearbeitungsdauern von Auftrag j auf Maschine M_1 bzw. M_2 ($j = 1,$
$..., n$). Dann besagt die

Regel von Johnson: Jeder aktive Permutationsplan ist optimal, bei dem Auftrag j genau dann vor Auftrag k bearbeitet wird, wenn gilt

$$\min \left(a_j, b_k\right) \leq \min \left(b_j, a_k\right).$$

Eine optimale Bearbeitungsreihenfolge kann man also wie folgt erhalten: Sei $J := \{1, \ldots, n\}$ die Menge aller Aufträge. Dann bestimmt man die Auftragsmengen

$$A := \left\{j \in J \mid a_j < b_j\right\}, \quad B := \left\{j \in J \mid a_j \geq b_j\right\} = J \setminus A.$$

Anschließend ordnet man die Aufträge $j \in A$ nach nichtfallenden a_j und fügt an diese Bearbeitungs(teil)reihenfolge die Aufträge $j \in B$ geordnet nach nichtwachsenden b_j an. Der Rechenaufwand für dieses Verfahren ist $O(n\log n)$. Ein Zahlenbeispiel mit 6 Aufträgen ist durch Tab. 5.2.4 gegeben. Abb. 5.2.5 zeigt einen optimalen Plan.

Die gegenüber $F2 \parallel C_{max}$ allgemeineren Probleme $F2 \mid r_j \mid C_{max}$ und $F3 \parallel C_{max}$ sind schwer. In dem *Spezialfall von $F3 \parallel C_{max}$*, bei dem die mittlere Maschine M_2 „dominiert", d.h.

$$\max_{j=1,\ldots,n} p_{2j} \leq \min_{j=1,\ldots,n} p_{ij} \quad \text{für } i = 1, 3$$

gilt (also kein „Engpaß" auf M_2 auftreten kann), liefert Johnsons Algorithmus, angewandt auf die Bearbeitungsdauern $a_j := p_{1j} + p_{2j}$ und $b_j := p_{2j} + p_{3j}$ $(j = 1, \ldots, n)$ eines Zwei–Maschinen–Problems, einen optimalen Permutationsplan.

Zur Lösung von Flow–Shop–Problemen mit $m > 2$ Maschinen und der Zielfunktion

Auftrag j	a_j	b_j	j gehört zu	Position in optimaler Reihenfolge
1	4	3	B	3
2	1	2	A	1
3	2	1	B	5
4	1	1	B	6
5	3	4	A	2
6	2	2	B	4

Tab. 5.2.4: Beispiel zum Algorithmus von Johnson

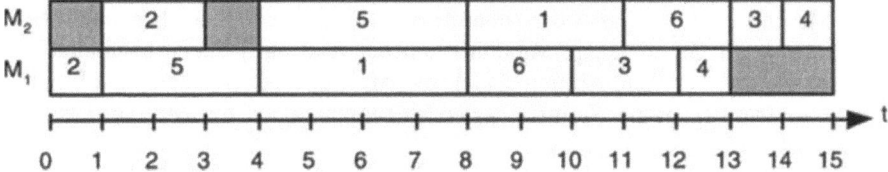

Abb. 5.2.5: Optimaler Plan nach dem Algorithmus von Johnson

C_{max} sind verschiedene Branch–and–Bound–Verfahren und Heuristiken entwickelt worden, die Permutationspläne erzeugen (vgl. DOMSCHKE ET AL. (1993), Abschnitt 5.5, und FRENCH (1982), Kapitel 7 und 10). Die Branch–and–Bound–Algorithmen liefern für mehr als drei Maschinen nicht notwendig einen optimalen Bearbeitungsplan, da Satz 5.2.2 nicht für $Fm \parallel C_{max}$ mit $m > 3$ gilt.

Wir wollen ein heuristisches Verfahren für das Problem $F \parallel C_{max}$ skizzieren, das von Campbell, Dudek und Smith stammt und kurz *CDS–Verfahren* genannt werde. Das CDS–Verfahren besteht aus $m-1$ Schritten, wobei in jedem Schritt ein Zwei–Maschinen–Problem $F2 \parallel C_{max}$ mit Johnsons Algorithmus gelöst wird. Die Bearbeitungsdauern auf den beiden Maschinen für Auftrag j in Schritt v betragen

$$a_j := \sum_{\mu=1}^{v} p_{\mu j}, \quad b_j := \sum_{\mu=1}^{v} p_{m-\mu+1,j} \quad (v = 1,\ldots, m-1).$$

In jedem Schritt erhält man eine Bearbeitungsreihenfolge und damit einen entsprechenden aktiven Permutationsplan für $F \parallel C_{max}$. Aus diesen $m-1$ Permutationsplänen (von denen einige zusammenfallen können) wählt man einen mit dem kleinsten C_{max}–Wert aus. Der Rechenaufwand des CDS–Verfahrens ist $O(m\,n\log n)$.

(b) Job–Shop–Probleme

Wir erinnern daran, daß Auftrag j aus m Arbeitsgängen oder Operationen $O_{1j},\ldots,$ O_{mj} besteht, wobei O_{ij} auf Maschine M_i p_{ij} ZE bearbeitet wird. Jeder Auftrag werde auf jeder Maschine höchstens einmal eingelastet. Wird Auftrag j nicht auf Maschine M_i bearbeitet, setzen wir $p_{ij} := 0$. Die Reihenfolgen, in denen die Aufträge j auf den einzelnen Maschinen bearbeitet werden (also die Maschinenfolgen der Aufträge), seien durch eine $m \times n$–Matrix Σ mit den Elementen σ_{ij} gegeben, wobei σ_{ij} die Nummer der Maschine ist, auf der Auftrag j unmittelbar *nach* seiner Bearbeitung auf Maschine M_i einzulasten ist. In anderen Worten, Maschine $M_{\sigma_{ij}}$ ist der (unmittelbare) Nachfolger von Maschine M_i für Auftrag j ($i = 1,\ldots,m$; $j = 1,\ldots,n$). Ist M_i diejenige Maschine, auf der Auftrag j zuletzt bearbeitet wird, setzen wir $\sigma_{ij} := 0$. Im Fall, daß Auftrag j nicht auf M_i eingelastet wird, legen wir $\sigma_{ij} := -1$ fest. $m_j \leq m$ sei die Anzahl der nichtnegativen σ_{ij}, d.h. die Anzahl der Maschinen, auf denen Auftrag j bearbeitet werden muß.

Statt durch die Matrix Σ mit den Elementen σ_{ij} kann die Reihenfolge, in der Auftrag j auf den einzelnen Maschinen eingelastet wird, auch durch eine $m \times n$–Matrix Π mit den Elementen π_{ij} gegeben sein, wobei π_{ij} die Nummer der Maschine ist, auf der Auftrag j unmittelbar *vor* seiner Bearbeitung auf M_i einzulasten ist. Maschine $M_{\pi_{ij}}$ ist also der (unmittelbare) Vorgänger von Maschine M_i für Auftrag j. Ist M_i diejenige Maschine, auf der Auftrag j zuerst bearbeitet wird, setzen wir $\pi_{ij} := 0$. Wird Auftrag j nicht auf Maschine M_i eingelastet, so legen wir $\pi_{ij} := -1$ fest. f_j sei die Nummer der ersten Maschine, auf der Auftrag j zu bearbeiten ist, d.h., es ist $\pi_{f_j j} = 0$.

Bei gegebenen Elementen σ_{ij} kann man die Größen π_{ij} wie folgt bestimmen:

Algorithmus

Für $i = 1, ..., m$ und $j = 1, ..., n$ setze $\pi_{ij} := 0$

Für $j = 1, ..., n$

　　Für $i = 1, ..., n$

　　　　Falls $\sigma_{ij} > 0$, setze $\pi_{\sigma_{ij}j} := i$

　　　　Falls $p_{ij} = 0$, setze $\pi_{ij} := -1$.

❏

In einem *Zahlenbeispiel* seien für vier Aufträge und drei Maschinen die Maschinenfolgen vorgegeben:

Auftrag 1:　　M_1, M_2, M_3
Auftrag 2:　　M_3, M_1, M_2
Auftrag 3:　　M_1, M_3
Auftrag 4:　　M_2, M_3, M_1.

In Tab. 5.2.5 sind die zugehörige Matrix Σ und in Tab. 5.2.6 die Matrix Π und die Größen f_j zusammengestellt.

Das Zwei–Maschinen–Problem $J2 \parallel C_{max}$ ist mit dem folgenden Algorithmus von Jackson zu lösen, der eine naheliegende Übertragung von Johnsons Algorithmus für $F2 \parallel C_{max}$ darstellt, einen aktiven Plan liefert und wieder den Rechenaufwand $O(n\log n)$ benötigt. Wie beim Problem $F2 \parallel C_{max}$ seien a_j die Bearbeitungsdauer von Auftrag j auf M_1 und b_j die Bearbeitungsdauer von Auftrag j auf M_2. Weiter seien J_{12} die Menge der Aufträge, die zuerst auf M_1 und dann auf M_2 bearbeitet werden müssen, und J_{21} die Menge der Aufträge, die zuerst auf M_2 und dann auf M_1 bearbeitet werden müssen. Ein Auftrag j, der nur auf M_1 oder nur auf M_2 zu bearbeiten ist (und für den wir formal $b_j := 0$ bzw. $a_j := 0$ setzen), kann in irgendeine der beiden Mengen J_{12} oder J_{21} aufgenommen werden. Der Algorithmus basiert dann auf dem folgenden

Regeln von Jackson:

(i)　Auf M_1 (M_2) werden alle Aufträge aus J_{12} (J_{21}) vor allen Aufträgen aus J_{21} (J_{12}) bearbeitet, kurz gesagt: J_{12} vor J_{21} auf M_1 und J_{21} vor J_{12} auf M_2.

(ii)　Die Aufträge aus J_{12} werden auf beiden Maschinen in der gleichen Reihenfolge bearbeitet, und das gleiche gilt für die Aufträge aus J_{21}.

(iii)　Unter den Aufträgen $j \in J_{12}$ bearbeitet man zuerst diejenigen mit $a_j < b_j$, ge-

i \ j	1	2	3	4
1	2	2	3	0
2	3	0	-1	3
3	0	1	0	1

i \ j	1	2	3	4
1	0	3	0	3
2	1	1	-1	0
3	2	0	1	2
f_j	1	3	1	2

Tab. 5.2.5: Matrix Σ　　　　　　**Tab. 5.2.6:** Matrix Π

ordnet nach nichtfallenden a_j, und danach diejenigen mit $a_j \geq b_j$, geordnet nach nichtwachsenden b_j.

(iv) Unter den Aufträgen $j \in J_{21}$ bearbeitet man zuerst diejenigen mit $a_j \geq b_j$, geordnet nach nichtfallenden b_j, und danach diejenigen mit $a_j < b_j$, geordnet nach nichtwachsenden a_j.

Regel (iii) entspricht Johnsons Regel für $F2 \parallel C_{max}$. Regel (iv) entspricht Regel (iii), wenn man M_1 und M_2 (und damit a_j und b_j) vertauscht.

Wir erläutern Jacksons Algorithmus an einem Zahlenbeispiel mit 8 Aufträgen. Tab. 5.2.7 enthält die Bearbeitungsdauern der Aufträge auf den beiden Maschinen, wobei der zuerst auszuführende Arbeitsgang jeweils durch einen Stern gekennzeichnet ist. Auftrag 7, der nur auf Maschine M_1 zu bearbeiten ist, wird in die Menge J_{12} aufgenommen. Auftrag 3, der nur auf M_2 bearbeitet wird, nehmen wir in die Menge J_{21} auf. Wir bekommen also $J_{12} = \{1, 2, 5, 7\}$ und $J_{21} = \{3, 4, 6, 8\}$.

Die Bearbeitungsreihenfolgen innerhalb der Mengen J_{12} und J_{21} ergeben sich nach den Regeln (iii) und (iv) zu $(1, 5, 2, 7)$ für J_{12} und $(4, 6, 8, 3)$ für J_{21}. Damit erhalten wir $(1, 5, 2, 7, 4, 6, 8)$ als optimale Bearbeitungsreihenfolge auf M_1 und $(4, 6, 8, 3, 1, 5, 2)$ als optimale Bearbeitungsreihenfolge auf M_2. Das Balkendiagramm für den entsprechenden optimalen Bearbeitungsplan zeigt Abb. 5.2.6.

Mit $J2 \parallel C_{max}$ ist man bereits wieder an der Grenze noch polynomial lösbarer Job–Shop–Probleme angelangt; denn schon die speziellen Drei–Maschinen–Probleme $J3 \mid m_j \leq 2 \mid C_{max}$ und $J3 \mid p_{ij} = 1 \mid C_{max}$ sind schwer. Das allgemeine Job–Shop–Problem $J \parallel C_{max}$ ist extrem schwierig zu lösen. So ist es beispielsweise erst Ende der 80er Jahre gelungen, ein bereits 1963 von Muth und Thompon formuliertes 10 Job–10 Maschinen–Problem exakt mit einem Branch–and–Bound–Algorithmus zu lösen.

Für das Schedulingproblem $J \mid r_j \mid C_{max}$ skizzieren wir im folgenden ein heu-

Auftrag j	1	2	3	4	5	6	7	8
a_j	1^*	2^*	0	3	2^*	4	2	1
b_j	3	1	1	1^*	2	2^*	0	3^*

Legende: * zuerst auszuführende Operationen

Tab. 5.2.7: Beispiel zum Algorithmus von Jackson

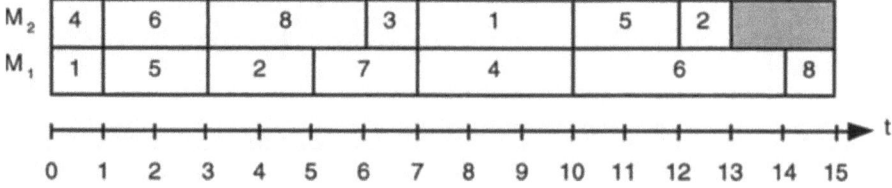

Abb. 5.2.6: Optimaler Plan nach dem Algorithmus von Jackson

ristisches *Verfahren von Giffler und Thompson*, das die $N := \sum_{j=1}^{n} m_j$ Arbeitsgänge
dieses Problems nacheinander (in N Schritten) einplant und einen *aktiven Plan* liefert
(vgl. FRENCH (1982), Abschnitt 10.2). Für weitere Verfahren verweisen wir auf
DOMSCHKE ET AL. (1993), Abschnitt 5.6.

Seien P der nach einer bestimmten Anzahl von Schritten ermittelte Teilplan, Z_i der
(späteste) Zeitpunkt, bis zu dem Maschine M_i im Teilplan P belegt ist ($i = 1, ..., m$)
und Ω die Menge der im unmittelbaren Anschluß an P „einplanbaren" Arbeitsgänge
(d.h., alle „Vorgänger" von Arbeitsgängen [5] aus Ω sind im Teilplan P bereits beendet, jedoch die Arbeitsgänge aus Ω selbst noch nicht begonnen worden). Ω enthält von jedem noch nicht abgeschlossenen Auftrag genau einen Arbeitsgang. Der
nächste Schritt des Algorithmus läuft dann wie folgt ab:

Zunächst bestimmt man für jeden Arbeitsgang $O_{ij} \in \Omega$ den frühesten Startzeitpunkt
S_{ij} und den frühesten Abschlußzeitpunkt C_{ij}:

$$(5.2.1) \quad \begin{cases} S_{ij} = \max \left(Z_i, C_{\pi_{ij}j} \right) & \text{mit } C_{0j} := r_j \\ C_{ij} = S_{ij} + p_{ij} . \end{cases}$$

Ist für Auftrag j kein Bereitstellungstermin r_j vorgegeben, setzen wir $C_{0j} := 0$.

Danach ermittelt man den frühesten der Abschlußzeitpunkte C_{ij} mit $O_{ij} \in \Omega$, etwa
C_{rs}. Einerseits ist es unmöglich, dem Teilplan P einen Arbeitsgang hinzuzufügen,
der vor dem Zeitpunkt C_{rs} beendet ist. Andererseits kann in jedem Plan, der den Teilplan P enthält und Maschine M_r bis zum Zeitpunkt C_{rs} leer läßt, ein einplanbarer
Arbeitsgang in diesem Leerintervall plaziert werden. Deshalb ist der Maschine M_r
vor dem Zeitpunkt C_{rs} ein Arbeitsgang zuzuweisen. Unter den hierfür in Frage kommenden Aufträgen j mit $O_{rj} \in \Omega$ und $S_{rj} < C_{rs}$ ist einer auszuwählen gemäß einer sogenannten *Prioritätsregel*. Verschiedene mögliche Prioritätsregeln werden wir später
diskutieren.

Nach der Auswahl des Arbeitsganges O_{rj}, die dem Teilplan P hinzugefügt wird,
eliminiert man diesen Arbeitsgang aus Ω und nimmt (im Fall $\sigma_{rj} > 0$) $O_{\sigma_{rj}j}$ in Ω
auf. Wir geben noch eine zusammenfassende Darstellung des Verfahrens von Giffler
und Thompson (vgl. etwa BAKER (1974), Abschnitt 7.5).

Algorithmus von Giffler und Thompson für das Job–Shop–Problem $J \mid r_j \mid C_{max}$

Für $i = 1, ..., m$ setze $Z_i := 0$

Setze $\Omega := \left\{ O_{f_1 1}, ..., O_{f_n n} \right\}$ und für alle $O_{ij} \in \Omega$ $S_{ij} := r_j$, $C_{ij} := S_{ij} + p_{ij}$

Solange $\Omega \neq \emptyset$
Bestimme ein $O_{rs} \in \Omega$ mit $C_{rs} = \min_{O_{ij} \in \Omega} C_{ij}$ [6]

---

[5]   Arbeitsgang O_{ij} ist ein Vorgänger von Arbeitsgang O_{kj}, wenn Auftrag j auf Maschine
M_i früher als auf Maschine M_k bearbeitet wird.

[6]   Wird das Minimum für mehr als ein r angenommen, so sollten im folgenden die $O_{rj} \in \Omega$
für alle diese r berücksichtigt werden.

Wähle unter den $O_{rj} \in \Omega$ mit $S_{rj} < C_{rs}$ ein O_{rl} gemäß einer Prioritätsregel aus

Entferne O_{rl} aus Ω und setze $Z_r := C_{rl}$

Für alle $O_{rj} \in \Omega$ setze $S_{rj} := \max\left(S_{rj}, C_{rl}\right)$, $C_{rj} := S_{rj} + p_{rj}$

Falls $\sigma_{rl} > 0$, setze $\mu := \sigma_{rl}$, $S_{\mu l} := \max\left(Z_\mu, C_{rl}\right)$, $C_{\mu l} := S_{\mu l} + p_{\mu l}$ und füge $O_{\mu l}$ in Ω ein

$\square$

Der Rechenaufwand des Giffler–Thompson–Algorithmus beträgt $O\left(n\sum_{j=1}^{n} m_j\right)$ $= O\left(mn^2\right)$. Mit dem Verfahren von Giffler und Thompson in der obigen Form wird ein aktiver Plan berechnet. Ersetzt man

> „Bestimme ein $O_{rs} \in \Omega$ mit $C_{rs} = \min\limits_{O_{ij}\in\Omega} C_{ij}$
>
> Wähle unter den $O_{rj} \in \Omega$ mit $S_{rj} < C_{rs}$ ein O_{rl} ...“

durch

> „Bestimme ein $O_{rs} \in \Omega$ mit $S_{rs} = \min\limits_{O_{ij}\in\Omega} S_{ij}$ [7]
>
> Wähle unter den $O_{rj} \in \Omega$ mit $S_{rj} = S_{rs}$ ein O_{rl} ...“

dann ermittelt man einen *unverzögerten Plan*.

Die obige Version des Giffler–Thompson–Algorithmus bezieht sich auf eine *geschlossene Fertigung*, d.h., die Bearbeitung eines Auftrages j auf einer Maschine M_i (also Arbeitsgang O_{ij}) kann erst dann begonnen werden, wenn alle Werkstücke des Auftrages j auf der vorhergehenden Maschine $M_{\pi_{ij}}$ bearbeitet worden sind. Wir betrachten noch kurz eine *offene Fertigung*, wobei die Werkstücke einzeln von Maschine $M_{\pi_{ij}}$ zur nächsten Maschine M_i weitergegeben werden können (vgl. Abschnitt 5.1.2a). Seien ϑ_{ij} die Rüstzeit für Auftrag j auf Maschine M_i, t_{ij} die „reine" Bearbeitungszeit (ohne Rüstzeit) einer ME bzw. eines Werkstückes von Auftrag j auf M_i und q_j die Losgröße von Auftrag j. Eine eventuelle Transportzeit von Auftrag j zur Maschine M_i vernachlässigen wir. Dann ist im Giffler–Thompson–Algorithmus „p_{ij}" (und entsprechend $p_{rj}, p_{\mu l}$) durch „$\vartheta_{ij} + q_j t_{ij}$" zu ersetzen. Außerdem ist

$$\text{„} S_{\mu l} := \max\left(Z_\mu, C_{rl}\right)\text{"}$$

zu ersetzen durch

$$\text{„} S_{\mu l} := \begin{cases} \max\left(Z_\mu, S_{rl} + \vartheta_{rl} + t_{rl} - \vartheta_{\mu l}\right), & \text{falls } t_{rl} \leq t_{\mu l} \\ \max\left(Z_\mu, S_{rl} + \vartheta_{rl} + t_{rl} + (q_j - 1)(t_{rl} - t_{\mu l}) - \vartheta_{\mu l}\right), & \text{falls } t_{rl} > t_{\mu l} \end{cases}\text{"}$$

(vgl. (5.1.1) und (5.1.2)). Wie SCHWINDT (1996) in einer Simulationsstudie gezeigt hat, bewirkt eine offene Fertigung eine erhebliche Reduzierung der Zielfunktionswerte gegenüber geschlossener Fertigung.

---

[7] Wird das Minimum für mehr als ein r angenommen, so sollten im folgenden die $O_{rj} \in \Omega$ für alle diese r berücksichtigt werden.

Wir geben jetzt einige mögliche *Prioritätsregeln* für das Verfahren von Giffler und Thompson an.

SPT–Regel („shortest processing time"): Wähle den Auftrag j mit der kleinsten Bearbeitungsdauer p_{rj} auf M_r.

MWR–Regel („most work remaining"): Wähle den Auftrag j mit der größten verbleibenden Bearbeitungsdauer $\sum_{\mu \in \mathcal{R}_{rj}} p_{\mu j}$.

Dabei ist $\mathcal{R}_{ij}$ die Menge der Nummern derjenigen Maschinen, auf denen Auftrag j im Anschluß an M_i noch zu bearbeiten ist einschließlich i selbst. $\mathcal{R}_{ij}$ kann wie folgt aus den Elementen σ_{ij} der Matrix Σ ermittelt werden:

Setze $\mathcal{R}_{ij} := \{i\}$ und $\mu := i$
Solange $\sigma_{\mu j} > 0$, setze $\mu := \sigma_{\mu j}$ und füge μ in $\mathcal{R}_{ij}$ ein.

FCFS–Regel („first come first served") oder *FIFO–Regel* („first in first out"): Wähle den Auftrag j, der am längsten auf seine Bearbeitung auf M_r gewartet hat. In anderen Worten, wähle den Auftrag j mit dem frühesten Abschlußzeitpunkt auf der „vorhergehenden" Maschine, $C_{\pi_{rj} j}$.

Wir führen noch zwei Prioritätsregeln an, die vorgegebene Fälligkeitstermine d_j für die Aufträge j berücksichtigen.

SST–Regel („shortest slack time"): Wähle den Auftrag j aus, für den die sogenannte *Schlupfzeit*, d.h. die Differenz zwischen Fälligkeitstermin d_j und frühest möglichem Abschlußzeitpunkt von Auftrag j,

$$SL_{rj} := d_j - \left(S_{rj} + \sum_{\mu \in \mathcal{R}_{rj}} p_{\mu j} \right),$$

am kleinsten ist.

Die SST–Regel stellt eine modifizierte EDD–Regel ("earliest due date") dar.

SRST–Regel („shortest relative slack time"): Wähle den Auftrag j mit $\mathcal{R}_{rj} \neq \varnothing$, für den die *relative Schlupfzeit*

$$\overline{SL}_{rj} := \begin{cases} \dfrac{SL_{rj}}{|\mathcal{R}_{rj}|}, & \text{falls } SL_{rj} > 0 \\[2mm] SL_{rj} \, |\mathcal{R}_{rj}|, & \text{sonst} \end{cases}$$

am kleinsten ist.

Die SRST–Regel plant gegenüber der SST–Regel Aufträge mit großer Restbearbeitungsdauer bevorzugt ein und sorgt damit für eine bessere Maschinenauslastung.

In der bereits erwähnten Simulationsstudie von SCHWINDT (1996) ist die Eignung einer großen Zahl von Prioritätsregeln innerhalb des Giffler–Thompson–Algorithmus für verschiedene (zu minimierende) Zielfunktionen des Job–Shop–Problems untersucht worden. Eine Prioritätsregel ist dabei „besser" als eine andere Regel, wenn sie im Mittel einen kleineren Zielfunktionswert liefert.

Für die Zielfunktion C_{max} (die im Fall verschwindender Bereitstellungstermine r_j der maximalen Durchlaufzeit oder Zykluszeit entspricht) hat sich die FCFS–Regel als am besten erwiesen, wenn aktive Pläne erzeugt werden. Bei Verwendung der Variante der Giffler–Thompson–Heuristik, die unverzögerte Pläne generiert, hat die MWR–Regel die besten und die SRST–Regel die zweitbesten Ergebnisse geliefert. Insgesamt haben unverzögerte Pläne für die Zielfunktion C_{max} im Durchschnitt bessere Näherungslösungen erbracht als aktive Pläne.

Für die Zielfunktion $\sum C_j$ (bzw. die mittlere Durchlaufzeit $(1/n)\sum_{j=1}^{n}(C_j - r_j)$) empfiehlt sich die SPT–Regel, wobei auch hier die Verfahrensvariante mit unverzögerten Plänen vorzuziehen ist.

Sind Fälligkeitstermine d_j für die Aufträge j vorgegeben und ist die größtmögliche Verspätung eines Auftrages, L_{max}, zu minimieren, dann sollte man die SST–Regel oder die SRST–Regel verwenden. Wie bereits erwähnt, ist die SRST–Regel vorzuziehen, da sie für eine bessere Maschinenauslastung sorgt. Bei der Zielfunktion L_{max} ist nur die Giffler–Thompson–Heuristik mit aktiven Plänen zu empfehlen.

5.2.4 Integrierte Losgrößen– und Maschinenbelegungsplanung in der Serienfertigung

Der Organisationstyp für die Serienfertigung ist in der Regel die Werkstattfertigung. Unter Berücksichtigung der Produktionskapazitäten der einzelnen Maschinen sind für die zu fertigenden Produkte Losgrößen zu ermitteln, und die einzelnen Lose (Aufträge) sind auf den betreffenden Maschinen (unter Beachtung der Maschinenfolgen) einzulasten. Eine zwischen Losgrößenberechnung und Maschinenbelegungsplanung eingeschobene „gröbere" Termin– und Kapazitätsplanung erübrigt sich hierbei oft.

Zum einen hängt die Bearbeitungsreihenfolge der Lose (Auftragsfolge) auf den einzelnen Maschinen von der Größe der Lose ab. Andererseits können Losgrößen endgültig erst festgelegt werden, wenn die noch verfügbaren Leerzeiten auf den Maschinen bekannt sind. Es liegt also ein gekoppeltes Losgrößen–Job–Shop–Problem vor.

Wir betrachten nur eine einstufige Fertigung und legen einen Planungszeitraum von T Perioden zugrunde, wobei eine Periode etwa einer Schicht entspreche. Die Produktionskapazität in einer Periode messen wir dabei durch die in dieser Periode verfügbare Maschinenzeit. Wir skizzieren im folgenden eine *Heuristik von Lambrecht und Vanderveken*, die in jeder Periode Serien– bzw. Losgrößen und danach Bearbeitungsreihenfolgen der Lose (bzw. Aufträge) auf den Maschinen ermittelt (vgl. LAMBRECHT UND VANDERVEKEN (1979), SCHWINDT (1994)). Im Unterschied zur üblichen „Sukzessivplanung" beinhaltet die Heuristik eine „Rückkopplung": Liefert die Maschinenbelegungsplanung Bearbeitungsreihenfolgen, die die verfügbaren Maschinenkapazitäten übersteigen, erfolgt ein Rücksprung zu einer erneuten Losbildung. Dabei geht man in jeder Periode t wie folgt vor:

Schritt A (Berechnung der Losgrößen): Mit Hilfe der Heuristik von Eisenhut für ein deterministisches dynamisches Losgrößenmodell mit Kapazitätsbeschränkungen (vgl. Abschnitt 3.3.4b) werden vorläufige Losgrößen bestimmt, deren Rüst– plus Produktionszeiten die Produktionskapazitäten nicht überschreiten. Statt des Verfahrens von Eisenhut kann auch wieder eine geeignete Variante der Heuristik von Dixon und Silver benutzt werden (vgl. hierzu SCHWINDT (1994)).

Schritt B (Einlastung der Lose auf den Maschinen): Mit der Heuristik von Giffler und Thompson für das Job–Shop–Problem (vgl. Abschnitt 5.2.3b) werden die Lose auf den Maschinen eingelastet. Da bei gegebenen Losgrößen einer minimalen Zyklus-zeit C_{max} eine maximale Belegungszeit der Maschinen (bestmögliche Ausnutzung der Produktionskapazitäten) entspricht, empfiehlt es sich, innerhalb des Giffler–Thompson–Verfahrens die FCFS–Prioritätsregel zu verwenden bzw. die MWR–Regel, wenn man die Verfahrensvariante mit unverzögerten Plänen benutzt.

Ist die in Schritt B ermittelte Lösung zulässig, d.h., auf keiner Maschine werden die Produktionskapazitäten überschritten, so geht man zur Periode $t+1$ über (falls $t < T$ ist). Andernfalls werden erneut Schritt A und danach Schritt B durchlaufen. In Schritt A werden dabei gegenüber den ursprünglichen Produktionskapazitäten κ_{it} reduzierte Kapazitäten $\overline{\kappa}_{it}$ für die Maschinen M_i verwendet, um eine Änderung der Losgrößen zu erzwingen.

Entsprechend den Abschnitten 3.3.4b (Eisenhut–Heuristik) und 5.2.3b (Giffler–Thompson–Algorithmus) verwenden wir für die Heuristik von Lambrecht und Vanderveken die folgenden Symbole: n Produkte, von 1 bis n durchnumeriert, werden auf m Maschinen $M_1,\dots,M_m$ in den Perioden $t = 1,\dots,T$ gefertigt. Folgende Daten seien gegeben:

d_t^j Nettobedarf (Nachfrage) von Produkt j in Periode t

κ_{it} Verfügbare Produktionskapazität auf Maschine M_i in Periode t

t_i^j Bearbeitungszeit (ohne Rüstzeit!) von 1 ME von Produkt j auf Maschine M_i (falls Produkt j nicht auf M_i bearbeitet wird, setzen wir $t_i^j := 0$)

ϑ_i^j Rüstzeit für Produkt j auf Maschine M_i

K_i^j Rüstkosten für Produkt j auf Maschine M_i

h^j Lagerungskosten für 1 ME von Produkt j pro Periode

Wir weisen insbesondere darauf hin, daß die Bearbeitungszeit t_i^j die Rüstzeit nicht mit einschließt und sich nur auf eine ME bezieht. Weiter benutzen wir folgende Symbole:

q_t^j Von Produkt j in Periode t gefertigte Menge (Losgröße)

$K^j = \displaystyle\sum_{\substack{i=1 \\ t_i^j > 0}}^{m} K_i^j$ Rüstkosten für Produkt j

$J_{it} = \left\{ j \in \{1,\dots,n\} \,\middle|\, q_t^j > 0,\ t_i^j > 0 \right\}$ Menge der auf Maschine M_i in Periode t bearbeiteten Produkte

Z_{it} Benötigte Produktionskapazität auf Maschine M_i in Periode t. Z_{it} ist gleich der Zeitspanne, während der Maschine M_i in Periode t belegt ist einschließlich dazwischen liegender Leerzeiten. Die zur Bearbeitung von Produkt j benötigte Kapazität von (bzw. Zeit auf) Maschine M_i in Periode t ist

$\vartheta_i^j + q_t^j t_i^j$, falls $q_t^j > 0$ und $t_i^j > 0$ (d.h. $j \in J_{it}$)
0, sonst.

Innerhalb der Eisenhut–Heuristik verwenden wir wie in Abschnitt 3.3.4b das (modifizierte) Kostensenkungspotential

$$\gamma_{t\tau}^j := \frac{1}{d_\tau^j} \left(\frac{C_{t,\tau-1}^j}{\tau - t} - \frac{C_{t\tau}^j}{\tau - t + 1} \right)$$

mit $C_{t\tau}^j := K^j + h^j \left(d_{t+1}^j + 2d_{t+2}^j + \ldots + (\tau - t) d_\tau^j \right)$.

Innerhalb des Giffler–Thompson–Algorithmus ist zu beachten, daß der früheste Startzeitpunkt und der früheste Abschlußzeitpunkt von Arbeitsgang O_{ij} jetzt zusätzlich vom Periodenindex t abhängen. Hierfür gilt an Stelle von (5.2.1)

$$S_{it}^j = \max \left(Z_{it}, \ C_{\pi_{ij}t}^j \right) \quad \text{mit} \quad C_{0t}^j := 0$$

$$C_{it}^j = S_{it}^j + \vartheta_i^j + q_t^j t_i^j . \ [8]$$

Wir geben den Ablauf der Heuristik von Lambrecht und Vanderveken, versehen mit Kommentaren, nun im einzelnen an:

Algorithmus von Lambrecht und Vanderveken (Losgrößen– und Ablaufplanung)

Schritt 1
   Für alle $j = 1, \ldots, n$ und $t = 1, \ldots, T$ setze $q_t^j := 0$
   Setze $t := 1$

Schritt 2 (Berechnung der Losgrößen für Periode t mit der Eisenhut–Heuristik)

Schritt 2.1 (Befriedigung der Nachfrage in Periode t und Berechnung der Kostensenkungspotentiale)
   Setze $KSP := \emptyset$ (Menge von Kostensenkungspotentialen)
   Für $j = 1, \ldots, n$
   Falls $d_t^j > 0$
      Falls für alle $i = 1, \ldots, m$ mit $t_i^j > 0$ gilt, daß $\vartheta_i^j + d_t^j t_i^j \leq \kappa_{it}$
      Setze $q_t^j := d_t^j$ und $d_t^j := 0$
      Für alle $i = 1, \ldots, m$ mit $t_i^j > 0$ setze $\kappa_{it} := \kappa_{it} - \left(\vartheta_i^j + d_t^j t_i^j \right)$
      Andernfalls terminiere (Nachfrage nach Produkt j in Periode t kann nicht befriedigt und deshalb keine zulässige Lösung gefunden werden)

---

[8]   Zwischen den in der Eisenhut-Heuristik auftretenden Kosten $C_{t\tau}^j$ und den im Giffler–Thompson–Algorithmus vorkommenden Abschlußzeitpunkten C_{it}^j ist wohl zu unterscheiden. Da diese beiden Größen jedoch in völlig getrennten Schritten des Algorithmus von Lambrecht und Vanderveken auftreten, sind Verwechslungen nicht zu befürchten.

Setze $\tau := t+1$ und berechne $\gamma_{t\tau}^j$ [9]
Solange $\gamma_{t\tau}^j > 0$
    Füge $\gamma_{t\tau}^j$ in KSP ein und setze $\tau := \tau + 1$
    Berechne $\gamma_{t\tau}^j$

Schritt 2.2 (Befriedigung der Nachfrage späterer Perioden)

Solange $KSP \neq \varnothing$ und $\sum\limits_{i=1}^{m} \kappa_{it} > 0$

Berechne $\gamma_{t\tau'}^k = \max\left\{\gamma_{t\tau}^j \in KSP\right\}$ (Produkt k hat das größte Kostensenkungspotential)
Entferne $\gamma_{t\tau'}^k$ aus KSP
Falls für alle $i = 1,\ldots,m$ $\sum\limits_{v=t+1}^{\tau'} d_v^k t_i^k \leq \kappa_{it}$ gilt [10]

    Setze $q_t^k := d_t^k + d_{t+1}^k + \ldots + d_{\tau'}^k$

    Für alle $i = 1,\ldots,m$ mit $t_i^j > 0$ setze $\kappa_{it} := \kappa_{it} - \sum\limits_{v=t+1}^{\tau'} d_v^k t_i^k$

    Setze $d_{t+1}^k := \ldots := d_{\tau'}^k := 0$ (Nachfrage nach Produkt k in Perioden
    $t+1,\ldots,\tau'$ wird durch Produktion in Periode t befriedigt)
    Entferne $\gamma_{t\tau}^k$ mit $t < \tau < \tau'$ aus KSP

Schritt 3 (Einlastung der Lose auf den Maschinen mit der Giffler–Thompson–Heuristik [11])

Für $i = 1,\ldots,m$ setze $Z_{it} := 0$
Setze $\Omega := \left\{O_{f,j} \mid j \in \{1,\ldots,n\},\ q_t^j > 0\right\}$ und für alle $O_{ij} \in \Omega$ setze $S_{it}^j := 0$ und
$C_{it}^j := \vartheta_i^j + q_t^j t_i^j$
Solange $\Omega \neq \varnothing$
    Bestimme ein $O_{rs} \in \Omega$ mit $C_{rt}^s = \min\limits_{O_{ij} \in \Omega} C_{it}^j$ [12]

    Wähle unter den $O_{rj} \in \Omega$ mit $S_{rt}^j < C_{rt}^s$ eine Operation O_{rl} gemäß einer
    Prioritätsregel aus
    Entferne O_{rl} aus Ω und setze $Z_{rt} := C_{rt}^l$
    Für alle $O_{rj} \in \Omega$ setze $S_{rt}^j := \max\left(S_{rt}^j,\ C_{rt}^l\right)$ und $C_{rt}^j := S_{rt}^j + \vartheta_r^j + q_t^j t_r^j$
    Falls $\sigma_{rl} > 0$, setze $\mu := \sigma_{rl}$, $S_{\mu t}^l := \max\left(Z_{\mu t}, C_{rt}^l\right)$, $C_{\mu t}^l := S_{\mu t}^l + \vartheta_\mu^j + q_t^j t_\mu^j$
    und füge $O_{\mu l}$ in Ω ein

---

[9]   Falls keine Nachfrage nach Produkt j in Periode t mehr vorhanden ist (d.h., wir haben $d_t^j = 0$), sind die Kostensenkungspotentiale $\gamma_{tt}^j, \gamma_{t,t+1}^j, \ldots$ nicht definiert.

[10]   Rüstzeiten brauchen nicht berücksichtigt zu werden, da nur die Losgröße in Periode t erhöht wird.

[11]   Für die Verfahrensvariante mit unverzögerten Plänen vgl. Abschnitt 5.2.3b.

[12]   Wird das Minimum für mehr als ein r angenommen, so sollten im folgenden die $O_{rj} \in \Omega$ für alle diese r berücksichtigt werden.

Schritt 4 (Test auf Zulässigkeit der Einlastung)

    Setze $\alpha := 0$ (bei unzulässiger Einlastung ist $\alpha = 1$, sonst $= 0$)

    Für $i = 1, \ldots, m$

        Falls $Z_{it} > \kappa_{it}$

            Setze $\alpha := 1$

            Setze $\overline{\kappa}_{it} := \kappa_{it} - \max\left(Z_{it} - \kappa_{it}, \kappa_{it} - \sum_{j \in J_{it}} \left(\vartheta_i^j + q_t^j t_i^j \right) + \varepsilon \right)$ mit $\varepsilon > 0$ [13]

            Falls $\overline{\kappa}_{it} < \sum_{j \in J_{it}} \left(\vartheta_i^j + d_t^j t_i^j \right)$, setze $\overline{\kappa}_{it} := \sum_{j \in J_{it}} \left(\vartheta_i^j + d_t^j t_i^j \right)$ [14]

        Andernfalls setze $\overline{\kappa}_{it} := \kappa_{it}$

    Falls $\alpha = 0$

        Falls $t < T$, setze $t := t + 1$ und gehe zu Schritt 2

        Andernfalls terminiere (zulässige Lösung gefunden)

    Andernfalls setze $\kappa_{it} := \overline{\kappa}_{it}$ für $i = 1, \ldots, m$ und gehe zu Schritt 2.

                                                    ❑

5.3 Fließfertigungsplanung

Die in Abschnitt 5.2 behandelte Maschinenbelegungsplanung ist für die Einzel– und Serienfertigung relevant. Bei der Massen– und Sortenfertigung, wo die gleichen Arbeitsgänge an sehr vielen Werkstücken (Einheiten eines zu fertigenden Produktes) über einen längeren Zeitraum hinweg wiederholt durchgeführt werden, herrscht in der Regel die *Fließfertigung* vor. Hierbei sind die *Arbeitsstationen* nach dem verfahrenstechnisch vorgegebenen Produktionsablauf angeordnet. Eine Station umfaßt Maschinen und zugehörige Arbeitskräfte und kann aus einem oder mehreren Arbeitsplätzen bestehen.

Wir wollen uns im folgenden nur mit der sogenannten *künstlichen Fließfertigung* oder *Fließbandfertigung* beschäftigen, bei der die Werkstücke in einem festen zeitlichen Rhythmus von Arbeitsstation zu Arbeitsstation transportiert werden. Der Weitertransport erfolgt in der Regel mit Hilfe eines Fließbandes. Die sogenannte *natürliche Fließfertigung* oder *Prozeßfertigung,* die insbesondere in der chemischen Verfahrenstechnik vorherrscht, werden wir im folgenden nicht behandeln, da die Planung in erster Linie verfahrenstechnische Überlegungen erfordert.

---

[13] Rechnet man nur mit ganzen Zahlen, kann $\varepsilon := 1$ gesetzt werden. Im Fall, daß $\varepsilon = 0$ wäre und das Maximum für den zweiten Term in der Klammer angenommen würde, erhielte man im anschließenden Schritt 2 die gleichen Losgrößen wie bisher, was man gerade verhindern will. Die Wahl $\varepsilon > 0$ garantiert, daß mindestens eine ME der Nachfrage weniger eingeplant wird.

[14] Die reduzierte Kapazität muß ausreichen, um wenigstens die Nachfrage in Periode t befriedigen zu können.

Wir werden uns sowohl mit der Fließ(band)fertigung eines Produktes als auch mehrerer Produkte befassen. In letzterem Fall hat man es in der Praxis meistens mit der Herstellung verschiedener Varianten eines Grundproduktes zu tun (z.B. verschiedenen Ausführungen eines PKW–Typs in der Automobilindustrie), und man spricht auch von *Variantenfließ(band)fertigung*. Sind größere Mengen der einzelnen Varianten in geeigneten Losen zu fertigen, dann liegt eine sogenannte *losweise Variantenfließfertigung* vor.

5.3.1   Fließbandabgleich bei Fertigung eines Produktes

Wir nehmen an, daß die gesamte Fertigung in N einzelne nicht weiter unterteilbare *Arbeitsgänge*, auch (Bearbeitungs–)Operationen oder Teileverrichtungen (engl. tasks) genannt, zerlegt sei, die wir von 1 bis N durchnumerieren. Zwischen einzelnen Arbeitsgängen bestehen vorgeschriebene Anordnungsbeziehungen (Reihenfolgebeziehungen), d.h., gewisse Arbeitsgänge können erst nach anderen Arbeitsgängen ausgeführt werden. Wir denken uns diese Anordnungsbeziehungen durch einen *Präzedenzgraphen* (auch *Vorranggraph* genannt) beschrieben, d.h. einen zyklenfreien Digraphen $\vec{G}$, dessen Knoten den Arbeitsgängen $1,...,N$ entsprechen. In $\vec{G}$ ist ein Knoten μ von einem Knoten $v \neq \mu$ genau dann erreichbar, wenn Arbeitsgang μ erst begonnen werden kann, falls Arbeitsgang v abgeschlossen ist.

Die entsprechend der Bewegungsrichtung des Fließbandes durchnumerierten Arbeitsstationen seien $S_1,...,S_m$. Wir nehmen an, daß an jeder der Stationen zur Bearbeitung eines Werkstückes eine gewisse Höchstzeit zur Verfügung stehe, die sogenannte *Taktzeit* τ. Man spricht dann auch von *getakteter Fließfertigung*: Alle τ ZE verläßt ein fertiges Werkstück das Band. Der *Fließbandabgleich* (auch *Fließbandaustaktung* genannt, engl. assembly line balancing) besteht dann darin, eine Zuordnung der Arbeitsgänge zu den Stationen vorzunehmen, so daß die einer jeden Station zugewiesenen Arbeitsgänge innerhalb der Taktzeit ausgeführt werden können ("Taktzeitrestriktion"), die Anordnungsbeziehungen zwischen den Arbeitsgängen eingehalten werden und die (noch zu präzisierende) Auslastung des Fließbandes maximal wird. Abb. 5.3.1 zeigt schematisch die Zuordnung von 8 Arbeitsgängen zu 4 Arbeitsstationen.

Die (vorgegebene) Bearbeitungszeit von Arbeitsgang v bezeichnen wir mit p_v ($v = 1,...,N$). Die Größen p_v seien wie die Taktzeit τ ganzzahlig (in ZE gemessen). Als Maß für die zu maximierende Auslastung des Fließbandes verwenden wir den *Wirkungsgrad* des Fließbandes,

$$\frac{\sum_{v=1}^{N} p_v}{m\tau} \, .$$

Da $\sum_{v=1}^{N} p_v$ eine gegebene Konstante ist, sind die Minimierung der *Durchlaufzeit* $m\tau$ und die Minimierung der Summe der Leerzeiten, $m\tau - \sum_{v=1}^{N} p_v$, äquivalent zur

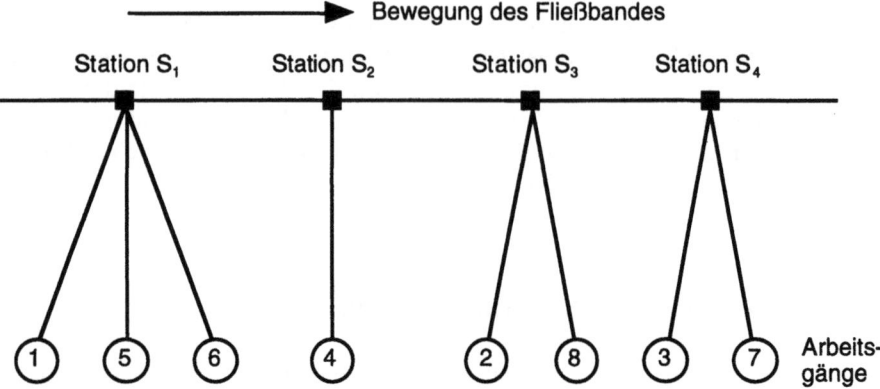

Abb. 5.3.1: Zuordnung von Arbeitsgängen zu Arbeitsstationen an einem Fließband

Maximierung des Wirkungsgrades des Bandes. Im folgenden werden wir nur die Minimierung der Durchlaufzeit $m\tau$ betrachten.

Für die Entscheidungsvariablen m und τ kann man Schranken angeben. Eine untere Schranke $\underline{\tau}$ für die Taktzeit ist

$$(5.3.1) \quad \underline{\tau} := p_{max} \text{ mit } p_{max} := \max_{\nu=1,\dots,N} p_\nu .$$

Ist jeweils eine Nachfrage d während eines Planungszeitraumes der Länge T (etwa eines Arbeitstages oder einer Schicht) zu befriedigen, so stellt

$$(5.3.2) \quad \overline{\tau} := \max\left(p_{max}, \left\lfloor \frac{T}{d} \right\rfloor \right)$$

eine obere Schranke für die Taktzeit dar. d/T entspricht hierbei der *Produktionsrate* des Fließbandes. Gilt $p_{max} > T/d$, so kann die Nachfrage nicht befriedigt werden. Aus (5.3.2) erhält man als untere Schranke für die Anzahl der Arbeitsstationen

$$\underline{m} := \left\lceil \frac{\sum\limits_{\nu=1}^{N} p_\nu}{\overline{\tau}} \right\rceil .$$

Statt die nichtlineare Zielfunktion $m\tau$ zu minimieren, beschränkt man sich in der Praxis meistens auf die Minimierung der Anzahl m der Arbeitsstationen bei vorgegebener Taktzeit τ oder die Minimierung der Taktzeit bei gegebener Anzahl der Stationen. Außerdem sollten sich die auftretenden Leerzeiten möglichst gleichmäßig auf die Arbeitsstationen verteilen, so daß sie einen Puffer gegen unvorhergesehene Verzögerungen bilden.

Wir betrachten zunächst die *Minimierung der Anzahl m der Stationen* bei vorgegebener Taktzeit τ. Dieser Fall tritt in der Regel im Rahmen einer mittelfristigen Produktionsplanung auf, wenn ein neues Fließband einzurichten ist. Man wählt dann etwa $\tau \approx T/d$ mit der prognostizierten Nachfragemenge d während eines Planungs-zeitraumes der Länge T. Wir geben eine einfache *Heuristik von Helgeson und Birnie* an, die ein sogenanntes *Rangwertverfahren* darstellt (weitere Verfahren findet man z.B. in DOMSCHKE ET AL. (1993), Kapitel 4). Die Zuordnung der Arbeitsgänge zu den Stationen erfolgt hierbei aufgrund einer Prioritätsregel, wobei zur Festlegung der Prioritäten „Rangwerte" für die einzelnen Arbeitsgänge ermittelt werden. Einen noch nicht eingeplanten Arbeitsgang v nennen wir auf der Station S_i *einplanbar*, wenn alle (unmittelbaren) Vorgänger von v im Präzedenzgraphen $\bar{G}$ bereits eingeplant worden sind und die Bearbeitungszeit p_v von v nicht größer als die auf S_i noch ver-fügbare Leerzeit ist. Das Verfahren besteht dann aus zwei Schritten.

In *Schritt 1* wird für jeden Arbeitsgang v der Rangwert w_v als Summe der Bear-beitungszeiten aller von v aus im Präzedenzgraphen $\bar{G}$ erreichbaren Knoten (ein-schließlich v selbst) bestimmt:

$$(5.3.3) \quad w_v := \sum_{\mu \in \mathcal{R}(v)} p_\mu \quad (v = 1, \dots, N).$$

Hierbei ist $\mathcal{R}(v)$ die Menge der von v aus erreichbaren Knoten. Der Rangwert w_v stellt also die restliche Bearbeitungszeit des Werkstückes, beginnend mit dem Ar-beitsgang v, dar.

In *Schritt 2* werden den Stationen $S_1, \dots, S_m$ sukzessiv die jeweils einplanbaren Ar-beitsgänge, nach nichtwachsenden Rangwerten geordnet, zugewiesen (dies entspricht der MWR–Prioritätsregel beim Giffler–Thompson–Algorithmus für Job–Shop–Pro-bleme, vgl. Abschnitt 5.2.3b).

Seien $\mathcal{P}(v)$ wieder die Menge der (unmittelbaren) Vorgänger von Knoten v und Q_i eine Schlange (d.h. eine First-in–first-out–Liste), welche die der Station S_i zuge-wiesenen Arbeitsgänge in der Reihenfolge ihrer Bearbeitung enthält. Dann läuft der Algorithmus wie folgt ab:

Algorithmus von Helgeson und Birnie (Fließbandabgleich)
Schritt 1
   Für $v = 1, \dots, N$
      Setze $w_v := 0$ und $\mathcal{P}_v := \mathcal{P}(v)$
      Für alle $\mu \in \mathcal{R}(v)$ setze $w_v := w_v + p_\mu$

Schritt 2
   Setze $J := \{1, \dots, N\}$, $i := 1$, $Q_i := \varnothing$, $\tau' := \tau$
   Solange $J \neq \varnothing$
      Finde ein $\mu \in \left\{ v \in J \mid \mathcal{P}_v = \varnothing, p_v \leq \tau' \right\}$ mit maximalem w_μ
      Falls kein solches μ existiert, setze $i := i+1$, $Q_i := \varnothing$, $\tau' := \tau$ (Eröffnung einer neuen Station);
      andernfalls füge μ am Ende von Q_i ein und setze $\tau' := \tau' - p_\mu$, entferne μ aus J und entferne μ aus $\mathcal{P}_v$ für alle $v \in J$ (Arbeitsgang μ wird Station S_i zugeordnet)
   Setze $m := i$ ❑

In einem Rangwertverfahren kann statt der verbleibenden Bearbeitungszeit $\sum_{\mu \in \mathcal{R}(v)} p_\mu$ als Rangwert w_v auch eine andere Größe, z.B. die Bearbeitungszeit p_v oder die Anzahl der (unmittelbaren) Nachfolger von v in $\vec{G}$, verwendet werden. In DOMSCHKE ET AL. (1993), Abschnitt 4.3.2.1, sind einige weitere derartige Prioritätsregeln aufgelistet.

Da im oben beschriebenen Rangwertverfahren die einzelnen Arbeitsgänge „so früh wie möglich" den Stationen zugeordnet werden, liefert das Verfahren in der Regel eine ungleichmäßige Verteilung der Leerzeiten. Einen besser ausgeglichenen Plan kann man erhalten, wenn man den Algorithmus einmal „vorwärts" (Zuweisung der Arbeitsgänge zu den Stationen, beginnend mit Station S_1) und anschließend „rückwärts" (Zuweisung der Arbeitsgänge zu den Stationen, beginnend mit Station S_m und endend mit Station S_1, wobei m die in der Vorwärtsrechnung ermittelte Anzahl von Stationen ist) durchführt. Bei der Rückwärtsrechnung verwendet man die „inversen Rangwerte"

$$\overline{w}_v := \sum_{\mu \in \overline{\mathcal{R}}(v)} p_\mu \quad (v = 1, \ldots, N),$$

wobei $\overline{\mathcal{R}}(v)$ die Menge der Knoten ist, von denen aus v in $\vec{G}$ erreichbar ist (einschließlich v selbst).

Wir betrachten jetzt den Fall, daß die Anzahl m der Stationen vorgegeben ist und die *Taktzeit τ minimiert werden soll* (z.B., wenn ein bereits vorhandenes Fließband neu ausgetaktet werden soll, was der kurzfristigen Produktionsplanung zuzurechnen ist). Zunächst wollen wir die unteren und oberen Schranken für τ (vgl. (5.3.1) und (5.3.2)) bei vorgegebenen m verschärfen. Offensichtlich muß

$$\tau \geq \frac{\sum_{v=1}^{N} p_v}{m}$$

gelten, wobei $\sum_{v=1}^{N} p_v / m$ die durchschnittliche Belegungszeit einer Station ist. Andererseits haben wir bei *maximaler Belegung* der Stationen (d.h., kein zusätzlicher Arbeitsgang kann auf einer der Stationen eingeplant werden, ohne die Taktzeitrestriktion oder die Anordnungsbeziehungen zu verletzen)

$$\tau \leq \tau^+ := \begin{cases} \dfrac{\sum_{v=1}^{N} p_v - 1}{m/2}, & \text{falls } m \text{ gerade} \\[4ex] \dfrac{\sum_{v=1}^{N} p_v - 1}{(m+1)/2}, & \text{falls } m \text{ ungerade.} \end{cases}$$

Dies liefert für τ die schärferen Schranken

$$
(5.3.4) \quad
\begin{cases}
\underline{\tau} := \max\left(p_{max}, \left\lceil \dfrac{\displaystyle\sum_{v=1}^{N} p_v}{m} \right\rceil \right) \\[2em]
\overline{\tau} := \max\left\{ p_{max}, \min\left(\left\lfloor \dfrac{T}{d} \right\rfloor, \left\lfloor \tau^+ \right\rfloor \right) \right\}.
\end{cases}
$$

Zur (näherungsweisen) Minimierung der Taktzeit τ empfiehlt sich dann folgende heuristische Vorgehensweise. Man startet mit einem Schätzwert für die Taktzeit (man setze z.B. $\tau := \lfloor (\underline{\tau} + \overline{\tau})/2 \rfloor$ mit $\underline{\tau}$ und $\overline{\tau}$ gemäß (5.3.4) festgelegt) und ermittelt mit einem Rangwertverfahren die zugehörige Anzahl der Stationen, etwa m'. Ist $m' > m$, dann erhöht man die Taktzeit sukzessiv (etwa in Schritten von jeweils 1 ZE), bis man erstmalig $m' = m$ erhält. Gilt $m' \leq m$, so verringert man die Taktzeit, bis erstmalig

Arbeits-gang v	1	2	3	4	5	6	7	8
p_v	2	1	3	2	1	2	2	3
$\mathcal{R}(v)$	$\{1,\dots,8\}$	$\{2,\dots,8\}$	$\{3,5,7,8\}$	$\{4,\dots,8\}$	$\{5,7,8\}$	$\{6,7\}$	$\{7\}$	$\{8\}$
w_v	16	14	9	10	6	4	2	3

Tab. 5.3.1: Beispiel zum Algorithmus von Helgeson und Birnie

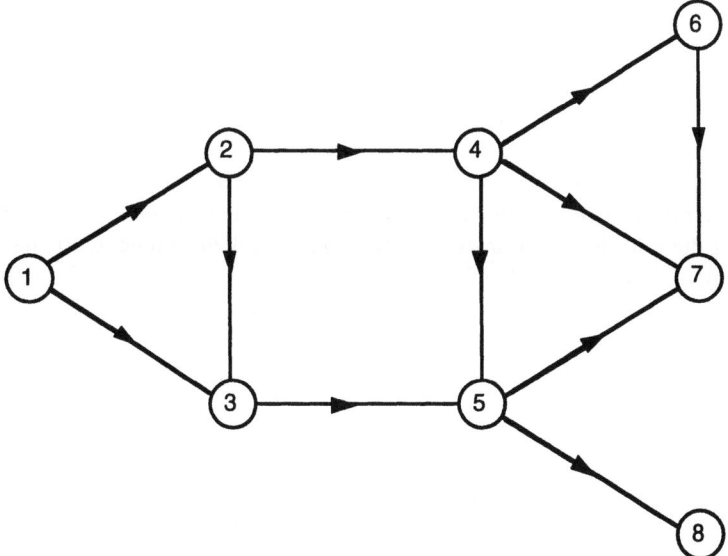

Abb. 5.3.2: Präzedenzgraph

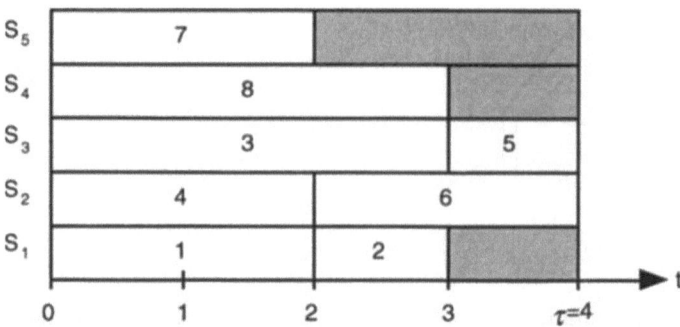

Abb. 5.3.3: Stationenbelegungsplan

$m' = m + 1$ ist. Der zur unmittelbar vorhergehenden (größeren) Taktzeit gehörige Plan mit $m' = m$ ist dann eine Näherungslösung.

Wir betrachten ein Zahlenbeispiel mit 8 Arbeitsgängen. Die zugehörigen Bearbeitungszeiten sind in Tab. 5.3.1 und der Präzedenzgraph ist in Abb. 5.3.2 angegeben. Die Taktzeit betrage $\tau = 4$, und wir wollen die Anzahl der Stationen minimieren. Die nach (5.3.3) berechneten Rangwerte w_ν sind in Zeile 4 von Tab. 5.3.1 und der mit dem Algorithmus von Helgeson und Birnie erhaltene (Stationenbelegungs–)Plan ist in Abb. 5.3.3 angegeben (Leerzeiten sind wieder dunkler getönt). Es werden $m = 5$ Stationen benötigt, und der Wirkungsgrad des Fließbandes beträgt $\sum_{\nu=1}^{N} p_\nu / m\tau = 0,8$.

5.3.2 Bandabgleich und Reihenfolgeplanung bei Variantenfließfertigung

Wir nehmen an, daß die Varianten $j = 1,...,n$ eines Produktes auf einem Fließband gefertigt werden. Insgesamt seien wieder N Arbeitsgänge auszuführen, wobei die Bearbeitungszeiten eines Arbeitsganges für die verschiedenen Varianten unterschiedlich lang sein können. Tritt ein Arbeitsgang bei einer Variante nicht auf, so setzen wir die entsprechende Bearbeitungszeit gleich 0.

Bei der Variantenfließfertigung ist neben dem eigentlichen *Bandabgleich*, d.h. der Zuordnung der Arbeitsgänge zu den Arbeitsstationen, noch die *Reihenfolge* zu bestimmen, in der die einzelnen Varianten gefertigt werden sollen. Streng genommen dürfen Bandabgleich und Reihenfolgeplanung nicht unabhängig voneinander betrachtet werden. In der Praxis stellt jedoch der Bandabgleich eine mittelfristige Planungsaufgabe dar, während die Reihenfolgeplanung (bei gegebener Zuordnung der Arbeitsgänge zu den Stationen) kurzfristig, etwa täglich oder für jede Schicht, durchzuführen ist.

Wir legen einen Planungszeitraum von T ZE (z.B. die Arbeitsstunden in einem Monat) zugrunde, in dem ein Bedarf von d_j ME an Variante j vorliege. In der Variantenfließfertigung stellt eine ME in der Regel ein (Werk–)Stück der betreffenden Produktvariante dar, z.B. einen PKW in der Automobilproduktion. Bei kleineren Erzeugnissen kann eine ME auch einem (während der Fertigung unteilbaren) kleinen Los entsprechen. Auf den Fall, daß größere Mengen der einzelnen Produktvarianten zu fertigen sind und statt eines Bandabgleichs die Losgrößenermittlung für die einzelnen Varianten im Vordergrund steht (losweise Variantenfließfertigung), werden wir in Abschnitt 5.3.3 eingehen.

(a) Bandabgleich

Ein Arbeitsgang soll für alle Varianten jeweils derselben Arbeitsstation zugewiesen werden. Dies vermeidet u.a. Umrüstzeiten und –kosten sowie zusätzlichen Werkzeugbedarf und nutzt die Vorteile der Arbeitsteilung aus. Für den Fließbandabgleich betrachten wir dann ein „aggregiertes" Modell, das die verschiedenen Varianten des zu fertigenden Produktes „zusammenfaßt".

Die Bearbeitungszeit des Arbeitsgangs v für Variante j sei p_{vj} ($v = 1, ..., N$; $j = 1, ..., n$). Wie bereits erwähnt, setzen wir $p_{vj} := 0$, falls Arbeitsgang v bei der Variante j nicht anfällt. Für jede Variante j seien die Anordnungsbeziehungen zwischen den einzelnen Arbeitsgängen durch einen Präzedenz– oder Vorranggraphen $\bar{G}_j$ gegeben, dessen Knoten den Arbeitsgängen $v \in \{1, ..., N\}$ mit $p_{vj} > 0$ entsprechen. Wir nehmen an, daß, wenn für eine Variante j ein Arbeitsgang μ vor einem anderen Arbeitsgang v auszuführen ist und damit in $\bar{G}_j$ $v \in \mathcal{R}(\mu)$ gelte, bei keiner anderen Variante k v vor μ zu erledigen ist (also in $\bar{G}_k$ nicht $\mu \in \mathcal{R}(v)$ gilt). In anderen Worten, die Anordnungsbeziehungen zwischen den Arbeitsgängen sollen für alle Varianten *konsistent* sein [15].

Der *aggregierte Präzedenzgraph* $\bar{G}$ habe die Knoten $v = 1, ..., N$, und für zwei verschiedene Knoten μ, v gelte $v \in \mathcal{R}(\mu)$ genau dann, wenn dies in (mindestens) einem der Präzedenzgraphen $\bar{G}_j$ gilt. Ferner bestimmen wir die *kumulierte Bearbeitungszeit*

$$p_v := \sum_{j=1}^{n} p_{vj} d_j \quad (v = 1, ..., N)$$

von Arbeitsgang v, die benötigt wird, um den Gesamtbedarf aller Varianten während des Planungszeitraumes zu fertigen. Mit dem in Abschnitt 5.3.1 beschriebenen Rangwertverfahren kann dann für das aggregierte Modell ein Fließbandabgleich mit dem Ziel der (näherungsweisen) Minimierung der Anzahl m der Arbeitsstationen vorgenommen werden, wobei in diesem aggregierten Modell T die Rolle der (vorgegebenen) Taktzeit spielt.

Wir betrachten ein *Zahlenbeispiel* mit zwei Varianten und 8 Arbeitsgängen. Abb. 5.3.4 zeigt die Präzedenzgraphen $\bar{G}_j$ der Varianten $j = 1, 2$ mit den Bearbeitungszeiten $p_{vj} > 0$ der Arbeitsgänge bzw. Knoten $v \in \{1, ..., 8\}$. Für Variante 1 sei

---

[15] Der Fall inkonsistenter Anordnungsbeziehungen tritt in der Praxis kaum auf. Im Fall inkonsistenter Anordnungsbeziehungen zwischen zwei Arbeitsgängen μ und v muß man μ und v ein und derselben Station zuordnen, wenn, wie vorausgesetzt, gleiche Arbeitsgänge verschiedener Varianten auf derselben Station auszuführen sind. Dies kann z.B. dadurch sichergestellt werden, daß in jedem Präzedenzgraphen $\bar{G}_j$ die Knoten μ und v zu einem Knoten „verschmolzen" werden mit der Bearbeitungszeit $p_{\mu j} + p_{vj}$.

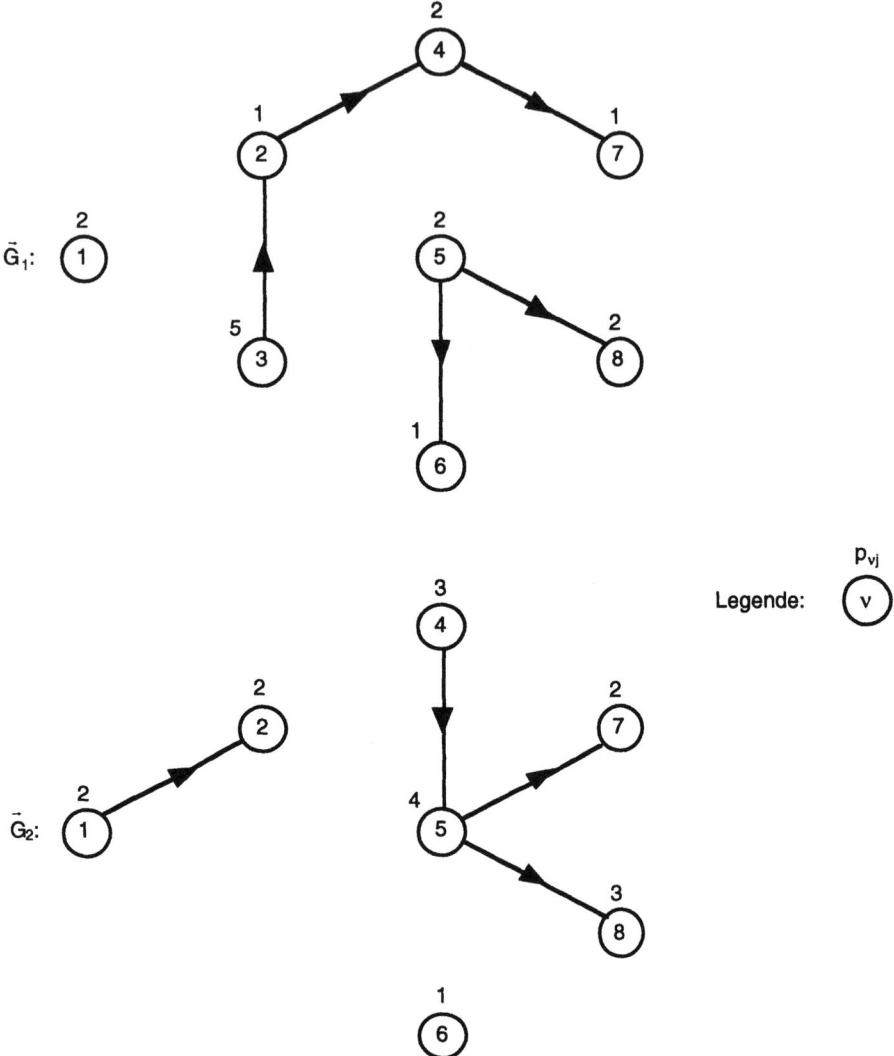

Abb. 5.3.4: Präzedenzgraphen von zwei Produktvarianten

der Bedarf im Planungszeitraum der Länge $T = 20$ $d_1 = 3$ und für Variante 2 $d_2 = 2$.
Der aggregierte Präzedenzgraph $\tilde{G}$ mit den kumulierten Bearbeitungszeiten p_v ist in
Abb. 5.3.5 dargestellt.

Für das aggregierte Modell sind die nach (5.3.3) berechneten Rangwerte w_v in
Zeile 4 von Tab. 5.3.2 und der mit dem Algorithmus von Helgeson und Birnie bestimmte Plan in Abb. 5.3.6 angegeben.

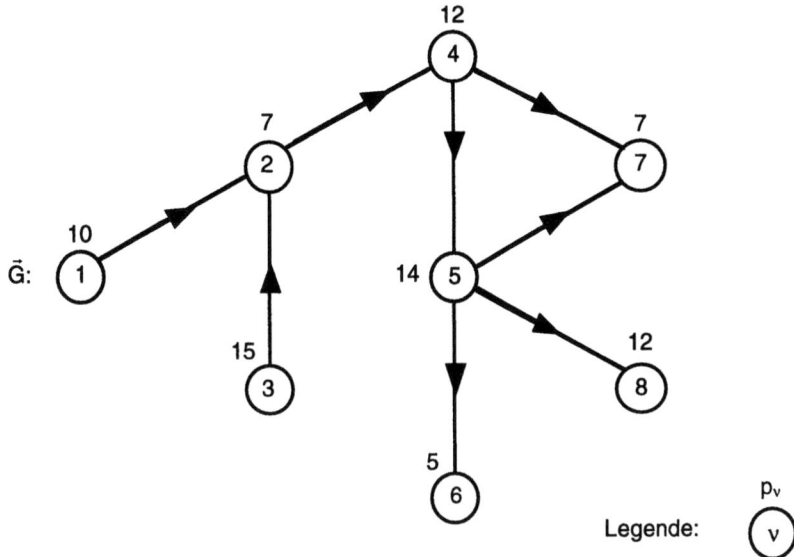

Abb. 5.3.5: Aggregierter Präzedenzgraph

Arbeits-gang v	1	2	3	4	5	6	7	8
p_v	10	7	15	12	14	5	7	12
$\mathcal{R}(v)$	$\{1,2,4,\ldots,8\}$	$\{2,4,\ldots,8\}$	$\{2,\ldots,8\}$	$\{4,\ldots,8\}$	$\{5,\ldots,8\}$	$\{6\}$	$\{7\}$	$\{8\}$
w_v	67	57	72	50	38	5	7	12

Tab. 5.3.2: Daten für den Algorithmus von Helgeson und Birnie im aggregierten Modell

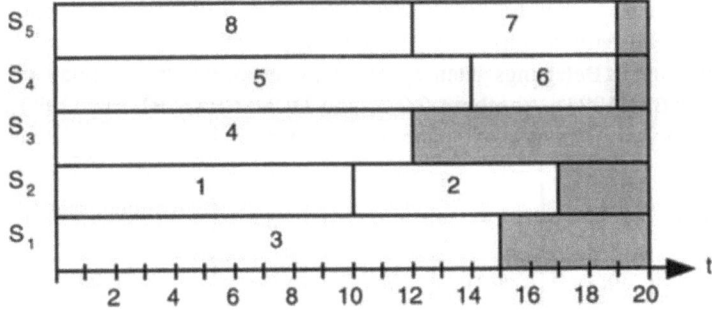

Abb. 5.3.6: Stationenbelegungsplan im aggregierten Modell

Wir weisen darauf hin, daß Abb. 5.3.6 nur die Zuweisung der Arbeitsgänge zu den einzelnen Stationen wiedergibt. Die Länge eines Balkens für einen Arbeitsgang entspricht dessen kumulierter Bearbeitungszeit. Die Taktzeit τ für die tatsächliche Produktion der verschiedenen Varianten wird erst in der anschließenden Reihenfolgeplanung (Unterabschnitt (b)) festgelegt.

Um die Belegung der Arbeitsstationen während des Planungszeitraumes durch die verschiedenen Varianten genauer untersuchen zu können, führen wir die folgenden Größen ein, wobei die binären Variablen

$$x_{iv} := \begin{cases} 1, & \text{falls Arbeitsgang } v \text{ auf } S_i \text{ ausgeführt} \\ 0, & \text{sonst} \end{cases} \quad (i = 1,\ldots,m; \ v = 1,\ldots,N)$$

die Zuordnung der Arbeitsgänge zu den Stationen beschreiben:

(5.3.5) $\displaystyle \pi_{ij} := \sum_{v=1}^{N} x_{iv} p_{vj}$ Belegungszeit von S_i durch eine ME von Variante j $(i = 1,\ldots,m; \ j = 1,\ldots,n)$

$t_{ij} := \pi_{ij} d_j$ Belegungszeit von S_i durch Variante j

$\displaystyle \bar{t}_j := \frac{d_j}{m} \sum_{v=1}^{N} p_{vj}$ Mittlere Belegungszeit einer Station durch Variante j

$\displaystyle t_{S_i} := \sum_{j=1}^{n} t_{ij}$ Gesamte Belegungszeit von S_i

$\displaystyle \bar{t} := \frac{1}{m} \sum_{i=1}^{m} t_{S_i} = \sum_{j=1}^{n} \bar{t}_j$ Mittlere Belegungszeit einer Station.

Für unser Zahlenbeispiel entnimmt man Abb. 5.3.6, daß die Variablen x_{13}, x_{21}, x_{22}, $x_{34}, x_{45}, x_{46}, x_{57}, x_{58}$ jeweils den Wert 1 und die übrigen der Variablen x_{iv} ($i = 1,\ldots,5$; $v = 1,\ldots,8$) den Wert 0 haben. Die Größen $t_{i1}, t_{i2}, \pi_{i1}, \pi_{i2}, t_{S_i}$ sowie $\bar{t}_1, \bar{t}_2$ und $\bar{t}$ sind in Tab. 5.3.3 zusammengestellt.

Aus Tab. 5.3.3 ersehen wir, daß für die einzelnen Varianten j die Belegungszeiten t_{ij} der Stationen S_i wesentlich stärker um ihr jeweiliges arithmetisches Mittel $\bar{t}_j$ streuen als die kumulierten Belegungszeiten t_{S_i} der Stationen S_i um das arithmetische Mittel $\bar{t}$. In DECKER (1993), Abschnitt 2.2.3, und DOMSCHKE ET AL. (1993), Abschnitt 4.4.1, ist eine von Thomopoulos stammende Heuristik beschrieben, die eine

i	1	2	3	4	5	Arithmetisches Mittel
$t_{i1}(\pi_{i1})$	15(5)	9(3)	6(2)	9(3)	9(3)	$\bar{t}_1 = 9{,}6$
$t_{i2}(\pi_{i2})$	0(0)	8(4)	6(3)	10(5)	10(5)	$\bar{t}_2 = 6{,}8$
t_{S_i}	15	17	12	19	19	$\bar{t} = 16{,}4$

Tab. 5.3.3: Belegungszeiten der Stationen S_i

Verringerung der durch das aggregierte Modell bedingten Auslastungsschwankungen ermöglicht. Die zu minimierende Zielfunktion ist hierbei

$$\sum_{i=1}^{m}\sum_{j=1}^{n} \mid t_{ij} - \bar{t}_j \mid .$$

(b) Reihenfolgeplanung

Nach der Zuordnung der Arbeitsgänge zu den Arbeitsstationen (Bandabgleich) ist eine Reihenfolge zu bestimmen, in der die einzelnen Aufträge gefertigt werden sollen. Unter einem *Auftrag* verstehen wir dabei eine ME einer Variante. Die *Auftrags-(reihen)folge* soll an allen Stationen die gleiche sein.

Wie bereits erwähnt, stellt der Bandabgleich eine mittelfristige Planungsaufgabe dar, und der Planungszeitraum kann z.B. einen Monat mit T ZE betragen. Die Reihenfolgeplanung ist kurzfristig und etwa täglich durchzuführen, d.h., der Planungszeitraum beträgt bei 20 Arbeitstagen pro Monat $T/20$ ZE [16]. Wir nehmen an, daß die Zusammensetzung des Gesamtbedarfs aus den Nachfragen nach den einzelnen Varianten für beide Planungszeiträume in etwa gleich sei, d.h., sei d_j der Bedarf der Variante j pro Monat (T ZE), so betrage der Bedarf der Variante j pro Tag ($T/20$ ZE) rund $d_j/20$. Im folgenden bezeichnen wir die Länge des Planungszeitraumes für die Reihenfolgeplanung mit T' und den Bedarf der Variante j während dieses Planungszeitraumes mit d'_j ($j = 1, ..., n$).

Während der Taktzeit τ soll auf jeder Station ein Werkstück bearbeitet werden. Man wird deshalb in der Regel $\tau := \lfloor T'/d' \rfloor$ mit $d' := \sum_{j=1}^{n} d'_j$ wählen [17]. Ziel der Reihenfolgeplanung ist die gleichmäßige Auslastung des Fließbandes, d.h., Taktzeit-überschreitungen und –unterschreitungen (die Bearbeitungszeit eines Auftrags auf einer Station ist größer bzw. kleiner als τ) sollten sich bei unmittelbar aufeinander folgenden Aufträgen an jeder Station möglichst „ausgleichen". Hierbei sollen das „Blockieren" von Stationen (Werkstücke können nicht an nachgelagerte Stationen weitergegeben werden, da letztere noch andere Werkstücke bearbeiten) sowie das „Aushungern" von Stationen (lange Leerzeiten) vermieden werden [18]. Wir wollen im folgenden versuchen, eine Reihenfolge der Aufträge zu bestimmen, bei der die Bearbeitungszeiten je zweier aufeinander folgender Aufträge sich möglichst zu 2τ aufaddieren (vgl. DECKER (1993), Abschnitt 3.4; andere Lösungsansätze findet man z.B. in DOMSCHKE ET AL. (1993), Abschnitt 4.4.2, und SCHNEEWEIß UND SÖHNER (1991)). Längere und kürzere Aufträge werden hierbei in der Regel ab-

---

[16] Hierbei sei vorausgesetzt, daß in beiden Planungszeiträumen die gleiche ZE (z.B. Stunden) gewählt wird.

[17] Es sollte $\lfloor T'/d' \rfloor = \lfloor T/d \rfloor$ mit $d := \sum_{j=1}^{n} d_j$ gelten, die Taktzeit sich also nicht etwa von Tag zu Tag ändern können.

[18] Zur Vermeidung des Blockierens von Stationen setzt man in der Praxis auch zusätzliche Arbeitskräfte als Springer ein oder richtet Pufferläger an gewissen Stationen ein. Pufferläger dienen außerdem der Vorsorge bei möglichem Maschinenausfall. Zur Einplanung von Springern und Pufferlägern vgl. DECKER (1993).

wechselnd eingelastet, insbesondere werden verschiedene Werkstücke ein und derselben Variante im allgemeinen nicht unmittelbar nacheinander gefertigt.

π_{ij} sei wieder die Bearbeitungszeit einer ME von Variante j auf Station S_i ($i = 1, ..., m$; $j = 1, ..., n$), vgl. (5.3.5). Wir numerieren die d' Aufträge im folgenden von 1 bis d' so durch, daß die Werkstücke der Variante 1 die ersten d'_1 Nummern, die Werkstücke der Variante 2 die anschließenden d'_2 Nummern usw. erhalten ($d' = \sum_{j=1}^{n} d'_j$). Die Bearbeitungszeit von Auftrag α auf Station S_i bezeichnen wir mit $\hat{p}_{i\alpha}$ ($i = 1, ..., m$; $\alpha = 1, ..., d'$). Entspricht Auftrag α einer Einheit von Variante j, so ist $\hat{p}_{i\alpha} = \pi_{ij}$.

Sei

$$(5.3.6) \quad c^i_{\alpha\beta} := \hat{p}_{i\alpha} + \hat{p}_{i\beta} - 2\tau \quad (i = 1, ..., m; \ \beta = 1, ..., d'; \ \alpha < \beta)$$

die Differenz aus der Bearbeitungsdauer zweier unmittelbar aufeinander folgender Aufträge α, β auf Station S_i und der „idealen Bearbeitungsdauer" 2τ. Dann ist

$$(5.3.7) \quad c_{\alpha\beta} := \sum_{i=1}^{m} \left(c^i_{\alpha\beta} \right)^2 \quad (\alpha, \beta = 1, ..., d'; \ \alpha < \beta)$$

ein Maß für die Abweichung der „Belastung" des Fließbandes durch die unmittelbare Aufeinanderfolge der Aufträge α, β von der „idealen Belastung". Ein kleines $c_{\alpha\beta}$ favorisiert die Teilreihenfolge α, β bzw. β, α, und ein großes $c_{\alpha\beta}$ „bestraft" diese Teilfolge. Wir führen noch den fiktiven Auftrag 0 ein, der den Beginn der Auftragsreihenfolge angeben soll, und setzen etwa

$$(5.3.8) \quad c^i_{0\beta} := 0 \quad (i = 1, ..., m; \ \beta = 1, ..., d').$$

Dann kann (5.3.7) auch für $\alpha = 0$ verwendet werden, und wir haben $c_{0\beta} = 0$ für $\beta = 1, ..., d'$.

Statt des Belastungsmaßes (5.3.7) kann man auch ein anderes geeignetes Maß benutzen, z.B.

$$c_{\alpha\beta} := \max_{i=1,...,m} \left| c^i_{\alpha\beta} \right|.$$

Will man mit der Bearbeitung eines kurzen Auftrages beginnen, so ersetzt man (5.3.8) etwa durch

$$c^i_{0\beta} := \hat{p}_{i\beta}.$$

Wir suchen nun eine Auftragsfolge, so daß die Summe der $c_{\alpha\beta}$ der Paare unmittelbar aufeinander folgender Aufträge α, β minimal wird. Diese Aufgabe entspricht dem folgenden (symmetrischen) *Handlungsreisendenproblem* (vgl. hierzu NEUMANN UND MORLOCK (1993), Abschnitt 3.5): Man faßt die Aufträge als Orte und das Belastungsmaß $c_{\alpha\beta}$ als Entfernung der Aufträge bzw. Orte α und β auf. Gesucht ist eine kürzeste Rundreise, die jeden Ort genau einmal enthält. Dieses Handlungsreisenden-

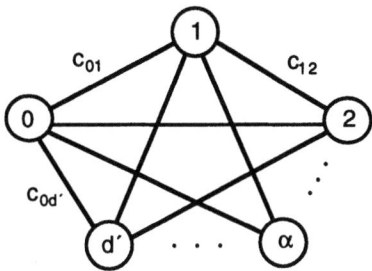

Abb. 5.3.7: Vollständiger Graph G

problem kann als Optimierungsproblem in dem vollständigen Graphen G [19] mit den Knoten $\alpha = 0,1,...,d'$ und den Bewertungen $c_{\alpha\beta}$ der Kanten $[\alpha,\beta]$ (vgl. Abb. 5.3.7) formuliert werden: Man sucht in G einen kürzesten Hamiltonschen Kreis, d.h. eine geschlossene Kantenfolge kleinster Länge, die jeden Knoten von G genau einmal enthält. Ist $[0,\alpha_1,...,\alpha_{d'},0]$ ein kürzester Hamiltonscher Kreis in G, dann ist $(\alpha_1,...,\alpha_{d'})$ eine (im Sinne des gewählten Belastungsmaßes) optimale Auftragsfolge.

Zur näherungsweisen Lösung des (symmetrischen) Handlungsreisendenproblems sind auch für sehr große Graphen viele leistungsfähige heuristische Verfahren entwickelt worden. Eine solche Heuristik besteht meistens aus einem Eröffnungsverfahren (das eine zulässige Anfangslösung ermittelt, z.B. die Methode „Sukzessive Einbeziehung von Knoten") und einem oder mehreren anschließenden Verbesserungsverfahren (die die Anfangslösung sukzessiv verbessern, z.B. die Methoden 2–opt und 3–opt), vgl. NEUMANN UND MORLOCK (1993), Abschnitt 3.5.3.

Als *Zahlenbeispiel* führen wir das in Unterabschnitt (a) betrachtete Beispiel fort. Der Einfachheit halber seien $T' = T = 20$, $d_1' = d_1 = 3$ und $d_2' = d_2 = 2$. Die Aufträge 1,2,3 entsprechen den drei zu produzierenden Einheiten von Variante 1, und die zwei Einheiten von Variante 2 bilden die Aufträge 4,5. Die Bearbeitungszeiten $\hat{p}_{i1} = \hat{p}_{i2} = \hat{p}_{i3} = \pi_{i1}$ und $\hat{p}_{i4} = \hat{p}_{i5} = \pi_{i2}$ $(i = 1,...,5)$ entnimmt man Tab. 5.3.3. Mit (5.3.6), (5.3.7) und (5.3.8) ergeben sich dann die in Tab. 5.3.4 zusammengestellten Bewertungen $c_{\alpha\beta}$ $(\alpha < \beta)$. Z.B. berechnet sich c_{12} wie folgt:

$$c_{12} = \sum_{i=1}^{5} \left(c_{12}^i\right)^2$$

$$c_{12}^i = \hat{p}_{i1} + \hat{p}_{i2} - 2\tau = 2\pi_{i1} - 2\tau \quad (i = 1,...,5)$$

$$c_{12}^1 = 2, \quad c_{12}^2 = c_{12}^4 = c_{12}^5 = -2, \quad c_{12}^3 = -4$$

$$c_{12} = 4 + 4 + 16 + 4 + 4 = 32 \ .$$

Den zugehörigen bewerteten vollständigen Graphen G zeigt Abb. 5.3.8.

Man verifiziert leicht, daß der in Abb. 5.3.8 stark ausgezeichnete Hamiltonsche Kreis $[0,1,4,2,5,3,0]$ und damit die Auftragsfolge $(1,4,2,5,3)$ optimal sind. Die 5 zu produzierenden Einheiten der Varianten 1 und 2 sind also in der Reihenfolge 1,2,1,2,1

---

[19] Ein vollständiger Graph enthält für je zwei verschiedene Knoten α,β die Kante $[\alpha,\beta]$.

α \ β	1	2	3	4	5
0	0	0	0	0	0
1		32	32	19	19
2			32	19	19
3				19	19
4					76

Tab. 5.3.4: Bewertungen für das Handlungsreisendenproblem

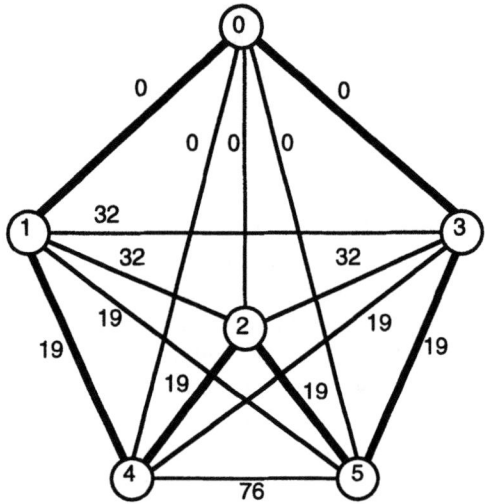

Abb. 5.3.8: Bewerteter vollständiger Graph des Handlungsreisendenproblems

einzulasten. Insbesondere sehen wir, daß, wie man erwartet, die Varianten 1 und 2 abwechselnd gefertigt werden. Abb. 5.3.9 veranschaulicht die Fertigung der 5 Einheiten in Form eines Balkendiagramms, wobei die Nummer der eingelasteten Variante jeweils angegeben ist und mit der Bearbeitung des ersten Auftrags auf Station S_1 zum Zeitpunkt 0 begonnen wird.

Der Zeitpunkt 0 in Abb. 5.3.9 entspricht einem völligen Neustart des (leeren) Fließbandes. Üblicherweise wird das Band am Ende des Planungszeitraumes der Länge T' (also etwa am Ende eines Arbeitstages oder einer Schicht) angehalten und zu Beginn des nächsten Planungsabschnittes (Tages bzw. Schicht) an derselben Stelle wieder gestartet. Innerhalb von $T' = 20$ ZE (z.B. zwischen den Zeitpunkten $t = 16$ und $t = 36$ in Abb. 5.3.9) können dann drei Einheiten der Variante 1 und zwei Einheiten der Variante 2 gefertigt werden.

Abb. 5.3.9: Stationenbelegungsplan mit zwei Produktvarianten

Die Überlappung der Stationen S_1 und S_2 bei Variante 1 in Abb. 5.3.9 kann vermieden werden, wenn die Bearbeitung von Variante 1 auf S_2 immer eine ZE später beginnt. Ebenso entfällt die Überlappung der Varianten 2 und 1 auf Station S_4 und auf Station S_5, wenn man die Bearbeitung von Variante 2 auf S_4 eine ZE früher und von Variante 1 auf S_5 eine ZE später beginnt.

5.3.3   Losweise Variantenfließfertigung

Sind die Rüstvorgänge zwischen den einzelnen Varianten eines Produktes vernachlässigbar (z.B. bei der Automobilmontage), so können die verschiedenen Varianten mit der Losgröße 1 (oder einer sehr kleinen Losgröße) produziert werden. Die Planung der Variantenfließfertigung kann dann wie in Abschnitt 5.3.2 beschrieben erfolgen. Dagegen ist es für die Sortenfertigung typisch, daß größere Mengen der einzelnen Produktvarianten (Sorten) gefertigt werden, und die Umrüstzeiten und –kosten der Produktionsanlage für diese Varianten sind relativ groß (z.B. bei der Produktion verschiedener Glassorten in einem Glaswerk). In letzterem Fall sind optimale Losgrößen und eine Bearbeitungsreihenfolge der Lose zu ermitteln.

Die Losgrößenbestimmung entspricht dem in Abschnitt 3.2.2b betrachteten klassischen Losgrößenmodell mit endlicher Produktionsrate bei mehreren Gütern. In einem Produktionszyklus der Länge Δ wird jede Produktvariante j genau einmal gefertigt, und zwar mit der Losgröße q_j ($j = 1,...,n$), wobei die Lose in jedem Zyklus in der gleichen Reihenfolge produziert werden. Seien wie in Abschnitt 3.2.2b für Produktvariante j K_j die Rüstkosten, h_j die Lagerungskosten pro ME und ZE, d_j die Nachfragerate, r_j die Produktionsrate und ϑ_j die Rüstzeit, und es gelte $\sum_{j=1}^{n} d_j/r_j < 1$. Sollen wieder die gesamten Rüst– plus Lagerungskosten pro ZE minimiert werden, dann gilt nach (3.2.27) und (3.2.26) für die optimale Zykluslänge

$$\Delta^* = \sqrt{\frac{2\sum\limits_{j=1}^{n} K_j}{\sum\limits_{j=1}^{n}(1-d_j/r_j)h_j d_j}}$$

und für die optimalen Losgrößen

$$q_j^* = d_j \Delta^* \quad (j=1,...,n).$$

Damit in jedem Produktionszyklus ausreichend Zeit für die Fertigung und das Umrüsten für alle Produktvarianten vorhanden ist, muß noch

$$\Delta^* \geq \Delta_{min} := \frac{\sum\limits_{j=1}^{n}\vartheta_j}{1-\sum\limits_{j=1}^{n}d_j/r_j}$$

gelten (vgl. (3.2.29)). Andernfalls ist die Dauer des Produktionszyklus (etwa durch Überstunden) auf Δ_{min} zu erhöhen.

Wir betrachten ein Zahlenbeispiel mit den in Tab. 5.3.5 angegebenen Daten. Für die optimale Dauer eines Produktionszyklus erhalten wir

$$\Delta^* = 33,58 \text{ Std. bzw. } 33 \text{ Std. } 35 \text{ Min.}$$

Produkt-variante j	Nachfrage-rate d_j [Stück / Std.]	Produktions-rate r_j [Stück / Std.]	Rüstzeit ϑ_j [Std.]	d_j/r_j	$(1-d_j/r_j)h_j d_j$
1	50	500	0,5	0,10	0,009
2	60	500	1	0,12	0,01056
3	150	1000	2	0,15	0,0255
4	100	1000	1	0,10	0,018
5	200	2000	2	0,10	0,036
6	40	500	0,5	0,08	0,00736
Σ			7	0,65	0,10642

$$K_j = 10 \text{ [DM]}, \quad h_j = 0,0002 \text{ [DM/Stück·Std.]} \quad (j=1,...,6)$$

Tab. 5.3.5: Beispiel zur losweisen Variantenfließfertigung

j	1	2	3	4	5	6
q_j^* [Stück]	1679	2015	5037	3358	6716	1343

Tab. 5.3.6: Optimale Losgrößen bei losweiser Variantenfließfertigung

Die optimalen Losgrößen sind in Tab. 5.3.6 angegeben. Weiter bekommen wir

$$\Delta_{min} = 20 \ \text{Std.},$$

also $\Delta^* > \Delta_{min}$.

Bisher haben wir stillschweigend angenommen, daß die Zyklusdauer Δ für alle n Produktvarianten gleich ist; in anderen Worten, jede Variante wird in jedem Zyklus der Länge Δ genau einmal produziert. Läßt man die letztere Einschränkung weg, d.h., die Zyklusdauern $\Delta_j = q_j/d_j$ der einzelnen Produktvarianten j können unterschiedlich groß sein ($j = 1,...,n$), so können die Gesamtkosten pro ZE reduziert werden. Das entsprechende Losgrößen– und Reihenfolgeproblem ist unter dem englischen Namen *Economic Lot Scheduling Problem* (abgekürzt *ELSP*) bekannt und wird in der deutschen Literatur auch als *Sortenwechselproblem* bezeichnet.

In der Praxis spielen spezielle „Losauflagepolitiken" eine große Rolle, bei denen die Δ_j ganzzahlige Vielfache γ_j eines „Basiszyklus" der Länge $\Delta^\times$ sind: $\Delta_j = \gamma_j \Delta^\times$ ($j = 1,...,n$). Zum einen führen solche gleichförmigeren Losauflagepolitiken in der Praxis zu weniger Störungen im Produktionsablauf, zum anderen ist das zugehörige ELSP einfacher zu lösen.

$$(5.3.9) \quad b_j := \vartheta_j + \frac{d_j \Delta_j}{r_j} = \vartheta_j + \frac{q_j}{r_j} \quad (j = 1,...,n)$$

sei die Belegungszeit des Fließbandes durch Variante j während eines Zyklus. Abb. 5.3.10 illustriert ein Beispiel mit drei Produktvarianten j, deren Belegungszeiten b_j und Zyklusdauern Δ_j in Tab. 5.3.7 gegeben sind, wobei der „Basiszyklus" die Länge $\Delta^\times = 4$ hat. Wir stellen fest, daß sich das Belegungsmuster des Bandes jeweils nach 24 ZE wiederholt, da 24 das kleinste gemeinschaftliche Vielfache der drei Zyklusdauern $\Delta_1, \Delta_2, \Delta_3$ ist.

Die zu minimierende Zielfunktion des ELSP stellt wieder die durch (3.2.25) mit $q_j = d_j \Delta_j$ ($j = 1,...,n$) gegebenen Gesamtkosten pro ZE dar. Die Nebenbedingungen des ELSP besagen einmal, daß für Produktvariante j die Zyklusdauer Δ_j mindestens so groß wie die durch (5.3.9) gegebene Belegungszeit b_j sein muß:

j	1	2	3
b_j	1	1	2
Δ_j	8	4	12

Tab. 5.3.7: Belegungszeiten und Zyklusdauern für drei Produktvarianten

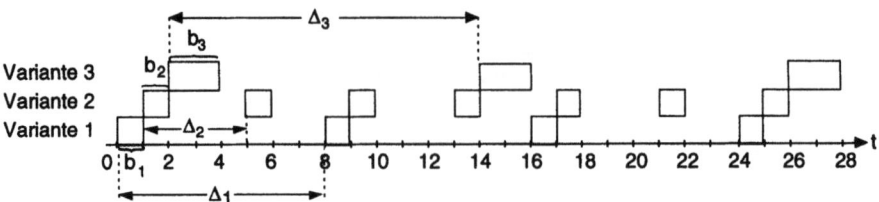

Abb. 5.3.10: Fließbandbelegungsplan

$$\Delta_j \geq \vartheta_j + \frac{q_j}{r_j} = b_j \quad (j = 1, \ldots, n).$$

Zweitens müssen die Belegungszeitintervalle je zweier Produktvarianten disjunkt sein (auf dem Fließband kann zu jedem Zeitpunkt nicht mehr als eine Variante bearbeitet werden, vgl. Abb. 5.3.10). Sei S_j der Startzeitpunkt für die Bearbeitung des ersten Loses von Variante j auf dem Fließband. Dann belegt Variante j das Fließband während der Zeitintervalle

$$\left[S_j + v\Delta_j, S_j + b_j + v\Delta_j\right) \quad \text{für} \quad v = 0, 1, 2, \ldots$$

Für weitere Eigenschaften des ELSP und Verfahren zur (meist näherungsweisen) Lösung des ELSP für verschiedene Typen von Losauflagepolitiken verweisen wir auf DOMSCHKE ET AL. (1993), Abschnitte 3.2.2.3 bis 3.2.2.5.

5.4 Flexible Fertigungssysteme

Flexible Fertigungssysteme und die im nächsten Abschnitt 5.5 behandelten Fertigungsinseln rechnet man zur *Zentrenproduktion*. Bei der Zentrenproduktion werden Produktionsanlagen räumlich zusammengefaßt, die eine Menge verwandter Erzeugnisse produzieren. Flexible Fertigungssysteme stellen automatisierte Fertigungszentren dar, während in Fertigungsinseln üblicherweise konventionelle Technologie vorherrscht.

5.4.1 Aufbau und Vorteile von flexiblen Fertigungssystemen

Ein *flexibles Fertigungssystem* (abgekürzt *FF–System* oder *FFS*, engl. flexible manufacturing system) ist eine automatisierte integrierte Werkstatt, bestehend aus einer Menge von CNC–Maschinen[20] mit Werkzeugwechsel–Einrichtungen, die durch ein

---

[20] CNC ist die Abkürzung von Computer Numerical Control.

automatisiertes (fahrerloses) Transportsystem miteinander verbunden sind, wobei alle Komponenten der Werkstatt durch ein Computersystem überwacht und gesteuert werden. Für das Rechnersystem können ein zentraler Rechner, lokale (vernetzte) Rechner an den einzelnen Maschinen oder eine Kombination dieser beiden Möglichkeiten in Frage kommen. Die Werkzeuge, die zur Fertigung, Montage oder Qualitätskontrolle benötigt werden, befinden sich im Werkzeugmagazin der entsprechenden Maschine (ein solches Magazin kann zwischen 10 und 200 verschiedene Werkzeuge aufnehmen). Außerdem gibt es für weitere Werkzeuge oft noch ein zentrales Hintergrundmagazin mit kurzen Zugriffszeiten. Automatisierte Werkzeugwechsel–Einrichtungen ermöglichen die Durchführung verschiedener Arbeitsgänge auf einer Maschine praktisch ohne Umrüstzeiten, wenn nur das Werkzeugmagazin der betreffenden Maschine und nicht das Hintergrundmagazin für den Werkzeugwechsel in Anspruch genommen wird. Die für einen solchen Werkzeugwechsel benötigte Zeit beträgt wenige Sekunden und ist meist nicht größer als die erforderliche Zeit für das Laden des NC–Programms zur Steuerung der Maschine während des folgenden Arbeitsganges. Die vernachlässigbaren Umrüstzeiten ermöglichen wesentlich kleinere Fertigungsaufträge (idealerweise mit Losgröße 1) als bei der konventionellen Werkstattfertigung.

Abb. 5.4.1 zeigt den prinzipiellen Aufbau eines einfachen FFS. An einer bestimmten Stelle des FFS werden die zu bearbeitenden Teile oder Werkstücke auf das automatisierte Transportsystem (Fließbänder, spurgeführte Transportfahrzeuge, Robotcarrier o.a.) geladen und die fertigen Teile entladen (Be- und Entladestation). An der Ladestation befinden sich Spannplätze, an denen die Teile mit Hilfe von Spannelementen auf Paletten montiert werden, was eine schnelle Justierung der Werkstücke an den Maschinen erlaubt. Auf den Paletten werden die Werkstücke im FFS tranportiert. Das Entladen der Teile an den einzelnen Maschinen erfolgt rechnergesteuert, die Teile warten dort auf lokalen Pufferplätzen auf ihre Bearbeitung. Auch das Bestücken der Maschinen mit den zur Bearbeitung benötigten Werkzeugen ist computergesteuert.

FF–Systeme können Werkstücke mit unterschiedlichen Bearbeitungsprozessen in wahlfreier Reihenfolge praktisch ohne Umrüstzeiten bearbeiten. Da verschiedene Werkstücke im allgemeinen verschiedene Bearbeitungen an unterschiedlichen Maschinen erfahren, ist die Route eines jeden Teils durch die Maschinen ebenfalls durch Rechner zu steuern, wobei ein Teil auch mehrfach auf einer Maschine bearbeitet werden kann. Ein FFS entspricht also einem computergesteuerten automatisierten Job-Shop–System. Manchmal tritt auch der Spezialfall auf, daß Produkte auf einzelnen *flexiblen Fertigungslinien* bearbeitet werden, die Flow–Shop–Systemen entsprechen, d.h., die Maschinenfolge ist für alle Teile die gleiche. Charakteristisch für FF–Systeme ist jedoch, daß mehrere Maschinen vom gleichen Typ vorhanden sein oder sich zumindest in einigen Arbeitsgängen überlappen können. Dies dient einmal dazu, Werkstücke mit häufig auftretenden Arbeitsgängen nicht unnötig warten zu lassen, und zum zweiten einen eventuellen Ausfall einer Maschine zu überbrücken. Man spricht in diesem Fall auch von *ersetzenden Maschinen*.

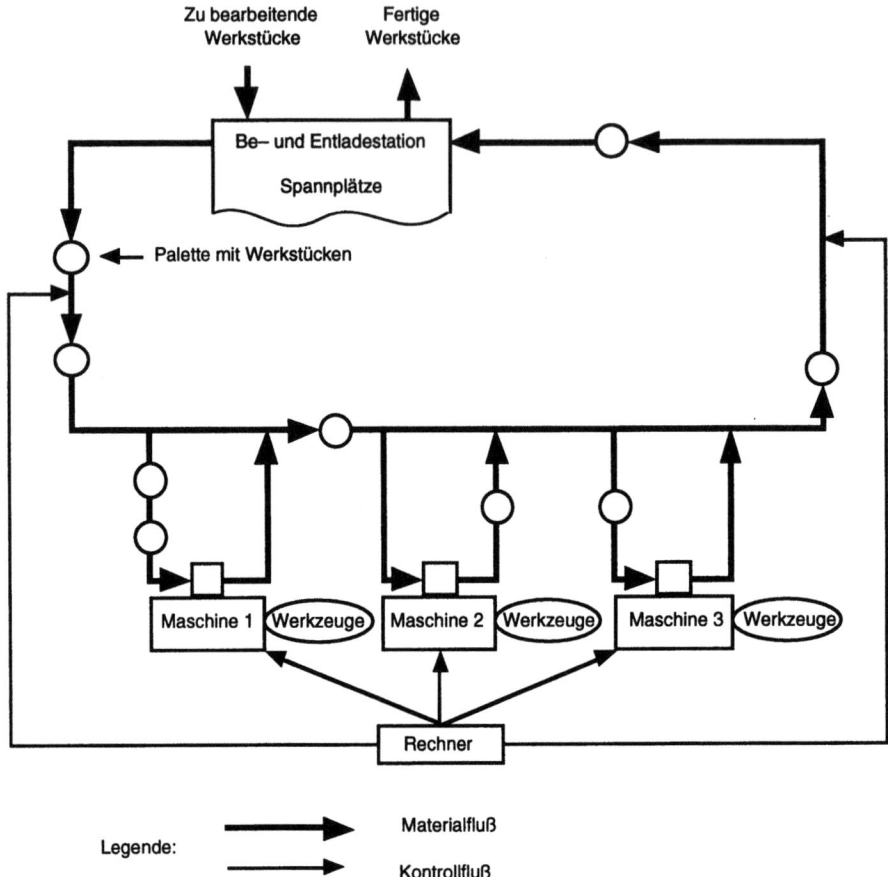

Abb. 5.4.1: Prinzipieller Aufbau eines FFS

Die wesentlichen *Vorteile von FF–Systemen* sind die folgenden:

(1) Geringe Lagerbestände: Die maximalen Lagerbestände werden durch die maximale Anzahl der in einem FFS kreisenden Paletten bestimmt und können damit wie bei einem Kanban–System (vgl. Abschnitt 6.5.2) von außen gesteuert werden.

(2) Hohe Maschinenauslastung: Einzelne numerisch gesteuerte „Universalmaschinen" haben häufig eine Auslastung von 50 % oder weniger. In effizienten FF–Systemen haben die Maschinen meist eine Auslastung von bis zu 80 %. Dies ist u.a. durch eine zweckmäßige Bestückung der Maschinen mit Werkzeugen und eine gute Steuerung durch Rechner bedingt.

(3) Verringerte Transport– und Wartezeiten: Gegenüber einem konventionellen Fertigungssystem mit vielen einzelnen Produktionsstellen resultieren aus den kurzen Wegen in einem FFS und aus der Computersteuerung der Maschinen und des Transportsystems erheblich geringere Transport– und Wartezeiten.

(4) Große Flexibilität bei geringen Durchlaufzeiten: Mit FF–Systemen kann eine Vielzahl verschiedener Produkte in Kleinserien– oder Einzelfertigung hergestellt werden. Die praktisch vernachlässigbaren Umrüstzeiten und die geringen Wartezeiten an den Maschinen bedingen relativ kleine Durchlaufzeiten der Aufträge. Unwägbarkeiten der konventionellen Werkstattfertigung (starke Abhängigkeit von öfters auftretendem Personal– und Maschinenausfall) können weitgehend eliminiert werden („transparenterer Fertigungsablauf"). Dies wirkt sich auch positiv auf den gesamten Produktionsbereich aus, in den das FFS eingebettet ist, da z.B. erheblich bessere Schätzwerte der Durchlaufzeiten für ein vorgelagertes MRP–Modul möglich sind.

(5) Höhere Produktqualität: Die gegenüber einer konventionellen Werkstattfertigung geringere Anzahl von Maschinen und genauer reproduzierbaren Fertigungsprozesse führen zu einer höheren Qualität der gefertigten Produkte. Zudem findet meist direkt an den einzelnen CNC–Maschinen eine automatisierte Qualitätsprüfung (Vergleich von Soll– und Ist–Werten von Qualitätsmerkmalen wie z.B. geforderten Abmessungen) statt.

(6) Reduzierte Personalkosten: Die Anzahl der für ein FFS benötigten Arbeitskräfte beträgt häufig nur ein Zehntel des für eine konventionelle Werkstattfertigung erforderlichen Personals. Dies resultiert in erster Linie aus der automatisierten Steuerung des Transportsystems und der Maschinen durch Rechner.

Ein *Nachteil von FF–Systemen* sind die hohen Investitionskosten. Ein FFS kostet üblicherweise zwischen 5 und 200 Millionen DM. Neben den Hardware– sind hierbei auch die im allgemeinen enormen Softwarekosten (insbesondere Folgekosten) zu berücksichtigen.

Weltweit sind derzeit zwischen 1500 und 2000 FF–Systeme im Einsatz. Man rechnet damit, daß im Jahr 2000 mehr als 3000 dieser Systeme in Betrieb sein werden.

Die oben unter den Vorteilen von FF–Systemen genannten Ziele wie wesentlich höhere Auslastung der Maschinen, erheblich geringere Durchlaufzeiten und dadurch bedingte niedrigere Lagerbestände werden derzeit oft nur zum Teil erreicht. Dies liegt in erster Linie daran, daß die komplexen Entscheidungsprobleme, die mit der Planung der Konfiguration und des Einsatzes von FF–Systemen verbunden sind, nur unbefriedigend gelöst, ja manchmal nicht einmal richtig erfaßt werden. Die in der Praxis häufig unzureichende Verwendung von effizienten OR–Methoden wirkt sich hier besonders nachteilig aus. Im folgenden wollen wir einige OR–Modelle und –Methoden im Zusammenhang mit der Planung von FF–Systemen skizzieren, wobei wir uns z.T. eng an TEMPELMEIER UND KUHN (1992,1993) anlehnen. Für eine detailliertere Darstellung verweisen wir auf ASKIN UND STANDRIDGE (1993), Kapitel 5 und 11, und TEMPELMEIER UND KUHN (1993).

5.4.2 Planung der Konfiguration von flexiblen Fertigungssystemen

Die (langfristige) Planung der Konfiguration eines FFS bezieht sich auf Entscheidungen, die vor der Installation des FFS getroffen werden müssen. Hierzu gehören die Festlegung der Produkte und der Produktionsmengen, die im FFS gefertigt werden sollen, sowie die Ermittlung der Arbeitspläne (ein Arbeitsplan gibt u.a. die Folge der von einem Werkstück zu durchlaufenden Maschinen an). Die Entscheidungsvariablen betreffen die festzulegenden Komponenten des FFS wie z.B. Art und Anzahl der CNC–Maschinen, Spannplätze, Pufferplätze und Paletten sowie Art und Kapazität des Transportsystems und der Werkzeugmagazine.

OR–Modelle sind einmal zur Leistungsanalyse einer gegebenen FFS–Konfiguration und zweitens zur Bestimmung der optimalen Werte der oben genannten Entscheidungsvariablen entwickelt worden, wobei in die letzteren Modelle die Ergebnisse von Leistungsanalysen einfließen.

(a) Leistungsanalyse eines FFS

Zur Leistungsanalyse eines gegebenen FFS können Warteschlangenmodelle (insbesondere Warteschlangennetzwerke), einfache statische Modelle und die Simulation verwendet werden. Eine einführende Darstellung der Warteschlangentheorie findet man z.B. in NEUMANN UND MORLOCK (1993), Abschnitt 5.3. Warteschlangennetzwerke werden etwa in GROSS UND HARRIS (1985), Kapitel 4, ASKIN UND STANDRIDGE (1993), Abschnitte 11.3 und 11.4, und PAPADOPOULOS ET AL. (1993), Abschnitt 2.5, behandelt. Zur Leistungsanalyse von FF–Systemen vgl. insbesondere TEMPELMEIER UND KUHN (1993), Kapitel 3, ASKIN UND STANDRIDGE (1993), Abschnitte 11.3 und 11.4, BUZACOTT UND SHANTHIKUMAR (1993), Kapitel 8, und PAPADOPOULOS ET AL. (1993), Kapitel 3.

Ein FFS läßt sich durch ein sogenanntes *geschlossenes Warteschlangennetzwerk* beschreiben. Ein Wartesystem besteht im einfachsten Fall aus einer Bedienungsstation mit mehreren identischen parallelen Schaltern (etwa s Stück), an denen ankommende Kunden bedient werden. Ist jeder der s Schalter mit je einem Kunden besetzt, so reihen sich neu eintreffende Kunden in eine Warteschlange vor der Bedienungsstation ein. Sind die Zwischenankunftszeiten und die Bedienungszeiten der Kunden exponentialverteilt und alle Zufallsgrößen voneinander stochastisch unabhängig, dann liegt ein Wartesystem vom Typ $M \mid M \mid s$ vor, und die Wahrscheinlichkeitsverteilung der Anzahl der Kunden im System kann im stationären Fall relativ einfach bestimmt werden (das System umfaßt die Kunden an den Schaltern und in der Warteschlange). Können die Kunden mehrere, etwa m, Bedienungsstationen in prinzipiell wahlfreier Reihenfolge durchlaufen, so sprechen wir von einem *Warteschlangennetzwerk*. Ist die Gesamtzahl K der Kunden im Netzwerk fest vorgegeben, dann liegt ein *geschlossenes Warteschlangennetzwerk* vor.

Ein FFS entspricht einem geschlossenen Warteschlangennetzwerk, wobei die Paletten (mit aufgespannten Werkstücken) die Kunden und die verschiedenen CNC–Maschinentypen sowie die Be– und Entladestation die Bedienungsstationen darstellen. Das Transportsystem wird auch als eine Bedienungsstation angesehen. Sind mehrere Maschinen ein und desselben Typs vorhanden, dann besteht die zugeordnete Bedienungsstation aus entsprechend vielen parallelen Schaltern. Bei der Be– und Entladestation bedeuten die einzelnen Spannplätze die Schalter.

Eine wesentliche Eigenschaft geschlossener Warteschlangennetzwerke ist, daß die Wahrscheinlichkeitsverteilung für die Anzahl der Kunden an den einzelnen Stationen eine Produktform hat, wobei die einzelnen Faktoren sich auf einfache Wartesysteme vom Typ $M \mid M \mid s$ beziehen (Voraussetzungen hierfür sind u.a. die oben genannte Exponentialverteilung und Unabhängigkeit der Zufallsgrößen sowie ein unbeschränkter Warteraum vor jeder Station). Sei k_i die Anzahl der Kunden an Station i (in Bedienung oder in der Schlange), wobei $\sum_{i=1}^{m} k_i = K$ ist. Dann gilt für die Wahrscheinlichkeit $P(k_1, \dots, k_m)$, daß sich im stationären Fall k_i Kunden an Station i befinden $(i = 1, \dots, m)$,

$$P(k_1, \dots, k_m) = \frac{f_1(k_1) \cdots f_m(k_m)}{g(K, m)}.$$

Dabei ist $g(K, m)$ eine Normierungskonstante, und die Größen $f_i(k_i)$ lassen sich aus den gegebenen Produktionsmengen, Arbeitsplänen und Bearbeitungszeiten der einzelnen Werkstücke an den verschiedenen Stationen ermitteln. Mit Hilfe der Größen $P(k_1, \dots, k_m)$ und $f_i(k_i)$ mit $i = 1, \dots, m$ sowie weiterer Hilfsgrößen kann man zusätzliche die Leistung des FFS charakterisierende Kenngrößen bestimmen, z.B. die Wahrscheinlichkeitsverteilung der Anzahl der Paletten an einer einzelnen Station („Randverteilung"), die mittlere Durchlaufzeit eines Werkstücks durch eine Station sowie durch das gesamte FFS und die Produktionsraten (mittlere pro ZE hergestellte Produktionsmengen) der einzelnen Stationen und des gesamten FFS.

Die Annahme exponentialverteilter Bedienungszeiten der Werkstücke an den einzelnen Stationen erscheint zunächst befremdend, da aus der Sicht eines Werkstücks die Bearbeitungszeit für einen Arbeitsgang eine vorgegebene deterministische Größe ist. Aus der Sicht einer Maschine, die viele Werkstücke mit unterschiedlichen Bearbeitungszeiten bearbeitet, schwanken die Bearbeitungszeiten aufeinander folgender Werkstücke jedoch zufällig, und die Annahme einer Exponentialverteilung ist oft näherungsweise erfüllt.

Die obigen Überlegungen gelten zunächst nur für den Fall eines unbeschränkten Warteraumes an jeder Station. In der Praxis verfügen die einzelnen CNC–Maschinen (und damit die Bedienungsstationen) nur über wenige oder gar keine Pufferplätze (letzteres ist z.B. für die Be– und Entladestation der Fall). Auch Maschinenausfälle und damit erforderliche Reparaturen haben wir bisher nicht berücksichtigt. Dies führt zur Überschätzung der Leistungsfähigkeit eines realen FFS bei Zugrundelegung des obigen „einfachen" Warteschlangennetz-Modells. In den letzten Jahren sind Erweiterungen und Modifikationen dieses einfachen Modells entwickelt worden, welche die Beschränktheit der Pufferplätze sowie Blockierungen und Störungen der Maschinen und des Transportsystems mit erfassen.

In der Praxis wird für die Leistungsanalyse noch häufig ein im Vergleich zum Warteschlangennetz-Modell erheblich einfacheres *statisches Modell* verwendet. Hierbei nimmt man an, daß im FFS so viele Paletten kreisen, daß eine Bedienungsstation stets beschäftigt ist und damit zur Engpaßstation wird. Die Produktionsraten und Auslastungsgrade der einzelnen Stationen und des FFS lassen sich dann leicht ermitteln. Wir nehmen hierzu an, daß die Bedienungsstation m dem Transportsystem und die Stationen $1, \dots, m-1$ den Maschinentypen sowie der Be– und Entladestation entsprechen. Weiter seien s_i die Anzahl der parallelen Schalter (Maschinen) von Station

(Maschinentyp) i und t_i die mittlere Bearbeitungszeit (Durchlaufzeit) eines Werkstücks an einem Schalter von Station i $(i = 1, ..., m)$. In der Regel ist $s_m = 1$, und t_m stellt die mittlere Transportzeit eines Werkstücks (je Transportvorgang) dar. Mit π_i $(i = 1, ..., m-1)$ bezeichnen wir die relative Ankunftshäufigkeit eines Werkstücks bzw. einer Palette an Station i. π_i kann als die Wahrscheinlichkeit angesehen werden, daß ein Werkstück nach Verlassen einer Station durch das Transportsystem als nächstes zur Station i gebracht wird. Die Größen π_i ergeben sich aus den Arbeitsplänen der einzelnen Erzeugnisse und den geplanten Produktionsmengen (vgl. TEMPELMEIER UND KUHN (1993), Abschnitt 31111). Es gilt $\sum_{i=1}^{m-1} \pi_i = 1$, und wir setzen noch $\pi_m := 1$. Eine *Engpaßstation* $e \in \{1, ..., m-1\}$ ist durch

$$\frac{\pi_e t_e}{s_e} = \max_{i=1,...,m-1} \frac{\pi_i t_i}{s_i}$$

festgelegt. Die *Produktionsrate* r_e einer Engpaßstation e ist durch $r_e = s_e / t_e$ gegeben. Für die Produktionsrate r_i und den *Auslastungsgrad* u_i einer beliebigen Station i erhalten wir

$$r_i = \frac{\pi_i}{\pi_e} r_e, \quad u_i = \frac{r_i t_i}{s_i} \quad (i = 1, ..., m).$$

Produktionsrate r_m und Auslastungsgrad u_m des Transportsystems entsprechen denjenigen des gesamten FFS. Wir bemerken noch, daß ein statisches Modell rein deterministisch ist, das Warten von Werkstücken vor Bedienungsstationen vernachlässigt und voraussetzt, daß sich eine hinreichend große Anzahl von Paletten im FFS befindet. Letzteres versucht man in der Praxis jedoch zu vermeiden, da man eine Reduzierung der Lagerbestände anstrebt. Die Fehler des statischen Modells werden um so größer, je ausgeglichener die Belastungen der einzelnen Maschinen sind, was man bei einem FFS aber ebenfalls gerade zu erreichen sucht.

Ein Warteschlangennetz– und ein statisches Modell erlauben nur die Untersuchung des „stationären Verhaltens" eines FFS, jedoch nicht des „dynamischen Verhaltens", wie z.B. der An– und Auslaufphase. Um diese und andere bisher nicht berücksichtigte Aspekte eines FFS (z.B. ist die für die Bearbeitung der Werkstücke erforderliche Werkzeugversorgung der CNC–Maschinen in den obigen Modellen ausgeklammert worden) mit erfassen zu können, bietet sich die *Simulation* des FFS an. Unter Simulation versteht man die Nachahmung der Realität durch ein Modell auf einem Rechner und die Untersuchung des dynamischen Modellverhaltens mittels eines „Durchspielens einer Vielzahl von Möglichkeiten" (etwa durch Variieren verschiedener das Modellverhalten beeinflussender Parameter).[21] Die Simulation erlaubt zwar eine detailgetreuere Modellierung eines FFS als ein Warteschlangennetz–Modell, erfordert jedoch im Unterschied zu letzterem Modell einen hohen Modellierungsaufwand und erheblich größere Rechenzeiten. Deshalb empfiehlt es sich häufig, zunächst ein War-

---

[21] Zur Simulation vgl. etwa NEUMANN UND MORLOCK (1993), Abschnitt 5.4., und PAPADOPOULOS ET AL. (1993), Kapitel 6.

teschlangennetz–Modell zugrunde zu legen, und nur für eventuelle „feinere Unter-
suchungen" zur Leistungsanalyse eines FFS die Simulation heranzuziehen.

(b) Optimierungsprobleme für die Konfiguration eines FFS

Die in der Literatur zu findenden Optimierungsmodelle beziehen sich nur auf Teilaspekte der Bestimmung einer optimalen FFS–Konfiguration; umfassende „Gesamtmo-
delle" liegen z.Z. noch nicht vor. Wir wollen auf zwei solche Teilaspekte kurz eingehen, nämlich die sogenannte Arbeitsplanoptimierung und die Kapazitätsoptimierung.

Wir erinnern daran, daß ein *Arbeitsplan* die Reihenfolge der an einem Werkstück
auszuführenden Arbeitsgänge festlegt, also den Bearbeitungsprozeß des Teils be-
schreibt. In einem FFS kann es im Unterschied zur konventionellen Werkstattfertigung mehrere verschiedene Arbeitspläne für ein und dasselbe Produkt geben. In der
Arbeitsplanoptimierung wird bei gegebener Konfiguration des FFS eine optimale
Aufteilung der zu produzierenden Menge eines jeden Produktes auf die verschiedenen
möglichen Arbeitspläne bestimmt (optimaler *Arbeitsplan–Mix*). Diese Aufteilung
wird als Anfangsgröße für die Kapazitätsoptimierung benötigt. Wählt man als zu
maximierende Zielfunktion die Produktionsrate des FFS und berücksichtigt in den
Nebenbedingungen erstens, in welchen Verhältnissen die Produktionsraten der einzelnen Bedienungsstationen zueinander stehen (wobei man die Ergebnisse eines statischen Modells der Leistungsanalyse benutzt), und zweitens, daß die durch die Arbeitspläne bedingte mittlere Arbeitsbelastung die Kapazität der Stationen nicht übersteigt, so erhält man ein lineares Optimierungsproblem, das etwa mit der Simplexmethode gelöst werden kann.

Die *Kapazitätsoptimierung* ermittelt die Anzahl der parallelen Schalter der verschiedenen Bedienungsstationen (also wieviele Spannplätze an der Be– und Entladestation und wieviele CNC–Maschinen gleichen Typs jeweils installiert werden sollen)
und die Anzahl der im FFS kreisenden Paletten. Der Arbeitsplan–Mix (als Ergebnis
der Arbeitsplanoptimierung) und die Produktionsraten der einzelnen Bedienungsstationen und des FFS (als Ergebnis der Auswertung eines Warteschlangennetz–Modells) werden als gegeben betrachtet. Als zu minimierende Zielfunktion kann man
z.B. die Summe der den einzelnen Maschinen und Paletten zuordenbaren Kapital-
bindungs– und Betriebskosten pro Planungsperiode wählen und als (nichtlineare) Nebenbedingung, daß eine gewisse Mindestproduktionsrate des FFS nicht unterschritten
wird. Dies führt auf ein ganzzahliges Optimierungsproblem mit linearer Zielfunktion
und nichtlinearer Nebenbedingung, das etwa mit Hilfe eines Branch–and–Bound–
Verfahrens gelöst werden kann.

Eine sinnvolle Erweiterung des letzteren Modells besteht darin, die Kapazitäts– und
Arbeitsplanoptimierung simultan durchzuführen, d.h. die Anzahl der parallelen Schalter der Stationen, die Anzahl der Paletten und den Arbeitsplan–Mix gemeinsam zu
bestimmen. Die Zielfunktion enthält dann zusätzlich zu derjenigen der Kapazitätsoptimierung die mit einem Arbeitsplan–Mix verbundenen Produktionskosten pro Planungsperiode. Das resultierende Optimierungsproblem ist gemischt–ganzzahlig.

5.4.3   Einsatzplanung für ein flexibles Fertigungssystem

Die (kurzfristige) Planung des Einsatzes eines bereits installierten FFS entspricht der
Ablaufplanung innerhalb der gesamten Produktionsplanung und –steuerung. Das FFS
wird mit der Produktion terminierter Bedarfsmengen von Erzeugnissen beauftragt
(Fertigungsaufträge). Zunächst ist durch eine *Verfügbarkeitsprüfung* wieder sicherzustellen, daß alle für die Erledigung dieser Aufträge benötigten Teile, Werkzeuge, NC–
Programme etc. bereitstehen. Hieran schließt sich die eigentliche *Einlastungsplanung*
der freigegebenen Aufträge in das FFS an. Die Einlastungsplanung setzt sich aus den
Phasen Serienbildung (für die Aufträge), Systemrüstung (die Werkzeugmagazine und
Spannvorrichtungen betreffend) und Reihenfolgeplanung (für die einzelnen Werkstücke) zusammen. Wir werden im folgenden diese drei Planungsphasen nur kurz beschreiben, für Einzelheiten verweisen wir auf ASKIN UND STANDRIDGE (1993),
Abschnitt 5.3, und TEMPELMEIER UND KUHN (1993), Kapitel 5.

(a) Serienbildung

In der Regel können nicht alle freigegebenen Aufträge simultan im FFS bearbeitet
werden, da die einzelnen Aufträge unterschiedliche Werkzeuge an den Maschinen
sowie Spannelemente an den Paletten erfordern, die nur in begrenzter Zahl verfügbar
sind. Deshalb ist im Rahmen der Einlastungsplanung zunächst zu entscheiden, wann
und mit welchen anderen Aufträgen zusammen ein freigegebener Fertigungsauftrag in
das FFS eingelastet wird. Ferner ist die Bestückung der Werkzeugmagazine der
einzelnen CNC–Maschinen und die Zuordnung der Spannelemente zu den Paletten
festzulegen. Dieses sehr komplexe Entscheidungsproblem wird meistens in zwei aufeinander folgende Phasen zerlegt, die *Serienbildung* und die *Systemrüstung*. In der
Serienbildung werden Aufträge zu Serien zusammengefaßt, und in der Systemrüstung
wird über die Bestückung der einzelnen Maschinen mit Werkzeugen entschieden.

Bei der *Serienbildung* betrachten wir nur den Fall, daß die Menge der Aufträge in
Serien zerlegt wird, wobei jede Serie vollständig abgearbeitet wird, bevor die nächste
Serie eingelastet wird. Der Fall von (nach Fertigstellung eines Auftrags) veränderba-
ren Serien führt auf erheblich kompliziertere Optimierungsprobleme.

Die Serien werden sukzessiv bestimmt, wobei für die Bildung einer Serie (aus der
Menge der noch verfügbaren Aufträge) etwa die Anzahl der Aufträge in der Serie maximiert (und damit insgesamt die Minimierung der Anzahl der Serien angestrebt)
wird. Die (binären) Entscheidungsvariablen spezifizieren die Zuordnung der Aufträge
zu Serien und der Werkzeuge zu Maschinen für eine bestimmte Serie. Die Nebenbedingungen garantieren, daß die für die betreffende Auftragsserie benötigten Werkzeuge in die Magazine der betreffenden Maschinen aufgenommen werden und die
Kapazität der Magazine nicht überschritten wird. Die entstehenden binären Optimierungsprobleme können mit Branch–and–Bound–Algorithmen oder näherungsweise
mit heuristischen Verfahren gelöst werden.

Die Maximierung der Zahl der Aufträge in der jeweils aktuellen Serie führt dazu, daß Aufträge mit geringem Werkzeugbedarf weitgehend den ersten Serien und Aufträge mit hohem Werkzeugbedarf den letzten Serien zugewiesen werden. Eine „bessere" Aufteilung der Auftragsmenge erreicht man, wenn man in der Zielfunktion den Werkzeugbedarf der einzelnen Aufträge mit berücksichtigt.

(b) Systemrüstung

Die *Systemrüstung* bereitet das FFS auf die Bearbeitung der Aufträge der jeweils nächsten Serie vor. Ein Auftrag kann aus mehreren Werkstücken bestehen, die nach einem bestimmten Arbeitsplan bearbeitet werden [22]. Ein Arbeitsplan umfaßt in der Regel mehrere Arbeitsgänge. Jeder Arbeitsgang erfordert ein oder mehrere Werkzeuge, die im Werkzeugmagazin der Maschine verfügbar sein müssen, auf der der Arbeitsgang bearbeitet werden soll. Im Unterschied zur konventionellen Werkstattfertigung ist in einem FFS keine feste Zuordnung eines Arbeitsgangs zu einer Maschine vorgegeben, da mehrere Maschinen des gleichen Typs vorhanden sein oder mehrere Maschinen (bei geeigneter Werkzeugbestückung) die gleichen Arbeitsgänge ausführen können. Nur eine Maschine zusammen mit bestimmten Werkzeugen in ihrem Magazin ist einem Arbeitsgang zuordenbar. Die Bearbeitung der Werkstücke erfolgt auf Paletten, auf denen werkstück– bzw. auftragspezifische Spannvorrichtungen montiert sein müssen. Neben der Ausstattung der maschinennahen Werkzeugmagazine mit den erforderlichen Werkzeugen sind also im Rahmen der Systemrüstung den im FFS kreisenden Paletten auch werkstückspezifische Spannvorrichtungen zuzuordnen.

Die Entscheidung, welche Maschine für welchen Arbeitsgang eines Auftrags mit den hierfür benötigten Werkzeugen auszurüsten ist, kann als verallgemeinertes Zuordnungsproblem formuliert werden. Die zu minimierende Zielfunktion stellt die gesamten mit der Zuordnung Arbeitsgänge – Maschinen verbundenen variablen (Maschinennutzungs–) Kosten dar. Die Nebenbedingungen stellen sicher, daß jeder Arbeitsgang genau einer Maschine zugeordnet wird, daß die zeitliche Belastung einer jeden Maschine durch die ihr zugeordneten Arbeitsgänge nicht die zeitliche Kapazität der Maschine (jeweils in der aktuellen Planungsperiode) übersteigt und daß die Kapazität der Werkzeugmagazine nicht überschritten wird.

(c) Reihenfolgeplanung und Systemsteuerung

Nach der Serienbildung und der Systemrüstung muß für die Aufträge der jeweils nächsten zu bearbeitenden Serie die *Reihenfolge der Werkstückeinlastung* festgelegt werden. Hierbei ist jedes einzelne Werkstück eines Auftrags separat zu betrachten, um eine gleichmäßige Auslastung der einzelnen Maschinen zu erreichen.

---

[22] Daß es in einem FFS für einen und denselben Auftrag mehrere verschiedene Arbeitspläne geben kann, bedeutet eine weitere Komplizierung, auf die wir jedoch nicht weiter eingehen wollen.

In der *Reihenfolgeplanung* geht man von einem leeren FFS aus und ermittelt unter Beachtung der Anordnungsbeziehungen zwischen den einzelnen Arbeitsgängen einen Belegungsplan für jede Maschine. Dabei ist im Unterschied zur konventionellen Werkstattfertigung die beschränkte Anzahl der Pufferplätze an den einzelnen Maschinen zu berücksichtigen. Als zu minimierende Zielfunktion kann man die maximale Zykluszeit oder die maximale Terminabweichung eines Auftrags oder (bei flexiblen Fertigungslinien) die Summe der Leerzeiten an einer Engpaßmaschine betrachten. Sowohl für den Spezialfall flexibler Fertigungslinien (also das Analogon zu einem Flow–Shop–System) als auch für allgemeine FF–Systeme (die Job–Shop–Systemen entsprechen) sind zur Lösung solcher Reihenfolgeprobleme Branch–and–Bound– und heuristische Verfahren entwickelt worden.

Die Reihenfolgeplanung ist die letzte Planungsphase vor der eigentlichen Fertigung. Während des Fertigungssprozesses sind das Transportsystem und die Maschinen und Werkzeuge in einer *Steuerungsphase* zu überwachen, um bei eventuell auftretenden Störungen Abhilfe zu schaffen. Entscheidungen über gegebenenfalls zu ergreifende Maßnahmen werden im allgemeinen aufgrund von *Prioritätsregeln* gefällt. In jüngster Zeit kommen in der Steuerungsphase mehr und mehr *wissensbasierte entscheidungsunterstützende Systeme* zum Einsatz. Diese Systeme enthalten Wissen in Form von Fakten und Regeln in einer sogenannten *Wissensbasis*. Eine Neuentwicklung stellen *lernfähige Systeme* dar, die eine Wissenserwerbskomponente besitzen und sowohl neues Wissen aufnehmen als auch vorhandenes Wissen aufgrund von Erfahrungen bei der Lösung von Problemen und der Interaktion mit Benutzern verbessern können.

5.5 Fertigungsinseln

5.5.1 Konfigurierung und Planung von Fertigungsinseln

Eine Fertigungsinsel ist eine räumliche Zusammenfassung von Produktionsanlagen und zugehörigen Arbeitskräften, die verwandte Produkte herstellen. Im Unterschied zu flexiblen Fertigungssystemen herrscht bei Fertigungsinseln in der Regel konventionelle Technologie vor. Häufig arbeitet eine Fertigungsinsel autonom als „Fabrik in der Fabrik", was die Planung und Steuerung des Produktionsprozesses und die Produktionskontrolle betrifft. Von der zentralen Produktionsplanung erhält die Fertigungsinsel nur Angaben über Umfang und Fertigungstermine von Kundenaufträgen. Für die termingerechte Erledigung dieser Aufträge ist die Fertigungsinsel allein verantwortlich.

Die räumliche Nähe der Produktionsanlagen innerhalb einer Fertigungsinsel und die Verwandtschaft der hergestellten Produkte ergeben u.a. folgende Vorteile einer Inselproduktion: Reduzierung der Transportkapazitäten und –zeiten sowie der Umrüstzeiten, Verringerung der Lagerbestände und Verkürzung der Durchlaufzeiten der Aufträge. Insbesondere die Transportzeiten der einzelnen Erzeugnisse zwischen den Maschinen ein und derselben Fertigungsinsel sind in der Praxis im allgemeinen so gering, daß sie vernachlässigt werden können. Außerdem führt die weitgehende Autonomie einer Fertigungsinsel zu einer besonderen Motivierung der Mitarbeiter, die für „ihre Produkte" verantwortlich sind, und damit zu einer höheren Produktivität und Produktqualität.

Um Fertigungsinseln einzurichten, müssen Produktfamilien gebildet und die Produktionsanlagen bzw. Maschinen so gruppiert werden, daß jede Produktfamilie möglichst vollständig mit einer Ressourcengruppe (in einer Fertigungsinsel) gefertigt werden kann. Man verwendet für die Planung und Konfigurierung solcher Gruppen auch den Begriff *Gruppentechnologie*, wobei man in der Regel die zugehörige Layoutplanung mit einbezieht, d.h. die Plazierung der Maschinen bzw. Arbeitsplätze innerhalb des für die Fertigungsinsel vorgesehenen Areals (die Layoutplanung werden wir in den Abschnitten 7.4 und 7.5 behandeln). In der Praxis umfaßt eine Fertigungsinsel meistens zwischen 2 und 5 Maschinen und bis zu etwa 12 Mitarbeiter.

Wir nehmen an, daß insgesamt die Produkte oder Erzeugnisse $1, ..., n$ auf m Maschinentypen $M_1, ..., M_m$ gefertigt werden, die in Form mehrerer Fertigungsinseln gruppiert werden sollen. Aus den Arbeitsplänen ist bekannt, welche Maschinentypen für die Herstellung eines jeden Erzeugnisses benötigt werden und in welcher Reihenfolge das betreffende Erzeugnis auf den einzelnen Maschinentypen bearbeitet wird (Reihenfolge der Arbeitsgänge). Gesucht sind die Zuordnung der verschiedenen Erzeugnisse zu den einzelnen Maschinen der benötigten Typen und eine Zusammenfassung von einzelnen Maschinen zu Gruppen (die dann mit den entsprechenden Arbeitskräften als Fertigungsinseln fungieren können). Hierzu werden wir in Anlehnung an ASKIN UND STANDRIDGE (1993), Kapitel 6, nacheinander die folgenden Teilprobleme zu lösen versuchen:

- Zuordnung von Erzeugnisfamilien zu Maschinentypen
- Losgrößenbestimmung
- Ermittlung der Mindestanzahlen benötigter Maschinen der verschiedenen Typen
- Zuordnung der Erzeugnisse zu einzelnen Maschinen
- Bildung von Maschinengruppen.

5.5.2 Bildung von Erzeugnisfamilien und deren Zuordnung zu Maschinentypgruppen

Die Information, auf welchen Maschinentypen jedes Erzeugnis zu bearbeiten ist, sei in Form einer *Maschinentyp–Erzeugnis–Matrix* mit den Elementen

$$(5.5.1) \quad \alpha_{ij} := \begin{cases} 1, & \text{falls Erzeugnis } j \text{ auf } M_i \text{ bearbeitet wird} \\ 0, & \text{sonst} \end{cases}$$

$$(i = 1, ..., m; \ j = 1, ..., n)$$

gegeben. Die Bearbeitung des Erzeugnisses j auf dem Maschinentyp M_i entspricht einem Arbeitsgang O_{ij} (vgl. Abschnitt 5.2.3).

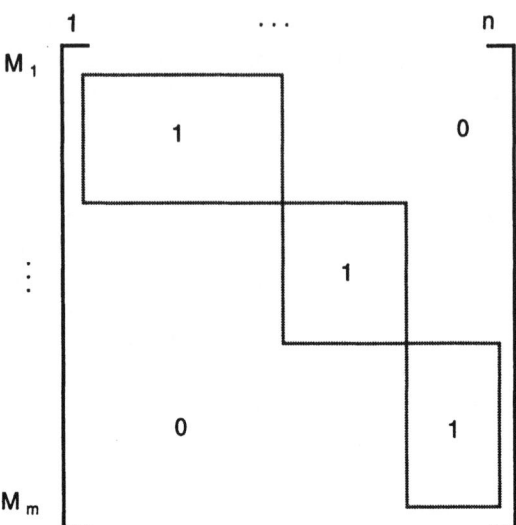

Abb. 5.5.1: Block–Diagonalgestalt einer Maschinentyp–Erzeugnismatrix

Unser Ziel ist, die Maschinentyp–Erzeugnis–Matrix durch Zeilen– und Spaltenver-
tauschungen möglichst auf eine sogenannte „Block–Diagonalgestalt" zu bringen, d.h.
eine Matrix der Form von Abb. 5.5.1, die aus mehreren Blöcken besteht, welche möglichst nur Einsen enthalten, und die außerhalb dieser Blöcke nur Nullelemente besitzt.
Ist dies möglich, so werden die den Spaltennummern eines Blocks entsprechenden Erzeugnisse (die dann eine Erzeugnisfamilie bilden) allein auf den Maschinentypen
gefertigt, die den Zeilennummern dieses Blocks entsprechen (Maschinentypgruppe).
Jeder Block kommt dann für eine Fertigungsinsel in Frage.

Um zu versuchen, eine Block–Diagonalgestalt für die Maschinentyp–Erzeugnis–
Matrix zu erhalten, verwenden wir den folgenden

Binär–Sortier–Algorithmus

Schritt 1 (Ordnen der Zeilen)

Für $i = 1, ..., m$ berechne $a_i := \sum_{j=1}^{n} \alpha_{ij} 2^{n-j}$

Ordne die Zeilen i nach nichtwachsenden Werten a_i (danach seien die Matrixelemente wieder mit α_{ij} bezeichnet)
Falls in einem vorigen Schritt Zeilenvertauschungen vorgenommen wurden,
jetzt jedoch keine Zeilen vertauscht worden sind, terminiere;
andernfalls gehe zu Schritt 2

Schritt 2 (Ordnen der Spalten)

Für $j = 1, \dots, n$ berechne $b_j := \sum_{i=1}^{m} \alpha_{ij} 2^{m-i}$

Ordne die Spalten j nach nichtwachsenden Werten b_j (danach seien die Matrixelemente wieder mit α_{ij} bezeichnet)

Falls keine Spalten vertauscht worden sind, terminiere;
andernfalls gehe zu Schritt 1

❑

Zum Rechenaufwand des Binär–Sortier–Algorithmus bemerken wir, daß die Zeitkomplexität für das Ordnen von k reellen Zahlen nach nichtwachsenden Werten $O(k \log k)$ beträgt (vgl. NEUMANN UND MORLOCK (1993), Abschnitt 2.2.2).

Wir erläutern den Binär–Sortier–Algorithmus an dem in Tab. 5.5.1 gegebenen Zahlenbeispiel. Die Schritte 1 und 2 des Binär–Sortier–Algorithmus liefern die Matrizen in Tab. 5.5.2 und Tab. 5.5.3. Damit bricht der Algorithmus ab.

Wir stellen fest, daß es nicht vollständig gelungen ist, eine Block–Diagonalgestalt für die Maschinentyp–Erzeugnis–Matrix zu erhalten (die Elemente $\alpha_{14} = \alpha_{36} = 1$ außerhalb der drei durch gepunktete Linien eingerahmten Blöcke in Tab. 5.5.3 verhindern dies). In einem solchen Fall kann man versuchen, durch Maßnahmen wie z.B. das Erstellen alternativer Arbeitspläne, die Zuordnung eines Maschinentyps zu mehreren Produktfamilien oder die Bildung einer geringeren Anzahl von Gruppen (in unserem Beispiel etwa nur einer Gruppe, die alle Maschinen umfaßt) doch noch eine Block-Diagonalgestalt zu erzwingen. Eine andere Möglichkeit ist, statt Maschinentypen einzelne Maschinen zu betrachten und durch eine detailliertere Planung die Materialflüsse zwischen den verschiedenen Maschinengruppen zu verringern. Hierauf werden wir im folgenden genauer eingehen.

Erzeugnis j / M_i	1	2	4	3	6	5	7	a_i
M_1	1	1	1	1				120
M_4			1			1		18
M_5					1		1	5
M_2	1	1		1				104
M_6					1		1	5
M_3			1		1	1		22
2^{n-j}	64	32	16	8	4	2	1	

Tab. 5.5.1: Ausgangsdaten für den Binär–Sortier–Algorithmus

Erzeugnis j / M_i	1	2	4	3	6	5	7	2^{m-i}
M_1	1	1	1	1				32
M_2	1	1		1				16
M_3			1		1	1		8
M_4			1			1		4
M_5					1		1	2
M_6					1		1	1
b_j	48	48	44	48	11	12	3	

Tab. 5.5.2: Schritt 1 des Binär–Sortier–Algorithmus

Erzeugnis j / M_i	1	2	3	4	5	6	7	a_i
M_1	1	1	1	1				120
M_2	1	1	1					112
M_3				1	1	1		14
M_4				1	1			12
M_5						1	1	3
M_6						1	1	3
2^{n-j}	64	32	16	8	4	2	1	

Tab. 5.5.3: Schritt 2 des Binär–Sortier–Algorithmus

5.5.3 Zuordnung der Erzeugnisse zu einzelnen Maschinen

(a) Bestimmung der Losgrößen und der Mindestanzahlen von Maschinen

Zuerst berechnen wir die Losgröße q_j für jedes Erzeugnis j, z.B. mit der klassischen Losgrößenformel (3.2.2):

$$q_j = \sqrt{\frac{2K_j d_j}{h_j}} \quad (j = 1, \ldots, n).$$

Für jedes Erzeugnis j seien die Nachfrage pro Periode bzw. ZE, d_j, die Rüstkosten K_j und die Lagerungskosten pro ME und Periode, h_j, bekannt. Die Verwendung der klassischen Losgrößenformel basiert auf der Annahme, daß die Gruppierung der Maschinen, also die Art der Zusammenfassung von Produktionsanlagen zu Fertigungsinseln, keinen wesentlichen Einfluß auf die Losgrößen hat.

Als nächstes bestimmen wir die benötigte Mindestanzahl von Maschinen für die einzelnen Typen $M_1, \ldots, M_m$. Seien κ_i die verfügbare Laufzeit (Kapazität) einer Maschine vom Typ M_i (kurz „M_i-Maschine" genannt) pro Periode, ϑ_{ij} die Rüstzeit für ein Los des Erzeugnisses j auf einer M_i-Maschine und t_{ij} die Bearbeitungszeit (ohne Rüstzeit!) für eine ME des Erzeugnisses j auf einer M_i-Maschine. Transportzeiten berücksichtigen wir nicht, da sie innerhalb einer Fertigungsinsel als vernachlässigbar angesehen werden.

Der *Auslastungsgrad* (engl. utilization) u_{ij} des Maschinentyps M_i durch das Erzeugnis j ist durch

$$(5.5.2) \quad u_{ij} = \frac{\dfrac{d_j \vartheta_{ij}}{q_j} + d_j t_{ij}}{\kappa_i}$$

gegeben. Wird Produkt j nicht auf M_i gefertigt, so setzen wir $u_{ij} := 0$. Der Zähler in (5.5.2) stellt die von Erzeugnis j benötigte Maschinenzeit pro Periode dar. Wir setzen voraus, daß $u_{ij} \le 1$ gelte, d.h., für die Fertigung des Produktes j reicht eine der M_i-Maschinen aus. Die benötigte *Mindestanzahl* μ_i von M_i-Maschinen für die Herstellung aller Erzeugnisse ist dann

$$\mu_i = \left\lceil \sum_{j=1}^{n} u_{ij} \right\rceil.$$

Der durchschnittliche Auslastungsgrad $\bar{u}_i$ einer M_i-Maschine beträgt

$$\bar{u}_i = \frac{\sum_{j=1}^{n} u_{ij}}{\mu_i}.$$

Wird das Erzeugnis j auf dem Maschinentyp M_i bearbeitet und ist $\mu_i > 1$, so muß festgelegt werden, auf welcher der μ_i M_i-Maschinen der entsprechende Arbeitsgang O_{ij} auszuführen ist. Für dieses „Zuordnungsproblem" geben wir ein heuristisches Verfahren an, das wie viele Heuristiken aus einem

Eröffnungsverfahren (das mit relativ geringem Rechenaufwand eine zulässige Anfangslösung ermittelt)

und einem anschließenden

> Verbesserungsverfahren (das eine bekannte zulässige Lösung „verbessert")

besteht.

(b) Eröffnungsverfahren für die Erzeugnis–Maschinen–Zuordnung

Das Eröffnungsverfahren versucht, eine Zuordnung der Erzeugnisse zu den einzelnen Maschinen zu erreichen, so daß die Maschinen eines Maschinentyps möglichst gleichmäßig ausgelastet sind.

Wir betrachten einen Maschinentyp M_i mit $\mu_i > 1$. Mit $J_i \subseteq \{1, \ldots, n\}$ bezeichnen wir die Menge der Erzeugnisse, die auf M_i bearbeitet werden (d.h. die Menge der Indizes j mit $\alpha_{ij} = 1$ für festes i, vgl. (5.5.1)), und mit $J_i^\nu \subseteq J_i$ die Menge der Erzeugnisse, die auf der ν-ten M_i-Maschine M_i^ν gefertigt werden ($\nu = 1, \ldots, \mu_i$). Weiter sei u_i^ν der Auslastungsgrad der Maschine M_i^ν. Dann bestimmen wir für jedes $j \in J_i$ das kleinste $\nu \in \{1, \ldots, \mu_i\}$, etwa mit $\nu *$ bezeichnet, so daß die beiden Ungleichungen

$$(5.5.3) \quad u_i^\nu \leq \bar{u}_i$$

$$(5.5.4) \quad u_i^\nu + u_{ij} \leq 1$$

erfüllt sind. Die Ungleichung (5.5.3) sorgt für eine möglichst gleichmäßige Auslastung der Maschinen, und (5.5.4) stellt sicher, daß für den Arbeitsgang O_{ij} genügend freie Kapazität auf M_i^ν zur Verfügung steht. Das Erzeugnis j wird dann auf der Maschine $M_i^{\nu*}$ gefertigt (d.h. j in die Menge $J_i^{\nu*}$ aufgenommen) und der Auslastungsgrad $u_i^{\nu*}$ von $M_i^{\nu*}$ um u_{ij} erhöht. Existiert kein solches $\nu *$, d.h., für jedes $\nu = 1, \ldots, \mu_i$ ist mindestens eine der beiden Ungleichungen (5.5.3), (5.5.4) verletzt, so versucht man, das Erzeugnis j auf einer Maschine $M_i^{\nu*}$einzuplanen, deren verfügbare Kapazität hierfür noch ausreicht (d.h., nur die Ungleichung (5.5.4) muß für $\nu = \nu^*$ erfüllt sein, nicht jedoch (5.5.3)). Ist auch dies nicht möglich, zerlegt man den Arbeitsgang O_{ij} in zwei „gleich große" Teilarbeitsgänge O_{ij_1} und O_{ij_2} (d.h., in J_i wird „j" durch „j_1, j_2" ersetzt), jeweils mit dem „zugehörigen Auslastungsgrad" $u_{ij}/2$, und versucht, für jeden dieser beiden Arbeitsgänge ein $\nu *$ zu finden (also eine M_i-Maschine, auf der der Arbeitsgang ausgeführt werden kann). Hierbei wird nicht berücksichtigt, daß der Auslastungsgrad einer M_i-Maschine durch jeden der beiden Teilarbeitsgänge (mit der Teilnachfrage $d_j/2$) aufgrund der Rüstzeit größer als $u_{ij}/2$ ist (vgl. (5.5.2)).

Wir fassen das Eröffnungsverfahren (für den Maschinentyp M_i) noch einmal zusammen:

Eröffnungsverfahren (Zuordnung der Erzeugnisse zu Maschinen)

Eingangsdaten

$\mu_i, \bar{u}_i, J_i, u_{ij}$ für alle $j \in J_i$

Schritt 1
Für $v = 1, \ldots, \mu_i$ setze $J_i^v := \varnothing$ und $u_i^v := 0$

Schritt 2
Für alle $j \in J_i$

Bestimme $v^* := \min \left\{ v \mid 1 \le v \le \mu_i, \ u_i^v \le \bar{u}_i, \ u_i^v + u_{ij} \le 1 \right\}$

Existiert kein solches v^*, bestimme $v^* := \min \left\{ v \mid 1 \le v \le \mu_i, \ u_i^v + u_{ij} \le 1 \right\}$

Existiert auch kein solches v^*, zerlege den Arbeitsgang O_{ij} in zwei Teilarbeitsgänge O_{ij_1} und O_{ij_2} (d.h., ersetze in J_i „j" durch „j_1, j_2") und wiederhole die v^*-Bestimmung für j_1 und j_2
Setze $J_i^{v^*} := J_i^{v^*} \cup \{j\}$ und $u_i^{v^*} := u_i^{v^*} + u_{ij}$

$\square$

Für unser Zahlenbeispiel aus Abschnitt 5.5.2 nehmen wir an, daß die Auslastungsgrade u_{ij} der Maschinentypen M_i durch die Erzeugnisse j in Tab. 5.5.4 gegeben
seien. In Tab. 5.5.4 sind auch die Mindestanzahlen μ_i und die durchschnittlichen
Auslastungsgrade $\bar{u}_i$ der M_i-Maschinen aufgelistet.

Wir wenden das Eröffnungsverfahren auf den Maschinentyp M_1 an. Hierfür ist
$J_1 = \{1, 2, 3, 4\}$, $\mu_1 = 2$ und $\bar{u}_1 = 0,75$. Startend mit den Ausgangsdaten

$$J_1^1 = J_1^2 = \varnothing, \ u_1^1 = u_1^2 = 0,$$

erhalten wir nacheinander folgende Ergebnisse:

$$
\begin{array}{llll}
j = 1: & v^* = 1, & J_1^1 = \{1\}, & u_1^1 = 0,6 \\
j = 2: & v^* = 1, & J_1^1 = \{1,2\}, & u_1^1 = 0,9 \\
j = 3: & v^* = 2, & J_1^2 = \{3\}, & u_1^2 = 0,4
\end{array}
$$

Erzeug-nis j M_i	1	2	3	4	5	6	7	$\sum_j u_{ij}$	μ_i	$\bar{u}_i$
M_1	0,6	0,3	0,4	0,2				1,5	2	0,75
M_2	0,2	0,1	0,3					0,6	1	0,6
M_3				0,2	0,7	0,5		1,4	2	0,7
M_4				0,8	0,1			0,9	1	0,9
M_5						0,6	0,1	0,7	1	0,7
M_6						0,2	0,3	0,5	1	0,5

Tab. 5.5.4: Auslastungsgrade der Maschinentypen

$$j = 4: \qquad v* = 2, \quad J_1^2 = \{3,4\}, \quad u_1^2 = 0,6.$$

Die Erzeugnisse 1 und 2 sind also auf Maschine M_1^1 und die Erzeugnisse 3 und 4 auf M_1^2 zu bearbeiten.

(c) Verbesserungsverfahren für die Erzeugnis–Maschinen–Zuordnung

Die Aufgabe der Zuordnung der Erzeugnisse zu den einzelnen Maschinen kann als sogenanntes *Graphenzerlegungsproblem* aufgefaßt werden. Wir werden zunächst das Graphenzerlegungsproblem erläutern und anschließend auf unser Zuordnungsproblem zurückkommen.

Wir legen einen bewerteten Graphen $G = [V,E;c]$ mit einer geraden Anzahl von Knoten, etwa $2r$ mit $r \geq 2$, zugrunde. Die als Kosten interpretierbare Bewertung der Kante $[j,k] \in E$ sei $c_{jk} \geq 0$. Wir betrachten die *Zerlegung* der Knotenmenge V in zwei Teilmengen V_1, V_2 mit jeweils r Knoten (also $|V_1| = |V_2| = r$, $V_1 \cap V_2 = \varnothing$, $V_1 \cup V_2 = V$), die wir mit $[V_1, V_2]$ bezeichnen. Die Menge der Kanten $[j,k]$ mit $j \in V_1$ und $k \in V_2$ heißt (V_1 und V_2 trennender) *Schnitt*. Diesem Schnitt bzw. der Zerlegung $[V_1, V_2]$ ordnen wir als Kosten $c[V_1, V_2]$ die Summe der Bewertungen (Kosten) seiner bzw. ihrer Kanten zu:

$$c[V_1, V_2] := \sum_{j \in V_1, k \in V_2} c_{jk}.$$

Hierbei sei $c_{jk} := 0$, falls der Graph G die Kante $[j,k]$ nicht enthält. Wir suchen eine *kostenminimale Graphenzerlegung*, d.h. eine Zerlegung $[V_1, V_2]$ der Knotenmenge V mit minimalen Kosten $c[V_1, V_2]$.

Unser Zuordnungsproblem besteht darin, für einen Maschinentyp M_i, von dem $\mu_i > 1$ Maschinen benötigt werden, festzulegen, welcher dieser Maschinen die einzelnen auf M_i zu bearbeitenden Erzeugnisse zugeordnet werden. Der Einfachheit halber betrachten wir nur den Fall $\mu_i = 2$, was der Zerlegung der Knotenmenge eines Graphen in zwei Teilmengen entspricht.

Sei J_i wieder die Menge der Erzeugnisse, die auf dem Maschinentyp M_i bearbeitet werden. Dann ordnen wir jedem Erzeugnis $j \in J_i$ einen Knoten j eines Graphen G zu. Außerdem fügen wir noch $2r - |J_i|$ fiktive Knoten (engl. dummy nodes) hinzu, wobei r die Maximalzahl der Erzeugnisse aus J_i ist, die auf einer M_i-Maschine aufgrund deren beschränkter Kapazität bearbeitet werden können. Um diese Maximalzahl zu bestimmen, ordnen wir für den Maschinentyp M_i die Auslastungsgrade u_{ij} mit $j \in J_i$ nach nichtfallenden Werten. Ist die Summe der ersten r Werte u_{ij} in dieser Reihenfolge ≤ 1, die Summe der ersten $r+1$ Werte u_{ij} jedoch > 1, dann ist r die gesuchte Maximalzahl. Betrachten wir den Maschinentyp M_1 in unserem Zahlenbeispiel, so entnehmen wir Tab. 5.5.4

$$u_{14} = 0,2; \; u_{12} = 0,3; \; u_{13} = 0,4; \; u_{11} = 0,6$$

und damit $r = 3$. Die den fiktiven Knoten entsprechenden fiktiven Erzeugnisse werden auf keiner Maschine bearbeitet.

Der Festlegung der Kanten des Graphens G und deren Bewertungen liegt folgende Überlegung zugrunde. Jede Erzeugnisfamilie sollte möglichst innerhalb einer Fertigungsinsel (d.h. Maschinengruppe) produziert werden, um den Materialfluß zwischen verschiedenen Maschinengruppen gering zu halten. Insbesondere sollten mehrere Erzeugnisse, die außer auf M_i noch auf einem weiteren Maschinentyp M_l gemeinsam gefertigt werden, von dem nur eine Maschine benötigt wird ($\mu_l = 1$), möglichst ein und derselben Maschine vom Typ M_i zugeordnet werden (die sich dann in der gleichen Gruppe wie die M_l-Maschine befinden sollte). Hierbei wird impliziert, daß die beiden Maschinen M_i^1 und M_i^2 zu zwei verschiedenen Maschinengruppen gehören [23], obwohl die endgültige Gruppierung der Maschinen erst in einem späteren Schritt erfolgt (Abschnitt 5.5.4).

Werden zwei Erzeugnisse $j, k \in J_i$ außer auf M_i noch auf einem zweiten Maschinentyp gemeinsam gefertigt, so enthalte der Graph G die Kante $[j,k]$. Die Bewertung c_{jk} der Kante $[j,k]$ legen wir wie folgt fest. Sei χ_j die Anzahl (oder die Kosten) der Materialtransporte von Produkt j pro Periode, falls die Fertigung des Erzeugnisses j in zwei verschiedenen Fertigungsinseln (Maschinengruppen) erfolgt (z.B. kann χ_j gleich der oder proportional zur Nachfragerate d_j sein). χ_j wird auch *Transportintensität* genannt. Sei weiter

$$(5.5.5) \quad \delta_{jk}^l := \begin{cases} 1, \text{ falls die Erzeugnisse } j, k \in J_i \text{ auf } M_l \\ \quad \text{bearbeitet werden und } \mu_l = 1 \text{ ist} \\ 0, \text{ sonst.} \end{cases}$$

Dann setzen wir

$$(5.5.6) \quad c_{jk} := \sum_{\substack{l=1 \\ l \neq i}}^{m} \left(\chi_j + \chi_k \right) \delta_{jk}^l .$$

c_{jk} ist ein Maß für die Intensität (oder die Kosten) des Materialflusses für die zwei Erzeugnisse j und k zwischen den beiden Maschinengruppen, denen die Maschinen M_i^1 und M_i^2 angehören, falls j und k nicht auf derselben M_i-Maschine bearbeitet werden. Bei sehr großem c_{jk} werden in einer kostenminimalen Zerlegung $[V_1, V_2]$ der Knotenmenge V von G die beiden Knoten j und k vermutlich in der gleichen Teilmenge V_1 bzw. V_2 (entspricht der Maschinengruppe mit M_i^1 bzw. M_i^2) liegen.

In unserem Zahlenbeispiel werden die Erzeugnisse 1,2 und 3 außer auf $M_i = M_1$ auch auf M_2 bearbeitet (vgl. Tab. 5.5.4). Damit hat der dem Maschinentyp M_1 entsprechende Graph die in Abb. 5.5.2 gezeigte Gestalt, wobei D_1 und D_2 fiktive Knoten sind. Die durch die gestrichelte vertikale Linie gekennzeichnete „Anfangszerlegung" entspricht der mit dem Eröffnungsverfahren aus Unterabschnitt (b) berechneten Anfangslösung. Wählen wir

---

23 Eine Zusammenfassung aller M_i-Maschinen innerhalb einer Maschinengruppe („ungleichmäßige Verteilung" der M_i-Maschinen) würde die Materialtransporte zu anderen Gruppen hin in der Regel erhöhen.

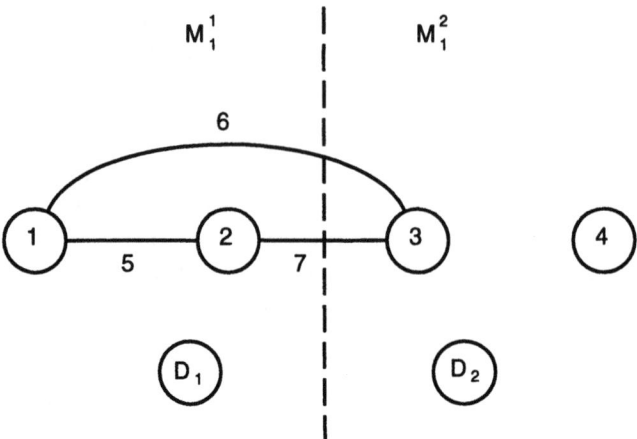

Abb. 5.5.2: Graph G für Maschinentyp M_1

$$\chi_1 = 2, \ \chi_2 = 3, \ \chi_3 = 4, \ \chi_4 = 1,$$

so erhalten wir mit (5.5.5) und (5.5.6) die in Abb. 5.5.2 an den betreffenden Kanten angegebenen Bewertungen

$$c_{12} = 5, \ c_{13} = 6, \ c_{23} = 7.$$

Das Problem der Bestimmung einer kostenminimalen Graphenzerlegung ist (mit gleich großen Mengen V_1 und V_2) „schwer". Wir skizzieren hierfür eine *Heuristik von Kernighan und Lin*. Diese Heuristik stellt ein Verbesserungsverfahren dar, d.h. ausgehend von einer gegebenen Zerlegung (etwa mit dem Eröffnungsverfahren aus Unterabschnitt (b) ermittelt), wird eine Zerlegung mit kleineren (bzw. nicht größeren) Kosten bestimmt.

Sei $[V_1, V_2]$ eine Zerlegung der Knotenmenge V. Wir betrachten die „externen Kosten" der Knoten $j \in V_1$ und $k \in V_2$,

$$E_j := \sum_{k \in V_2} c_{jk} \ \ (j \in V_1), \quad E_k := \sum_{j \in V_1} c_{jk} \ \ (k \in V_2),$$

und die „internen Kosten" dieser Knoten,

$$I_j := \sum_{k \in V_1} c_{jk} \ \ (j \in V_1), \quad I_k := \sum_{j \in V_2} c_{jk} \ \ (k \in V_2).$$

Hierbei setzen wir wieder $c_{jk} := 0$, falls der Graph G die Kante $[j,k]$ nicht enthält (insbesondere ist also $c_{jj} := 0$ für alle Knoten j).

Wird Knoten j aus der Menge V_1 entfernt und in die Menge V_2 aufgenommen, so erhalten wir eine „Ersparnis" (engl. saving)

$$S_j = E_j - I_j.$$

Vertauschen wir die Knoten j und k (d.h. entfernen j aus V_1 und k aus V_2 und nehmen j in V_2 und k in V_1 auf), dann ergibt sich eine Ersparnis

$$S_{jk} = S_j + S_k - 2c_{jk}.$$

In anderen Worten, die Kosten der neuen Zerlegung $\left[V_1', V_2'\right]$ mit

$$V_1' := (V_1 \setminus \{j\}) \cup \{k\}, \quad V_2' := (V_2 \setminus \{k\}) \cup \{j\}$$

sind

$$c\left[V_1', V_2'\right] = c\left[V_1, V_2\right] - S_{jk}.$$

Natürlich kann $S_{jk} < 0$, d.h. die neue Zerlegung $\left[V_1', V_2'\right]$ „schlechter" als die ursprüngliche Zerlegung $\left[V_1, V_2\right]$ sein.

Der Algorithmus von Kernighan und Lin berechnet in einem ersten Iterationsschritt alle r^2 Ersparnisse S_{jk} mit $j \in V_1$ und $k \in V_2$ und bestimmt ein Knotenpaar $j* \in V_1$, $k* \in V_2$ mit maximaler Ersparnis, das für eine Vertauschung in Frage kommt:

$$S_{j*k*} = \max_{j \in V_1,\, k \in V_2} S_{jk} =: S^1.$$

Unter der Annahme, die Knoten $j*$ und $k*$ wären vertauscht, untersucht die Heuristik im zweiten Iterationsschritt die $(r-1)^2$ möglichen Vertauschungen je eines Knotens aus $V_1 \setminus \{j*\}$ mit einem Knoten aus $V_2 \setminus \{k*\}$ und ermittelt ein vertauschbares Knotenpaar mit maximaler Ersparnis S^2. Entsprechend fährt man fort. Nach $r-1$ Iterationsschritten bestimmt man $\rho* \in \{1,...,r-1\}$ so, daß sich die größtmögliche Ersparnissumme für die Iterationen $1,...,\rho*$ ergibt:

$$\sum_{\sigma=1}^{\rho*} S^\sigma = \max_{\rho=1,...,r-1} \sum_{\sigma=1}^{\rho} S^\sigma.$$

Gilt $\sum_{\sigma=1}^{\rho*} S^\sigma > 0$, dann führt man die in den Iterationsschritten $1,...,\rho*$ ermittelten möglichen Knotenvertauschungen durch und startet mit den hierdurch erhaltenen geänderten Zerlegungsmengen V_1, V_2 erneut den Algorithmus von Kernighan und Lin. Im Fall $\sum_{\sigma=1}^{\rho*} S^\sigma \leq 0$ bricht das Verfahren ab.

Wir fassen die Heuristik von Kernighan und Lin noch einmal zusammen:

Algorithmus von Kernighan und Lin (Graphenzerlegung)

Schritt 1
   Setze $\rho := 1$
   Für alle $j \in V_1$ setze $S_j := \sum_{k \in V_2} c_{jk} - \sum_{k \in V_1} c_{jk}$
   Für alle $k \in V_2$ setze $S_k := \sum_{j \in V_1} c_{jk} - \sum_{j \in V_2} c_{jk}$

Schritt 2

Für alle $j \in V_1$ und alle $k \in V_2$ setze $S_{jk} := S_j + S_k - 2c_{jk}$

Bestimme $j^\rho \in V_1$ und $k^\rho \in V_2$ mit $S^\rho := S_{j^\rho k^\rho} = \max\limits_{j \in V_1, k \in V_2} S_{jk}$

Schritt 3

Falls $\rho = r-1$, gehe zu Schritt 4;

andernfalls setze $\rho := \rho + 1$

Setze $V_1 := V_1 \setminus \{j^\rho\}$ und $V_2 := V_2 \setminus \{k^\rho\}$

Für alle $j \in V_1$ setze $S_j := S_j + 2c_{jj^\rho} - 2c_{jk^\rho}$

Für alle $k \in V_2$ setze $S_k := S_k + 2c_{kk^\rho} - 2c_{kj^\rho}$

Gehe zu Schritt 2

Schritt 4

Bestimme $\rho*$ mit $\sum\limits_{\sigma=1}^{\rho*} S^\sigma = \max\limits_{\rho=1,\dots,r-1} \sum\limits_{\sigma=1}^{\rho} S^\sigma$

Falls $\sum\limits_{\sigma=1}^{\rho*} S^\sigma > 0$, vertausche die Knoten j^ρ und k^ρ für $\rho = 1,\dots,\rho*$ und gehe

zu Schritt 1;

andernfalls terminiere

❏

Ist die Knotenmenge V in $p > 2$ Teilmengen $V_1,\dots,V_p$ zu zerlegen, so kann die Kernighan–Lin–Heuristik, ausgehend von einer Anfangszerlegung, nacheinander jeweils auf Paare der Mengen $V_1,\dots,V_p$ angewendet werden. Für eine rechentechnisch besonders günstige Version des Kernighan–Lin–Algorithmus auch für den Fall, daß die Knotenmenge V in mehr als zwei Teilmengen zerlegt werden soll, die nicht alle gleich viele Knoten enthalten müssen, verweisen wir auf PESCH (1994), Abschnitt IV.1.3.

Bei der Anwendung des Kernighan–Lin–Algorithmus auf unser Zuordnungsproblem benutzt man als Anfangszerlegung $[V_1, V_2]$ die mit dem Eröffnungsverfahren aus Unterabschnitt (b) erhaltene Zuordnung der Erzeugnisse $j \in J_i$ zu den beiden Maschinen M_i^1 und M_i^2, ergänzt durch fiktive Knoten, so daß $|V_1| = |V_2| = r$ ist. Außerdem sind durch das Eröffnungsverfahren die Anfangsauslastungsgrade u_i^1 und u_i^2 der beiden M_i-Maschinen gegeben. In Schritt 2 des Kernighan–Lin–Algorithmus ist

$$S_{jk} := S_j + S_k - 2c_{jk}$$

zu ersetzen durch

$$S_{jk} := \begin{cases} S_j + S_k - 2c_{jk}, & \text{falls } u_i^1 + u_{ik} - u_{ij} \le 1 \text{ und } u_i^2 + u_{ij} - u_{ik} \le 1 \\ -\infty, & \text{sonst,} \end{cases}$$

damit die Maschinenkapazitäten nicht überschritten werden. Ferner ist in Schritt 3 die folgende Fortschreibung der Auslastungsgrade zu ergänzen:

Setze $u_i^1 := u_i^1 + u_{ik\rho} - u_{ij\rho}$ und $u_i^2 := u_i^2 + u_{ij\rho} - u_{ik\rho}$.

Wir erläutern das Verbesserungsverfahren von Kernighan und Lin für den Maschinentyp M_1 unseres Zahlenbeispiels. Wir starten mit der durch die gestrichelte senkrechte Linie in Abb. 5.5.2 gegebenen Anfangszerlegung, d.h., die Erzeugnisse 1 und 2 werden der Maschine M_1^1 (mit dem Auslastungsgrad $u_1^1 = 0,9$) und die Erzeugnisse 3 und 4 der Maschine M_1^2 (mit $u_1^2 = 0,6$) zugeordnet. Die Kosten der Anfangszerlegung sind $c_{13} + c_{23} = 13$.

Im ersten Iterationsschritt erhalten wir die positiven Ersparnisse $S_{13} = S_{24} = S_{2D_2} = 2$ (Vertauschung der Knoten 1 und 3 bzw. 2 und 4 bzw. 2 und D_2) sowie $S_{14} = S_{23} = S_{1D_2} = 1$ (Vertauschung der Knoten 1 und 4 bzw. 2 und 3 bzw. 1 und D_2) und damit als maximale Ersparnis $S^1 = 2$. Im zweiten Iterationschritt ergibt sich keine positive Ersparnis. Vertauschen wir die Knoten 2 und 4, so bekommen wir die in Abb. 5.5.3 dargestellte Zerlegung bzw. Zuordnung mit den Kosten 11, die optimal ist:

Erzeugnisse 1 und 4 auf M_1^1 bearbeiten ($u_1^1 = 0,8$)

Erzeugnisse 2 und 3 auf M_1^2 bearbeiten ($u_1^2 = 0,7$).

Der Matrix der Auslastungsgrade u_{ij} in Tab. 5.5.4 entnimmt man unmittelbar, daß für den Maschinentyp M_3, von dem ebenfalls zwei Maschinen benötigt werden, die folgende Zuordnung der Erzeugnisse zu den Maschinen optimal ist:

Erzeugnisse 4 und 5 auf M_3^1 bearbeiten

Erzeugnis 6   auf M_3^2 bearbeiten.

Dies ergibt die *Maschinen-Erzeugnis-Matrix* von Tab. 5.5.5.

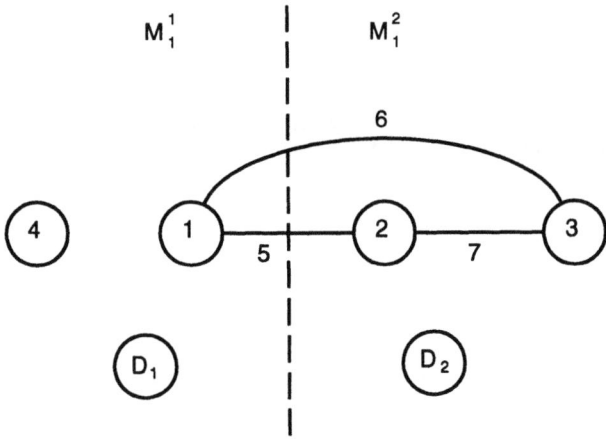

Abb. 5.5.3: Kostenminimale Graphenzerlegung für Maschinentyp M_1

Erzeug- nis Maschine	1	2	3	4	5	6	7
M_1^1	1			1			
M_1^2		1	1				
M_2	1	1	1				
M_3^1				1	1		
M_3^2						1	
M_4				1	1		
M_5						1	1
M_6						1	1

Tab. 5.5.5: Maschinen–Erzeugnis–Matrix

5.5.4 Gruppierung der einzelnen Maschinen

Nach der Zuordnung der Erzeugnisse zu den einzelnen Maschinen sind diese Maschinen zu Gruppen zusammenzufassen, die dann (zusammen mit den entsprechenden Arbeitskräften) Fertigungsinseln bilden können. Wir nehmen an, daß die Mindestanzahl μ_{min} und die Höchstanzahl μ_{max} der Maschinen in einer Gruppe (etwa vom Management aus betriebsorganisatorischen Gründen) vorgegeben seien. Wie bereits in Abschnitt 5.5.1 erwähnt, werden in der Praxis häufig $\mu_{min} = 2$ und $\mu_{max} = 5$ gewählt.

Für die Zuordnung der einzelnen Maschinen zu Gruppen skizzieren wir wieder ein Eröffnungs– und ein Verbesserungsverfahren. Im *Eröffnungsverfahren* wenden wir zunächst den Binär–Sortier–Algorithmus aus Abschnitt 5.5.2 auf die Maschinen–Erzeugnis–Matrix an. Für unser Zahlenbeispiel liefert dieser Algorithmus, angewendet auf die Matrix in Tab. 5.5.5, die umgeordnete Maschinen–Erzeugnis–Matrix von Tab. 5.5.6.

Aus der Mindest– und Höchstgröße μ_{min} und μ_{max} für eine Maschinengruppe bestimmen wir eine mittlere Zielgröße

$$\bar{\mu} := \left\lceil \frac{\mu_{min} + \mu_{max}}{2} \right\rceil.$$

Aus der umgeordneten Maschinen–Erzeugnis–Matrix erhält man unmittelbar eine Anfangszerlegung der Menge der insgesamt $\mu := \sum_{i=1}^{m} \mu_i$ Maschinen in $\lceil \mu / \bar{\mu} \rceil$ Teilmengen (Gruppen): Man bildet $\lceil \mu / \bar{\mu} \rceil - 1$ Blöcke mit jeweils $\bar{\mu}$ aufeinander folgenden Zeilen und einen letzten Block aus den verbleibenden Zeilen. Für unser Zahlenbeispiel seien $\mu_{min} = 2$ und $\mu_{max} = 4$ und damit $\bar{\mu} = 3$. Tab. 5.5.6 entnimmt man die durch gepunktete horizontale Linien gekennzeichnete Zerlegung in die folgenden drei Gruppen:

Erzeug- nis Maschine	1	2	3	4	5	6	7
M_2	1	1	1				
M_1^1	1			1			
M_1^2		1	1				
M_3^1				1	1		
M_4				1	1		
M_5						1	1
M_6						1	1
M_3^2						1	

Tab. 5.5.6: Umgeordnete Maschinen–Erzeugnis–Matrix

Gruppe 1: M_2, M_1^1, M_1^2
Gruppe 2: M_3^1, M_4, M_5
Gruppe 3: M_6, M_3^2.

Als *Verbesserungsverfahren* verwenden wir wieder den Kernighan–Lin–Algorithmus aus Abschnitt 5.5.3c. Die Maschinen der etwa p Maschinengruppen $G_1,...,G_p$ entsprechen Knoten der p Zerlegungsmengen $V_1,...,V_p$. Jeder Gruppe bzw. Zerlegungsmenge fügen wir noch fiktive Maschinen bzw. Knoten hinzu (auf denen kein Produkt gefertigt wird), so daß jede Gruppe μ_{max} Maschinen enthält.

Wird ein Erzeugnis auf zwei Maschinen bearbeitet, die den Knoten i und l entsprechen, so führen wir eine Kante $[i,l]$ ein. Als Bewertung c_{il} dieser Kante wählen wir die Anzahl (oder Kosten) der zwischen den beiden Maschinen, die den Knoten i und l zugeordnet sind, erforderlichen Materialtransporte pro Periode (Transportintensität). Beispielsweise kann c_{il} gleich der oder proportional zu der Summe der Nachfrageraten d_j aller auf den beiden Maschinen gemeinsam zu bearbeitenden Erzeugnisse j gesetzt werden.

Wir betrachten unser durch Tab. 5.5.6 gegebenes Beispiel. Abb. 5.5.4 zeigt den zugehörigen bewerteten Graphen, wobei die Anfangszerlegung durch senkrechte gestrichelte Linien gekennzeichnet ist und jede Zerlegungsmenge fiktive Knoten (dummy nodes, Symbol D) und damit insgesamt $\mu_{max} = 4$ Knoten enthält. An jedem Knoten sind die auf der betreffenden Maschine zu bearbeitenden Erzeugnisse aufgelistet, z.B. die Erzeugnisse 1,2 und 3 für Maschine M_2. Als Bewertung einer Kante $[i,l]$ wählen wir die Summe der Nachfrageraten d_j der auf den beiden i und l entsprechenden Maschinen gemeinsam gefertigten Erzeugnisse j. Die Nachfrageraten d_j seien durch Tab. 5.5.7 gegeben.

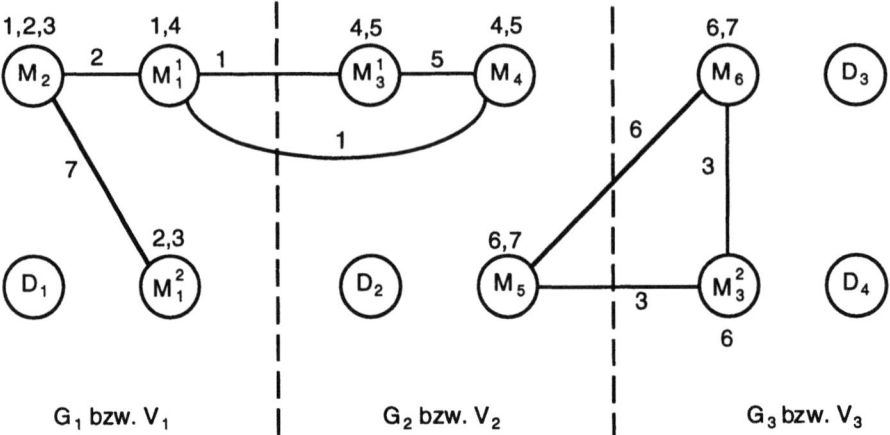

Abb. 5.5.4: Anfangszerlegung in Maschinengruppen

j	1	2	3	4	5	6	7
d_j	2	3	4	1	4	3	3

Tab. 5.5.7: Nachfrageraten

Da zwischen den Maschinengruppen G_1 und G_3 keine Materialtransporte stattfinden, brauchen wir den Kerninghan–Lin–Algorithmus nur auf die Gruppen G_1 und G_2 und auf die Gruppen G_2 und G_3 anzuwenden. Wir erinnern an die in dieser Heuristik benötigten Formeln, etwa für die Gruppen G_1 und G_2 (bzw. Zerlegungsmengen V_1 und V_2). Wird die dem Knoten $i \in V_1$ ($l \in V_2$) entsprechende Maschine aus der Gruppe G_1 (G_2) bzw. Menge V_1 (V_2) entfernt, so ergibt sich eine Ersparnis von

$$S_i = \sum_{l \in V_2} c_{il} - \sum_{l \in V_1} c_{il} \quad (i \in V_1)$$

bzw.

$$S_l = \sum_{i \in V_1} c_{il} - \sum_{i \in V_2} c_{il} \quad (l \in V_2).$$

Hierbei wird $c_{il} := 0$ gesetzt, wenn es keine Kante $[i, l]$ gibt. Die Vertauschung der Knoten i und l liefert eine Ersparnis

$$S_{il} = S_i + S_l - 2 c_{il}.$$

Man ersieht aus Abb. 5.5.4 unmittelbar, daß für das Gruppenpaar (G_1, G_2) keine Verbesserung möglich ist, und wir haben $c[V_1, V_2] = 2$. Für das Gruppenpaar (G_2, G_3) bringt die Vertauschung von M_5 und D_3 eine Ersparnis von 9 mit dem Resultat, daß nach dieser Vertauschung zwischen den Gruppen G_2 und G_3 keine Materialtransporte

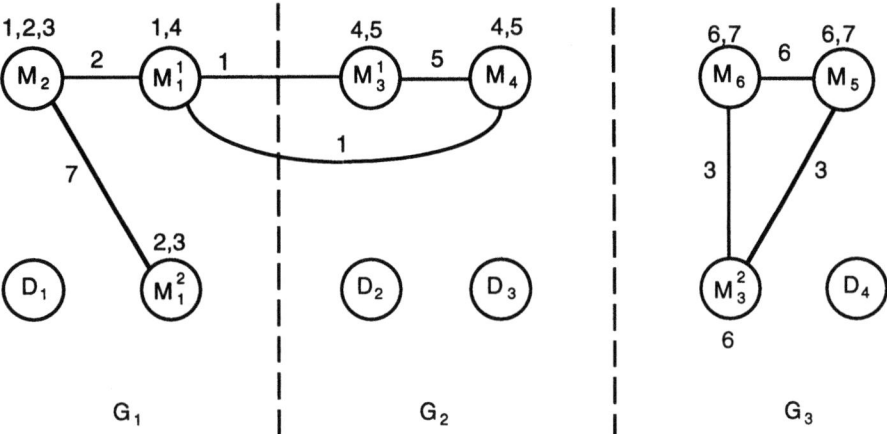

Abb. 5.5.5: Optimale Zerlegung in Maschinengruppen

mehr stattfinden. Damit ergeben sich die in Abb. 5.5.5 dargestellten Maschinengruppen mit den zugehörigen Transportintensitäten (Kantenbewertungen) zwischen den einzelnen Maschinen. Diese Gruppierung ist optimal (mit den kleinstmöglichen zwischen den einzelnen Gruppen transportierten Mengen).

Die den Arbeitsplänen zu entnehmende Maschinenfolge für jedes Erzeugnis (d.h. die Reihenfolge, in der das Erzeugnis die benötigten Maschinentypen durchlaufen muß) sei durch Tab. 5.5.8 gegeben. Die sich aus Abb. 5.5.5 ergebenden Materialflüsse innerhalb der und zwischen den einzelnen Maschinengruppen (ohne die fiktiven Maschinen D_1, D_2, D_3, D_4) zeigt Abb. 5.5.6, wobei die Zahlen an den Pfeilen die betreffenden Erzeugnisse bedeuten.

Nach erfolgter Gruppierung der Maschinen sind noch ein oder mehrere Job–Shop–Probleme zu lösen, um Maschinenbelegungspläne zu bestimmen, insbesondere also die Reihenfolge zu ermitteln, in der die einzelnen Erzeugnisse auf den betreffenden

Erzeugnis	Maschinenfolge
1	M_1, M_2
2	M_2, M_1
3	M_2, M_1
4	M_1, M_3, M_4
5	M_3, M_4
6	M_5, M_3, M_6
7	M_5, M_6

Tab. 5.5.8: Maschinenfolgen für die Erzeugnisse

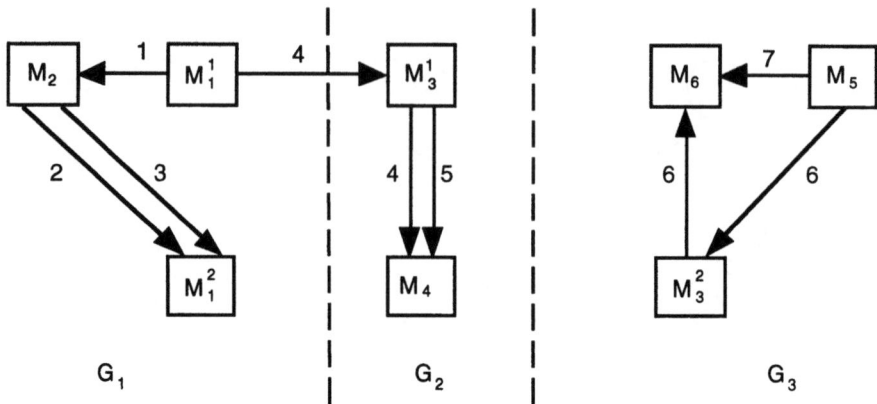

Abb. 5.5.6: Materialflüsse innerhalb von und zwischen Maschinengruppen

Maschinen bearbeitet werden (zu Job–Shop–Problemen vgl. Abschnitt 5.2.3b). In unserem Beispiel liegen zwei Job–Shop–Probleme vor: Das erste umfaßt die Maschinengruppen G_1 und G_2 mit den 5 Erzeugnissen bzw. Aufträgen 1,...,5 und den 5 Maschinen $M_1^1, M_1^2, M_2, M_3^1, M_4$ (beachte, daß das Erzeugnis 4 in beiden Gruppen G_1 und G_2 zu bearbeiten ist), und das zweite entspricht der Maschinengruppe G_3 mit den 2 Erzeugnissen bzw. Aufträgen 6,7 und den 3 Maschinen M_3^2, M_5, M_6. Welches Erzeugnis auf welcher Maschine zu bearbeiten ist, entnimmt man Abb. 5.5.5, und die Maschinenfolgen für die einzelnen Erzeugnisse sind in Tab. 5.5.8 aufgelistet.

Die Bearbeitungszeit eines Loses der Größe q_j von Erzeugnis j auf Maschinentyp M_i ist $p_{ij} = \vartheta_{ij} + q_j t_{ij}$. Muß ein Erzeugnis von einer Maschinengruppe (bzw. Fertigungsinsel) zu einer anderen transportiert werden (in unserem Beispiel Erzeugnis 4 von G_1 nach G_2, vgl. Abb. 5.5.6), so ist eine zusätzliche Transportzeit zu berücksichtigen. Um die Durchlaufzeiten der einzelnen Erzeugnisse zu verringern, empfiehlt sich wieder eine offene Fertigungsweise an Stelle einer geschlossenen Fertigung (vgl. hierzu Abschnitt 5.2.3b).

Kapitel 6   Integrierte Produktionsplanung

Bisher haben wir uns nur mit Teilen der Produktionsplanung beschäftigt, z.B. der Losgrößenbestimmung, der Materialbedarfsplanung, der Termin– und Kapazitätsplanung und der Planung spezieller Produktionssegmente. Im folgenden sollen diese Teilaspekte zu einer integrierten Produktionsplanung zusammengefaßt werden. Dabei werden wir sowohl auf bereits länger bekannte Modelle der integrierten Produktionsplanung eingehen (wie z.B. die hierarchische Produktionsplanung, sogenannte PPS– Systeme und die Just–in–Time–Produktion), die mit wechselndem Erfolg in der Praxis eingesetzt werden, als auch ein neues Konzept für ein kapazitätsorientiertes PPS–System vorstellen.

6.1   Verschiedene Ansätze der integrierten Produktionsplanung

Ein Ansatz für die integrierte Produktionsplanung besteht darin, sogenannte *Totalmodelle* oder *monolithische Modelle* zu entwickeln und die entsprechenden Optimierungsprobleme zu lösen. Ausgangspunkt hierfür ist die *Produktions–Programmplanung*, die bestimmt, welche Produkte in welchen Mengen in den einzelnen Teilperioden eines vorgegebenen Planungszeitraumes hergestellt werden sollen. Dabei wird zunächst ein relativ einfaches Grundmodell in Form eines linearen Optimierungsproblems aufgestellt. Entscheidungsvariablen sind die produzierten Mengen der einzelnen Erzeugnisse. Die (zu maximierende) Zielfunktion ist die Summe der Deckungsbeiträge aller hergestellten Produkte über den gesamten Planungszeitraum. Die Nebenbedingungen berücksichtigen beschränkt verfügbare Ressourcen (z.B. nicht überschreitbare Maschinenkapazitäten) und vorgegebene Lieferverpflichtungen. Dieses Grundmodell kann dann durch die Materialbedarfsplanung, die Losgrößenplanung und (bei Einzel– oder Serienfertigung) die Maschinenbelegungsplanung erweitert werden.

Solche monolithischen Modelle führen in der Regel auf riesige gemischt–ganzzahlige Optimierungsprobleme, die nicht mehr mit wirtschaftlich vertretbarem Rechenaufwand zu lösen sind. Allgemeine ganzzahlige und gemischt–ganzzahlige lineare Optimierungsprobleme sind bekanntlich „schwer", d.h. nach derzeitigem Wissensstand nicht mit polynomialem Rechenaufwand exakt lösbar (vgl. NEUMANN UND MORLOCK (1993), Kapitel 3). Die Ganzzahligkeit der Variablen rührt z.B. von Binärvariablen her, die zum einen angeben, ob eine Maschine in einer Planungsperiode den in der vorhergehenden Periode eingelasteten Auftrag weiter bearbeitet oder ob sie stillsteht oder einen neuen Auftrag bearbeitet (und damit Rüstkosten anfallen), die zweitens sicherstellen, daß unzulässige Bearbeitungsreihenfolgen innerhalb der Maschinenbelegungsplanung ausgeschlossen werden u.a.m. Ferner sind in geringen Mengen produzierte Stückgüter durch ganzzahlige Variablen zu beschreiben.

Neben ihrer Komplexität haben monolithische Modelle der Produktionsplanung zwei weitere Nachteile, die ihrem Einsatz in der Praxis entgegenstehen. Zum einen müssen alle benötigten Daten für alle Perioden (mit einem bei Einbeziehung der Maschinenbelegungsplanung sehr feinen Zeitraster) auf einmal verfügbar sein, was häufig unmöglich ist; ganz abgesehen von der großen Ungenauigkeit von Daten, die sich auf weit in der Zukunft liegende Perioden beziehen. Zum anderen berücksichtigen monolithische Modelle im allgemeinen kaum die organisatorische Struktur eines Unternehmens. Häufig vollzieht sich in der Praxis der Planungsprozeß dezentral in Zweigwerken mit eigener Entscheidungskompetenz.

Aus den genannten Gründen spielen monolithische Modelle in der Praxis kaum eine Rolle, sie können höchstens als „Erklärungsmodelle " dienen. Wir werden deshalb diese Modelle im folgenden nicht weiter betrachten und verweisen etwa auf KISTNER UND STEVEN (1993), Teil 3, Abschnitt 1.

Einen Ansatz, der die zu große Komplexität monolithischer Modelle zu vermeiden sucht, stellt die *hierarchische Produktionsplanung* dar. Die Grundidee der hierarchischen Produktionsplanung ist, das Gesamtproblem der Produktionsplanung in weitgehend isolierte Teilprobleme zu zerlegen, die nur über wenige Variablen bzw. Parameter miteinander verbunden sind. Damit kann auch vorhandenen organisatorischen Strukturen (Dezentralisierung) Rechnung getragen werden. Ein von Hax und Meal entwickeltes Modell der hierarchischen Produktionsplanung, auf das wir in Abschnitt 6.2 genauer eingehen werden, betrachtet zunächst auf einer obersten Planungsebene ein *hoch aggregiertes Grundmodell* für die Endprodukte. Hoch aggregiert bedeutet dabei, daß einzelne Artikel in geeigneter Weise zu Produktfamilien und mehrere Produktfamilien jeweils zu einer Produktgruppe (auch Produkttyp genannt) zusammengefaßt werden. Das Grundmodell entspricht einer mittelfristigen Planung mit einem Planungszeitraum von ein bis zwei Jahren, und jede Teilperiode entspricht etwa einem Monat. Die Lösung des zugehörigen (in der Regel linearen) Optimierungsproblems liefert einen aggregierten Produktionsplan für den gesamten Planungszeitraum.

Die *Disaggregation* der Produktionsmengen erfolgt auf zwei niedrigeren Planungsebenen. Zunächst werden für die erste Periode und separat für jede Produktgruppe die Losgrößen für die in der Produktgruppe zusammengefaßten Produktfamilien ermittelt. Anschließend werden die Produktionsmengen für jede Produktfamilie in Losgrößen der zur Produktfamilie gehörenden einzelnen Artikel disaggregiert.

Am Ende der ersten Periode werden die Daten aktualisiert, und nach dem Prinzip der rollierenden Planung wird das Grundmodell (bzw. das entsprechende Optimierungsproblem) für einen um eine Periode nach hinten verschobenen Planungshorizont gelöst. Die Disaggregation erfolgt dann wieder nur für die erste Periode des neuen (d.h. die zweite Periode des ursprünglichen) Planungszeitraumes.

Die skizzierte hierarchische Produktionsplanung berücksichtigt nur die Endprodukte, bezieht sich also auf eine einstufige Fertigung. Die Erweiterung auf mehrstufige Erzeugnisstrukturen ist sehr aufwendig und Gegenstand z.Z. laufender Forschungsaktivitäten. In HAX UND CANDEA (1984), Abschnitt 6.3, wird die hierarchische Produktionsplanung für eine zweistufige Produktion behandelt.

In der Praxis ist die hierarchische Produktionsplanung bisher in erster Linie im Rahmen der Großserienfertigung eingesetzt worden. Dabei ist die prinzipielle Vorgehensweise der hierarchischen Produktionsplanung den besonderen Produktionsverhältnissen des betreffenden Unternehmens jeweils geeignet anzupassen. Verschiedene Fallstudien hierzu sind in STEVEN (1994), Abschnitt 3.3.2, aufgelistet. Die Verwendung der hierarchischen Produktionsplanung in der Kleinserienfertigung wird in KISTNER UND STEVEN (1993), Teil 3, Abschnitt 3.2.3, und STEVEN (1994), Kapitel 5, skizziert.

Der Primärbedarf aller Erzeugnisse bzw. Endprodukte, der in Form des *Master Production Schedule* zu den Eingabedaten für MRP gehört, wird in der Praxis meistens aus Bedarfsprognosen und bekannten Kundenaufträgen ermittelt (vgl. Abschnitt 4.3.1). Statt dessen kann der Primärbedarf der Endprodukte jedoch auch durch eine relativ einfache *Produktions–Programmplanung* bestimmt werden, die dem aggregierten Grundmodell einer hierarchischen Produktionsplanung entspricht. Hierbei wird jedoch die Aggregation der Endprodukte zu Produktgruppen und deren spätere Disaggregation meist in einfacherer Weise als im Rahmen der hierarchischen Produktionsplanung vorgenommen, worauf wir in Abschnitt 6.2.1 kurz eingehen werden.

In der Praxis werden für die Produktionsplanung in erster Linie sogenannte *PPS–Systeme* (Produktionsplanungs– und Steuerungs–Systeme) eingesetzt, die wir in Abschnitt 6.3 behandeln werden. PPS–Systeme sind weitgehend modular aufgebaut. Sie setzen sich aus im wesentlichen unabhängigen Teilsystemen zusammen, wie z.B. Kundenauftragsverwaltung, Produktions–Programmplanung, Lagerbestandsverwaltung, MRP, Termin– und Kapazitätsplanung und Ablaufplanung, und sind im allgemeinen nur für die Serienfertigung geeignet. PPS–Systeme beinhalten in der Regel nur eine Sukzessivplanung und berücksichtigen nicht die Besonderheiten unterschiedlicher Produktionssegmente sowie die Beschränktheit der verfügbaren Ressourcen; sie erlauben lediglich eine effiziente Datenverwaltung. Entscheidungs– bzw. Optimierungsmodelle für die Produktionsplanung sind höchstens vereinzelt zur Lösung von Teilproblemen (z.B. für die Losgrößenbestimmung innerhalb von MRP) integriert.

CIM (Computer Integrated Manufacturing) koppelt herkömmliche PPS–Systeme mit sogenannten *CAx–Techniken*, die primär technisch orientierte Planungs–, Steuerungs– und Konstruktionsverfahren mit Computerunterstützung beinhalten. Hierauf werden wir in Abschnitt 6.4 kurz eingehen. In Abschnitt 6.5 werden wir das *Just–in–Time–Konzept* sowie das damit zusammenhängende *Kanban–System* erläutern, das in erster Linie entwickelt worden ist, um die beim Einsatz herkömmlicher PPS–Systeme auftretenden überlangen Durchlaufzeiten der Betriebsaufträge und hohen Lagerbestände für gewisse Erzeugnisstrukturen zu reduzieren. Schließlich werden wir in Abschnitt 6.6 das Konzept einer *kapazitätsorientierten Produktionsplanung und –steuerung* vorstellen, das die oben genannten Schwächen konventioneller PPS–Systeme nicht besitzt und die Planung ganz unterschiedlicher Produktionssegmente explizit berücksichtigt.

6.2 Hierarchische Produktionsplanung

6.2.1 Planungsebenen der hierarchischen Produktionsplanung

Wir nehmen wieder an, daß der Planungszeitraum aus T einzelnen Perioden bestehe (z.B. ein Jahr mit 12 Monaten als Perioden). Die hierarchische Produktionsplanung basiert auf der Aggregation (und späteren Disaggregation) der Endprodukte. Das von Hax und Meal entwickelte Modell der hierarchischen Produktionsplanung verwendet drei Planungsebenen.

Auf der *untersten Planungsebene* werden die Losgrößen der einzelnen Endprodukte für die aktuelle (erste) Planungsperiode berechnet. Auf der *mittleren Planungsebene* werden die Produktionsmengen der Produktfamilien für die aktuelle Planungsperiode bestimmt, die als Vorgaben für die unterste Planungsebene dienen. Eine *Produktfamilie* besteht aus Erzeugnissen, die weitgehend gemeinsam gefertigt werden, d.h., die Maschinenfolgen für die entsprechenden Betriebsaufträge sind im wesentlichen gleich, und die mit einer eventuellen Umrüstung von einem auf ein anderes Erzeugnis verbundenen Umrüstkosten und –zeiten sind im allgemeinen vernachlässigbar [1]. Auf der *obersten Planungsebene* erfolgt die aggregierte Produktionsplanung, d.h., es werden die zu produzierenden Mengen der Produktgruppen für alle T Perioden des Planungszeitraumes berechnet. Die sich auf die erste (aktuelle) Periode beziehenden Produktmengen dienen als Vorgaben für die mittlere Planungsebene. Eine *Produktgruppe* (auch *Produkttyp* genannt) besteht dabei aus Produktfamilien, deren Produktionsprozeß ähnlich ist und die folglich dieselben Ressourcen benötigen, ähnliche Produktions– bzw. Lagerungskosten haben und einen ähnlichen saisonalen Nachfrageverlauf aufweisen.

Nachdem die Produktion in der aktuellen Periode erfolgt ist, werden die Daten für die sich anschließenden T Perioden aktualisiert und erneut eine aggregierte Produktionsplanung durchgeführt, nunmehr für den um eine Periode nach hinten verschobenen Planungszeitraum. Abb. 6.2.1 veranschaulicht den Ablauf der hierarchischen Produktionsplanung. Die Aufstellung und Lösung der den drei Planungsebenen entsprechenden Optimierungsprobleme werden wir in den Abschnitten 6.2.2 bis 6.2.4 behandeln.

Als Beispiel für die Aggregation von Produkten zu Produktfamilien und Produktgruppen betrachten wir die Reifenproduktion mit üblicherweise saisonabhängiger Nachfrage (vgl. STEVEN (1994), Abschnitt 3.1.1). Als Produktgruppen können wir

---

[1] Z.B. stellen die innerhalb einer Fertigungsinsel produzierten Erzeugnisse eine Produktfamilie dar (vgl. Abschnitt 5.4.1).

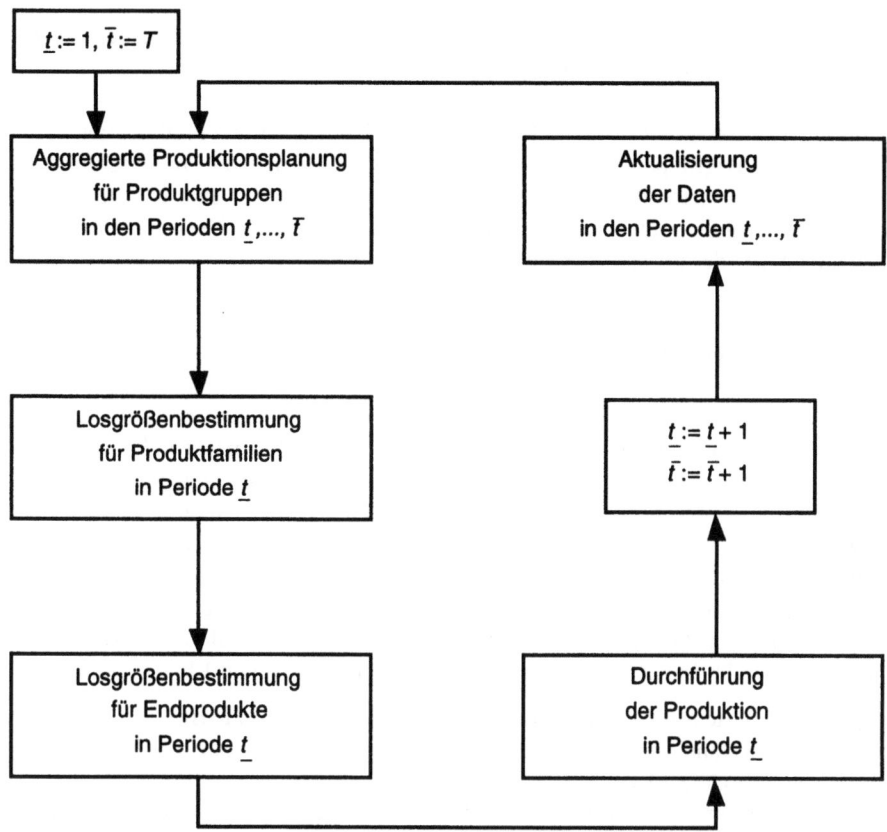

Abb. 6.2.1: Hierarchische (rollierende) Produktionsplanung

etwa die Sommer– und die Winterreifen wählen. Für Produktfamilien einer Produktgruppe kommen z.B. Stahl– und Textilgürtelreifen oder Reifen für unterschiedliche Geschwindigkeitsbereiche in Frage. Die beim Wechsel von einer zu einer anderen Produktfamilie anfallenden Rüstkosten und –zeiten können nicht vernachlässigt werden. Die einzelnen Endprodukte entsprechen den verschiedenen Reifenarten, die sich zusätzlich in Größe und Profil unterscheiden. Die mit der Umrüstung von einer auf eine andere Reifenart ein und derselben Produktfamilie verbundenen Umrüstkosten und –zeiten sind (bei genügend flexibler Fertigung) geringfügig.

Verwendet man die aggregierte Produktionsplanung zur Ermittlung des Primärbedarfs der Endprodukte für den Master Production Schedule als Eingabe für MRP, so wird, wie bereits in Abschnitt 6.1 erwähnt, die Aggregation und spätere Disaggregation der einzelnen Enderzeugnisse meist relativ einfach vorgenommen. Eine Produktgruppe entspricht dann häufig einem „mittleren" Artikel, und die Disaggregation ergibt sich oft als einfache Umkehrung der Aggregation. Ist die Nachfrage nach einer Produktgruppe etwa gleich der Summe der Nachfragen nach den einzelnen Artikeln, dann ist die zu produzierende Menge der Produktgruppe im Verhältnis der Einzelnachfragen auf die einzelnen Artikel aufzuteilen.

Die Aggregation von Produkten zu Produktgruppen macht die Festlegung einer gemeinsamen Maßeinheit erforderlich, in der die nachgefragten und produzierten Mengen einer Produktgruppe gemessen werden. Handelt es sich bei der Produktgruppe um einen „mittleren Artikel", so wird man als Maßeinheit wieder eine Mengeneinheit wählen. Andernfalls mißt man solche Mengen häufig durch die Verkaufserlöse (also Geldeinheiten) oder Produktionszeiten (d.h. Zeiteinheiten).

6.2.2 Aggregierte Produktionsplanung

Bei der aggregierten Produktionsplanung handelt es sich um eine mittelfristige Planung, die von einem gegebenen Bestand an Betriebsmitteln (insbesondere also Maschinen) ausgeht. Auch der Personalbestand wird meistens als gegeben angesehen. Der mittelfristig vorzunehmende Einsatz der verfügbaren Arbeitskräfte, d.h. die *Personalbedarfsplanung*, ist jedoch Gegenstand der aggregierten Produktionsplanung.

Für das Grundmodell der aggregierten Produktionsplanung legen wir einen Planungszeitraum von T Perioden (z.B. ein Jahr mit 12 Monaten) zugrunde. Die Anzahl der verschiedenen Produktgruppen sei n. Wir verwenden folgende *Entscheidungsvariablen*, wobei der Index t stets von 1 bis T und der Index i von 1 bis n laufe:

u_t^i Produzierte Menge der Produktgruppe i in Periode t (in ME) [2]

x_t^i Lagerbestand von Produktgruppe i zu Beginn von Periode t bzw. am Ende von Periode $t-1$ (in ME)

$s_t^{ü}$ Anzahl der geleisteten Überstunden (aller Arbeitskräfte zusammen) in Periode t

s_t^u Anzahl der durch Kurzarbeit ausfallenden Arbeitsstunden („Unterstunden") in Periode t.

Der Lagerbestand von Produktgruppe i am Ende des Planungszeitraumes ist x_{T+1}^i. Die folgenden im Grundmodell auftretenden Größen seien gegebene Daten:

$x^{i,a}$ Anfangslagerbestand für Produktgruppe i

d_t^i Nachgefragte Menge der Produktgruppe i in Periode t

c_t^i Produktionskosten pro ME von Produktgruppe i in Periode t (ohne Lohnkosten)

h_t^i Lagerungskosten pro ME von Produktgruppe i in Periode t (bezogen auf den Lagerbestand am Ende von Periode t)

$k_t^{ü}$ Kosten pro Überstunde in Periode t

k_t^u Kostenersparnis pro „Unterstunde" (gegenüber regulärer Arbeitszeit) in Periode t

---

2 Da im Rahmen der aggregierten Produktionsplanung für Produktgruppen noch keine Losgrößen bestimmt werden, verwenden wir für die produzierte Menge das Symbol u und nicht q.

α^i Zur Produktion einer ME von Produktgruppe i benötigte Arbeitszeit (in Stunden)

β^i Zur Produktion einer ME von Produktgruppe i benötigte Maschinenkapazität (etwa in Maschinenstunden)

$\bar{s}_t$ Verfügbare Kapazität an regulärer Arbeitszeit in Periode t (in Stunden)

$\bar{s}_t^{\ddot{u}}$ Verfügbare Überstundenkapazität in Periode t

κ_t Verfügbare Maschinenkapazität in Periode t (in Maschinenstunden).

Das Grundmodell der aggregierten Produktionsplanung hat dann die Form des folgenden linearen Optimierungsproblems:

(6.2.1)   Min. $\displaystyle\sum_{t=1}^{T}\sum_{i=1}^{n}\left(c_t^i u_t^i + h_t^i x_{t+1}^i\right) + \sum_{t=1}^{T}\left(k_t^{\ddot{u}} s_t^{\ddot{u}} - k_t^u s_t^u\right)$

(6.2.2)   u.d.N. $x_t^i + u_t^i - x_{t+1}^i = d_t^i \quad (t=1,\ldots,T;\ i=1,\ldots,n)$

(6.2.3) $\displaystyle\sum_{i=1}^{n}\alpha^i u_t^i - s_t^{\ddot{u}} + s_t^u = \bar{s}_t \quad (t=1,\ldots,T)$

(6.2.4) $\displaystyle\sum_{i=1}^{n}\beta^i u_t^i \leq \kappa_t \quad (t=1,\ldots,T)$

(6.2.5) $s_t^{\ddot{u}} \leq \bar{s}_t^{\ddot{u}} \quad (t=1,\ldots,T)$

(6.2.6) $x_1^i = x^{i,a} \quad (i=1,\ldots,n)$

(6.2.7) $u_t^i, x_{t+1}^i, s_t^{\ddot{u}}, s_t^u \geq 0 \quad (t=1,\ldots,T;\ i=1,\ldots,n).$

Wir erläutern die Zielfunktion und die Nebenbedingungen dieses Optimierungsproblems. Bei einem Produktionsplanungsproblem maximiert man üblicherweise den Gesamtgewinn bzw., weil die Betriebsmittel festliegen, den gesamten Deckungsbeitrag. Da die Nachfrage stets zu befriedigen ist, stellt der Gesamterlös

$$\sum_{t=1}^{T}\sum_{i=1}^{n}\pi_t^i d_t^i$$

jedoch eine Konstante dar, wobei π_t^i der Verkaufspreis für eine ME von Produktgruppe i in Periode t ist. Die Maximierung des gesamten Deckungsbeitrages entspricht also der Minimierung der gesamten Kosten. Die Gesamtkosten sind gleich der Summe aus den in der Zielfunktion (6.2.1) angegebenen Kosten und den Kosten der regulären Arbeitszeit (aller Arbeitskräfte zusammen), die $\sum_{t=1}^{T}k_t\bar{s}_t$ betragen. Hierbei sind k_t die Kosten pro Stunde regulärer Arbeitszeit in Periode t. Da die Kosten $\sum_{t=1}^{T}k_t\bar{s}_t$ konstant sind, können wir uns auf die Minimierung der Zielfunktion (6.2.1) beschränken.

Die Nebenbedingung (6.2.2) stellt die Lagerbilanzgleichung dar (vgl. (3.3.1)). (6.2.3) sagt aus, daß die Produktion durch Inanspruchnahme von regulärer Arbeitszeit sowie gegebenenfalls von Überstunden erfolgt, wobei zusätzlich eventuelle Kurzarbeit berücksichtigt ist. Wie später erläutert wird, garantiert die Verwendung des Simplexverfahrens zur Lösung unseres linearen Optimierungsproblems, daß nicht gleichzeitig Über– und Unterstunden auftreten. Die Ungleichung (6.2.4) berücksichtigt die beschränkte Verfügbarkeit von Maschinenkapazität, worunter jegliche technische Kapazität im Unterschied zur Personalkapazität subsummiert sei. Die Ungleichung (6.2.5) besagt, daß in jeder Periode die Überstunden den vorgegebenen Höchstwert nicht überschreiten dürfen. Daß der Anfangslagerbestand für Produktgruppe i gleich dem vorgegebenen Wert $x^{i,a}$ ist, liefert die Nebenbedingung (6.2.6). (6.2.7) sichert die Nichtnegativität aller Variablen. Insbesondere sind also keine Fehlmengen zugelassen.

Es sind verschiedene Modifikationen und Erweiterungen des linearen Optimierungsproblems (6.2.1) bis (6.2.7) möglich. Beispielsweise kann für die Produktgruppe i am Ende von Periode t ein Sicherheitsbestand $\underline{x}^i_{t+1} > 0$ vorgegeben sein, der nicht unterschritten werden darf. Dann haben wir die zusätzliche Nebenbedingung

$$x^i_{t+1} \geq \underline{x}^i_{t+1} \quad (t = 1, \ldots, T),$$

und die Nichtnegativitätsbedingung $x^i_{t+1} \geq 0$ ist redundant.

Im Optimierungsproblem (6.2.1) bis (6.2.7) haben wir angenommen, daß die Durchlaufzeit jeder Produktgruppe (wesentlich) kleiner als die Dauer einer Periode ist. Beträgt die Durchlaufzeit D Perioden, so sind überall x^i_t durch x^i_{t+D} (sowie $\underline{x}^i_t$ durch $\underline{x}^i_{t+D}$) und d^i_t durch d^i_{t+D} zu ersetzen. Insbesondere ist also unter Lagerbestand stets der disponible Bestand zu verstehen.

Will man Neueinstellungen und Entlassungen von Arbeitskräften berücksichtigen, so führt man etwa die folgenden zusätzlichen Variablen ein:

w_t Anzahl der zu Beginn von Periode t (bzw. am Ende von Periode $t-1$) vorhandenen Arbeitskräfte

w^+_t Anzahl der zu Beginn von Periode t neu eingestellten Arbeitskräfte

w^-_t Anzahl der zu Beginn von Periode t entlassenen Arbeitskräfte.

Außerdem benötigen wir die folgenden Kosten:

γ^+_t Kosten für die Einstellung einer Arbeitskraft in Periode t

γ^-_t Kosten für die Entlassung einer Arbeitskraft in Periode t.

Zur Zielfunktion in (6.2.1) tritt dann der folgende Summand hinzu:

$$\sum_{t=1}^{T} \left(\gamma^+_t w^+_t + \gamma^-_t w^-_t \right).$$

Außerdem haben wir die zusätzliche Nebenbedingung

(6.2.8) $w_{t+1} = w_t + w^+_t - w^-_t \quad (t = 1, \ldots, T)$.

Dabei ist w_1 der (vorgegebene) Anfangsbestand an Arbeitskräften. Weiter gelten die Beziehungen

(6.2.9) $\left.\begin{array}{l} \mu_t w_t = \bar{s}_t \\ v_t w_t = \bar{s}_t^{\ddot{u}} \end{array}\right\}$ $(t = 1, \ldots, T)$,

wobei μ_t die Anzahl der regulären Arbeitsstunden und v_t die Höchstanzahl möglicher Überstunden pro Arbeitskraft in Periode t sind. (6.2.9) ist entweder dem Optimierungsproblem als Nebenbedingung hinzuzufügen, oder man ersetzt die Nebenbedingung (6.2.3) durch

(6.2.10) $\displaystyle\sum_{i=1}^{n} \alpha^i u_t^i - s_t^{\ddot{u}} + s_t^u - \mu_t w_t = 0$ $(t = 1, \ldots, T)$

und (6.2.5) durch

$s_t^{\ddot{u}} - v_t w_t \leq 0$ $(t = 1, \ldots, T)$.

Nahezu alle in der Praxis verwendeten Optimierungsmodelle der aggregierten Produktionsplanung sind wie das Problem (6.2.1) bis (6.2.7) linear. Eventuelle nichtlineare Kostenfunktionen werden in der Regel durch lineare oder stückweise lineare Funktionen approximiert. Für nichtlineare Optimierungsprobleme der aggregierten Produktionsplanung verweisen wir auf HAX UND CANDEA (1984), Abschnitte 3.3 und 3.5.

Die optimalen Lösungen des linearen Optimierungsproblems (6.2.1) bis (6.2.7) und seiner Modifikationen, die auch für sehr große Probleme mit Tausenden von Variablen und Nebenbedingungen sehr effizient etwa mit der Simplexmethode berechnet werden können (vgl. NEUMANN UND MORLOCK (1993), Kapitel 1), sind im allgemeinen nicht ganzzahlig. Nichtganzzahlige Werte für die Variablen sind aber häufig nicht sinnvoll, z.B. bei den Variablen w_t, w_t^+ und w_t^- sowie $s_t^{\ddot{u}}$ und s_t^u. Handelt es sich zudem um Stückgüter, ist man nur an ganzzahligen Werten u_t^i und x_t^i interessiert. Mit wirtschaftlich vertretbarem Rechenaufwand können jedoch lediglich ganzzahlige lineare Optimierungsprobleme relativ kleiner Größenordnung exakt gelöst werden. Deshalb begnügt man sich in der Praxis meistens damit, nichtganzzahlige optimale Werte zu runden. Jedoch kann einfaches Runden auf die jeweils nächstgelegene ganze Zahl zu einer unzulässigen Lösung führen, und die Gleichungen (6.2.2), (6.2.3) und gegebenenfalls (6.2.8) sind nicht mehr exakt erfüllt. Um letzteres zu vermeiden, kann man etwa die Variablenwerte w_t^+ jeweils auf die nächst größere und die Werte w_t^- auf die nächst kleinere ganze Zahl runden und anschließend w_t aus (6.2.8) berechnen. Rundet man auch die u_t^i auf ganzzahlige Werte, dann ergeben sich bei ganzzahligen Ausgangsdaten $x^{i,a}$, d_t^i, α^i und μ_t ganzzahlige Werte für x_{t+1}^i und $s_t^{\ddot{u}}$ bzw. s_t^u aus (6.2.2) und (6.2.10).

Es ist nicht sinnvoll, daß sowohl Über– als auch Unterstunden in ein und derselben Periode vorkommen, d.h., für jedes $t \in \{1, \ldots, T\}$ sollte mindestens eine der beiden Variablen $s_t^{\ddot{u}}$ und s_t^u den Wert 0 haben. Entsprechendes gilt für die Variablen w_t^+ und w_t^-. Man überlegt sich jedoch leicht, daß bei der Lösung des betreffenden linearen Optimierungsproblems mit Hilfe der Simplexmethode höchstens eine der beiden Variablen $s_t^{\ddot{u}}$ und s_t^u (für festes t) und ebenso höchstens eine der beiden Variablen

w_t^+ und w_t^- eine Basisvariable ist [3]. Da Nichtbasisvariablen in einer Ecke des zulässigen Bereiches stets den Wert 0 haben und das Simplexverfahren nur Ecken des zulässigen Bereiches ermittelt, ist die obige Forderung automatisch erfüllt.

6.2.3 Losgrößenbestimmung für Produktfamilien

Auf der mittleren Planungsebene der hierarchischen Produktionsplanung findet die Disaggregation der auf der obersten Planungsebene bestimmten Produktionsmengen der Produktgruppen in Losgrößen der Produktfamilien statt. Es wird nur die erste Planungsperiode berücksichtigt, und jede Produktgruppe wird separat behandelt. Hierdurch wird die Komplexität des Planungsproblems erheblich reduziert.

Wir betrachten exemplarisch eine Produktgruppe, von der (in der ersten Periode) aufgrund der aggregierten Planung auf der obersten Planungsebene die Menge $u^* > 0$ produziert werden soll. J sei die Menge der (Indizes der) Produktfamilien, die zu der betreffenden Produktgruppe gehören. Zunächst bestimmen wir die Menge $J' \subseteq J$ derjenigen Produktfamilien, die in der aktuellen (ersten) Planungsperiode gefertigt werden sollen. Anschließend teilen wir die Menge u^* auf die Produktfamilien $j \in J'$ auf.

Seien x_j^a der (bekannte disponible) Anfangslagerbestand, $\underline{x}_j$ der Sicherheitsbestand und d_j die Nachfrage nach der Produktfamilie j in der aktuellen Periode (der Einfachheit halber verwenden wir die gleichen Symbole wie beim Produktgruppenproblem).

$$(6.2.11) \quad \tau_j := \frac{x_j^a - \underline{x}_j}{d_j}$$

sei die *Lager–Reichweite* (engl. runout time) der Produktfamilie $j \in J$. Dann gelte

$j \in J'$ genau dann, wenn $\tau_j < 1$

ist, d.h., wenn der Bestand der Produktfamilie j (unter Berücksichtigung des Sicherheitsbestandes) nicht ausreicht, um die Nachfrage in der aktuellen Periode zu decken. Im Fall $\tau_j < 1$ ist also die Produktfamilie j zu produzieren.

Die in der aktuellen Periode zu produzierende Menge (Losgröße) von Produktfamilie j bezeichnen wir mit Q_j. Weiter seien K_j die Rüstkosten für Produktfamilie j. Dann bestimmen wir die Mengen Q_j ($j \in J'$) als Lösung des Optimierungsproblems

---

3 Der zu s_t^u bzw. w_t^+ gehörende Spaltenvektor der Koeffizientenmatrix der Nebenbedingungen ist gleich dem Negativen des Spaltenvektors zur Variablen s_t^u bzw. w_t^-; die beiden Spaltenvektoren sind also linear abhängig.

(6.2.12) Min. $\displaystyle\sum_{j\in J'} \frac{K_j d_j}{Q_j}$

(6.2.13) u.d.N. $\displaystyle\sum_{j\in J'} Q_j = u^*$

(6.2.14) $\underline{Q}_j \le Q_j \le \overline{Q}_j \quad (j \in J')$.

Bei der Wahl der Zielfunktion in (6.2.12) haben wir beachtet, daß die Minimierung der Produktions– und Lagerungskosten bereits im Rahmen des aggregierten Planungsproblems in Abschnitt 6.2.2 berücksichtigt worden ist; Rüstkosten sind dabei jedoch noch nicht einbezogen worden. Q_j/d_j stellt die Länge Δ_j des Produktionszyklus für die Produktfamilie j dar, wenn wie im klassischen Losgrößenmodell d_j als konstante Nachfragerate (Nachfrage pro ZE bzw. Periode) interpretiert wird (vgl. Abschnitt 3.2.1). Die Rüstkosten pro ZE sind dann gleich $K_j/\Delta_j = K_j d_j/Q_j$. (6.2.12) entspricht also der Minimierung der gesamten Rüstkosten der hergestellten Produktfamilien pro ZE.

Die Nebenbedingung (6.2.13) besagt, daß die zu produzierende Menge u^* der betrachteten Produktgruppe auf die Produktfamilien $j \in J'$ aufzuteilen ist. (6.2.14) berücksichtigt, daß für die Produktionsmengen Q_j im allgemeinen Untergrenzen $\underline{Q}_j \ge 0$ (z.B. durch Sicherheitsbestände bedingt) und Obergrenzen $\overline{Q}_j \ge \underline{Q}_j$ (etwa aufgrund nichtüberschreitbarer Lagerkapazitäten) vorgegeben sind. $\underline{Q}_j$ und $\overline{Q}_j$ kann man wie folgt festlegen:

(6.2.15) $\underline{Q}_j := \max\left(0, d_j - x_j^a + \underline{x}_j\right)$

(6.2.16) $\overline{Q}_j := \overline{x}_j - x_j^a$.

Dabei ist $\overline{x}_j$ die Lagerkapazität für Produktfamilie j. Ist die Durchlaufzeit einer jeden Produktfamilie nicht zu vernachlässigen, sondern beträgt D Perioden, so sind (6.2.11) durch

$$\tau_j := \frac{x_j^a - \underline{x}_j}{\displaystyle\sum_{t=1}^{D+1} d_t^j}$$

und (6.2.15) durch

(6.2.17) $\underline{Q}_j := \max\left(0, \displaystyle\sum_{t=1}^{D+1} d_t^j - x_j^a + \underline{x}_j\right)$

zu ersetzen, wobei d_t^j die Nachfrage nach der Produktfamilie j in Periode t ist ($t = 1$ entspricht der aktuellen Periode).

Gilt

$$\sum_{j \in J'} \underline{Q}_j = u^* \quad \text{oder} \quad \sum_{j \in J'} \overline{Q}_j = u^*,$$

so sind

$$Q_j^* = \underline{Q}_j \quad \text{bzw.} \quad Q_j^* = \overline{Q}_j \quad (j \in J')$$

optimale Lösungen des Optimierungsproblems (6.2.12) bis (6.2.14). In den Fällen

$$\sum_{j \in J'} \underline{Q}_j > u^* \quad \text{und} \quad \sum_{j \in J'} \overline{Q}_j < u^*$$

gibt es keine zulässigen Lösungen. Im ersten Fall ist der Sicherheitsbestand für die betrachtete Produktgruppe im aggregierten Produktionsplanungsproblem nicht groß genug, um die Sicherheitsbestände für die einzelnen Produktfamilien dieser Produktgruppe zu garantieren. Im zweiten Fall reichen die maximal zu produzierenden Mengen der Produktfamilien $j \in J'$ nicht aus, um die erforderliche Menge u^* der Produktgruppe zu fertigen. Im letzteren Fall empfiehlt sich dann, auch Produktfamilien $j \in J \setminus J'$ in der Reihenfolge nichtfallender Lager–Reichweiten τ_j zu produzieren, bis die benötigte Menge u^* erreicht ist.

Die Optimierungsaufgabe (6.2.12) bis (6.2.14) stellt ein sogenanntes *Rucksackproblem* dar, bei dem ein Rucksack mit vorgeschriebenem Gewicht u^* in optimaler Weise gefüllt werden soll. Im Unterschied zum üblichen „binären" oder „ganzzahligen" Rucksackproblem (vgl. etwa NEUMANN UND MORLOCK (1993), Abschnitt 3.3) handelt es sich hier um kein diskretes, sondern ein „kontinuierliches" Problem (d.h., die Variablen Q_j können nicht nur diskrete, sondern beliebige reelle Werte annehmen), und die Zielfunktion ist nichtlinear.

Im folgenden setzen wir voraus, daß

$$\sum_{j \in J'} \underline{Q}_j < u^* < \sum_{j \in J'} \overline{Q}_j$$

gelte. Läßt man die Nebenbedingung (6.2.14) weg, so erhält man als Lösung des Optimierungsproblems (6.2.12), (6.2.13) durch Nullsetzen der ersten partiellen Ableitungen der Lagrange–Funktion L mit

$$L\big(Q_j, \mu \mid j \in J'\big) := \sum_{j \in J'} \frac{K_j d_j}{Q_j} + \mu \left(\sum_{j \in J'} Q_j - u^* \right)$$

analog zu Abschnitt 3.2.2a

$$Q_j^+ = \frac{u^* \sqrt{K_j d_j}}{\sum_{j \in J'} \sqrt{K_j d_j}} \quad (j \in J').$$

Genügen die Werte Q_j^+ auch der Nebenbedingung (6.2.14), so hat man eine optimale Lösung des Rucksackproblems (6.2.12) bis (6.2.14) erhalten. Andernfalls geht man wie folgt vor (vgl. HAX UND CANDEA (1984), Abschnitt 6.2.4): Man bestimmt die Mengen

$$J^- := \left\{ j \in J' \mid Q_j^+ \le \underline{Q}_j \right\}$$

$$J^+ := \left\{ j \in J' \mid Q_j^+ \ge \overline{Q}_j \right\}$$

und die Größen

$$S^- := \sum_{j \in J^-} \left(\underline{Q}_j - Q_j^+ \right) \quad \text{(„Gesamtdefizit")}$$

$$S^+ := \sum_{j \in J^+} \left(Q_j^+ - \overline{Q}_j \right) \quad \text{(„Gesamtüberschuß")}.$$

Gilt $S^- \ge S^+$, d.h., die Unterschreitung der Untergrenzen dominiert die Überschreitung der Obergrenzen, so legt man

$$Q_j^* := \underline{Q}_j \quad \text{für} \quad j \in J^-$$

$$\tilde{J} := J' \setminus J^-$$

$$\tilde{u} := u^* - \sum_{j \in J^-} \underline{Q}_j$$

fest und löst in einem zweiten Iterationsschritt das Rucksackproblem (6.2.12) bis (6.2.14) mit J' durch $\tilde{J}$ und u^* durch $\tilde{u}$ ersetzt. Man produziert also die Produktfamilien $j \in J^-$ an ihren Untergrenzen und teilt die restliche zu produzierende Menge der Produktgruppe auf die verbleibenden Produktfamilien $j \in J' \setminus J^-$ auf.

Gilt $S^+ > S^-$, dann setzt man

$$Q_j^* := \overline{Q}_j \quad \text{für} \quad j \in J^+$$

$$\tilde{J} := J' \setminus J^+$$

$$\tilde{u} := u^* - \sum_{j \in J^+} \overline{Q}_j$$

und löst im zweiten Iterationsschritt wieder das Problem (6.2.12) bis (6.2.14) mit $\tilde{J}$ statt J' und $\tilde{u}$ statt u^*.

Entsprechend fährt man fort. Daß dieses Verfahren nach endlich vielen Iterationsschritten eine optimale Lösung Q_j^* ($j \in J'$) des Rucksackproblems (6.2.12) bis (6.2.14) liefert, wird in BITRAN UND HAX (1981) gezeigt.

6.2.4   Losgrößenbestimmung für die einzelnen Endprodukte

Auf der untersten Planungsebene der hierarchischen Produktionsplanung erfolgt die Disaggregation der Losgrößen der Produktfamilien der aktuellen Planungsperiode in Losgrößen der einzelnen Endprodukte. Hierbei wird wieder jede Produktfamilie separat betrachtet.

Sei $Q^* > 0$ die in der aktuellen Periode zu produzierende Menge einer Produktfamilie, bestehend aus den Endprodukten $l \in L$. Da alle relevanten Kosten bereits auf den beiden höheren Planungsebenen berücksichtigt worden sind, wird die Aufteilung der Menge Q^* auf die einzelnen Endprodukte so vorgenommen, daß eine weitgehende Annäherung der Lager–Reichweiten der einzelnen Endprodukte der Produktfamilie erreicht wird. Hierdurch vermeidet man Rüstkosten für die Auflage eines Fertigungsloses für die gesamte Produktfamilie aufgrund der Knappheit eines einzelnen Endproduktes.

Seien x_l^a der (bekannte disponible) Anfangslagerbestand, $\underline{x}_l$ der Sicherheitsbestand, $\bar{x}_l$ die Lagerkapazität und d_l die Nachfrage nach dem Endprodukt l in der aktuellen Periode. Die in der aktuellen Periode zu produzierende Menge (Losgröße) des Endproduktes l bezeichnen wir mit q_l. Die Mengen q_l ($l \in L$) bestimmen wir dann als Lösungen des folgenden Optimierungsproblems:

(6.2.18) Min. $$\sum_{l \in L} \left(\frac{Q^* + \sum_{i \in L}\left(\bar{x}_i - \underline{x}_i\right)}{\sum_{i \in L} d_i} - \frac{q_l + \bar{x}_l - \underline{x}_l}{d_l} \right)^2$$

(6.2.19) u.d.N. $$\sum_{l \in L} q_l = Q^*$$

(6.2.20) $$\underline{q}_l \le q_l \le \bar{q}_l \quad (l \in L).$$

Die Zielfunktion in (6.2.18) stellt die Summe der quadratischen Abweichungen der durchschnittlichen Lager–Reichweite der betrachteten Produktfamilie von den individuellen Lager–Reichweiten der einzelnen Endprodukte dar. Durch Minimierung dieser Zielfunktion versucht man, das bereits oben erwähnte Ziel einer möglichst gleichmäßigen Verfügbarkeit der einzelnen Produkte der Produktfamilie zu erreichen, so daß die einzelnen Erzeugnisse in etwa gleichzeitig knapp werden. Die Nebenbedingung (6.2.20) berücksichtigt wieder Unter– und Obergrenzen für die produzierten Mengen q_l, die wie folgt festgelegt sein können (vgl. (6.2.15), (6.2.16)):

(6.2.21) $$\underline{q}_l := \max\left(0, d_l - x_l^a + \underline{x}_l\right)$$

$$\bar{q}_l := \bar{x}_l - x_l^a.$$

Ist die Durchlaufzeit eines jeden Endproduktes nicht zu vernachlässigen, sondern beträgt D Perioden, so ist (6.2.21) durch

$$\underline{q}_l := \max\left(0, \sum_{t=1}^{D+1} d_t^l - x_l^a + \underline{x}_l\right)$$

zu ersetzen (vgl. (6.2.17)), wobei d_t^l die Nachfrage nach dem Endprodukt l in Periode t ist ($t = 1$ entspricht der aktuellen Periode). Ferner ist in der Zielfunktion in (6.2.18) d_l durch $\sum_{t=1}^{D+1} d_t^l$ und entsprechend $\sum_{i \in L} d_i$ durch $\sum_{i \in L} \sum_{t=1}^{D+1} d_t^i$ zu ersetzen.

Das Rucksackproblem (6.2.18) bis (6.2.20) kann in ähnlicher Weise wie das Rucksackproblem (6.2.12) bis (6.2.14) gelöst werden. Wir verweisen hierzu auf HAX UND CANDEA (1984), Abschnitt 6.2.5.

6.3 PPS–Systeme

Produktionsplanungs– und Steuerungs–Systeme, abgekürzt *PPS–Systeme*, sind modular aufgebaute Informationssysteme zur Unterstützung der Produktionsplanung und –steuerung in erster Linie im Bereich der Serienfertigung. Sie setzen sich aus weitgehend unabhängigen Teilsystemen zusammen, z.B.

- Kundenauftragsverwaltung
- Produktions–Programmplanung
- Lagerbestandsverwaltung
- Materialbedarfsplanung
- Termin– und Kapazitätsplanung
- Ablaufplanung.

Die Daten und Entscheidungen aus den einzelnen Teilbereichen werden in der Regel in einer *zentralen Datenbank* gespeichert und damit den übrigen Teilsystemen zugänglich gemacht. Die zentrale Datenbank enthält

(i) *Stammdaten*: Strukturdaten der Produktion, z.B. Teilestammdaten (Konstruktionsdaten), Stücklisten, Arbeitspläne und Maschinenkapazitäten.

(ii) *Bewegungsdaten*: Bestands– und Bewegungsdaten der Produktion wie etwa Auftragsbestände, Lagerbestände und Maschinenzustände.

Die in der Datenbank gespeicherten Daten müssen laufend aktualisiert werden.

PPS–Systeme ermöglichen im allgemeinen nur eine *Sukzessivplanung*. Dies bedeutet, daß vorgelagerte Teilbereiche (z.B. die Produktions–Programmplanung) ihre Ergebnisse lediglich nachgelagerten Teilbereichen (z.B. der Materialbedarfsplanung) als Input weitergeben; Rückkopplungen sind nur in Ausnahmefällen vorgesehen. Ferner beinhalten PPS–Systeme in der Regel keine Optimierungs– oder sonstigen Entscheidungsmodelle. Zwar können Partialmodelle und entsprechende Verfahren (z.B. Losgrößenmodelle oder Heuristiken zur Losgrößenbestimmung, Kapazitätsplanung und Ablaufplanung) in einzelne Moduln eingebaut werden; das gesamte PPS–System bleibt hiervon jedoch weitgehend unbeeinflußt. Bei den auf dem Markt angebotenen PPS–Softwarepaketen fehlt ein solcher Einbau von Optimierungsmodellen und –verfahren zudem meistens. PPS–Systeme berücksichtigen außerdem kaum die Besonderheiten unterschiedlicher Produktionssegmente und nicht auf allen Planungsebenen die beschränkte Verfügbarkeit der benötigten Ressourcen. Insgesamt erlauben also PPS–Systeme im Prinzip nur eine *effiziente Datenverwaltung*. Auf die genannten Schwächen der PPS–Systeme und geeignete Verbesserungsmöglichkeiten werden wir in Abschnitt 6.6 zurückkommen.

Die Entwicklung von PPS–Systemen ist zum einen von MRP–Systemen ausgegangen, ergänzt durch CRP (in erster Linie Kapazitätsabgleich), vgl. Kapitel 4. Ein zweiter Anstoß für PPS–Systeme ist die Auftragsverwaltung gewesen (was Beziehungen zum Rechnungswesen impliziert). Die Integration der Auftragsverwaltung einerseits und der Programm–, Termin– und Kapazitätsplanung andererseits in ein MRP–System hat auch die Einbeziehung der Lagerbestandsverwaltung nahegelegt. Schließlich hat man die Ablaufplanung sowie häufig noch die Fertigungssteuerung und eine einfache Fertigungskontrolle in PPS–Systeme einbezogen.

Den prinzipiellen Aufbau eines PPS–Systems (mit den einzelnen Moduln des Systems und den dazwischen liegenden Informationsflüssen) zeigt Abb. 6.3.1, die im wesentlichen KISTNER UND STEVEN (1993), Teil 3, Abschnitt 2.1.1, entnommen ist. Im folgenden erläutern wir kurz die einzelnen Komponenten dieses Systems.

Eine zentrale Rolle innerhalb eines PPS–Systems spielt die *Lagerbestandsführung*. Erstens liefert sie den Moduln „Ermittlung des MPS" und „MRP" Informationen über die disponiblen Lagerbestände, die zur Ermittlung des Nettobedarfs der einzelnen Produkte benötigt werden. Zweitens erhält die Lagerbestandsführung von diesen beiden Moduln Informationen über geplante Zu– und Abgänge von Rohstoffen, Fremdteilen sowie Zwischen– und Endprodukten, vergleicht diese Solldaten mit den entsprechenden Ist–Lagerzugängen bzw. –Lagerabgängen und regt bei (größeren) Abweichungen eine Planrevision an. Drittens meldet die Lagerbestandsführung die Erledigung von Kundenaufträgen an die Auftragsverwaltung, der die Überwachung der Kundenaufträge obliegt.

Das *Hauptproduktionsprogramm*, engl. *Master Production Schedule (MPS)*, legt den Primärbedarf der einzelnen Endprodukte fest (*Primärbedarfsplanung*). Hierfür benötigt man Nachfrageprognosen sowie eventuelle Kundenaufträge und eine Kapazitätsbelastungsübersicht („Grobauslastungsprofile"). Bei der Serienfertigung kann der Master Production Schedule mit einer mittelfristigen aggregierten Produktionsplanung bestimmt werden, sofern der Primärbedarf der Endprodukte nicht unmittelbar aus (disaggregierten) Nachfrageprognosen gewonnen wird. Die mittelfristige Planung erfolgt im allgemeinen „monatsgenau". In der Einzelfertigung, wo große Einzelaufträge (als Projekte häufig in Baustellenfertigung) ausgeführt werden, entspricht der mittelfristigen Produktionsplanung eine mittelfristige Terminplanung. Die benötigten „Ecktermine" (Meilensteine) werden in der Regel mit Hilfe eines Grobnetzplans bestimmt. Bei der Massenfertigung interessiert in erster Linie die mittelfristige Kapazitätsausstattung der verschiedenen Arbeitsstationen. Weder die Einzel– noch die Massenfertigung werden jedoch üblicherweise von PPS–Systemen unterstützt. Die im MPS festgelegten Zu– und Abgänge von Endprodukten werden als Solldaten an die Lagerbestandsführung gemeldet.

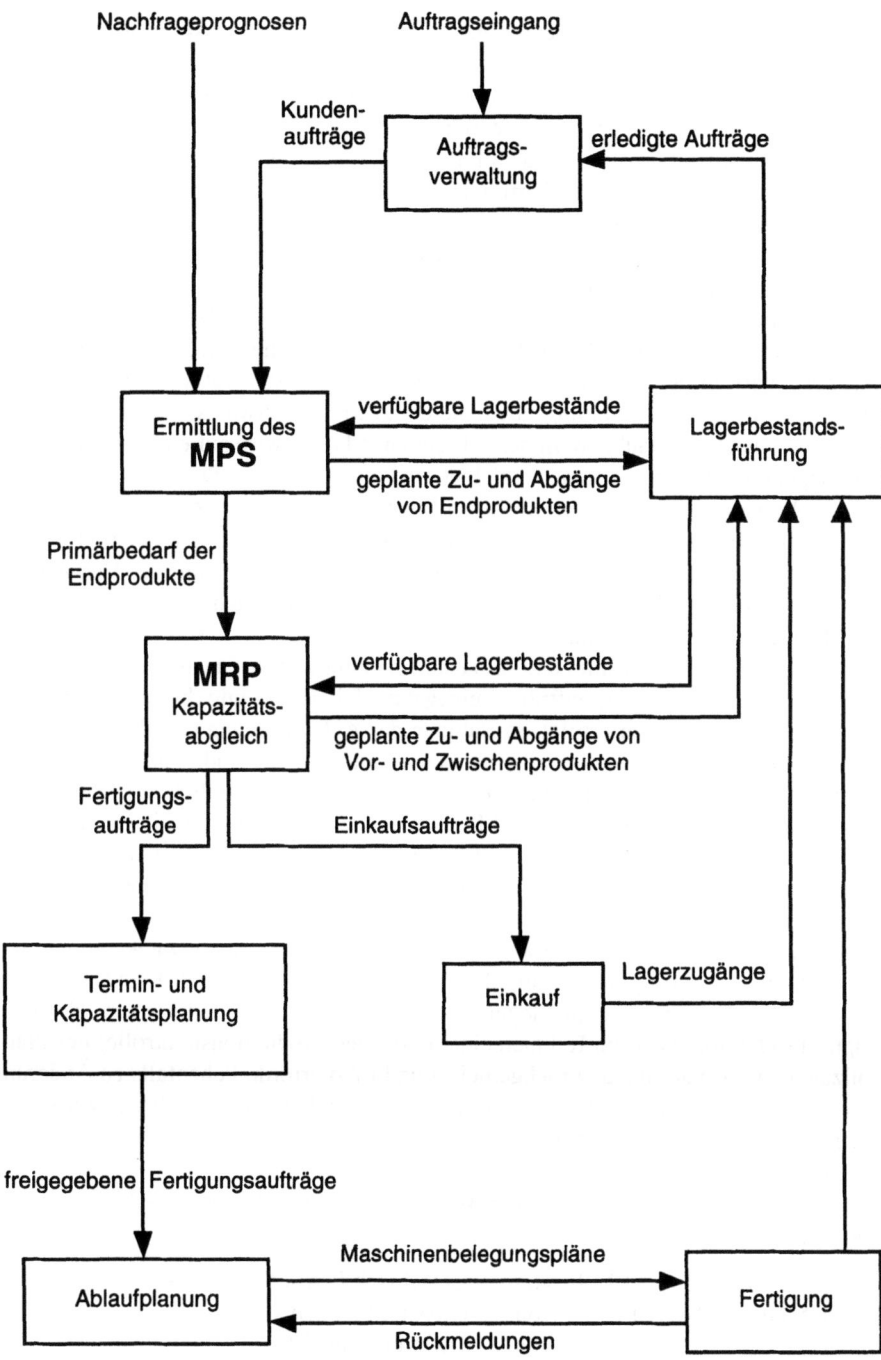

Abb. 6.3.1: Moduln und Informationsfluß in einem PPS–System

Im Modul *MRP* wird, ausgehend vom MPS und der Erzeugnisstruktur des betreffenden Unternehmens, zunächst eine Stücklistenauflösung durchgeführt (*Sekundärbedarfsplanung*), die den Bruttobedarf sowie (nach Abstimmung mit den Lagerbeständen) den Nettobedarf an allen Zwischenprodukten, Rohstoffen und Fremdteilen liefert. Anschließend erfolgt die Losbildung und Vorlaufverschiebung (Grobterminplanung). Für die resultierenden Fertigungsaufträge wird bei manchen PPS–Systemen noch ein *Kapazitätsabgleich* durchgeführt, in dem geprüft wird, ob die zur Erledigung dieser Aufträge benötigten Ressourcen ausreichen; erforderlichenfalls erfolgt eine zeitliche Verschiebung der Fertigungslose. Die geplanten Zu– und Abgänge von Vor– und Zwischenprodukten werden als Sollwerte der Lagerbestandsführung gemeldet. Die Planung innerhalb des Moduls MRP geschieht im allgemeinen „wochengenau".

Insbesondere in der Einzel– und Kleinserienfertigung schließt sich an MRP eine *Termin– und Kapazitätsplanung* mit feinerem Zeitraster (etwa „schichtengenau" an Stelle von „wochengenau") an. In der betrieblichen Praxis wird auf eine genauere Kapazitätsplanung jedoch meistens verzichtet, und man begnügt sich mit einer dem Kapazitätsabgleich entsprechenden gröberen Planung. Sowohl im vorliegenden Modul als auch im Modul MRP können für die benötigten Durchlaufzeiten der Fertigungsaufträge bzw. der einzelnen Arbeitsgänge nur Durchschnittswerte aus der Vergangenheit verwendet werden, da die hierbei eingehenden Wartezeiten erst nach Abschluß der Ablaufplanung bekannt sind.

Im Anschluß an die Termin– und Kapazitätsplanung werden (nach einer Verfügbarkeitsprüfung) die Fertigungsaufträge freigegeben. Die Einlastung dieser Aufträge auf den einzelnen Maschinen erfolgt im Rahmen der *Ablaufplanung* oder Maschinenbelegungsplanung, und zwar im allgemeinen „stundengenau" oder mit einem noch feineren Zeitraster. Die Ablaufplanung reagiert äußerst empfindlich auf Datenänderungen (z.B. die Verfügbarkeit von Maschinen oder die Anwesenheit von Personal betreffend) und geschieht deshalb sehr kurzfristig, häufig ausgegliedert aus dem PPS–System auf Meisterebene. Leistungsfähige Verfahren der Maschinenbelegungsplanung (vgl. Abschnitt 5.2) werden in PPS–Systeme kaum integriert.

Die Maschinenbelegungspläne werden als Vorgabe an die *Fertigung* weitergeleitet. Die Fertigungssteuerung wird häufig durch einen elektronischen Leitstand unterstützt, in den Verfahren der Maschinbelegungsplanung integriert werden können. Nach erfolgter Produktion wird (im Rahmen einer einfachen Produktionskontrolle) der Planvollzug an die Ablaufplanung rückgemeldet und führt erforderlichenfalls zu Änderungen der Maschinenbelegungspläne. Der Abschluß der Produktionsaufträge wird auch der Lagerbestandsführung gemeldet, wo die Soll– mit den produzierten Ist–Mengen verglichen werden.

Programmpakete für PPS–Systeme werden in großer Zahl von verschiedenen Firmen angeboten, z.B.

CA–CAS und CA–PRMS	von	COMPUTER ASSOCIATES
CONTROL MANUF	von	CINCOM Systems
FOSS	von	ORDAT GmbH & Co.
PIUSS O	von	PSI GmbH

R/3	von	SAP AG
SC–400–PPS	von	biw Beratung für Industrie und Wirtschaft.

In FANDEL ET AL. (1994) werden 167 verschiedene PPS–Softwarepakete miteinander verglichen. Für weitere Einzelheiten über PPS–Systeme verweisen wir auf FANDEL ET AL. (1994) und GLASER ET AL. (1991).

6.4 CIM (Computer Integrated Manufacturing)

CIM ist eine Weiterentwicklung der herkömmlichen PPS–Systeme, die zusätzlich zu Datenbeständen des Produktionsbereiches vor allem technische Daten enthält. Ein wesentlicher Teil von CIM sind die sogenannten *CAx–Techniken*. Während PPS–Systeme in erster Linie betriebswirtschaftliche Komponenten umfassen, beinhalten die CAx–Techniken primär technisch orientierte Planungs–, Steuerungs– und Konstruktionsverfahren mit Computerunterstützung. Im folgenden listen wir einige der wichtigsten CAx–Techniken auf (für Details verweisen wir etwa auf HOITSCH (1993), Abschnitt II.4.2, SCHEER (1990a) und SCHEER (1994), Abschnitt B.I.5).

CAD (Computer Aided Design) beinhaltet die computergestützte interaktive Konstruktion von Produkten und deren Bauteilen mit verschiedenen Verfahren zur Darstellung geometrischer Größen sowie die Generierung von Stücklisten. Die Konstruktion von Produkten besteht aus den Phasen der Konzipierung, Gestaltung und Detaillierung.

CAP (Computer Aided Planning) umfaßt die computerunterstützte Arbeitsplanung, d.h. die Koordination von Arbeitskräften und Betriebsmitteln zur wirtschaftlichen Durchführung der Fertigung. Hierzu gehören z.B. computerunterstützte Arbeitsplanerstellung, Montageplanung und NC–Programmierung (Programmierung von numerisch gesteuerten Werkzeugmaschinen). CAP greift auf die Ergebnisse anderer CAx–Techniken zurück, z.B. auf Konstruktionsdaten und vorbereitete Fertigungsunterlagen aus dem CAD.

CAE (Computer Aided Engineering): Hierunter subsummiert man Funktionen wie Produktentwicklung und Projektierung von Anlagen. Beispielsweise können Prototypen auf dem Rechner entwickelt und mit Hilfe der Simulation auf ihre technischen Eigenschaften hin untersucht werden. Oft wird auch CAE als Zusammenfassung von CAD und CAP angesehen.

CAQ (Computer Aided Quality Insurance): Die rechnergestützte Qualitätssicherung legt Qualitätsmerkmale und Qualitätsanforderungen fest und erstellt Prüfpläne, die Prüfungshäufigkeit, Sollwerte und Toleranzen enthalten. Die Qualitätssicherung bezieht sich auf den gesamten Materialfluß, beginnend mit der Eingangsprüfung der Rohstoffe und Fremdteile, der Qualitätsprüfung innerhalb des gesamten Produktionsprozesses (Fertigungsüberwachung) bis zur abschließenden Prüfung der Endprodukte (Endkontrolle). Die Prüfung erfolgt in der Regel durch Soll–Ist–Vergleiche. Zur Qualitätssicherung verweisen wir insbesondere auf Kapitel 8.

CAM (Computer Aided Manufacturing): Neben der computergestützten Fertigung (Steuerung von Maschinen und Robotern) zählen hierzu automatisierte Transport–, Lager– und Montagesysteme sowie die rechnergestützte Instandhaltung. Oft werden auch CAP und CAQ als Bestandteile von CAM betrachtet.

Die einzelnen CAx–Techniken sind nicht scharf gegeneinander abgegrenzt und werden ständig weiterentwickelt. Ziel von CIM ist die Integration dieser Techniken in ein PPS–System und die gegenseitige Unterstützung aller dieser Moduln. Bisher ist dies erst zum Teil gelungen, insbesondere ist die Integration von herkömmlichen PPS–Moduln (mit betriebswirtschaftlichen Funktionen) einerseits und CAx–Techniken (technischen Funktionen) andererseits noch unvollständig. Das Zusammenführen von technischen Funktionen und der Produktionsplanung und –steuerung im Rahmen von CIM hat zwar in den letzten Jahren wesentliche Fortschritte gemacht, der kaufmännische Bereich wird aber z.Z. noch vernachlässigt. Eine Erweiterung von CIM um *CAO* (Computer Aided Office) wird angestrebt, so daß insbesondere die Daten der Buchhaltung, des betrieblichen Rechnungswesens und des Personalwesens mit einbezogen werden können. Standardsoftware für CIM steht derzeit noch kaum zur Verfügung. Abb. 6.4.1 illustriert den Zusammenhang der einzelnen CIM–Komponenten unter Einschluß von CAO.

Abschließend führen wir noch einige wesentliche *Nachteile beim Einsatz von CIM* oder auch von herkömmlichen PPS–Systemen in der Praxis auf, die z.T. schon erwähnt worden sind (vgl. KISTNER UND STEVEN (1993), Teil 3, Abschnitt 2.1.3):

(1) Kaufmännische Daten, insbesondere Preise und Kosten, werden oft nur unzureichend erfaßt und in ein PPS–System einbezogen.

(2) Mit wachsendem Umfang der Datenbestände in einer zentralen Datenbank wird das System immer schwerfälliger, die Zugriffszeiten steigen überproportional an. Deshalb verwendet man in moderneren PPS–Systemen mehr und mehr verteilte Datenbanken (Dezentralisierung der Datenhaltung).

(3) Der Schwerpunkt der PPS–Systeme liegt auf dem Datenaspekt; die Datenerfassung und –verwaltung hat einen wesentlich höheren Stellenwert als die eigentliche Planung. Das Hauptziel ist, die anfallende Datenmenge effizient zu verwalten und eine zulässige, leicht nachvollziehbare Lösung zu bestimmen. Die Güte der ermittelten Lösung und eine (auch nur bescheidene) theoretische Fundierung des Lösungsgangs spielen kaum eine Rolle. Dies ist unbefriedigend, zumal sich einfache Optimierungsverfahren (z.B. in der Produktions–Programmplanung, der Lagerhaltung und der Maschinenbelegungsplanung) ohne grundsätzliche Schwierigkeiten einbauen lassen. Eine solche Integration von Optimierungsverfahren ist jedoch, abgesehen von wenigen simplen Heuristiken, bei den z.Z. auf dem Markt befindlichen PPS–Systemen nicht der Fall.

(4) CIM und PPS–Systeme unterstützen prinzipiell nur eine sukzessive Planung und berücksichtigen kaum die Besonderheiten spezieller Produktionssegmente und die beschränkte Verfügbarkeit der benötigten Ressourcen. Obwohl die zentrale Datenbank Rückkopplungen ermöglicht, erfolgen diese in der Regel nur, wenn schwerwiegende Diskrepanzen zwischen einzelnen Teilplänen oder zwischen Soll– und Ist–Daten auftreten.

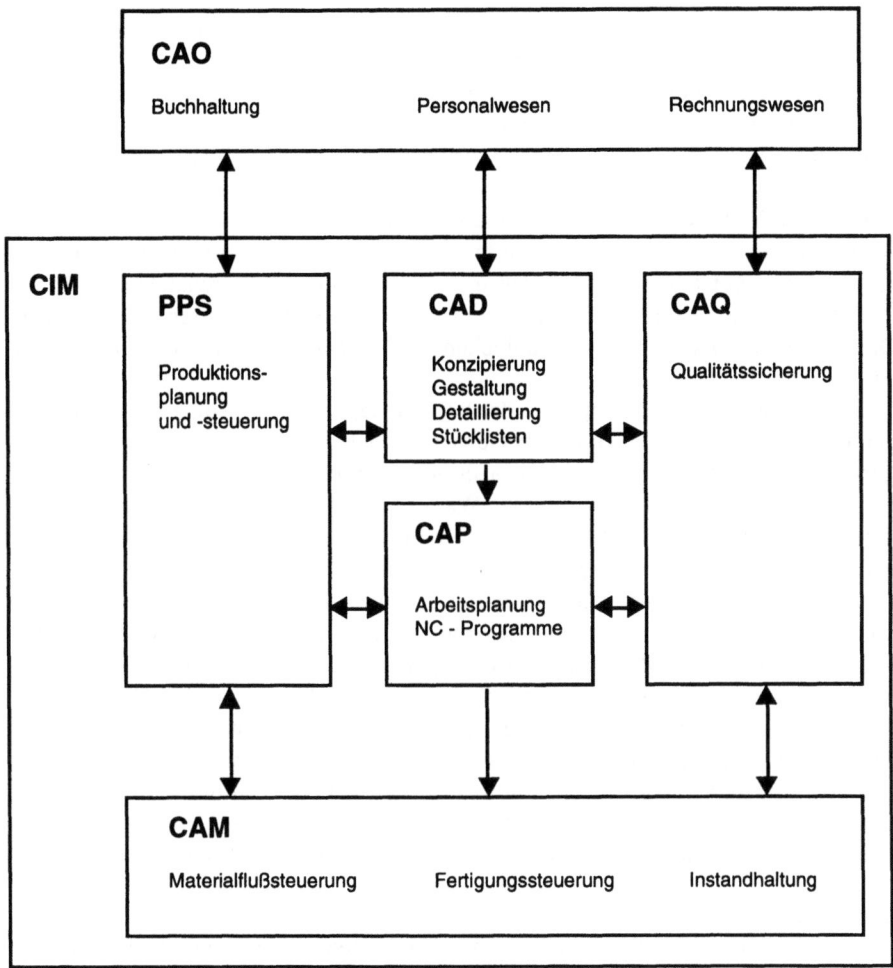

Abb. 6.4.1: CIM–Komponenten und CAO

6.5   Just–in–Time–Produktion

6.5.1   Motivation für JIT–Produktion

Sowohl beim Einsatz von PPS–Systemen als auch bei Anwendung manueller Verfahren der Produktionsplanung und –steuerung ergibt sich in der Regel ein unverhältnismäßig hoher Anteil der Liege– oder Wartezeiten an den Durchlaufzeiten der Betriebsaufträge. Häufig beträgt dieser Anteil bis zu 80 % (vgl. Abschnitt 5.1.1). Hierfür lassen sich folgende Gründe anführen:

(1) In der Terminplanung werden für die Schätzungen der Durchlaufzeiten Erfahrungswerte der Vergangenheit zugrundegelegt. Da diese Erfahrungswerte meist stark schwanken, werden sie um Sicherheitszuschläge erhöht. Dies führt dazu, daß viele Fertigungsaufträge vorzeitig freigegeben werden (damit sie auch sicher zu vorgeschriebenen Fertigstellungsterminen erledigt sind) und sich vor den Maschinen bzw. Arbeitsplätzen lange Warteschlangen bilden, was längere effektive Durchlaufzeiten zur Folge hat. Letzteres erhöht wiederum die Schätzwerte der Durchlaufzeiten für die nächste Planung, bedingt eine weitere zu frühe Freigabe der nächsten Aufträge usw. Dieses „Aufschaukeln" der Durchlaufzeiten wird als *Durchlaufzeit–Syndrom* bezeichnet.

(2) In der Kapazitätsplanung wird der lokalen Kapazitätsauslastung auf den einzelnen Dispositionsstufen ein zu großes Gewicht beigelegt. Die Freigabe zu vieler Fertigungsaufträge auf vorgelagerten Dispositionsstufen (um dort möglichst wenig freie Kapazitäten zu belassen) bewirkt hohe Wartezeiten in Engpaßbereichen auf nachgelagerten Stufen und damit wieder hohe Durchlaufzeiten. Dieser Effekt wird manchmal auch *Dilemma der Ablaufplanung* genannt.

(3) Die Produktions–Programmplanung und die anschließende Materialbedarfs– und Losgrößenplanung liefern häufig zu große Lose, bedingt durch die Zielvorstellung, daß größere Lose die Rüstzeiten verringern und damit die verfügbaren Kapazitäten besser ausnutzen. Außerdem sind die Losgrößen auf vorgelagerten Dispositionsstufen stets größer bzw. mindestens gleich den Losgrößen auf nachgelagerten Dispositionsstufen, um nicht von vornherein Leerzeiten der Maschinen auf den nachgelagerten Stufen zu verursachen. Eine hohe Losgröße hat aber häufig Engpässe bei Maschinenkapazitäten auf höheren Dispositionsstufen zur Folge. Werden dann (bei Los–Splitting) in aufeinander folgenden Perioden nur jeweils Teillose eines Fertigungsloses bearbeitet, so führt dies wiederum zu hohen Durchlaufzeiten des gesamten Fertigungsloses.

Der tiefere Grund für die überlangen Durchlaufzeiten und die damit verbundenen zu hohen Lagerbestände liegt darin, daß PPS–Systeme (sowie einfachere manuelle Verfahren der Produktionsplanung) nur eine Sukzessivplanung erlauben, die Knappheit benötigter Ressourcen nicht beachten und damit wesentliche Interdependenzen im Produktionsprozeß nicht berücksichtigen. Dies hat wiederum lange Lieferzeiten und (nicht zuletzt wegen der hohen Lagerbestände) hohe Kapitalbindungskosten zur Folge. Deshalb wird seit einigen Jahren der Verkürzung der Durchlaufzeiten und der Verringerung der Lagerbestände in der Produktionsplanung eine immer größere Bedeutung beigemessen.

In Japan ist Ende der siebziger Jahre das *Just–in–Time–Konzept* (abgekürzt *JIT*, im Deutschen auch *Produktion auf Abruf* genannt) entwickelt worden, das wie folgt beschrieben werden kann: Zu jeder Zeit und auf allen Stufen der Beschaffung, Fertigung und Distribution soll immer nur gerade soviel und nur dann etwas beschafft, produziert oder verteilt werden, wie bzw. wenn es unbedingt notwendig ist. Dadurch soll ein annähernd kontinuierlicher Materialfluß im Produktionsprozeß wie bei einer getakteten Fließfertigung erreicht werden.

Charakteristisch für das JIT-Konzept ist eine *neue Sicht der Läger*. Die traditionelle Sicht im Rahmen der Produktionsplanung ist, daß Läger trotz Kapitalbindungs- und sonstiger Kosten in Kauf genommen werden, damit die zeitliche und mengenmäßige Ausgleichsfunktion und die Sicherungsfunktion der Läger eine möglichst gleichmäßige Produktion garantiert. Insbesondere verspricht man sich von *höheren Lagerbeständen folgende Vorteile*:

(a) Rationalisierungsmöglichkeiten durch höhere Losgrößen auf den einzelnen Dispositionsstufen

(b) Auffangen von Störfällen (z.B. anfallendem Ausschuß, Ausfall von Maschinen und Personal)

(c) Größere Unabhängigkeit von Zulieferern

(d) Geringere Abhängigkeit von Preisschwankungen.

Im Rahmen des JIT-Konzepts sieht man in erster Linie die *negativen Aspekte der Lagerhaltung*:

(a) Läger verursachen (hohe) Kapitalbindungskosten.

(b) Läger führen häufig zu hohen Liege- oder Wartezeiten und damit hohen Durchlaufzeiten der Fertigungsaufträge und bewirken zu lange Lieferzeiten.

(c) Läger verringern die Flexiblität: Je mehr Zwischenläger mit hohen Beständen vorhanden sind, um so schwieriger wird die rechtzeitige Anpassung an veränderte Kundenwünsche.

(d) Läger mit hohen Sicherheitsbeständen verdecken Schwachstellen der Produktionsplanung und -steuerung:

(i) Hohe Lagerbestände weisen häufig auf nicht abgestimmte Kapazitäten hin.

(ii) Ausschuß entsteht durch mangelnde Qualitätssicherung, Ausfall von Maschinen resultiert aus schlechter Wartung, und Störungen durch Ausfall von Arbeitskräften weisen auf mangelnde Flexibilität des Personals hin (keine zeitweise Übernahme der anfallenden Arbeit durch andere Arbeitskräfte).

(iii) Verzögerte Lieferung von Rohstoffen und Fremdteilen wird u.a. durch mangelnde Arbeitsvorbereitung und schlechte Zusammenarbeit mit Zulieferern verursacht.

Eine drastische Reduzierung der Lagerbestände verringert also Kosten und Lieferzeiten, erhöht die Flexibilität und zwingt das Unternehmen, die unter (d) genannten Mißstände zu beseitigen. Es sei jedoch darauf hingewiesen, daß die Verringerung der Lagerbestände und Durchlaufzeiten eine Ausweitung der Fertigungskapazitäten erfordert und damit eine Verlagerung des Umlaufkapitals in das Anlagekapital bewirkt. Außerdem setzen kleine Losgrößen geringere Rüstkosten und -zeiten voraus. Vor allem erfordert eine Produktion auf Abruf aber eine Umstrukturierung des gesamten Produktionsprozesses mit dem Ziel, eine Reihenfertigung oder „Quasi-Fließfertigung" zu erreichen.

6.5.2 Kanban

Im folgenden wollen wir in Anlehnung an KISTNER UND STEVEN (1993), Teil 3, Abschnitte 2.2.1.2 und 2.2.2, das von der japanischen Automobilfirma Toyota entwickelte *Kanban–System* erläutern, das eine mögliche Realisierung des JIT–Konzepts darstellt. Kanban ist ein Informationssystem zur dezentralen Steuerung des Materialflusses bei mehrstufiger Fertigung. Charakteristisch für Kanban ist die *Holpflicht* (Pull–Steuerung) der Produktionsstellen (Arbeitsstationen) im Gegensatz zur *Bringpflicht* (Push-Steuerung) bei herkömmlichen Systemen der Produktionsplanung (z.B. PPS–Systemen). Bei Kanban müssen die verbrauchenden Stellen die von ihnen benötigten Teile rechtzeitig bei den vorgelagerten Stellen anfordern. Die Lieferung erfolgt aus Pufferlägern; mit der Entnahme aus einem Lager wird ein Fertigungsauftrag an die liefernde Stelle erteilt, das Lager wieder aufzufüllen. Bei konventionellen PPS–Systemen sind dagegen die Artikel von den vorgelagerten Stellen aufgrund zentraler Vorgaben rechtzeitig bei der betreffenden Produktionsstelle anzuliefern.

Bei Kanban werden zentral lediglich die Fertigungsaufträge für die Endprodukte auf der höchsten Dispositionsstufe M geplant. Vor Beginn der Bearbeitung eines Auftrags auf Stufe M werden die benötigten Artikel aus den Pufferlägern der unmittelbar vorgelagerten Produktionsstellen auf Dispositionsstufen $< M$ abgerufen und damit die Produktion an diesen Stellen angestoßen. Die letzteren Produktionsstellen fordern die von ihnen benötigten Artikel wiederum aus den Pufferlägern der vorgelagerten Stufen an und lösen damit die Produktion auf diesen Stufen aus usw. Auf diese Weise veranlaßt die Produktion auf der höchsten Dispositionsstufe M die Produktion auf allen niedrigeren Stufen.

Kanban verwendet als Organisationsmittel sogenannte *Kanban–Behälter*, in denen Artikel transportiert werden, und *Kanban–Karten*, die den Materialfluß zwischen den Produktionsstellen und Pufferlägern steuern (das japanische Wort „kanban" bedeutet Karte oder Schild). Für jedes Zwischen– und Vorprodukt ist ein Behältertyp vorgesehen. Behälter sind entweder leer oder voll, was eine feste Losgröße für jedes Produkt auf allen Dispositionsstufen impliziert. Zur Materialentnahme aus dem Pufferlager einer vorgelagerten Produktionsstelle wird ein leerer Behälter gegen einen vollen ausgetauscht; die letztere Produktionsstelle hat dann den leeren Behälter zu füllen. Jeder Behälter ist mit einer Kanban–Karte versehen. Im allgemeinen werden zwei Typen von Kanban–Karten verwendet, *Produktionskanbans* (engl. production ordering kanbans) und *Transportkanbans* (engl. withdrawal kanbans). Produktionskanbans steuern den Materialfluß zwischen liefernden (vorgelagerten) Produktionsstellen und deren Pufferlägern; sie stoßen die Produktion (bzw. eine Bestellung auf Dispositionsstufe 0) an und veranlassen damit die Füllung eines leeren Behälters. Transportkanbans steuern den Materialfluß zwischen den Pufferlägern der liefernden Arbeitsstationen und den empfangenden (nachgelagerten) Produktionsstellen; sie bewirken also den Transport leerer und gefüllter Behälter.

Der Materialfluß zwischen einer liefernden und einer empfangenden Produktionsstelle über ein Pufferlager ist in Abb. 6.5.1 illustriert. Die eingekreisten Zahlen entsprechen folgenden „Kanban–Aktionen":

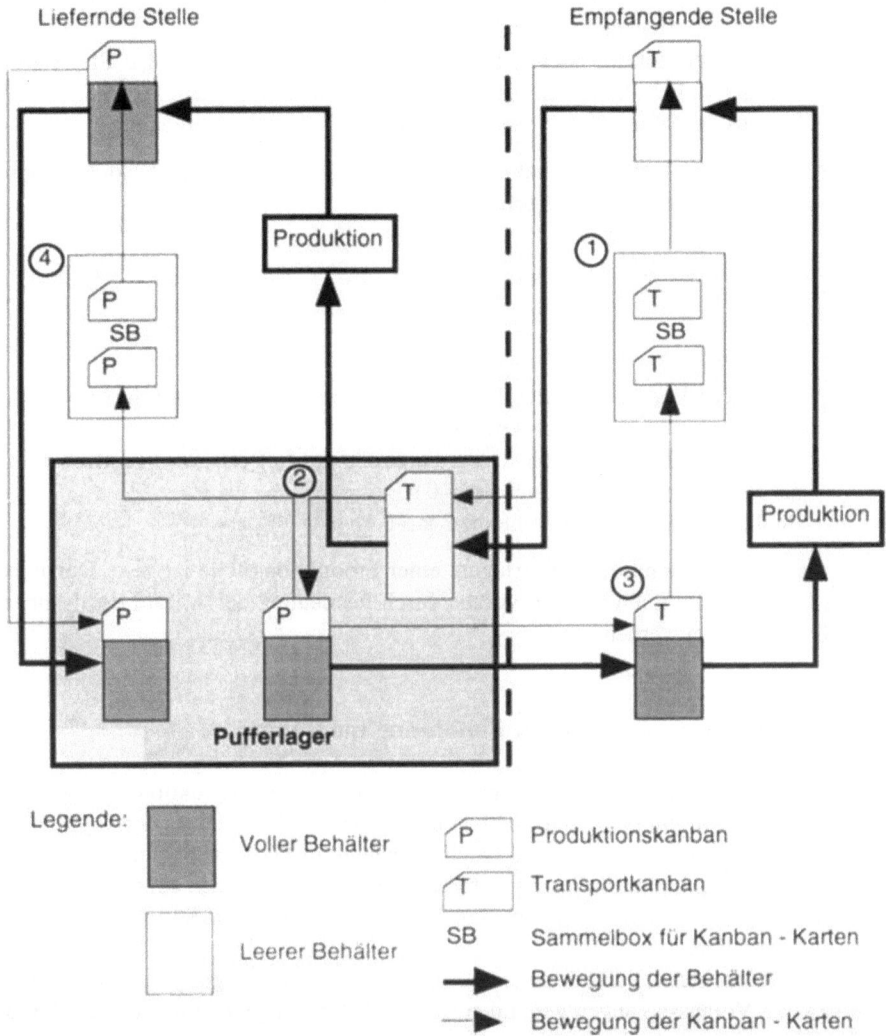

Abb. 6.5.1: Kanban–Aktionen

①   Aus der Sammelbox der empfangenden Stelle wird ein Transportkanban entnommen, an einem leeren Behälter befestigt und zusammen mit diesem Behälter zum Pufferlager der liefernden Stelle transportiert.

②   Im Pufferlager wird von einem vollen Behälter der Produktionskanban entfernt und in die Sammelbox der liefernden Stelle gelegt. Dafür wird der Transportkanban des leeren Behälters an dem vollen Behälter befestigt.

③ Der volle Behälter wird zur empfangenden Stelle transportiert. Dort wird der
    Transportkanban entfernt und in die Sammelbox gelegt.
④ Solange Produktionskanbans in der Sammelbox der liefernden Stelle sind,
    produziert diese Stelle. Ein gefüllter Behälter wird mit einem Produktionskan-
    ban aus der Sammelbox versehen und in das Pufferlager gebracht.

Die Anzahl m der Kanban–Behälter für einen Artikel im gesamten Produktionsprozeß wird im allgemeinen wie folgt festgelegt:

$$m = \left\lceil \frac{\bar{d}t(1+\alpha)}{\kappa} \right\rceil$$

mit

$\bar{d}$ Erwarteter Bedarf des Artikels pro ZE (z.B. pro Tag oder pro Schicht)
t Durchlaufzeit pro ME des Artikels
α Steuervariable (Korrekturfaktor), die Größe des Pufferlagers beeinflußend (in
     der Regel $\alpha \approx 0,1$; ideal wäre $\alpha = 0$)
κ Behälterkapazität (im allgemeinen $\kappa \leq 0,1\bar{d}$).

Der maximale Bestand des Pufferlagers einer Produktionsstelle ist $m\kappa$. Der maximale Lagerbestand kann also im voraus durch Festlegung der Anzahl der Kanban–
Behälter bestimmt werden.

6.5.3   Voraussetzungen für die Einführung von Kanban

Mit dem Kanban–System ist eine generelle Steuerung des Produktionsprozesses bei
mehrstufiger Fertigung möglich. Kanban macht MRP entbehrlich, es wird nur der Primärbedarf benötigt. Ebenso erübrigt sich eine zentrale Maschinenbelegungsplanung.
Materialdisposition und Einlastung der Fertigungsaufträge können auf untergeordnete
Ebenen verlagert werden. Ferner ist eine einfache Steuerung und Kontrolle der Lagerbestände möglich.
   Es ist einleuchtend, daß ein so einfach funktionierendes Regelsystem wie Kanban
an gewisse Voraussetzungen gebunden ist. Wir listen einige wichtige dieser Voraussetzungen auf:

(1) Da eine Anpassung des Regelsystems an veränderte Produktionsabläufe aufwen-
    dig ist, kommt Kanban in erster Linie für die Massen– und Großserienfertigung
    einzelner Produkte mit geringen Nachfrageschwankungen in Frage.
(2) Aufeinander folgende Dispositionsstufen sollten ausgeglichene Leistungsquer-
    schnitte haben; Engpaßbereiche können mit Kanban nicht gesteuert werden. Die
    Erzeugnisstruktur sollte konvergierend sein, d.h. der zugehörige Gozinto–Graph
    einen Intree darstellen (und damit jede Produktionsstelle nur einen unmittelbaren
    Nachfolger haben, abgesehen von der letzten für die Endmontage zuständigen
    Stelle auf der höchsten Dispositionsstufe).

(3) Liefernde und empfangende Produktionsstelle sollten jeweils räumlich nahe beieinander liegen. Insgesamt sind die Arbeitsstationen entsprechend dem Materialfluß so anzuordnen, daß eine Reihenfertigung möglich ist.

(4) Um kleine Losgrößen und kurze Durchlaufzeiten zu erhalten, sind kurze Rüstzeiten und niedrige Rüstkosten erforderlich.

(5) Geringe Bestände der Pufferläger setzen eine hohe Zuverlässigkeit und Stabilität der Produktion voraus. Dies bedingt Qualitätssicherungsmaßnahmen bereits auf den einzelnen Dispositionsstufen und eine sorgfältige Wartung und Instandhaltung der Maschinen, so daß wenige Ausfälle vorkommen. Auch ist eine weitgehende Normierung von Produkten und Bauteilen notwendig. Damit kommt Kanban z.B. nicht für neue Produkte und häufig wechselnde Warensortimente in Frage.

(6) Das Auffangen gelegentlicher Ausfälle von Maschinen und Personal sowie Schwankungen der Endproduktnachfrage und Auftragszusammensetzung erfordern Flexibilität der Arbeitnehmer im Hinblick auf Arbeitszeit (was oft schwer zu realisieren ist), Arbeitsinhalte und Arbeitsplätze. Insbesondere obliegt die kurzfristige Produktionssteuerung den Mitarbeitern an den einzelnen Produktionsstellen. All dies setzt eine gute und vielseitige Ausbildung des Personals voraus.

(7) Neben die Produktion auf Abruf muß die *Zulieferung auf Abruf* treten, die etwa wie folgt geplant werden kann:

- In *Rahmenvereinbarungen* z.B. für ein Jahr im voraus werden Richtwerte für die zukünftigen Lieferverpflichtungen festgelegt.
- In *Rahmenverträgen* mit einer Laufzeit von etwa einem Monat werden feste Liefermengen, aber noch keine Liefertermine vereinbart.
- Der *Lieferabruf* erfolgt sehr kurzfristig, oft mit Lieferfristen von wenigen Tagen oder Stunden.

Da die genannten Bedingungen für einen erfolgreichen Einsatz des Kanban–Systems im allgemeinen nicht im gesamten Produktionsbereich erfüllt werden können, begnügt man sich oft damit, einzelne weitgehend abgekapselte Produktionssegmente durch ein Kanban–System zu steuern, z.B. Fertigungsinseln. Allerdings sollte sich ein solches Produktionssegment stets bis zum Endprodukt erstrecken, braucht jedoch nicht alle vorgelagerten Produktionsstellen zu umfassen.

Abschließend erwähnen wir noch, daß als Weiterentwicklung der Just-in-Time-Produktion (die ohnehin nicht im wörtlichen Sinne zu realisieren ist) mehr und mehr eine *schlanke Produktion (Lean Production)* angestrebt wird, deren Leitidee die Vermeidung jeglicher Verschwendung ist. Eine schlanke Produktion impliziert insbesondere „schlanke" Fertigungskapazitäten, –puffer (Läger), –zeiten und –hierarchien.

6.6   Kapazitätsorientierte Produktionsplanung und –steuerung

6.6.1   Schwächen der konventionellen PPS–Systeme

Die in der Praxis eingesetzten PPS–Systeme basieren auf einer *Sukzessivplanung*, die (wie in Abschnitt 6.3 erläutert) aus den folgenden vier Phasen besteht:

(1) *Primärbedarfsplanung*: Aus Nachfrageprognosen und Kundenaufträgen sowie einem eventuellen mittelfristigen aggregierten Produktionsprogramm wird der Primärbedarf aller Endprodukte bestimmt (zusammengefaßt als Master Production Schedule, abgekürzt MPS, oder *Hauptproduktionsprogramm* bezeichnet).

(2) *MRP*: Auf der Basis des Hauptproduktionsprogramms und der Erzeugnisstruktur des Unternehmens wird der Sekundärbedarf an allen Erzeugnissen ermittelt. Losbildung und Vorlaufverschiebung, gegebenenfalls verbunden mit einem Kapazitätsabgleich, liefern dann (grobterminierte) Fertigungs– und Bestellaufträge.

(3) *Termin– und Kapazitätsplanung*: An die Grobterminierung schließt sich eine feinere Terminplanung an, die für alle Arbeitsgänge Anfangs– und Endtermine bestimmt. Es folgt eine Kapazitätsplanung, die aber in der Praxis oft nur einem groben Kapazitätsabgleich entspricht.

(4) *Ablaufplanung*: In der letzten Phase werden die nach Phase 3 freigegebenen Fertigungsaufträge auf den einzelnen Maschinen eingelastet.

Diese Sukzessivplanung der PPS–Systeme weist gravierende Schwächen auf. Im wesentlichen beinhalten die meisten in der Praxis eingesetzten PPS–Systeme nur eine Automatisierung von früher manuell ausgeführten Abläufen, verbunden mit einer effizienten Datenverwaltung. Rückkopplungen im Planungsablauf, die Berücksichtigung der beschränkten Verfügbarkeit von Ressourcen und der Einsatz leistungsfähiger OR–Methoden fehlen weitestgehend. Zudem sind PPS–Systeme in der Regel nur für die Serienfertigung und hierunter insbesondere die Kleinserienfertigung geeignet, Besonderheiten der verschiedenen Fertigungstypen werden im allgemeinen nicht beachtet. Es ist deshalb nicht verwunderlich, daß in der Praxis häufig über mangelnde Erfolge beim Einsatz von PPS–Systemen geklagt wird (zu hohe Lagerbestände, überlange Durchlaufzeiten, häufige Überschreitung vorgegebener Termine).

Zu den oben betrachteten vier Phasen der Produktionsplanung und –steuerung listen wir noch einige spezielle Kritikpunkte auf und deuten mögliche Verbesserungen an:

In *Phase 1* ergibt sich der Primärbedarf in der Regel aus Nachfrageprognosen und Kundenaufträgen, also einer reinen Absatzplanung; beschränkte Ressourcen werden in der Praxis im allgemeinen nicht berücksichtigt. Eine (aggregierte) Ressourcenplanung ist jedoch bereits in dieser Phase erforderlich. Außerdem sollte zwischen einer mittelfristigen aggregierten Produktionsplanung für das gesamte Unternehmen und einer mittel– bis kurzfristigen (dezentralen) Produktions–Programmplanung für die

einzelnen Produktionsstätten unterschieden werden. Die erstere aggregierte Gesamtplanung fehlt üblicherweise bei PPS–Systemen.

Die Sekundärbedarfsplanung (Stücklistenauflösung) in *Phase 2* stellt eine reine
Sukzessivplanung bezüglich der einzelnen Fertigungs– bzw. Dispositionsstufen dar.
Insbesondere wird nicht berücksichtigt, daß die auf den einzelnen Stufen zu produzierenden Erzeugnisse um die verfügbaren Ressourcen konkurrieren. Für die anschließende Losbildung werden, wenn überhaupt, meist nur einfachste Heuristiken für einzelne Güter (z.B. die klassische Losgrößenformel) verwendet; weder der Mehrpro-
duktfall noch die Mehrstufigkeit, der zeitliche Verlauf (dynamisches Modell) oder beschränkte Kapazitäten werden beachtet. In den letzten Jahren entwickelte heuristische
Verfahren für kapazitierte mehrstufige dynamische Mehrgüter–Losgrößenmodelle
(vgl. hierzu Abschnitt 4.5) werden nicht genutzt. Die Grobterminplanung am Ende
von MRP basiert auf sehr ungenauen Schätzungen der Durchlaufzeiten (vgl. das in
Abschnitt 6.5.1 erläuterte Durchlaufzeit–Syndrom), entsprechend fragwürdig sind die
ermittelten Termine.

Die Terminplanung in *Phase 3* leidet wie die Grobterminierung in Phase 2 unter ungenauen Schätzungen der Durchlaufzeiten. Zudem werden leistungsfähige Heuristiken für die Kapazitätsplanung im Zusammenhang mit der Terminplanung (s. Abschnitt 5.1.3) in der Praxis ignoriert.

Die in Abschnitt 5.2 behandelten Verfahren zur Maschinenbelegungsplanung bei
Reihen– oder Werkstattfertigung werden in *Phase 4* kaum genutzt. Außerdem kran-
ken die Phasen 3 und 4 daran, daß die Besonderheiten unterschiedlicher Produktionssegmente in den „feineren" Planungsphasen nicht berücksichtigt werden. Für verschiedene Fertigungstypen wie Einzel–, Serien–, Sorten– oder Massenfertigung bzw.
Organisationstypen der Fertigung wie Werkstatt–, Reihen– oder Fließfertigung, flexible Fertigungssysteme oder Fertigungsinseln kommen jedoch ganz unterschiedliche
Planungsmethoden in Frage. Wie wir in Kapitel 5 gesehen haben, stehen entsprechende Verfahren auch zur Verfügung, sind jedoch in konventionelle PPS–Systeme nicht
integriert.

Im folgenden Abschnitt 6.6.2 werden wir ein von DREXL ET AL. (1994) vorge-
schlagenes Konzept für ein kapazitätsorientiertes PPS–System skizzieren, das die genannten gravierenden Schwächen konventioneller PPS–Systeme beseitigen soll.

6.6.2   Konzept für ein kapazitätsorientiertes PPS–System

Ein kapazitätsorientiertes PPS–System sollte hierarchisch gegliedert sein, wobei die
Planung „von oben nach unten" immer detaillierter wird, die oberen Planungsebenen
weitgehend unabhängig vom speziellen Fertigungstyp sind und auf den unteren Planungsebenen die Besonderheiten spezieller Fertigungstypen bzw. Produktionssegmente berücksichtigt werden. DREXL ET AL. (1994) betrachten („von oben nach
unten") die folgenden vier Planungsebenen:

(a)   Aggregierte Gesamtplanung
(b)   Kapazitierte Hauptproduktions–Programmplanung

(c)   Detaillierte Losgrößen– und Ressourcenplanung
(d)   Segmentspezifische Feinplanung.

Bei der Ausführung dieser vier Planungsschritte sollte wieder das Prinzip der *rollierenden Planung* verwendet werden: Nach Ablauf einer Planungsperiode werden von jeder Planungsebene die (entsprechend aggregierten) Resultate als Daten an die jeweils vorgelagerte Ebene rückgemeldet. Dort wird gegebenenfalls eine Korrektur der ursprünglichen Daten vorgenommen und eine erneute Planung durchgeführt mit einem nach hinten verschobenen Planungshorizont. Der Umfang dieser Verschiebung entspricht gerade dem Planungszeitraum der nachgelagerten Ebene.

(a) Aggregierte Gesamtplanung

Die oberste Planungsebene der aggregierten Gesamtplanung bezieht sich auf das Gesamtunternehmen und das gesamte Produktionsprogramm, insbesondere werden also sämtliche Produktionsstätten einbezogen. Es handelt sich um eine mittelfristige Planung, der Planungszeitraum beträgt ein bis zwei Jahre, und eine Planungsperiode entspricht etwa einem Monat oder einem Vierteljahr.

Die aggregierte Gesamtplanung erstreckt sich lediglich auf die Endprodukte und eventuell besonders wichtige „Schlüsselprodukte", und zwar werden nur Produktgruppen (Produkttypen) betrachtet. Eine Produktgruppe umfaßt Produkte mit ähnlichem Produktionsprozeß (die damit im wesentlichen dieselben Ressourcen beanspruchen) sowie ähnlichem Kosten– und Nachfrageverlauf (vgl. Abschnitt 6.2.1). Als Eingabedaten für die aggregierte Gesamtplanung sind mittel– und längerfristige Absatztrends, saisonale Nachfrageschwankungen sowie die verfügbare Personal– und technische (Anlagen–) Kapazität (in aggregierter Form etwa als Kapazitäten von Werkstätten und sonstigen Betriebsbereichen) zu berücksichtigen.

Ziele der aggregierten Gesamtplanung sind eine (möglichst kostenminimale) schäftigungsglättung sowie gegebenenfalls eine Einplanung von Ersatzkapazitäten bzw. die Fremdvergabe von Fertigungsaufträgen. Als Ergebnis dieser Gesamtplanung erhält man die Mengen der verschiedenen Produktgruppen (wobei man besser von „Produktionsvorgaben" sprechen sollte), die in den einzelnen Planungsperioden in den verschiedenen Produktionsstätten zu fertigen sind. Hieraus ergeben sich u.a. evtl. aufzubauende Lagerbestände in den einzelnen Planungsperioden und anfallende Transportströme zwischen den verschiedenen Produktionsstätten. Für Schlüsselvorprodukte, die von außen bezogen werden, sind erforderlichenfalls Rahmenvereinbarungen mit Lieferfirmen zu treffen.

Die aggregierte Gesamtplanung entspricht im Prinzip der in Abschnitt 6.2.2 beschriebenen aggregierten Produktionsplanung und kann damit als lineares Optimierungsproblem formuliert werden. Wegen des hohen Aggregationsgrades der Planung ist das betreffende lineare Optimierungsproblem nicht sehr groß und kann ohne Schwierigkeiten etwa mit der Simplexmethode gelöst werden.

(b) Kapazitierte Hauptproduktions–Programmplanung

Ziel der kapazitierten Hauptproduktions–Programmplanung ist ein Hauptproduktions-programm (engl. Master Production Schedule) für jedes einzelne Werk des Gesamt-unternehmens. Häufig empfiehlt es sich nicht, den Primärbedarf *aller* Endprodukte bzw. deren Varianten, deren Anzahl sehr groß sein kann, zu ermitteln, sondern nur den Bedarf von einzelnen Hauptendprodukten oder Produktfamilien (d.h. Produkten, die weitgehend gemeinsam gefertigt werden, vgl. Abschnitt 6.2.1) und den wichtig-sten Zwischen– und Vorprodukten. Die Hauptproduktions–Programmplanung sollte mittel– bis kurzfristig mit einem Planungshorizont von 3 bis 12 Monaten erfolgen, wobei eine Planungsperiode etwa einer Woche entspricht.

Eingabedaten für die Hauptproduktions–Programmplanung sind terminierte Kun-denaufträge und kurzfristige Absatzprognosen. Weiter sind die verfügbaren Kapazi-täten an Personal und Maschinen (sowie gegebenenfalls Werkzeugen) zu berücksich-tigen, wobei die Maschinen zu funktionsgleichen Gruppen zusammengefaßt werden sollten. Es empfiehlt sich außerdem, die vorhandenen innerbetrieblichen Lager– und Transportkapazitäten mit einzubeziehen.

Die Hauptproduktions–Programmplanung soll einen (groben) Kapazitätsabgleich bewirken, was sowohl eine Anpassung der Kapazität an die Belastung (etwa durch Überstunden oder Zusatzschichten) als auch der Belastung an die Kapazität (z.B. durch Vorausproduktion und entsprechenden Aufbau von Lagerbeständen) bedeuten kann. Ergebnis dieser Planung sind (grobterminierte) Fertigungsaufträge für die (Haupt-)Endprodukte und Bestellaufträge für die wichtigsten fremdgefertigten Vor-produkte. Eine Losgrößenplanung für die Endprodukte wird auf dieser Planungsebene in der Regel nicht durchgeführt, so daß es sich im wesentlichen um die Ermittlung von Ausbringungszielen handelt.

Auch die kapazitierte Hauptproduktions–Programmplanung kann als lineares Opti-mierungsproblem formuliert werden, das eine ähnliche Form wie dasjenige für die ag-gregierte Produktionsplanung hat, natürlich gegenüber Abschnitt 6.2.2 geeignet dis-aggregiert. Als zu minimierende Zielfunktion fungiert wieder die Summe der Produk-tions–, Lagerhaltungs– und Kapazitätskosten (letztere z.B. bedingt durch Überstun-den). Wird eine Losgrößenplanung mit einbezogen, so erhält man ein gemischtganz-zahliges lineares Optimierungsproblem, dessen Lösung allerdings einen erheblich größeren Rechenaufwand erfordert, als wenn ein einfaches lineares Problem vorliegt.

(c) Detaillierte Losgrößen– und Ressourcenplanung

Während die beiden obersten Planungsebenen „aggregierte Gesamtplanung" und „ka-pazitierte Hauptproduktions–Programmplanung" zentral (unternehmensweit bzw. für ein ganzes Werk) auszuführen sind, stellt die detaillierte Losgrößen– und Ressourcen-planung die erste dezentrale Planungsebene dar, d.h., sie läuft für verschiedene Pro-duktionssegmente unterschiedlich ab. Wir wollen nur die prinzipielle Form dieses Planungsschrittes skizzieren; auf Einzelheiten werden wir in Unterabschnitt (e) ein-gehen, in dem die einzelnen Produktionssegmente separat betrachtet werden.

Die vorgelagerte Planungsebene der kapazitierten Hauptproduktions–Programm-planung liefert grobterminierte Fertigungsaufträge für die (Haupt-)Endprodukte. Die anschließende Losgrößen– und Ressourcenplanung ermittelt Losgrößen bzw. Beschaffungsmengen und Fertigungs– bzw. Beschaffungstermine für *alle* Vor–, Zwischen– und Endprodukte unter Beachtung der verfügbaren Ressourcen. Diese detaillierte Planung kann gegebenenfalls einzelne Arbeitsgänge mit den hierfür benötigten Ressourcen berücksichtigen (wie z.B. Personal, Maschinen und erforderlichenfalls Werkzeuge und Transporter). Als zu minimierende Zielfunktion wählt man etwa die Summe aus Lagerhaltungs– und Produktionskosten einschließlich der Rüstkosten. Der Planungszeitraum der kurzfristigen Losgrößen– und Ressourcenplanung beträgt meistens 4 bis 12 Wochen, und eine Planungsperiode entspricht etwa einem Tag oder einer Schicht.

Dieses Planungsproblem stellt ein mehrstufiges dynamisches Mehrprodukt–Losgrößenproblem mit beschränkten Kapazitäten dar (zur näherungsweisen Lösung dieses Problems vgl. Abschnitt 4.5). Die Planungsebene der Losgrößen– und Ressourcenplanung muß auf den Organisationstyp des betreffenden Produktionssegmentes abgestimmt sein. Z.B. können bei der Werkstattfertigung die Ressourcen nach Dispositionsstufen getrennt sein, d.h., es brauchen nur einstufige Losgrößenprobleme betrachtet zu werden. Manchmal entfällt eine Losgrößenplanung auch, etwa bei der Einzelfertigung oder der nicht losweisen Variantenfließfertigung (z.B. der LKW–Montage). Hierauf werden wir in Unterabschnitt (e) genauer eingehen.

(d) Segmentspezifische Feinplanung

Die unterste Planungsebene der Feinplanung bezieht sich nur auf ein einzelnes Produktionssegment oder einen Teil eines Produktionssegmentes und wird deshalb erst in Unterabschnitt (e) genauer behandelt. Die Feinplanung ist der letzte Planungsschritt vor der tatsächlichen Ausführung der einzelnen Arbeitsgänge und ist mit der Produktionssteuerung gekoppelt. Die Feinplanung muß u.a. die Bereitstellung von Material, Maschinen, Personal, Werkzeugen, Transportern etc. sichern sowie für erforderliche Lieferabrufe sorgen. Insbesondere gehört hierzu die Planung der Belegung von Maschinen, Fließbändern u.ä. Der Planungszeitraum beträgt in der Regel nur wenige Tage, und die Länge einer Planungsperiode wird in Stunden oder Minuten gemessen.

Wegen des Feinheitsgrades der Planung kommen für die zu minimierende Zielfunktion keine Kosten mehr in Frage. Stattdessen fungiert als Ziel die Minimierung von Durchlaufzeiten oder Terminabweichungen.

(e) Planung für unterschiedliche Produktionssegmente

In diesem Unterabschnitt wollen wir die Planungsebenen „detaillierte Losgrößen– und Ressourcenplanung" und „Feinplanung" für verschiedene Produktionssegmente betrachten. Insbesondere werden wir auf Einzel– und Kleinserienfertigung, Werkstattfertigung, Fließfertigung, Zentrenproduktion und JIT–Produktion eingehen.

Einzel- und Kleinserienfertigung (Kundenauftragsfertigung)

Sind einzelne oder nur wenige Stücke (zusammengefaßt als eine ME angesehen) eines oder mehrerer Produkte aufgrund von Kundenaufträgen zu fertigen, so erübrigt sich eine Losgrößenbestimmung. Die verschiedenen Planungsebenen der Losgrößen- und Ressourcenplanung und der Feinplanung können zusammengefaßt als Problem der (Mehr-)Projektplanung aufgefaßt werden, und es ist eine (kombinierte) Termin- und Kapazitätsplanung durchzuführen (vgl. Abschnitt 5.1). Die Konstruktion eines entsprechenden MPM–Netzplans (bei gegebener Erzeugnisstruktur und bekannten Arbeitsplänen) kann wie in Abschnitt 5.1.2 erfolgen.

Bei längerfristigen Projekten (etwa mit einem Planungshorizont von 6 bis 12 Monaten) wird häufig zunächst für eine Grobterminierung ein Grobnetzplan erstellt. Eine detailliertere Planung (mit einem Planungshorizont von jeweils wenigen Wochen) erfolgt dann mit Hilfe von Feinnetzplänen. Die stunden- und minutengenaue Einlastung der einzelnen Arbeitsgänge auf den betreffenden Maschinen ist mit Verfahren der Maschinenbelegungsplanung möglich (vgl. Abschnitt 5.2.3). Werden gewisse Zwischenprodukte außer zur Erledigung der vorliegenden Kundenaufträge auch für andere Produktionsaufträge benötigt und sind in Werkstätten zu fertigen, so ist eine terminliche Abstimmung mit der betreffenden Werkstattfertigung (insbesondere mit der Maschinenbelegungsplanung) erforderlich.

Werkstattfertigung

Ein Produktionssegment mit Werkstattfertigung umfaßt im allgemeinen die Produktion einer großen Zahl von Erzeugnissen, wobei meist eine relativ komplexe Erzeugnisstruktur zugrunde liegt (also keine konvergierende oder divergierende Erzeugnisstruktur, vgl. Abschnitt 4.1.1). Die Planungsebene „detaillierte Losgrößen- und Ressourcenplanung" beinhaltet hierbei erstens eine Sekundärbedarfsplanung, zweitens eine (kapazitätsorientierte) Planung der Fertigungsaufträge (insbesondere die Bildung und Grobterminierung von Losen) und drittens eine arbeitsganggenaue Termin- und Kapazitätsplanung. Die Ebene der Feinplanung besteht im allgemeinen aus einer Maschinenbelegungsplanung (vierter Planungsschritt).

Die simultane Durchführung der vier genannten Planungsschritte ist mit den gegenwärtig verfügbaren OR–Methoden nicht möglich. Die ersten beiden Schritte sollten jedoch gemeinsam (und nicht wie bei konventionellen PPS–Systemen sukzessiv) ausgeführt werden. Hierfür kommen heuristische Verfahren für kapazitierte mehrstufige dynamische Mehrgüter–Losgrößenmodelle in Frage (vgl. Abschnitt 4.5). Werden auf jeder Dispositionsstufe andere Ressourcen benötigt, so können die einzelnen Dispositionsstufen nacheinander betrachtet und jeweils einstufige Losgrößenprobleme gelöst werden. Die kombinierte Sekundärbedarfs- und Fertigungsauftragsplanung erfolgt im allgemeinen wochengenau.

Die tages- oder schichtgenaue Termin- und Kapazitätsplanung entspricht wieder einem Problem der (Mehr-)Projektplanung und kann wie in Abschnitt 5.1 beschrieben erfolgen. Die stunden- oder minutengenaue Feinplanung stellt ein Job–Shop–

Problem dar, das mit heuristischen Verfahren (näherungsweise) zu lösen ist (vgl. Abschnitt 5.2.3b).

Zentrenproduktion

Zur Zentrenproduktion rechnet man flexible Fertigungssysteme und Fertigungsinseln. Solche Produktionszentren sind stärker von der übrigen Produktion in einem Unternehmen abgekapselt als sonstige Produktionssegmente. Es ist durchaus möglich, daß in einem Unternehmen neben einem Produktionszentrum eine konventionelle Werkstattfertigung besteht, in der im wesentlichen die gleichen Produkte gefertigt werden können. In einem solchen Fall empfiehlt es sich, bei der Zuweisung der Fertigungsaufträge für die (Haupt–)Endprodukte an die einzelnen Produktonssegmente durch das Hauptproduktionsprogramm darauf zu achten, daß in einem Fertigungszentrum möglichst nur „eng verwandte" Erzeugnisse produziert werden.

Flexible Fertigungssysteme stellen automatisierte Fertigungszentren dar. Wie in Abschnitt 5.4.3 erläutert, umfaßt die Einsatzplanung eines flexiblen Fertigungssystems (FFS) die Phasen Serienbildung, Systemrüstung und Reihenfolgeplanung. Die vom Hauptproduktionsprogramm vorgegebenen terminierten (Netto–)Bedarfsmengen der im FFS zu produzierenden Erzeugnisse können unmittelbar als Fertigungsaufträge an das FFS weitergegeben werden. Es ist wegen der vernachlässigbaren Umrüstzeiten nicht erforderlich, aus den Bedarfsmengen mehrerer Perioden größere Lose zu bestimmen.

In der Serienbildung werden die Fertigungsaufträge so zu Serien zusammengefaßt, daß die für eine Serie benötigten Werkzeuge die Kapazitäten der Werkzeugmagazine der Maschinen nicht überschreiten. Die Systemrüstung liefert eine Zuordnung der einzelnen Arbeitsgänge der Aufträge zu den verschiedenen mit Werkzeugen bestückten Maschinen. In der abschließenden Reihenfolgeplanung wird unter Beachtung der Anordnungsbeziehungen zwischen den einzelnen Arbeitsgängen für jede Maschine ein Belegungsplan ermittelt.

Fertigungsinseln zeichnen sich durch eine konventionelle Technologie aus. Das Hauptproduktionsprogramm gibt die Bedarfsmengen der in der Insel zu produzierenden Erzeugnisse sowie eventuelle Fertigstellungstermine vor. Die termingerechte Detailplanung und Steuerung der Produktion erfolgt selbständig innerhalb der Fertigungsinsel. Hierbei empfiehlt es sich meistens, die der Insel zugeordnete Arbeitsgruppe durch einen Leitstand zu unterstützen, der über Verfahren für die zu lösenden Planungsprobleme verfügt. Wie in Abschnitt 5.5 beschrieben, gehören zu diesen Problemen die Losgrößenbestimmung, die Zuordnung der zu fertigenden Erzeugnisse zu den einzelnen Maschinen und die Ermittlung der Reihenfolge, in der die Erzeugnisse auf den betreffenden Maschinen zu bearbeiten sind.

Fließfertigung

Ein Produktionssegment mit Fließfertigung (vor allem für die Sorten– oder Massenfertigung) besteht aus einer oder mehreren *Fertigungslinien* (Fließbändern oder Transferstraßen). Jede Fertigungslinie entspricht einer Ressource(neinheit), auf der nacheinander eine Vielzahl von Arbeitsgängen ausgeführt werden. Die Anzahl der Fertigungsstufen bei der Fließfertigung ist gering, in der Regel eins, zwei oder drei. Bei mehr als einer Fertigungsstufe (z.b. eigentliche Herstellung und Abpackung) kann die Planung der einzelnen Stufen meistens nacheinander erfolgen.

Wegen der hohen Investitionskosten für eine Fertigungslinie strebt man einen hohen Auslastungsgrad der Linie an. Auf den Ebenen der Losgrößen– und Ressourcenplanung und der Feinplanung stehen also nicht die Planung und Einlastung einzelner Fertigungsaufträge, sondern eine möglichst „optimale" Belegung der betreffenden Fertigungslinie im Vordergrund, was mit den in Abschnitt 5.3 erläuterten Methoden erfolgen kann. Im Fall der Massenfertigung eines Produktes ist ein Fließbandabgleich durchzuführen (vgl. Abschnitt 5.3.1). Sind verschiedene Varianten eines Produktes (in jeweils geringer Stückzahl) herzustellen (z.b. bei der Variantenfließvertigung in der Automobilindustrie), so ist zusätzlich zum Bandabgleich eine Reihenfolge zu bestimmen, in der die einzelnen Varianten gefertigt werden (s. Abschnitt 5.3.2). Sind größere Stückzahlen der einzelnen Varianten zu produzieren (z.b. in der Glasindustrie), dann ist ein Losgrößen– und Reihenfolgeproblem zu lösen (Sortenwechselproblem, vgl. Abschnitt 5.3.3).

Werden auf einer Fertigungslinie lediglich ein oder wenige „Renner–Produkte" (mit großem Absatz) hergestellt, so kann die Fließfertigung auch nach dem JIT–Konzept organisiert werden (vgl. den folgenden Abschnitt). Dies kommt insbesondere in Frage, wenn die Fertigung ohne zeitliche Bindung der einzelnen Arbeitsgänge erfolgt, also keine „echte Fließfertigung", sondern eine Reihenfertigung vorliegt.

JIT–Produktion

Die JIT–Produktion stellt kein eigentliches Produktionssegment dar, sondern ist eine Möglichkeit, die Fertigung sowie den Informations– und Materialfluß innerhalb eines Segmentes (z.b. mit Reihenfertigung) zu organisieren (vgl. Abschnitt 6.5). Eine JIT–Organisation empfiehlt sich etwa, wenn Massen– oder Großserienfertigung in Form einer Reihenfertigung vorliegt, die Durchlaufzeiten durch das gesamte Produktionssegment klein sind (höchstens einige Tage) und die Umrüstzeiten und –kosten bei einem Produktwechsel gering sind. Bei allgemeiner konvergierender Erzeugnisstruktur sollten Ressourcen mit ausreichenden Kapazitäten separat für das betreffende Produktionssegment bereitgestellt werden, für das eine JIT–Organisation vorgesehen ist, und nicht auch in anderen Segmenten benötigt werden.

Bei JIT–Produktion sollten nur geringe Nachfrageschwankungen auftreten. Eventuelle Bedarfsspitzen sind durch andere Produktionssegmente aufzufangen; eine Nachfrageglättung ist auch durch tageweise Vorverlagerung des Bedarfs möglich. Als konstante Losgröße für ein Produkt kann dann der (geglättete) Bedarf für einen Tag gewählt werden. Zwischenprodukte werden bei JIT–Produktion üblicherweise bedarfssynchron gefertigt, die Disposition der Vorprodukte sollte durch das Hauptproduktionsprogramm erfolgen. Eine gesonderte Terminierung der Lose ist nicht erforderlich, und eine Kapazitätsplanung erübrigt sich aufgrund der vorausgesetzten ausreichenden Ressourcenkapazitäten. Auch in der Feinplanung müssen keine wesentlichen Entscheidungen getroffen werden, sie kann deshalb dezentral erfolgen.

Kapitel 7   Standort– und Layoutplanung

7.1   Grundbegriffe

Die Wahl geeigneter industrieller Standorte gehört in der Regel zum strategischen Produktions–Management. Wir unterscheiden hierbei zwischen betrieblicher und innerbetrieblicher Standortplanung.

Die *betriebliche Standortplanung* befaßt sich mit der Standortwahl für einzelne Betriebe, neue Produktionsstätten, Zentral–, Beschaffungs– oder Auslieferungsläger bereits bestehender Betriebe eines Unternehmens o.ä. Die Standortwahl für öffentliche Einrichtungen wie Schulen, Krankenhäuser, Feuerwehrstationen u.ä. rechnet man im allgemeinen ebenfalls zur betrieblichen Standortplanung.

Die *innerbetriebliche Standortplanung* oder *Layoutplanung* beschäftigt sich mit der Planung der räumlichen Anordnung von „Betriebsmitteln" im weitesten Sinn, die auch „Betriebseinheiten" genannt werden (z.B. Fertigungs–, Lager– und Verwaltungsbereichen auf dem Betriebsgrundstück, Werkstätten sowie Maschinen innerhalb von Werkstätten im Fertigungsbereich, Büros in Verwaltungsgebäuden u.a.).

Insbesondere bei der *betrieblichen Standortplanung* werden OR–Methoden häufig nur in zweiter Linie zur Entscheidungsfindung herangezogen, da meist eine große Zahl nicht quantifizierbarer Gesichtspunkte zu berücksichtigen ist, z.B. politische oder regionalpolitische Entscheidungen und Umweltauflagen. Es sind Kataloge von sogenannten *Standortfaktoren* erstellt worden, die für die betriebliche Standortwahl relevant sind, z.B.

- Grund und Boden (Lage, Größe, Bebauungsvorschriften)
- Verkehr und Transport (Straßen– und Schienennetz, Binnenschiffahrt)
- Allgemeine Infrastruktur (Wohnraum, Bildungs– und kulturelle Einrichtungen)
- Arbeitskräfte (Art, Anzahl, Ausbildungsstand)
- Beschaffung und Entsorgung (Rohstoffe, Energie, Wasser, Abfallbeseitigung)
- Absatz (Bevölkerungspotential, Kaufkraft, Konkurrenz)
- Persönliche Präferenzen (Wohnlage, Erholungsmöglichkeiten).

In OR–Modellen zur *betrieblichen Standortplanung* werden als (zu minimierende) Zielfunktionen meistens anfallende Transportkosten sowie gegebenenfalls Investitions–, Produktions– und Lagerkosten betrachtet. Man unterscheidet zwischen *Standortbestimmung in der Ebene* (wo jeder Punkt der Ebene bzw. eines vorgegebenen Areals potentieller Standort ist) und *Standortbestimmung in Netzen* (wo nur gewisse, den Knoten eines Verkehrsnetzes entsprechende potentielle Standorte in Frage kommen, die sich etwa durch Auswertung eines Katalogs von Standortfaktoren ergeben). In letzterem Fall spricht man auch von *Warehouse–Location–Problemen*, da man hierbei ein Modell zugrunde legt, das die Errichtung von Auslieferungslägern an gewissen potentiellen Standorten vorsieht. Warehouse–Location–Probleme werden wir in Abschnitt 7.2 und die Standortbestimmung in der Ebene in Abschnitt 7.3 behandeln.

Bei der *innerbetrieblichen Standortplanung* oder *Layoutplanung* verwendet man als Zielfunktionen oft ebenfalls standortbedingte Transportkosten sowie gegebenenfalls Lager– und Produktionskosten. Layoutplanungs–Probleme können häufig als sogenannte quadratische Zuordnungsprobleme formuliert werden. Hierbei sucht man eine transportkostenminimale Anordnung von etwa n einzurichtenden Betriebseinheiten auf n vorgegebenen Plätzen. Quadratische Zuordnungsprobleme werden wir in Abschnitt 7.4 diskutieren. Ein anderer Zugang zur Layoutplanung besteht darin, geeignete graphentheoretische Modelle zu entwickeln, die erwünschte „Nachbarschaften" gewisser Betriebseinheiten berücksichtigen. Hierauf werden wir in Abschnitt 7.5 eingehen. Manche innerbetrieblichen Standortprobleme lassen sich auch als Modelle der Standortbestimmung in der Ebene formulieren.

Nahezu alle Standortprobleme sind schwer (also nach gegenwärtigem Wissensstand nicht mit polynomialem Rechenaufwand exakt lösbar). Wir werden deshalb im wesentlichen heuristische Verfahren behandeln, die in der Regel nur Näherungslösungen liefern.

Eine ausführlichere Darstellung von Modellen und Verfahren zur betrieblichen und innerbetrieblichen Standortplanung findet man in DOMSCHKE UND DREXL (1990), FRANCIS ET AL. (1992) und LOVE ET AL. (1988). Im folgenden werden wir uns meistens an DOMSCHKE UND DREXL (1990) anlehnen.

7.2 Warehouse–Location–Probleme

7.2.1 Formulierung von Warehouse–Location–Problemen

Wir gehen von folgender Aufgabenstellung aus: Ein Unternehmen beliefere n *Kunden*, wobei Kunde j in einer gewissen Planungsperiode $b_j > 0$ ME nachfrage ($j = 1, ..., n$). Der Bedarf der Kunden werde also nicht produktbezogen, sondern in aggregierter Form in ME angegeben.

Das Unternehmen will seine Vertriebskosten senken, indem es *Auslieferungsläger* errichtet. Hierfür stehen m *potentielle Standorte* zur Verfügung. Wird am potentiellen Standort i ein Lager errichtet, so fallen die *fixen Kosten* $f_i \geq 0$ an. Wird Kunde j

voll (d.h. mit b_j ME) durch ein am Standort i eingerichtetes Lager beliefert, dann entstehen Transportkosten in Höhe von $c_{ij} \geq 0$. Wir nehmen an, daß die Transportkosten linear von der transportierten Menge abhängen; d.h., falls Kunde j vom Lager am Standort i nur αb_j ME $(0 \leq \alpha \leq 1)$ erhält, betragen die Transportkosten αc_{ij}.

Gefragt ist nach der Anzahl der einzurichtenden Läger und ihren Standorten sowie dem Umfang der durchzuführenden Transporte, so daß die Summe aus Fixkosten und Transportkosten minimal wird. Hierbei ist als Nebenbedingung noch zu berücksichtigen, daß die Nachfrage der Kunden voll zu befriedigen ist.

Wir führen reellwertige und binäre Variablen ein. Die reellwertigen Variablen x_{ij} mit $0 \leq x_{ij} \leq 1$ haben folgende Bedeutung: Das Lager am Standort i liefert an den Kunden j $x_{ij}b_j$ ME (x_{ij} ist also der Anteil von b_j, der vom Lager am Standort i an den Kunden j geliefert wird, $i = 1, \ldots, m$; $j = 1, \ldots, n$). Weiter benötigen wir binäre Variablen $y_i \in \{0,1\}$ mit folgender Bedeutung:

$$y_i := \begin{cases} 1, & \text{falls am potentiellen Standort } i \text{ ein Lager einzurichten ist} \\ 0, & \text{falls am potentiellen Standort } i \text{ kein Lager einzurichten ist} \end{cases} \quad (i = 1, \ldots, m).$$

Das oben verbal formulierte Warehouse-Location-Problem (abgekürzt WLP) entspricht dann folgendem (gemischt-binären) Optimierungsproblem:

(7.2.1)   Min. $\displaystyle\sum_{i=1}^{m} \sum_{j=1}^{n} c_{ij} x_{ij} + \sum_{i=1}^{m} f_i y_i$

(7.2.2)   u.d.N. $x_{ij} \leq y_i$ $(i = 1, \ldots, m; \ j = 1, \ldots, n)$

(7.2.3) $\displaystyle\sum_{i=1}^{m} x_{ij} = 1$ $(j = 1, \ldots, n)$

(7.2.4) $x_{ij} \geq 0$ $(i = 1, \ldots, m; \ j = 1, \ldots, n)$

(7.2.5) $y_i \in \{0,1\}$ $(i = 1, \ldots, m)$.

Die Zielfunktion in (7.2.1) ist die Summe der gesamten Transport- und Lagereinrichtungskosten. Die Nebenbedingung (7.2.2) besagt, daß Kunde j nur von einem potentiellen Standort i aus beliefert wird, an dem ein Lager eingerichtet wird, d.h. $y_i = 1$ ist. (7.2.3) bedeutet, daß von allen potentiellen Standorten zusammen die Nachfrage von Kunde j befriedigt werden muß. Die Nebenbedingungen (7.2.3) und (7.2.4) stellen sicher, daß $0 \leq x_{ij} \leq 1$ $(i = 1, \ldots, m; \ j = 1, \ldots, n)$ ist. Wir weisen darauf hin, daß im vorliegenden „einfachen" WLP die Nachfragen b_j der Kunden $j = 1, \ldots, n$ nicht explizit auftreten.

(7.2.1) bis (7.2.5) stellt die sogenannte *disaggregierte Formulierung* des WLP dar, sie hat mn Nebenbedingungen vom Typ (7.2.2). Diese Nebenbedingungen können durch die m Restriktionen

(7.2.2') $\displaystyle\sum_{j=1}^{n} x_{ij} \leq n y_i$ $(i = 1, \ldots, m)$

ersetzt werden. Weiß man, daß von einem Lager am potentiellen Standort i höchstens n_i der insgesamt n Kunden beliefert werden können, so kann in $(7.2.2')$ n durch n_i ersetzt werden. Steht die Nebenbedingung $(7.2.2')$ an Stelle von $(7.2.2)$, dann spricht man von der *aggregierten Form* des WLP.

Setzt man in der aggregierten Form des WLP $y_i = 1$ $(i = 1,...,m)$, d.h., an allen potentiellen Standorten werden Läger errichtet, so erhält man ein Transportproblem (mit unbeschränkter Lieferkapazität der Läger), das wir das *zum WLP gehörige Transportproblem* nennen wollen (zum Transportproblem vgl. NEUMANN UND MORLOCK (1993), Abschnitt 2.8.7).

Ist die Lieferkapazität des am potentiellen Standort i zu errichtenden Lagers in der betrachteten Planungsperiode auf $a_i > 0$ ME beschränkt $(i = 1,...,m)$, so liegt ein sogenanntes *kapazitiertes Warehouse–Location–Problem* (abgekürzt *KWLP*) vor. Hierbei empfiehlt es sich, mit x_{ij} die von einem Lager am potentiellen Standort i zum Kunden j zu transportierende Gütermenge zu bezeichnen. Dann seien c_{ij} die Transportkosten von einem Lager am potentiellen Standort i zum Kunden i *pro ME*. Die übrigen Größen sind wie beim WLP definiert. Das KWLP hat damit die Form

$$\text{Min.} \quad \sum_{i=1}^{m}\sum_{j=1}^{n} c_{ij}x_{ij} + \sum_{i=1}^{m} f_i y_i$$

(7.2.6) u.d.N. $\displaystyle\sum_{j=1}^{n} x_{ij} \le a_i y_i \quad (i = 1,...,m)$

$$\sum_{i=1}^{m} x_{ij} = b_j \quad (j = 1,...,n)$$

$$x_{ij} \ge 0 \quad (i = 1,...,m;\ j = 1,...,n)$$

$$y_i \in \{0,1\} \quad (i = 1,...,m).$$

Die Nebenbedingung $(7.2.6)$ besagt, daß vom Lagerstandort i höchstens a_i ME abtransportiert werden können, falls dort überhaupt ein Lager errichtet wird (d.h. $y_i = 1$ ist). Natürlich muß die Gesamtlieferkapazität aller möglichen Läger mindestens gleich der Gesamtnachfrage sein, also $\sum_{i=1}^{m} a_i \ge \sum_{j=1}^{n} b_j$ gelten, damit das KWLP eine zulässige Lösung besitzt. Setzt man im KWLP $y_i = 1$ für $i = 1,...,m$, so erhält man das zum KWLP gehörige (kapazitierte) Transportproblem.

Ist beim KWLP zusätzlich zum Transport von den Lägern zu den Kunden mindestens eine weitere „Transportstufe" zu berücksichtigen, etwa der Transport von l verschiedenen Produktionsstätten (Werken) zu den Lägern, so spricht man von einem *mehrstufigen kapazitierten Warehouse–Location–Problem* (vgl. Abb. 7.2.1).

Wir nehmen an, daß die Produktionskapazität des Werkes h in der betrachteten Planungsperiode $\bar{a}_h$ ME betrage und $\bar{c}_{hi}$ die Transportkosten pro ME von der Produktionsstätte h zum potentiellen Lagerstandort i seien. Weiter bezeichnen wir mit $\bar{x}_{hi}$ die vom Werk h zu einem Lager am potentiellen Standort i transportierte Gütermenge. Die übrigen Bezeichnungen seien wie beim (einstufigen) KWLP gewählt (a_i sei dabei die Kapazität des potentiellen Lagers i). Vereinfachend nehmen wir an, daß

Produktions-   Potentielle   Kunden
stätten   Lagerstandorte

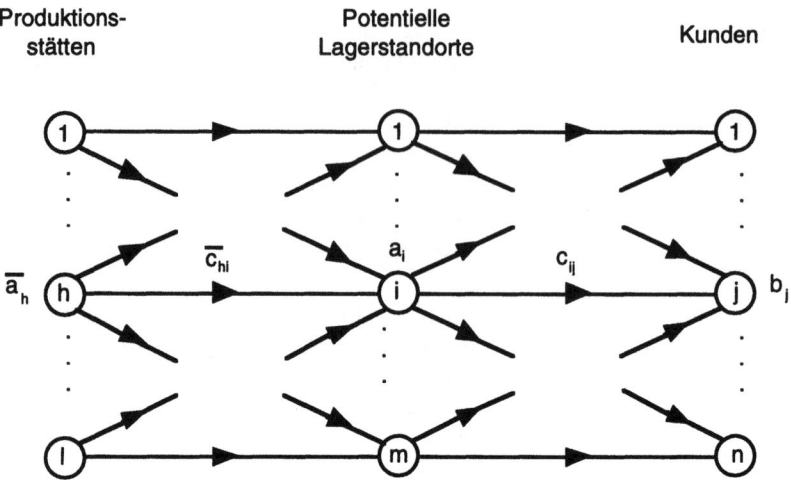

Abb. 7.2.1: Mehrstufiges Warehouse–Location–Problem

kein direkter Transport von einer Produktionsstätte zu einem Kunden stattfinde. Das
mehrstufige KWLP läßt sich dann wie folgt formulieren:

$$\text{Min.} \quad \sum_{h=1}^{l}\sum_{i=1}^{m} \bar{c}_{hi}\bar{x}_{hi} + \sum_{i=1}^{m}\sum_{j=1}^{n} c_{ij}x_{ij} + \sum_{i=1}^{m} f_i y_i$$

$$\text{u.d.N.} \quad \sum_{i=1}^{m} \bar{x}_{hi} \le \bar{a}_h \quad (h=1,\ldots,l)$$

$$\sum_{h=1}^{l} \bar{x}_{hi} - \sum_{j=1}^{n} x_{ij} = 0 \quad (i=1,\ldots,m)$$

$$\sum_{j=1}^{n} x_{ij} \le a_i y_i \quad (i=1,\ldots,m)$$

$$\sum_{i=1}^{m} x_{ij} = b_j \quad (j=1,\ldots,n)$$

$$\bar{x}_{hi} \ge 0 \quad (h=1,\ldots,l;\ i=1,\ldots,m)$$

$$x_{ij} \ge 0 \quad (i=1,\ldots,m;\ j=1,\ldots,n)$$

$$y_i \in \{0,1\} \quad (i=1,\ldots,m)\ .$$

Die Nebenbedingung $\sum_{h=1}^{l} \bar{x}_{hi} - \sum_{j=1}^{n} x_{ij} = 0$ besagt, daß zum Lagerstandort i genauso
viel hin– wie von dort abtransportiert wird. Setzt man im mehrstufigen KWLP $y_i = 1$
für $i=1,\ldots,m$, dann erhält man ein spezielles Umladeproblem, wobei die Produktionsstätten den Angebotsorten, die potentiellen Lagerstandorte den Umladeorten und
die Kunden den Nachfrageorten entsprechen (zum Umladeproblem vgl. NEUMANN

UND MORLOCK (1993), Abschnitt 2.8). Die im folgenden Abschnitt 7.2.2 für das KWLP skizzierten heuristischen Verfahren können auch zur näherungsweisen Lösung des mehrstufigen KWLP verwendet werden, wobei statt Transportproblemen entsprechende Umladeprobleme zu lösen sind.

Das betrachtete mehrstufige KWLP enthält zwei Stufen. Entsprechend kann man vorgehen, wenn mehr als zwei Stufen vorliegen, z.B. bei einem umfassenderen Logistiksystem mit Lieferanten, Beschaffungslägern, Produktionsstätten, Auslieferungslägern und Kunden.

7.2.2 Heuristische Verfahren

Wir erinnern daran, daß heuristische Verfahren (die im allgemeinen nur eine Näherungslösung für ein gegebenes Optimierungsproblem liefern) sich unterteilen lassen in

- Eröffnungsverfahren (die mit relativ geringem Rechenaufwand eine zulässige Anfangslösung bestimmen) und
- Verbesserungsverfahren (zur Verbesserung einer bekannten zulässigen Lösung).

Wir wollen im folgenden sowohl Eröffnungs– als auch Verbesserungsverfahren für das WLP und das KWLP skizzieren. Dabei verwenden wir die folgenden Bezeichnungen:

$I := \{1, \ldots, m\}$	Menge der potentiellen Standorte
$I^+ \subseteq I$	Menge der *endgültig einbezogenen Standorte* (d.h. $y_i = 1$ für alle $i \in I^+$)
$I^- \subseteq I$	Menge der *endgültig verbotenen Standorte* ($y_i = 0$ für $i \in I^-$)
F	Aktueller Wert der Zielfunktion.

Zusätzlich benötigen wir bei Eröffnungsverfahren die folgenden Mengen:

I_v^+	Menge der vorläufig einbezogenen Standorte (d.h., für $i \in I_v^+$ wird vorläufig $y_i := 1$ gesetzt, was im Laufe des Verfahrens geändert werden kann)
I_v^-	Menge der vorläufig verbotenen Standorte (vorläufig wird $y_i := 0$ für $i \in I_v^-$ gesetzt).

(a) Die Eröffnungsverfahren Add und Drop

Wir skizzieren zunächst die prinzipielle Vorgehensweise der beiden Verfahren Add und Drop für das WLP.

Add–Algorithmus

Zu Beginn sind alle potentiellen Standorte vorläufig verboten, wir setzen also

$$I_v^- := I, \quad I^+ := I^- := \varnothing \quad (I_v^+ \text{ wird nicht benötigt}).$$

Im ersten Iterationsschritt wählt man einen (besonders kostengünstigen) Standort i aus, von dem aus alle Kunden beliefert werden. Dann ist $I_v^- := I \setminus \{i\}$, $I^+ := \{i\}$ und $F = \sum_{j=1}^n c_{ij} + f_i$. In jedem der folgenden Iterationsschritte wird genau derjenige potentielle Standort $k \in I_v^-$ endgültig einbezogen (d.h. $I_v^- := I_v^- \setminus \{k\}$, $I^+ := I^+ \cup \{k\}$ gesetzt), dessen Berücksichtigung die größtmögliche Verringerung des Zielfunktionswertes bewirkt (man spricht hierbei auch von einer *Greedy–Heuristik*). Das Verfahren endet, sobald kein $k \in I_v^-$ mehr eine Verringerung des Zielfunktionswertes bewirkt. Dann setzt man $I^- := I_v^-$.

Drop–Algorithmus

Der Drop–Algorithmus verläuft gerade „umgekehrt" wie der Add–Algorithmus: Zu Beginn werden sämtliche potentiellen Standorte vorläufig einbezogen, d.h., wir setzen

$$I_v^+ := I, \quad I^+ := I^- := \varnothing \quad (I_v^- \text{ wird nicht benötigt})$$

$$F := \sum_{i \in I} f_i + \text{ optimaler Zielfunktionswert des zum WLP gehörigen Transportproblems.}$$

Erinnerung: Das zum WLP gehörige Transportproblem ergibt sich, wenn man $y_i := 1$ für alle $i \in I$ setzt.

In jedem Iterationsschritt des Drop–Algorithmus wird genau derjenige potentielle Standort $k \in I_v^+$ endgültig verboten (d.h. $I_v^+ := I_v^+ \setminus \{k\}$, $I^- := I^- \cup \{k\}$ gesetzt), dessen Verbot die größtmögliche Verringerung des Zielfunktionswertes bewirkt (es handelt sich also wieder um eine Greedy–Heuristik). Das Verfahren endet, sobald das Verbot keines $k \in I_v^+$ mehr eine Verringerung des Zielfunktionswertes bewirkt. Dann setzt man $I^+ := I_v^+$.

Wir wollen jetzt den *Add–Algorithmus* für das WLP etwas genauer beschreiben. Im Algorithmus wird eine Matrix Ω mit den Elementen ω_{ij} ($i \in I_v^-$; $j = 1, \dots, n$) benutzt. Zu Beginn ist Ω gleich der Kostenmatrix C mit den Elementen c_{ij} ($i = 1, \dots, m$; $j = 1, \dots, n$). Ist von einem Lager am potentiellen Standort i zum Kunden j (aus technischen, wirtschaftlichen oder sonstigen Gründen) kein Transport möglich, so wählt man $c_{ij} > c$, etwa $c_{ij} := c + 1$, wobei c gleich der Summe der c_{kl} aller Paare (k, l) ist, für die ein Transport von k nach l möglich ist. Die i-te Zeilensumme $\omega_i := \sum_{j=1}^n \omega_{ij}$ der Matrix Ω stellt zu Beginn (wegen $\Omega = C$) die Kosten für den Transport des Bedarfs aller Kunden vom Standort i aus dar.

Weiter setzt man zu Beginn, wie schon erwähnt, I_v^- gleich der Menge $I = \{1, \dots, m\}$ aller potentiellen Standorte. Im ersten Iterationsschritt wird man denjenigen potentiellen Standort i endgültig einbeziehen, für den die Kosten $\omega_i + f_i$ am geringsten sind. Diese Kosten stellen dann den (aktuellen) Wert der Zielfunktion dar.

In jedem der weiteren Iterationsschritte wird Ω in der Weise neu berechnet, daß ω_{ij} die Transportkostenersparnis angibt, die man erhält, wenn man die Nachfrage des Kunden j von einem Lager am potentiellen Standort $i \in I_v^-$ aus befriedigt (statt von einem der bisher gewählten Standorte aus). Die i–te Zeilensumme ω_i der Matrix Ω ist folglich gleich der gesamten Transportkostenersparnis, die man erzielt, wenn man $i \in I_v^-$ endgültig einbezieht. Man wird somit denjenigen potentiellen Standort $i \in I_v^-$ endgültig einbeziehen, für den $\omega_i - f_i$ am größten ist. Außerdem wird man diejenigen potentiellen Standorte $i \in I_v^-$ endgültig verbieten, für die $\omega_i \leq f_i$ ist, also die Transportkostenersparnis bei Errichtung eines Lagers am Standort i nicht größer als die bei Errichtung des Lagers anfallenden Fixkosten ist.

Das Verfahren bricht ab, sobald $I_v^- = \varnothing$ ist (in der Regel vor Ende des m–ten Iterationsschrittes). Wir geben nun eine programmiernahe Beschreibung des Add–Algorithmus an.

Add–Algorithmus für das Warehouse–Location–Problem

Eingangsdaten

$\omega_{ij} := c_{ij}$ für $i = 1, ..., m$; $j = 1, ..., n$

f_i für $i = 1, ..., m$

Schritt 1

Setze $I_v^- := \{1, ..., m\}$, $I^+ := I^- := \varnothing$

Für alle $i \in I_v^-$ setze $\omega_i := \sum_{j=1}^{n} \omega_{ij}$

Bestimme ein $k \in I_v^-$ mit $\omega_k + f_k = \min_{i \in I_v^-} (\omega_i + f_i)$

Setze $I_v^- := I_v^- \setminus \{k\}$, $I^+ := \{k\}$, $F := \omega_k + f_k$

Für alle $i \in I_v^-$ und $j = 1, ..., n$ setze $\omega_{ij} := \max(\omega_{kj} - \omega_{ij}, 0)$

Schritt 2

Solange $I_v^- \neq \varnothing$

Für alle $i \in I_v^-$ setze $\omega_i := \sum_{j=1}^{n} \omega_{ij}$

Für alle $i \in I_v^-$ mit $\omega_i \leq f_i$ setze $I_v^- := I_v^- \setminus \{i\}$, $I^- := I^- \cup \{i\}$

Bestimme ein $k \in I_v^-$ mit $\omega_k - f_k = \max_{i \in I_v^-} (\omega_i - f_i)$

Setze $I_v^- := I_v^- \setminus \{k\}$, $I^+ := I^+ \cup \{k\}$, $F := F - \omega_k + f_k$

Für alle $i \in I_v^-$ und $j = 1, ..., n$ setze $\omega_{ij} := \max(\omega_{ij} - \omega_{kj}, 0)$

❏

$i \backslash^{\!\!j}$	$\Omega = C$						ω_i	f_i
	1	2	3	4	5	6		
1	4	①	6	4	2	5	22	2
+ 2	3	4	③	2	①	5	18	4
3	4	1	71	3	1	4	84	4
4	①	7	5	①	71	③	88	3

$$F = 18 + 4 = 22$$

Legende:

+   endgültig einbezogen

−   endgültig verboten

O   in erhaltener Lösung
realisierter Transport

Tab. 7.2.1: 1. Iteration des Add–Algorithmus

$i \backslash^{\!\!j}$	Ω (nur positive Elemente eingetragen)						ω_i	f_i
	1	2	3	4	5	6		
1		3					3	2
− 3		3				1	4	4
+ 4	2			1		2	5	3

$$F = 22 - 5 + 3 = 20$$

Tab. 7.2.2: 2. Iteration des Add–Algorithmus

Die bei Abbruch des Add–Algorithmus erhaltene zulässige Lösung des WLP lautet

$$y_i := \begin{cases} 1 & \text{für } i \in I^+ \\ 0 & \text{für } i \in I^- \end{cases}$$

$$x_{ij} := \begin{cases} 1 & \text{für das kleinste } i \in I^+ \text{ mit } c_{ij} = \min_{h \in I^+} c_{hj} \; [1] \\ 0 & , \text{ sonst} \end{cases} \quad (i = 1, \dots, m; \; j = 1, \dots, n).$$

Wir betrachten ein *Zahlenbeispiel zum Add–Algorithmus*. Die Ausgangsdaten und die Ergebnisse von drei Iterationsschritten sind in den Tabellen 7.2.1, 7.2.2, 7.2.3 zusammengestellt. Vom potentiellen Lagerstandort 3 zum Kunden 3 und vom Standort 4 zum Kunden 5 sei kein Transport möglich. Es ist $c = 70$, und wir setzen $c_{33} := c_{45} := 71$.

---

[1]   Man kann auch irgendein anderes $i \in I^+$ mit $c_{ij} = \min\limits_{h \in I^+} c_{hj}$ wählen.

$i \diagdown^{j}$	Ω 1	2	3	4	5	6	ω_i	f_i
$+1$		3					3	2

$$F = 20 - 3 + 2 = 19$$

Tab. 7.2.3: 3. Iteration des Add–Algorithmus

$i \diagdown^{j}$	1	2	3	4	5	6
1		1				
2			1		1	
3						
4	1			1		1

Tab. 7.2.4: Matrix der x_{ij}

Wir haben also $I^+ = \{1, 2, 4\}$, $I^- = \{3\}$. Es wird jeweils ein Lager an den Standorten 1, 2 und 4 eingerichtet. Die Matrix der x_{ij} ist in Tab. 7.2.4 angegeben, wobei nur die Einsen eingetragen sind, die den eingekreisten Elementen in der Matrix C entsprechen. Zur Probe erhalten wir

$$F = \sum_{i=1}^{m} \sum_{j=1}^{n} c_{ij} x_{ij} + \sum_{i \in I^+} f_i = 10 + 9 = 19.$$

Wir skizzieren nun, wie der *Add–Algorithmus auf das kapazitierte Problem KWLP* übertragen werden kann (analog kann der Drop–Algorithmus modifiziert werden). Zunächst erinnern wir an die Formulierung des KWLP:

$$(7.2.8) \quad \begin{cases} \text{Min.} & \sum_{i=1}^{m} \sum_{j=1}^{n} c_{ij} x_{ij} + \sum_{i=1}^{m} f_i y_i \\ \text{u.d.N.} & \sum_{j=1}^{n} x_{ij} \le a_i y_i \quad (i = 1, \ldots, m) \\ & \sum_{i=1}^{m} x_{ij} = b_j \quad (j = 1, \ldots, n) \\ & x_{ij} \ge 0 \quad (i = 1, \ldots, m; \; j = 1, \ldots, n) \\ & y_i \in \{0, 1\} \quad (i = 1, \ldots, m). \end{cases}$$

c_{ij} stellt jetzt die Transportkosten pro ME und x_{ij} die von i nach j zu transportierenden ME dar, und es gelte $\sum_{i=1}^{m} a_i \ge \sum_{j=1}^{n} b_j$.

Im Rahmen des Add–Algorithmus für das KWLP sind für verschiedene Mengen $I' \subseteq I = \{1,...,m\}$ einbezogener Standorte „klassische" Transportprobleme zu lösen, die sich aus (7.2.8) ergeben, indem man dort

$$y_i := \begin{cases} 1, & \text{falls } i \in I' \\ 0, & \text{falls } i \in I \setminus I' \end{cases}$$

setzt:

$$(7.2.9) \quad \begin{cases} \text{Min.} & C(I') := \sum_{i \in I'} \sum_{j=1}^{n} c_{ij} x_{ij} \\ \text{u.d.N.} & \sum_{j=1}^{n} x_{ij} \leq a_i \quad (i \in I') \\ & \sum_{i \in I'} x_{ij} = b_j \quad (j=1,...,n) \\ & x_{ij} \geq 0 \quad (i \in I', \; j=1,...,n). \end{cases}$$

Dabei haben wir in der Zielfunktion von (7.2.9) die additive Konstante $\sum_{i \in I'} f_i$ weggelassen.

Das Transportproblem (7.2.9) liegt wegen der Ungleichungen $\sum_{j=1}^{n} x_{ij} \leq a_i$ $(i \in I')$ statt Gleichungen nicht in „Standardform" vor (vgl. NEUMANN UND MORLOCK (1993), Abschnitt 2.8.7). Gilt

$$\sum_{i \in I'} a_i \geq \sum_{j=1}^{n} b_j,$$

so besitzt (7.2.9) zulässige und optimale Lösungen. Um die Standardform des Transportproblems zu erhalten und damit eines der „Standardlösungsverfahren" (z.B. die MODI–Methode oder den Busacker–Gowen–Algorithmus, vgl. NEUMANN UND MORLOCK (1993), Abschnitte 2.8.9 und 2.6.6) anwenden zu können, ersetzt man im Fall $\sum_{i \in I'} a_i = \sum_{j=1}^{n} b_j$ alle Ungleichungen $\sum_{j=1}^{n} x_{ij} \leq a_i$ in (7.2.9) durch Gleichungen. Im Fall $\sum_{i \in I'} a_i > \sum_{j=1}^{n} b_j$ führt man einen fiktiven Kunden $n+1$ mit der Nachfrage

$$b_{n+1} := \sum_{i \in I'} a_i - \sum_{j=1}^{n} b_j$$

und den Transportkosten

$$c_{i,n+1} := 0 \quad \text{für alle } i \in I'$$

ein. Gilt $\sum_{i \in I'} a_i < \sum_{j=1}^{n} b_j$, so hat das Transportproblem (7.2.9) keine Lösung. Dieser Fall tritt vor allem zu Beginn des Add–Algorithmus auf. Wir führen dann einen fiktiven Standort $m+1$ zusammen mit der Lieferkapazität

$$a_{m+1} := \sum_{j=1}^{n} b_j - \sum_{i \in I'} a_i$$

und den Transportkosten

$$c_{m+1,j} := \overline{c} > \max_{\substack{i=1,\dots,m \\ j=1,\dots,n}} c_{ij} \quad (j=1,\dots,n)$$

ein.

Mit γ_i bezeichnen wir die Gesamtkostenersparnis, die wir erhalten, wenn der vorläufig verbotene Standort $i \in I_v^-$ endgültig einbezogen wird. Dann hat der Add–Algorithmus für das KWLP folgende Form:

Add–Algorithmus für das kapazitierte Warehouse–Location–Problem

Schritt 1

Setze $I_v^- := \{1,\dots,m\}$, $I^+ := I^- := \emptyset$

Schritt 2

Solange $I_v^- \neq \emptyset$

Setze $M := \emptyset$

Löse das Transportproblem (7.2.9) für $I' = I^+$

Für alle $i \in I_v^-$

Löse das Transportproblem (7.2.9) für $I' = I^+ \cup \{i\}$

Setze $\gamma_i := C(I^+) - C(I^+ \cup \{i\}) - f_i$

Falls $\gamma_i \leq 0$, setze $M := M \cup \{i\}$

Setze $I_v^- := I_v^- \setminus M$, $I^- := I^- \cup M$

Bestimme ein $k \in I_v^-$ mit $\gamma_k = \max_{i \in I_v^-} \gamma_i$

Setze $I_v^- := I_v^- \setminus \{k\}$, $I^+ := I^+ \cup \{k\}$

□

Die bei Abbruch des Add–Algorithmus erhaltene zulässige Lösung von (7.2.8) lautet

$$y_i = \begin{cases} 1 & \text{für } i \in I^+ \\ 0 & \text{für } i \in I^- \end{cases}$$

x_{ij} $(i=1,\dots,m; \; j=1,\dots,n)$ optimale Lösung von (7.2.9) mit $I' = I^+$

mit den zugehörigen Kosten $\sum_{i \in I^+} \sum_{j=1}^{n} c_{ij} x_{ij} + \sum_{i \in I^+} f_i$.

Der Add–Algorithmus liefert keine „gute" zulässige Lösung, wenn die Lieferkapazitäten a_i der potentiellen Standorte i stark voneinander abweichen oder deren Summe wesentlich kleiner als die Gesamtnachfrage $\sum_{j=1}^{n} b_j$ ist. In diesem Fall werden, solange $\sum_{i \in I^+} a_i < \sum_{j=1}^n b_j$ ist, die Standorte $k \in I_v^-$ in der Reihenfolge abnehmender a_k in die Menge I^+ aufgenommen (d.h. endgültig einbezogen); denn jede Erhöhung der Lieferkapazität der endgültigen Standorte um eine ME bringt eine Senkung der Transportkosten mit sich.

Testrechnungen haben gezeigt, daß sich diese Schwäche des Add–Algorithmus beheben läßt, wenn in einer Vorstufe des Verfahrens potentielle Standorte $k \in I_v^-$ nach folgender Auswahlregel in I^+ aufgenommen werden, solange $\sum_{i \in I^+} a_i < \sum_{j=1}^n b_j$ gilt:

Nimm dasjenige $k \in I_v^-$ in I^+ auf, für das der Wert

$$\frac{f_k}{a_k} + \text{Durchschnittswert der } \left\lfloor \frac{n}{3} \right\rfloor \text{ kleinsten } c_{kj}$$

am kleinsten ist ($\lfloor \alpha \rfloor$ ist wieder die größte ganze Zahl $\leq \alpha$).

Bemerkung: f_k / a_k stellt die Fixkosten pro auslieferbare ME für ein Lager am potentiellen Standort k dar.

Ein weiterer Nachteil des Add–Algorithmus ist, daß sehr viele Transportprobleme gelöst werden müssen. Für vereinfachte Versionen des Add–Algorithmus, die den Rechenaufwand reduzieren, vgl. DOMSCHKE UND DREXL (1990), Abschnitt 3.3.1.2.

(b) Verbesserungsverfahren

Wie schon erwähnt, starten Verbesserungsverfahren mit einer zulässigen Lösung und versuchen, diese zu verbessern. Die meisten Verbesserungsverfahren für das WLP und das KWLP sind sogenannte *Standort–Austausch–Verfahren*, bei denen einige zunächst als Lagerstandorte vorgesehene Plätze zugunsten bisher nicht vorgesehener „aufgegeben" werden, wenn dies zu einer Verringerung des Zielfunktionswertes führt. Wir erläutern kurz das

Prinzip der Standort–Austausch–Verfahren

Man geht von einer zulässigen Lösung aus, also einer Zerlegung (I^+, I^-) von $I = \{1, ..., m\}$. Danach kann man wie folgt verfahren:

(1) Entferne mit dem Drop–Algorithmus ein $i \in I^+$, durch dessen Verbot der Zielfunktionswert am stärksten verringert wird (bzw. am geringsten zunimmt).
(2) Versuche, die erhaltene Lösung mit dem Add–Algorithmus zu verbessern (wobei auch mehrere Standorte neu einbezogen werden können).
(3) Wiederhole die Schritte (1) und (2) so lange, bis ein in (1) verbotener Standort in (2) wieder einbezogen wird.

Dieses Verfahren liefert im allgemeinen (jedoch nicht immer) eine bessere zulässige Lösung. Eine Variante des Verfahrens besteht darin, daß man in (1) den Add–Algorithmus und in (2) den Drop–Algorithmus verwendet. Man kann auch in (1) auf den Einsatz des Drop– oder Add–Algorithmus verzichten und stattdessen ein $i \in I^+$ zufällig oder gemäß einer vorgegebenen Reihenfolge auswählen und vorläufig verbieten bzw. ein $i \in I^-$ vorläufig einbeziehen und danach in (2) mit Hilfe des Add–Algorith-

mus bzw. des Drop–Algorithmus die Lösung verbessern. Für weitere Details vgl.
DOMSCHKE UND DREXL (1990), Abschnitt 3.3.2.

7.3 Standortplanung in der Ebene

Oft kommen als potentielle Standorte für Läger, neue Produktionsstätten, öffentliche
Einrichtungen u.ä. nicht die Knoten oder Punkte eines gegebenen Netzes von Ver-
kehrslinien, sondern alle Punkte der Ebene bzw. eines gewissen Gebietes der Ebene in
Frage. Nicht nur in der betrieblichen, sondern auch in der innerbetrieblichen Standortplanung (Layoutplanung) treten die letzteren Probleme häufig auf. Im folgenden
werden wir zunächst verschiedene für die Praxis wichtige Methoden der Entfernungsmessung in der Ebene betrachten.

7.3.1   Entfernungsmessung in der Ebene

Zur Messung der Entfernung $d(x,u)$ von zwei durch ihre kartesischen Koordinaten
gegebenen Punkten $x = (x, y)$ und $u = (u, v)$ im $\mathbb{R}^2$ bieten sich verschiedene Distanz-
maße an, von denen die folgenden in der Praxis am häufigsten verwendet werden.

$d(x,u) := | x - u | + | y - v |$ *Rechtwinklige* oder *Manhattan–Entfernung*

Die Manhattan–Entfernung wird vor allem in der innerbetrieblichen Standortplanung
oder bei rechtwinkligen Straßennetzen verwendet.

$d(x,u) := \sqrt{(x-u)^2 + (y-v)^2}$ *Geradlinige* oder *Euklidische* Entfernung

Diese Entfernungsmessung wird primär in der betrieblichen Standortplanung verwendet. Besonders wichtig ist dieses Entfernungsmaß z.B. bei der Planung von Energie-
versorgungsnetzen und Pipelines.

$d(x,u) := (x-u)^2 + (y-v)^2$ *Quadrierte Euklidische Entfernung*

Will man einen Standort so festlegen, daß zwar die Summe der Entfernungen des
Standortes zu einer Anzahl vorgegebener Kunden oder Läger o.ä. möglichst klein ist,
aber der Standort doch nicht „zu weit" von im Sinne der gewöhnlichen Euklidischen
Distanz relativ weit entfernten Kunden liegen soll, dann bietet sich die quadrierte
Euklidische Entfernung an. Sie weist den im üblichen Euklidischen Sinne weiter ent-
fernten Punkten ein wesentlich größeres Gewicht zu als die gewöhnliche Euklidische
Entfernung.

7.3.2   Probleme für einen Standort

Es liege folgende Aufgabenstellung vor: Es seien n Punkte (u_j, v_j), $j = 1, ..., n$, in der Ebene vorgegeben, an denen sich etwa Kunden befinden, die mit einem oder mehreren Gütern beliefert werden sollen. Die zu befriedigende Nachfrage des Kunden j (in einem bestimmten Planungszeitraum) sei $b_j > 0$ $(j = 1, ..., n)$. Die Transportkosten zwischen je zwei Punkten der Ebene seien proportional zur transportierten Menge und zur Entfernung dieser Punkte voneinander. Die Transportkosten pro ME und Entfernungseinheit seien gleich $c > 0$. Es soll ein Standort (x, y) für ein Auslieferungslager so gefunden werden, daß die Gesamttransportkosten vom Lager zu allen Kunden minimal sind.

(a) Rechtwinklige Entfernung

Die zu minimierenden Gesamttransportkosten in Abhängigkeit von den Koordinaten x, y des Auslieferungslagers betragen

$$c \sum_{j=1}^{n} b_j \left(\left| x - u_j \right| + \left| y - v_j \right| \right).$$

Die multiplikative Konstante $c > 0$ können wir bei der Minimierung weglassen, d.h., wir brauchen nur die Funktion $f : \mathbb{R}^2 \to \mathbb{R}_+$ mit

$$f(x, y) := \sum_{j=1}^{n} b_j \left(\left| x - u_j \right| + \left| y - v_j \right| \right)$$

zu betrachten. Eine Minimalstelle $\left(x^*, y^* \right)$ von f auf $\mathbb{R}^2$ erhalten wir durch Bestimmung einer Minimalstelle x^* von

$$f_1(x) := \sum_{j=1}^{n} b_j \left| x - u_j \right|$$

auf $\mathbb{R}$ und einer Minimalstelle y^* von

$$f_2(y) := \sum_{j=1}^{n} b_j \left| y - v_j \right|$$

auf $\mathbb{R}$.

Wir betrachten etwa die Funktion f_1. f_1 ist stetig und stückweise linear mit den Knickstellen $u_1, ..., u_n$; sie sei in den letzteren Punkten o.B.d.A. rechtsseitig differenzierbar. Um eine Minimalstelle von f_1 zu bestimmen, ordnen wir zunächst die Orte, in denen sich die Kunden j befinden, nach nichtfallenden Koordinaten u_j, so daß $u_1 \leq u_2 \leq ... \leq u_n$ gilt. Die Gestalt von f_1 ist dann Tab. 7.3.1 und Abb. 7.3.1 zu entnehmen.

Intervall	$f_1(x) =$	Steigung von f_1
$x < u_1$	$-\sum_{j=1}^{n} b_j(x - u_j)$	$-\sum_{j=1}^{n} b_j < 0$
$u_1 \le x < u_2$	$b_1(x - u_1) - \sum_{j=2}^{n} b_j(x - u_j)$	$b_1 - \sum_{j=2}^{n} b_j < 0$
$\vdots$	$\vdots$	$\vdots$
$u_{k-1} \le x < u_k$		$\sum_{j=1}^{k-1} b_j - \sum_{j=k}^{n} b_j < 0$
$u_k \le x < u_{k+1}$		$\sum_{j=1}^{k} b_j - \sum_{j=k+1}^{n} b_j \ge 0$
$\vdots$		$\vdots$
$x \ge u_n$		$\sum_{j=1}^{n} b_j > 0$

Tab. 7.3.1: Funktion f_1 in verschiedenen Intervallen

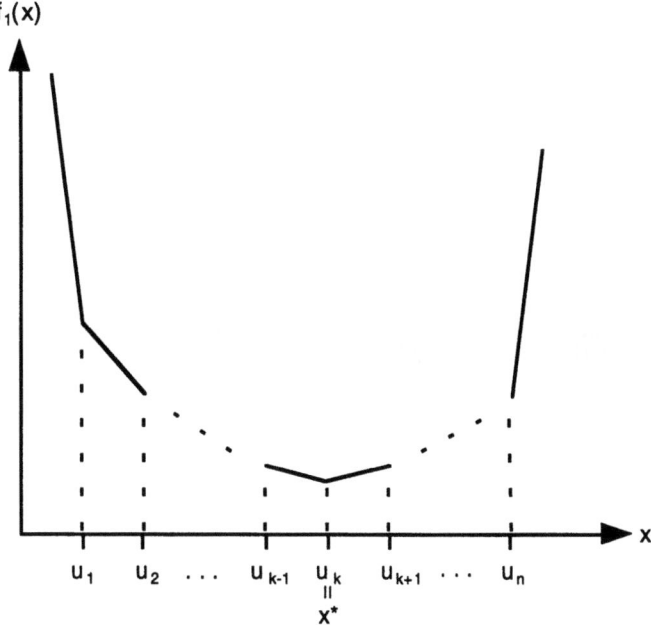

Abb. 7.3.1: Graph der Funktion f_1

Sei $k \in \{1,...,n\}$ ein durch $\sum_{j=1}^{k-1} b_j - \sum_{j=k}^{n} b_j < 0$, $\sum_{j=1}^{k} b_j - \sum_{j=k+1}^{n} b_j \geq 0$ bzw.

(7.3.1) $\displaystyle\sum_{j=1}^{k-1} b_j < \frac{1}{2}\sum_{j=1}^{n} b_j$ (mit $\displaystyle\sum_{j=1}^{0} b_j := 0$)

(7.3.2) $\displaystyle\sum_{j=1}^{k} b_j \geq \frac{1}{2}\sum_{j=1}^{n} b_j$

festgelegter Index. Dann ist $x^* := u_k$ die x–Koordinate eines optimalen Standortes (vgl. Abb. 7.3.1). Gilt in (7.3.2) das Gleichheitszeichen, so sind alle Punkte des (abgeschlossenen) Intervalles $\left[u_k, u_{k+1}\right]$ „optimale x-Koordinaten".

Zur Bestimmung der y–Koordinate eines optimalen Standortes y^* numerieren wir die Kundenorte nach nichtfallenden Koordinaten v_j, so daß $v_1 \leq v_2 \leq ... \leq v_n$ gilt. Dann ist $y^* = v_k$, wobei k wieder gemäß (7.3.1), (7.3.2) festgelegt ist. Gilt in (7.3.2) das Gleichheitszeichen, so sind alle Punkte des Intervalles $\left[v_k, v_{k+1}\right]$ „optimale y-Koordinaten".

Fällt ein optimaler Standort eines Lagers mit einem der Kundenstandorte zusammen, so ist bei der innerbetrieblichen Standortplanung für das Lager gegebenenfalls ein „benachbarter" Standort zu wählen.

Ein *Zahlenbeispiel* sei durch Abb. 7.3.2 gegeben. Mit Tab. 7.3.2 erhalten wir

$$x^* = u_3 = 3, \quad y^* = v_4 = 2.$$

Wegen $b_1 + b_4 = 8 = (1/2)\sum_{j=1}^{5} b_j$ sind alle Punkte des Intervalles $\left[v_4, v_3\right] = [2,3]$ optimale y-Koordinaten.

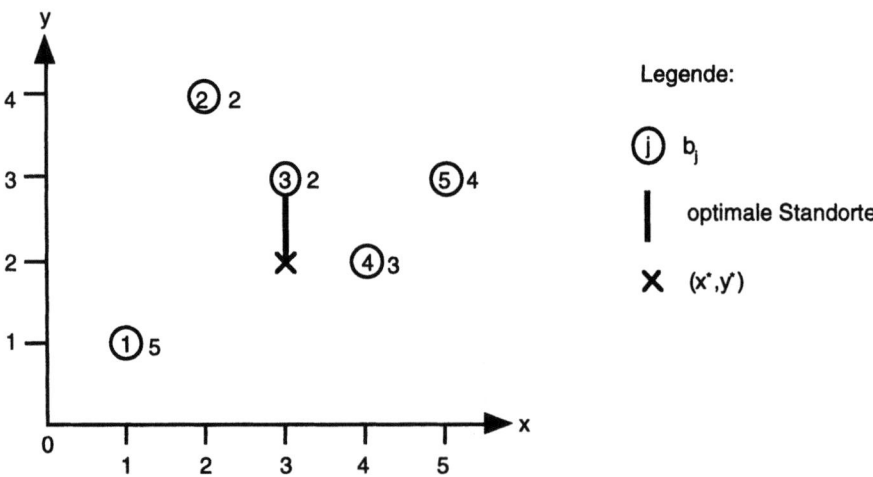

Abb. 7.3.2: Beispiel für einen optimalen Standort bei rechtwinkliger Entfernung

j	u_j	b_j	Σb_j	j	v_j	b_j	Σb_j
1	1	5	5	1	1	5	5
2	2	2	7	4	2	3	⑧
3	3	2	⑨	3	3	2	10
4	4	3	12	5	3	4	14
5	5	4	16	2	4	2	16

$$\frac{1}{2}\Sigma_{j=1}^{5}b_j = 8$$

Tab. 7.3.2: Rechenergebnisse zum Beispiel von Abb. 7.3.2

(b) Euklidische Entfernung

Die auf $\mathbb{R}^2$ zu minimierende Funktion f ist jetzt (wieder bei Weglassen der multiplikativen Konstanten $c > 0$) gegeben durch

$$f(x,y):=\sum_{j=1}^{n}b_j\sqrt{(x-u_j)^2+(y-v_j)^2}\ .$$

Liegen die Orte aller n Kunden auf einer Geraden (s. Abb. 7.3.3), so kann durch eine Koordinatentransformation (Drehung des Koordinatensystems) diese Gerade etwa zur x-Achse gemacht werden. Dann bleibt nur eine Funktion

$$f_1(x):=\sum_{j=1}^{n}b_j\sqrt{(x-u_j)^2}=\sum_{j=1}^{n}b_j\ \big|\ x-u_j\ \big|$$

zu minimieren, was wie in Unterabschnitt (a) erfolgen kann.

Wir wollen jetzt einen Algorithmus zur näherungsweisen Bestimmung eines opti-

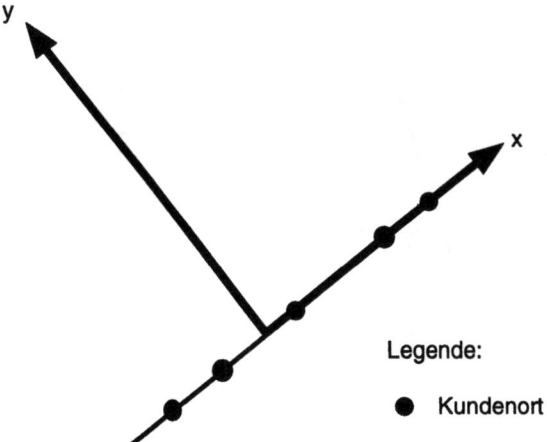

Abb. 7.3.3: Spezialfall des Ein–Standort–Problems bei Euklidischer Entfernung

malen Standortes (x^*, y^*) für den allgemeinen Fall, daß die n Kundenorte nicht auf einer Geraden liegen, angeben. Zunächst schreiben wir die Funktion f in der Form

$$f(x, y) = \sum_{j=1}^{n} b_j g_j(x, y)$$

$$\text{mit} \quad g_j(x, y) := \sqrt{(x - u_j)^2 + (y - v_j)^2} \quad (j = 1, \ldots, n).$$

$z = g_j(x, y)$ ist die Gleichung eines Kreiskegels mit der Spitze im Punkt $(u_j, v_j, 0)$, (vgl. Abb. 7.3.4). g_j ist eine konvexe Funktion, und f ist als positive Linearkombination konvexer Funktionen ebenfalls konvex. Damit liefert das Nullsetzen der partiellen Ableitungen von f,

$$\frac{\partial f}{\partial x}(x, y) = \sum_{j=1}^{n} \frac{b_j (x - u_j)}{g_j(x, y)}$$

$$\frac{\partial f}{\partial y}(x, y) = \sum_{j=1}^{n} \frac{b_j (y - v_j)}{g_j(x, y)} \, ,$$

notwendige und hinreichende Bedingungen für optimale Standorte, vorausgesetzt, für jeden optimalen Standort (x^*, y^*) gilt $(x^*, y^*) \neq (u_j, v_j)$ für alle $j = 1, \ldots, n$ (für

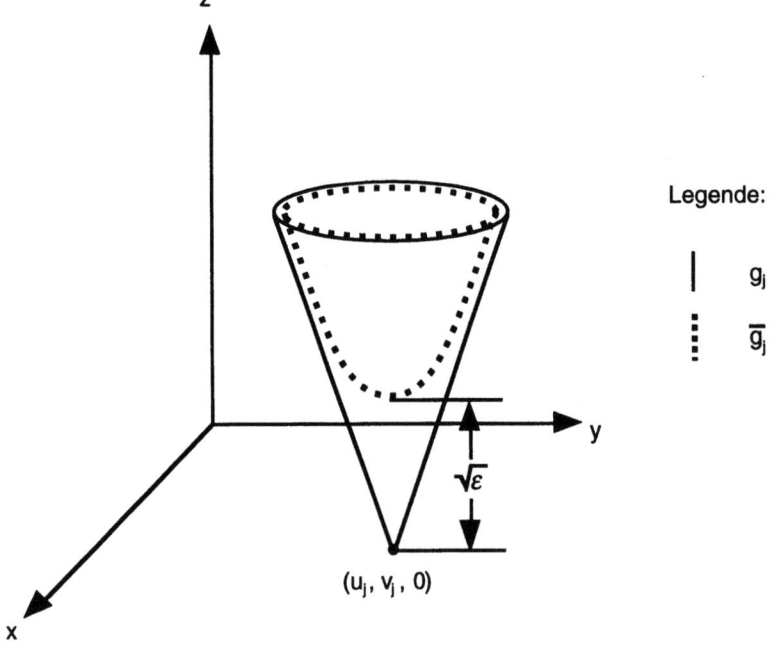

Abb. 7.3.4: Hyperboloid–Approximations–Prozedur

$(x,y) = (u_j, v_j)$ verschwindet der Nenner des j-ten Summanden von $\partial f/\partial x$ und $\partial f/\partial y$). Da man die letztere Bedingung jedoch ohne Kenntnis der (erst zu berechnenden) optimalen Standorte nicht nachprüfen kann, empfiehlt sich folgende Vorgehensweise:

Man betrachtet statt f die leicht modifizierte Funktion

$$\overline{f}(x,y) := \sum_{j=1}^{n} b_j \overline{g}_j(x,y)$$

$$\text{mit } \overline{g}_j(x,y) := \sqrt{(x-u_j)^2 + (y-v_j)^2 + \varepsilon} \quad (j = 1,\dots,n),$$

wobei $\varepsilon > 0$ eine kleine positive Konstante ist. $z = \overline{g}_j(x,y)$ ist die Gleichung der oberen Hälfte eines zweischaligen Hyperboloids (vgl. Abb. 7.3.4). Deshalb ist das nachfolgende Verfahren auch unter dem Namen *Hyperboloid–Approximations–Prozedur* (abgekürzt *HAP*) bekannt.

Das Nullsetzen der partiellen Ableitungen von $\overline{f}$ liefert

$$(7.3.3) \quad \begin{cases} \displaystyle\sum_{j=1}^{n} \frac{b_j(x-u_j)}{\overline{g}_j(x,y)} = 0 \quad \text{oder} \quad x = \frac{\displaystyle\sum_{j=1}^{n} \frac{b_j u_j}{\overline{g}_j(x,y)}}{\displaystyle\sum_{j=1}^{n} \frac{b_j}{\overline{g}_j(x,y)}} \\[6ex] \displaystyle\sum_{j=1}^{n} \frac{b_j(y-v_j)}{\overline{g}_j(x,y)} = 0 \quad \text{oder} \quad y = \frac{\displaystyle\sum_{j=1}^{n} \frac{b_j v_j}{\overline{g}_j(x,y)}}{\displaystyle\sum_{j=1}^{n} \frac{b_j}{\overline{g}_j(x,y)}} \end{cases}$$

Die Gleichungen (7.3.3) kann man wie folgt iterativ lösen:

$$(7.3.4) \quad x^0 := \frac{\displaystyle\sum_{j=1}^{n} b_j u_j}{\displaystyle\sum_{j=1}^{n} b_j}, \quad y^0 := \frac{\displaystyle\sum_{j=1}^{n} b_j v_j}{\displaystyle\sum_{j=1}^{n} b_j}$$

$$(7.3.5) \quad x^\nu := \frac{\displaystyle\sum_{j=1}^{n} \frac{b_j u_j}{\overline{g}_j(x^{\nu-1}, y^{\nu-1})}}{\displaystyle\sum_{j=1}^{n} \frac{b_j}{\overline{g}_j(x^{\nu-1}, y^{\nu-1})}}, \quad y^\nu := \frac{\displaystyle\sum_{j=1}^{n} \frac{b_j v_j}{\overline{g}_j(x^{\nu-1}, y^{\nu-1})}}{\displaystyle\sum_{j=1}^{n} \frac{b_j}{\overline{g}_j(x^{\nu-1}, y^{\nu-1})}} \quad \text{für } \nu = 1, 2, \dots$$

Man bricht die Iteration ab, sobald $\left|x^\nu - x^{\nu-1}\right| \le \eta$, $\left|y^\nu - y^{\nu-1}\right| \le \eta$ mit einer vorge-
gebenen Fehlerschranke $\eta > 0$ ist. (x^ν, y^ν) ist dann eine Näherung für einen
optimalen Standort.

Man kann beweisen, daß für jedes $\varepsilon > 0$ die Näherungen $\left(x^\nu, y^\nu\right)$ für $\nu \to \infty$ gegen
eine Minimalstelle $\left(x^+, y^+\right)$ der Funktion $\overline{f}$ konvergieren (vgl. FRANCIS ET AL.
(1992), Abschnitt 6.5.2, ROSEN UND XUE (1993)). Ferner gilt

$$\min_{(x,y)\in\mathbb{R}^2} \overline{f}(x,y) \to \min_{(x,y)\in\mathbb{R}^2} f(x,y) \quad \text{für} \quad \varepsilon \to 0$$

(vgl. LOVE ET AL. (1988), Abschnitt 2.3). Numerische Rechnungen haben gezeigt,
daß die Folge der (x^ν, y^ν) um so schneller gegen eine Minimalstelle der Funktion $\overline{f}$
strebt, je größer $\varepsilon > 0$ ist. Auf der anderen Seite nimmt die Genauigkeit der erhaltenen Näherung für eine Minimalstelle der ursprünglichen Funktion f mit wachsendem ε ab. Man wird in der Praxis deshalb das Verfahren HAP mit einem relativ
großen ε starten, die durch die Iteration erhaltene Näherung dann als Ausgangslösung für eine erneute Iteration mit einem kleineren ε verwenden und entsprechend
fortfahren.

Als gute Anfangslösung (x^0, y^0) an Stelle von (7.3.4) kann auch ein optimaler
Standort bei rechtwinkliger Entfernungsmessung verwendet werden (der relativ einfach mit dem in Unterabschnitt (a) beschriebenen Verfahren zu bestimmen ist). Man
kann mit Hilfe der Dreiecksungleichung zeigen, daß für den optimalen Zielfunktionswert bei Euklidischer Entfernungsmessung folgende Abschätzung gilt:

$$f^R\left(x^R, y^R\right) \ge f^E\left(x^E, y^E\right) \ge \sqrt{\left[f_1^R\left(x_1^R\right)\right]^2 + \left[f_2^R\left(y_2^R\right)\right]^2}$$

mit

$$f^R(x,y) := \sum_{j=1}^n b_j\left(\left|x-u_j\right| + \left|y-v_j\right|\right), \quad (x^R, y^R) \text{ Minimalstelle von } f^R$$

(Rechtwinklige Entfernung)

$$f^E(x,y) := \sum_{j=1}^n b_j\sqrt{(x-u_j)^2 + (y-v_j)^2}, \quad (x^E, y^E) \text{ Minimalstelle von } f^E$$

(Euklidische Entfernung)

$$f_1^R(x) := \sum_{j=1}^n b_j\left|x-u_j\right|, \quad x_1^R \text{ Minimalstelle von } f_1^R$$

$$f_2^R(y) := \sum_{j=1}^n b_j\left|y-v_j\right|, \quad y_2^R \text{ Minimalstelle von } f_2^R .$$

Das Standortproblem für einen Standort bei *quadrierter Euklidischer Entfernungsmessung* ist sehr einfach und ergibt sich als Spezialfall des in Abschnitt 7.3.3c behandelten entsprechenden Problems für mehrere Standorte.

7.3.3   Probleme für mehrere Standorte

Wir gehen von folgender Aufgabenstellung aus: n Kunden befinden sich an den Orten mit den Koordinaten (u_j, v_j), $j = 1, ..., n$. Ein Unternehmen beabsichtige, m Auslieferungsläger an Standorten mit den Koordinaten (x_i, y_i), $i = 1, ..., m$, einzurichten, so daß die Gesamtkosten für den Transport eines oder mehrerer Güter von den Lägern zu den Kunden sowie auch zwischen den einzelnen Lägern minimiert werden (die Nachfrage der Kunden tritt im folgenden nicht explizit auf).

Seien (in einem bestimmten Planungszeitraum) $s_{ij} \geq 0$ ME vom Lager i zum Kunden j zu transportieren ($i = 1, ..., m$; $j = 1, ..., n$) und $r_{ik} \geq 0$ ME vom Lager i zum Lager k oder umgekehrt zu transportieren (Güteraustausch) ($1 \leq i < k \leq m$), wobei die Größen s_{ij} und r_{ik} gegeben seien. $\sum_{i=1}^{m} s_{ij}$ ist der Bedarf von Kunde j. Wir nehmen an, daß $\sum_{i=1}^{m} s_{ij} > 0$ für alle $j = 1, ..., n$ und $\sum_{j=1}^{n} s_{ij} > 0$ für alle $i = 1, ..., m$ gelte, d.h., der Bedarf jedes Kunden j und die von jedem Lager i zu den Kunden transportierte Menge seien positiv.

Die Transportkosten pro ME und Entfernungseinheit seien $c > 0$ und können aus den gleichen Gründen wie in Abschnitt 7.3.2 (nur als multiplikative Konstante in der zu minimierenden Zielfunktion auftretend) unberücksichtigt bleiben.

(a) Rechtwinklige Entfernung

Im folgenden verwenden wir die Vektoren $x = (x_1, ..., x_m)^T$ und $y = (y_1, ..., y_m)^T$. Bis auf die multiplikative Konstante $c > 0$ sind die Gesamttransportkosten gleich

$$f(x, y) := \sum_{i=1}^{m-1} \sum_{k=i+1}^{m} r_{ik}\left(|x_i - x_k| + |y_i - y_k|\right)$$
$$+ \sum_{i=1}^{m} \sum_{j=1}^{n} s_{ij}\left(|x_i - u_j| + |y_i - v_j|\right).$$

Die Funktion f hat die Form

$$f(x, y) = f_1(x) + f_2(y)$$

mit

$$f_1(x) := \sum_{i=1}^{m-1} \sum_{k=i+1}^{m} r_{ik}\left(|x_i - x_k|\right) + \sum_{i=1}^{m} \sum_{j=1}^{n} s_{ij}\left(|x_i - u_j|\right)$$
$$f_2(y) := \sum_{i=1}^{m-1} \sum_{k=i+1}^{m} r_{ik}\left(|y_i - y_k|\right) + \sum_{i=1}^{m} \sum_{j=1}^{n} s_{ij}\left(|y_i - v_j|\right).$$

Deshalb können wir statt der Funktion f auf dem $\mathbb{R}^{2m}$ auch separat die Funktionen f_1 und f_2 jeweils auf $\mathbb{R}^m$ minimieren.

Wir betrachten etwa die Minimierung von f_1 und führen diese Aufgabe auf ein lineares Optimierungsproblem zurück. Hierbei benutzen wir folgendes Resultat:

Seien $z, w \in \mathbb{R}$; $\alpha, \beta \in \mathbb{R}_+$ mit

(7.3.6) $z - w - \alpha + \beta = 0$, $\alpha\beta = 0$.

Dann gilt

(7.3.7) $|z - w| = \alpha + \beta$.

Der Beweis, daß aus (7.3.6) die Gleichung (7.3.7) folgt, ergibt sich durch Betrachtung der drei möglichen Fälle:

$\alpha > 0$, $\beta = 0$ impliziert $z - w = \alpha = |z - w|$
$\alpha = 0$, $\beta > 0$ impliziert $z - w = -\beta = -|z - w|$
$\alpha = \beta = 0$ impliziert $z - w = 0 = |z - w|$.

Wir führen nun die nichtnegativen Variablen

$$\alpha_{ik}, \ \beta_{ik} \quad (1 \leq i < k \leq m)$$
$$\gamma_{ij}, \ \delta_{ij} \quad (1 \leq i \leq m, \ 1 \leq j \leq n)$$

ein. Dann ist die Minimierung von f_1 auf $\mathbb{R}^m$ auf das folgende Optimierungsproblem zurückzuführen:

Min. $\displaystyle\sum_{i=1}^{m-1}\sum_{k=i+1}^{m} r_{ik}(\alpha_{ik} + \beta_{ik}) + \sum_{i=1}^{m}\sum_{j=1}^{n} s_{ij}(\gamma_{ij} + \delta_{ij})$

u.d.N. $x_i - x_k - \alpha_{ik} + \beta_{ik} = 0 \quad (1 \leq i < k \leq m)$

$\quad\quad\quad x_i \quad\quad - \gamma_{ij} + \delta_{ij} = u_j \quad (1 \leq i \leq m; \ 1 \leq j \leq n)$

Alle α_{ik}, β_{ik}, γ_{ij}, $\delta_{ij} \geq 0$

Alle x_i nicht vorzeichenbeschränkt

(7.3.8) $\begin{cases} \alpha_{ik}\beta_{ik} = 0 & (1 \leq i < k \leq m) \\ \gamma_{ij}\delta_{ij} = 0 & (1 \leq i \leq m, \ 1 \leq j \leq n). \end{cases}$

Dieses Optimierungsproblem bezeichnen wir mit (P). Das Minimierungsproblem, das sich aus (P) durch Weglassen der „Orthogonalitätsbedingungen" (7.3.8) ergibt, sei mit (P') bezeichnet. (P') ist ein lineares Optimierungsproblem mit $m^2 + 2mn$ Variablen und $m(m-1)/2 + mn$ Nebenbedingungen (abgesehen von den Vorzeichenbeschränkungen).

Wir zeigen nun, daß jede optimale Basislösung von (P'), die mit dem Simplexverfahren bestimmt werden kann, die Nebenbedingungen (7.3.8) erfüllt, also eine optimale Lösung auch von (P) ist (zu den hierbei benutzten Resultaten aus der linearen Optimierung vgl. NEUMANN UND MORLOCK (1993), Abschnitt 1.2). Der zur Variablen α_{ik} (bzw. γ_{ij}) gehörende Spaltenvektor der Koeffizientenmatrix der Nebenbedingungen ist gleich dem Negativen des Spaltenvektors zur Variablen β_{ik} (bzw. δ_{ij}); die beiden Spaltenvektoren sind also linear abhängig. Ist folglich α_{ik} (bzw. γ_{ij}) eine

Basisvariable in einer optimalen Basislösung von (P'), dann ist β_{ik} (bzw. δ_{ij}) Nicht-basisvariable in dieser Basislösung, hat also den Wert 0. Ist umgekehrt β_{ik} (bzw. δ_{ij}) Basisvariable, so ist α_{ik} (bzw. γ_{ij}) Nichtbasisvariable. Die Nebenbedingungen (7.3.8) sind somit stets erfüllt.

(b) Euklidische Entfernung

Wir haben jetzt die durch

$$f(x,y) := \sum_{i=1}^{m-1} \sum_{k=i+1}^{m} r_{ik} \sqrt{(x_i - x_k)^2 + (y_i - y_k)^2}$$

$$+ \sum_{i=1}^{m} \sum_{j=1}^{n} s_{ij} \sqrt{(x_i - u_j)^2 + (y_i - v_j)^2}$$

gegebene konvexe Funktion f auf dem $\mathbb{R}^{2m}$ zu minimieren. Hierfür können wir wieder die Methode HAP aus Abschnitt 7.3.2b verwenden. An Stelle von f minimieren wir dabei die Funktion $\overline{f}$ mit

$$\overline{f}(x,y) := \sum_{i=1}^{m-1} \sum_{k=i+1}^{m} r_{ik} \overline{h}_{ik}(x,y) + \sum_{i=1}^{m} \sum_{j=1}^{n} s_{ij} \overline{g}_{ij}(x,y),$$

wobei

$$\overline{h}_{ik}(x,y) := \sqrt{(x_i - x_k)^2 + (y_i - y_k)^2 + \varepsilon}$$

$$\overline{g}_{ij}(x,y) := \sqrt{(x_i - u_j)^2 + (y_i - v_j)^2 + \varepsilon}$$

mit kleinem $\varepsilon > 0$ ist. Das Nullsetzen der partiellen Ableitungen der Funktion $\overline{f}$ führt auf die Gleichungen

$$x_i = \frac{\displaystyle\sum_{\substack{k=1\\k\neq i}}^{m} \frac{r_{ik}x_k}{\overline{h}_{ik}(x,y)} + \sum_{j=1}^{n} \frac{s_{ij}u_j}{\overline{g}_{ij}(x,y)}}{\displaystyle\sum_{\substack{k=1\\k\neq i}}^{m} \frac{r_{ik}}{\overline{h}_{ik}(x,y)} + \sum_{j=1}^{n} \frac{s_{ij}}{\overline{g}_{ij}(x,y)}} \qquad (i=1,\ldots,m)$$

$$y_i = \frac{\displaystyle\sum_{\substack{k=1\\k\neq i}}^{m} \frac{r_{ik}y_k}{\overline{h}_{ik}(x,y)} + \sum_{j=1}^{n} \frac{s_{ij}v_j}{\overline{g}_{ij}(x,y)}}{\displaystyle\sum_{\substack{k=1\\k\neq i}}^{m} \frac{r_{ik}}{\overline{h}_{ik}(x,y)} + \sum_{j=1}^{n} \frac{s_{ij}}{\overline{g}_{ij}(x,y)}} \qquad (i=1,\ldots,m),$$

die wie folgt iterativ gelöst werden können (vgl. (7.3.4), (7.3.5)):

$$(7.3.9) \quad x_i^0 := \frac{\displaystyle\sum_{j=1}^{n} s_{ij} u_j}{\displaystyle\sum_{j=1}^{n} s_{ij}}, \quad y_i^0 := \frac{\displaystyle\sum_{j=1}^{n} s_{ij} v_j}{\displaystyle\sum_{j=1}^{n} s_{ij}} \quad (i = 1, \dots, m)$$

$$x_i^\nu := \frac{\displaystyle\sum_{\substack{k=1 \\ k \neq i}}^{m} \frac{r_{ik} x_k^{\nu-1}}{\bar{h}_{ik}\left(x^{\nu-1}, y^{\nu-1}\right)} + \sum_{j=1}^{n} \frac{s_{ij} u_j}{\bar{g}_{ij}\left(x^{\nu-1}, y^{\nu-1}\right)}}{\displaystyle\sum_{\substack{k=1 \\ k \neq i}}^{m} \frac{r_{ik}}{\bar{h}_{ik}\left(x^{\nu-1}, y^{\nu-1}\right)} + \sum_{j=1}^{n} \frac{s_{ij}}{\bar{g}_{ij}\left(x^{\nu-1}, y^{\nu-1}\right)}} \quad (i = 1, \dots, m; \ \nu = 1, 2, \dots)$$

$$y_i^\nu := \frac{\displaystyle\sum_{\substack{k=1 \\ k \neq i}}^{m} \frac{r_{ik} y_k^{\nu-1}}{\bar{h}_{ik}\left(x^{\nu-1}, y^{\nu-1}\right)} + \sum_{j=1}^{n} \frac{s_{ij} v_j}{\bar{g}_{ij}\left(x^{\nu-1}, y^{\nu-1}\right)}}{\displaystyle\sum_{\substack{k=1 \\ k \neq i}}^{m} \frac{r_{ik}}{\bar{h}_{ik}\left(x^{\nu-1}, y^{\nu-1}\right)} + \sum_{j=1}^{n} \frac{s_{ij}}{\bar{g}_{ij}\left(x^{\nu-1}, y^{\nu-1}\right)}} \quad (i = 1, \dots, m; \ \nu = 1, 2, \dots).$$

In ROSEN UND XUE (1993) wird gezeigt, daß für jedes $\varepsilon > 0$ die Näherungen $\left(x^\nu, y^\nu\right)$ gegen eine Minimalstelle der Funktion $\bar{f}$ konvergieren, und zwar nicht nur für die durch (7.3.9) gegebene Anfangsnäherung, sondern für jede beliebige Anfangsnäherung $\left(x^0, y^0\right) \in \mathbb{R}^{2m}$. Außerdem gilt

$$\min_{(x,y) \in \mathbb{R}^{2m}} \bar{f}(x, y) \to \min_{(x,y) \in \mathbb{R}^{2m}} f(x, y) \quad \text{für } \varepsilon \to 0$$

(vgl. LOVE ET AL. (1988), Abschnitt 4.2).

Auch im Fall der rechtwinkligen Entfernungsmessung kann die Funktion f näherungsweise mit Hilfe der Methode HAP minimiert werden. Hierzu minimiert man statt der Funktion

$$f(x, y) := \sum_{i=1}^{m-1} \sum_{k=i+1}^{m} r_{ik}\left(|x_i - x_k| + |y_i - y_k|\right)$$
$$+ \sum_{i=1}^{m} \sum_{j=1}^{n} s_{ij}\left(|x_i - u_j| + |y_i - v_j|\right)$$

die Funktion

$$\overline{f}(x,y) := \sum_{i=1}^{m-1} \sum_{k=i+1}^{m} r_{ik}\left(\sqrt{(x_i - x_k)^2 + \varepsilon} + \sqrt{(y_i - y_k)^2 + \varepsilon} \right)$$
$$+ \sum_{i=1}^{m} \sum_{j=1}^{n} s_{ij}\left(\sqrt{(x_i - u_j)^2 + \varepsilon} + \sqrt{(y_i - v_j)^2 + \varepsilon} \right).$$

(c) Quadrierte Euklidische Entfernung

Wir haben die Funktion

$$f(x,y) := \sum_{i=1}^{m-1} \sum_{k=i+1}^{m} r_{ik}\left[(x_i - x_k)^2 + (y_i - y_k)^2 \right]$$
$$+ \sum_{i=1}^{m} \sum_{j=1}^{n} s_{ij}\left[(x_i - u_j)^2 + (y_i - v_j)^2 \right]$$

auf $\mathbb{R}^{2m}$ zu minimieren. Das Nullsetzen der partiellen Ableitungen der konvexen Funktion f liefert unter Beachtung von $r_{ki} = r_{ik}$

$$\left(\sum_{\substack{k=1\\k\neq i}}^{m} r_{ik} + \sum_{j=1}^{n} s_{ij} \right) x_i - \sum_{\substack{k=1\\k\neq i}}^{m} r_{ik} x_k = \sum_{j=1}^{n} s_{ij} u_j \quad (i = 1,...,m)$$

$$\left(\sum_{\substack{k=1\\k\neq i}}^{m} r_{ik} + \sum_{j=1}^{n} s_{ij} \right) y_i - \sum_{\substack{k=1\\k\neq i}}^{m} r_{ik} y_k = \sum_{j=1}^{n} s_{ij} v_j \quad (i = 1,...,m).$$

Dies sind zwei Systeme von jeweils m linearen Gleichungen für die Variablen x_i bzw. y_i $(i = 1,...,m)$ mit derselben Koeffizientenmatrix, die z.B. mit dem Gaußschen Algorithmus gelöst werden können. Optimale Standorte lassen sich also bei Verwendung der quadrierten Euklidischen Entfernung mit erheblich weniger Rechenaufwand als im Fall der Euklidischen oder der rechtwinkligen Entfernung bestimmen.

7.3.4 Standort–Einzugsbereich–Probleme

Im Unterschied zu Abschnitt 7.3.3 seien jetzt die vom Lager i zum Kunden j zu transportierenden Mengen s_{ij} nicht vorgegeben. Stattdessen sollen neben den (Koordinaten von) m Standorten die Größen s_{ij} Variablen darstellen, die wir Transportvariablen nennen $(i = 1,...,m;\ j = 1,...,n)$. Da durch die Bestimmung dieser Transportvariablen „Einzugsbereiche" der gesuchten m Standorte festgelegt werden, spricht man auch von Standort–Einzugsbereich–Problemen (engl. location–allocation problems).

Ein *Standort–Einzugsbereich–Problem* kann damit wie folgt formuliert werden: An n vorgegebenen Punkten in der Ebene mit den Koordinaten (u_j, v_j) befinden sich Kunden $j = 1, \ldots, n$. Die Nachfrage des Kunden j sei $b_j > 0$. Es sollen an m Standorten mit den Koordinaten (x_i, y_i) Auslieferungsläger $i = 1, \ldots, m$ errichtet werden. Die Lieferkapazität von Lager i betrage $a_i > 0$, und es gelte $\sum_{i=1}^{m} a_i \geq \sum_{j=1}^{n} b_j$. Die Transportkosten pro ME und Entfernungseinheit von Lager i zu Kunde j seien c_{ij}, und die transportierte Menge sei s_{ij}. Bei *Euklidischer Entfernungsmessung* lautet dann das Standort–Einzugsbereich–Problem:

$$(7.3.10) \quad \text{Min.} \quad \sum_{i=1}^{m} \sum_{j=1}^{n} c_{ij} s_{ij} \sqrt{(x_i - u_j)^2 + (y_i - v_j)^2}$$

$$(7.3.11) \quad \begin{cases} \text{u.d.N.} \sum_{i=1}^{m} s_{ij} = b_j \quad (j = 1, \ldots, n) \\[2mm] \sum_{j=1}^{n} s_{ij} \leq a_i \quad (i = 1, \ldots, m) \\[2mm] s_{ij} \geq 0 \quad (i = 1, \ldots, m; \ j = 1, \ldots, n). \end{cases}$$

Sind die m Standorte (x_i, y_i) fixiert, so reduziert sich (7.3.10), (7.3.11) mit

$$\alpha_{ij} := c_{ij} d_{ij}, \quad d_{ij} := \sqrt{(x_i - u_j)^2 + (y_i - v_j)^2}$$

auf das „klassische" Transportproblem (nicht in Standardform) mit der Minimierungsbedingung

$$(7.3.12) \quad \text{Min.} \quad \sum_{i=1}^{m} \sum_{j=1}^{n} \alpha_{ij} s_{ij}$$

und den Nebenbedingungen (7.3.11).

Sind die Transportmengen s_{ij} vorgegeben, dann vereinfacht sich (7.3.10), (7.3.11) mit $\beta_{ij} := c_{ij} s_{ij}$ zu

$$\text{Min.} \quad \sum_{i=1}^{m} \sum_{j=1}^{n} \beta_{ij} \sqrt{(x_i - u_j)^2 + (y_i - v_j)^2}$$

bzw.

$$(7.3.13) \quad \text{Min.} \quad \sum_{j=1}^{n} \beta_{ij} \sqrt{(x_i - u_j)^2 + (y_i - v_j)^2} \quad (i = 1, \ldots, m)$$

Es sind also m (voneinander unabhängige) Standortprobleme mit je einem gesuchten Standort und Euklidischer Entfernungsmessung zu lösen (vgl. Abschnitt 7.3.2a).

Ein heuristisches Verfahren zur näherungsweisen Lösung des allgemeinen Problems (7.3.10), (7.3.11) nutzt die beiden betrachteten Spezialfälle aus.

Heuristik für das Standort–Einzugsbereich–Problem mit Euklidischer Entfernungsmessung

Schritt 1
Wähle m Orte (z.B. m der Kundenorte $j = 1, ..., n$) als Lagerstandorte i aus. Bestimme die Euklidische Entfernung d_{ij} vom Lager i zum Kunden j $(i = 1, ..., m; \ j = 1, ..., n)$.

Schritt 2
Berechne eine optimale Lösung $\{s_{ij} \mid i = 1, ..., m; \ j = 1, ..., n\}$ des Transportproblems (7.3.12), (7.3.11) mit $\alpha_{ij} := c_{ij} d_{ij}$.

Schritt 3
Bestimme für jedes Lager i einen neuen Standort durch Lösen des Standortproblems (7.3.13) mit $\beta_{ij} := c_{ij} s_{ij}$ und berechne die Entfernung d_{ij} vom Lager i zum Kunden j $(i = 1, ..., m; \ j = 1, ..., n)$.
Falls die Abweichung der neuen von den alten Standorten eine gewisse vorgegebene Toleranz überschreitet, gehe zu Schritt 2; andernfalls terminiere.

❏

7.4 Quadratische Zuordnungsprobleme

7.4.1   Formulierung quadratischer Zuordnungsprobleme

Quadratische Zuordnungsprobleme treten nur bei der innerbetrieblichen Standortplanung (Layoutplanung) auf. Wir legen folgendes Modell zugrunde:

Es sollen n Betriebsmittel oder „Betriebseinheiten" eines gewissen Typs (abgekürzt BE, engl. facilities) n potentiellen Standorten zugewiesen werden, so daß jedem potentiellen Standort genau eine BE und jede BE genau einem Standort zugeordnet wird. Als BE können z.B. in Frage kommen:

*   Maschinen in einer Werkstatt
*   Werkstätten innerhalb einer Fabrikhalle
*   Für die Arbeitsgänge (Teileverrichtungen) an einer Arbeitsstation eines Fließbandes benötigte Behälter
*   Lagergebäude auf einem Betriebsgrundstück.

Die vorgegebene Entfernung der Standorte k und l sei d_{kl} (bei irgendeiner Entfernungsmessung). In der Praxis entsprechen die Standorte häufig quadratischen oder rechteckigen Plätzen, die wir vorerst als gleich groß annehmen wollen. In diesem Fall sei d_{kl} die rechtwinklige Entfernung vom Mittelpunkt von Platz k zum Mittelpunkt von Platz l.

Zwischen den BE finde ein Materialaustausch statt, und zwar sei χ_{ij} die vorgegebene Anzahl der von BE i zu BE j durchgeführten Materialtransporte pro ZE bzw. Periode (χ_{ij} wird auch *Transportintensität* genannt), wobei $\chi_{ij} \neq \chi_{ji}$ sein kann. Die Kosten für einen Materialtransport von Standort k zu Standort l seien proportional zur Entfernung d_{kl} von k nach l, wobei wir den Proportionalitätsfaktor (durch geeignete Wahl der Entfernungseinheit) gleich 1 setzen können. Damit sind die gesamten Materialtransportkosten pro ZE zwischen BE i und BE j, wenn BE i dem Standort k und BE j dem Standort l zugewiesen werden, gleich $\left(\chi_{ij} + \chi_{ji}\right) d_{kl}$. Die Betriebseinheiten sollen nun den Standorten so zugeordnet werden, daß die gesamten Transportkosten pro ZE minimal sind. Die Minimierung der Gesamttransportkosten bedingt auch eine Reduzierung der Transportzeiten und Transportmittelkapazitäten und damit eine Verringerung der Kapitalbindungskosten.

Wir führen binäre Variablen

$$x_{ik} := \begin{cases} 1, & \text{falls der BE } i \text{ der Standort } k \text{ zugewiesen wird} \\ 0, & \text{sonst} \end{cases} \qquad (i, k = 1, \ldots, n)$$

ein. Dann läßt sich unser Optimierungsproblem wie folgt formulieren:

$$(7.4.1) \qquad \text{Min.} \quad \sum_{\substack{i=1}}^{n} \sum_{\substack{j=1 \\ j \neq i}}^{n} \sum_{\substack{k=1}}^{n} \sum_{\substack{l=1 \\ l \neq k}}^{n} \chi_{ij} d_{kl} x_{ik} x_{jl}$$

$$(7.4.2) \quad \left\{ \begin{aligned} \text{u.d.N.} \quad & \sum_{k=1}^{n} x_{ik} = 1 \quad (i = 1, \ldots, n) \\ & \sum_{i=1}^{n} x_{ik} = 1 \quad (k = 1, \ldots, n) \\ & x_{ik} \in \{0,1\} \quad (i, k = 1, \ldots, n). \end{aligned} \right.$$

In (7.4.1) kann man bei der Summation die Einschränkungen $j \neq i$ und $l \neq k$ weglassen, wenn man $\chi_{ii} := d_{kk} := 0$ setzt ($i, k = 1, \ldots, n$). Außerdem kann wegen $d_{kl} = d_{lk}$ die Zielfunktion in (7.4.1) auch in der Form

$$\sum_{i=1}^{n-1} \sum_{j=i+1}^{n} \sum_{k=1}^{n} \sum_{\substack{l=1 \\ l \neq k}}^{n} \left(\chi_{ij} + \chi_{ji}\right) d_{kl} x_{ik} x_{jl}$$

geschrieben werden. Die erste Nebenbedingung von (7.4.2) besagt, daß der BE i genau ein Standort zugewiesen wird, und die zweite Nebenbedingung, daß der Standort k genau einer BE zugewiesen wird.

Die Optimierungsaufgabe (7.4.1), (7.4.2) wird *quadratisches Zuordnungsproblem* (abgekürzt *QZP*) in Standardform genannt. Sind die Transportkosten bei Zuordnung von BE i zu Standort k unabhängig von der Plazierung der übrigen BE und betragen etwa c_{ik} $(i, k = 1, \ldots, n)$, so erhalten wir das „gewöhnliche" Zuordnungsproblem mit der Minimierungsbedingung

$$\text{Min.} \sum_{i=1}^{n} \sum_{k=1}^{n} c_{ik} x_{ik}$$

und den Nebenbedingungen (7.4.2). Während das gewöhnliche Zuordnungsproblem mit polynomialem Rechenaufwand gelöst werden kann, ist das QZP ein schweres Problem (für das gewöhnliche Zuordnungsproblem vgl. etwa NEUMANN UND MOR-LOCK (1993), Abschnitte 2.7.2 und 2.7.3).

In der Praxis treten auch verschiedene Modifikationen des QZP (7.4.1), (7.4.2) auf, z.B.

(i)   Unter $p > n$ potentiellen Standorten sind n für die Plazierung der n BE aus-zuwählen.

(ii) Es sind bereits BE vorhanden, die für den Materialaustausch mit zu berück-sichtigen sind.

(iii) Die Transportkosten, etwa c_{ijkl}, sind nicht notwendig proportional zur Anzahl der durchgeführen Materialtransporte von BE i nach BE j und zur Entfer-nung zwischen den potentiellen Standorten k und l, d.h., es gilt nicht (bis auf einen Proportionalitätsfaktor)

$$c_{ijkl} = \chi_{ij} d_{kl}.$$

(iv) Die einzelnen Betriebseinheiten haben einen verschieden großen Platzbedarf.

Im folgenden Abschnitt 7.4.2 werden wir heuristische Verfahren zur näherungsweisen Lösung des QZP bei gleich großem Platzbedarf der einzelnen BE angeben. Zur Über-tragung dieser Heuristiken auf die Modifikationen (i), (ii) und (iii) des QZP vgl. DOMSCHKE UND DREXL (1990), Abschnitt 6.3.4. Auf den Fall, daß die BE einen verschieden großen Platzbedarf haben können, werden wir in Abschnitt 7.4.3 einge-hen. Für eine ausführlichere Darstellung heuristischer Verfahren, insbesondere auch neuerer Techniken wie Tabu Search, Simulated Annealing und genetischer Methoden, vgl. BÖLTE (1994).

7.4.2 Heuristische Verfahren bei gleichem Platzbedarf aller Betriebseinheiten

Man unterscheidet wieder zwischen Eröffnungsverfahren, die eine zulässige Anfangslösung konstruieren, und Verbesserungsverfahren, die eine gegebene zulässige Lösung schrittweise zu verbessern suchen.

Wir nehmen der Einfachheit halber an, daß die potentiellen Standorte gleich große Rechtecke oder Quadrate darstellen. Zwei Standorte heißen *benachbart*, wenn sie eine Seite oder ein Seitenstück gemeinsam haben. Besitzen zwei Standorte nur eine gemeinsame Ecke, sind sie nicht benachbart. In Abb. 7.4.1 sind z.B. die Standorte A und D sowie D und G benachbart, nicht aber B und D.

(a) Eröffnungsverfahren

Bei Eröffnungsverfahren wird im allgemeinen in jeder von n aufeinander folgenden Iterationen genau eine noch nicht zugeordnete BE einem noch nicht belegten Standort zugewiesen. Die Menge der bereits zugeordneten BE bezeichnet man auch als *Kern K*. Tab. 7.4.1 zeigt verschiedene Regeln, nach denen noch nicht zugeordnete BE und noch nicht belegte Standorte ausgewählt werden können (vgl. DOMSCHKE UND DREXL (1990), Tab. 6.7 in Abschnitt 6.3.2). Eine Modifikation der Regeln A1 bis A3 erhält man, wenn man überall χ_{ij} durch $\chi_{ij} + \chi_{ji}$ ersetzt.

Die in der Praxis weit verbreitete Heuristik *CORELAP* (Computerized Relationship Layout Planning) verwendet die Regel A2a, bei gleich guten Alternativen zusätzlich A2b, sowie die Regel B2. Ein Nachteil dieses Verfahrens ist, daß es die Entfernungen d_{kl} zwischen den Standorten nicht berücksichtigt, sondern nur versucht, ein Layout zu erzeugen, in dem BE benachbart sind, zwischen denen besonders viele Materialtransporte anfallen.

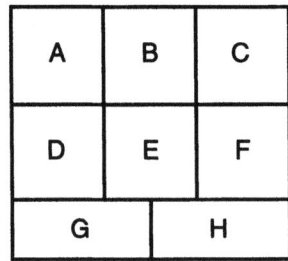

Abb. 7.4.1: Benachbarte potentielle Standorte

Kriterien für die Wahl einer (noch nicht zugeordneten) BE	Kriterien für die Wahl eines (noch nicht belegten) Standortes
A1. Diejenige BE i, die zu allen n BE die größte Summe von Materialtransporten $\sum_{j=1}^{n} \chi_{ij}$ hat	B1. Derjenige Standort k, der unter den noch freien Plätzen die kleinste Entfernungssumme $\sum_{l=1}^{n} d_{kl}$ hat
A2a. Diejenige BE i, die zu der zuletzt zugewiesenen BE j die größte Transportintensität χ_{ij} hat. A2b. Diejenige BE i, die zu allen BE j des Kerns K die größte maximale Transportintensität $\max_{j \in K} \chi_{ij}$ hat	B2. Ein Standort, der dem zuletzt belegten Standort benachbart ist
A3. Diejenige BE i, die zu allen BE j des Kerns K die größte Summe von Transportintensitäten $\sum_{j \in K} \chi_{ij}$ hat	B3a. Ein Standort so, daß die Summe der Transportkosten innerhalb des entstehenden Kerns minimal wird B3b. Wie B3a mit jeweils einem anschließenden Verbesserungsschritt, in dem versucht wird, durch Platztausch der neu zugeordneten BE mit benachbarten BE die Transportkosten zu verringern

Tab. 7.4.1: Regeln für die Wahl einer BE und eines Standortes

Die sogenannte *Umlaufmethode* verwendet die Regeln A3 und B3a bzw. B3b. Zu Beginn wird diejenige BE i, die die größte Summe von Transportintensitäten $\sum_{j=1}^{n} \chi_{ij}$ besitzt, „in der Mitte" des verfügbaren Areals (des sogenannten *Standortträgers*) plaziert, d.h. einem Standort k zugeordnet, der die kleinste Entfernungssumme $\sum_{l=1}^{n} d_{kl}$ hat. Regel B3a besagt, daß als Standort für die BE i ein freier Platz k mit kleinsten Transportkosten $\sum_{j \in K} \chi_{ij} d_{kj}$ bzw. $\sum_{j \in K} \left(\chi_{ij} + \chi_{ji} \right) d_{kj}$ gewählt wird, wobei der Platz einer BE $j \in K$ ebenfalls mit j bezeichnet werde. Regel B3b wird erstmalig angewendet (d.h. ein Verbesserungsschritt mit Platztausch durchgeführt), wenn der Kern aus vier BE besteht. Der Name Umlaufmethode rührt daher, daß der Kern stets eine Menge „zusammenhängender" Plätze „ohne Löcher" (d.h. eine einfach zusammenhängende Menge) darstellt, der bei der Suche nach einem freien Standort „umlaufen" wird (für weitere Details zur Umlaufmethode vgl. DOMSCHKE UND DREXL (1990), Abschnitt 6.3.3.1).

(b) Verbesserungsverfahren

Die meisten Verbesserungsverfahren beruhen darauf, daß die Plätze von zwei BE getauscht werden (d.h. ein „zu vertauschendes Paar" von BE gesucht wird). Hierbei betrachtet man folgende Kriterien bzw. Regeln:

Kriterium I (Auswahl der zu überprüfenden Paare von BE)

   (a) Überprüfung aller Paare
   (b) Überprüfung einer Teilmenge aller Paare
   (c) Überprüfung einer zufälligen Auswahl aus der Menge aller Paare.

Kriterium II (Auswahl des zu vertauschenden Paares von BE)

   (a) Nach der Überprüfung gemäß Kriterium I wird dasjenige Paar vertauscht, durch dessen Platztausch die gesamten Transportkosten am stärksten verringert werden (Wahl des „besten Paares")
   (b) Sobald gemäß Kriterium I ein Paar gefunden worden ist, durch dessen Platztausch die gesamten Transportkosten verringert werden, wird dieser Tausch vorgenommen (Wahl des „ersten Paares mit Verbesserung").

In jedem Schritt eines Verbesserungsverfahrens wird eine der Regeln Ia, Ib, Ic mit einer der Regeln IIa, IIb kombiniert. Dabei wird bei ein und demselben Verfahren im allgemeinen in jedem Schritt die gleiche Regel–Kombination gewählt. Bei der Kombination der Regeln Ic und IIa werden mehrere Paare von BE zufällig ausgewählt, durch deren Platztausch sich die Transportkosten verringern, und unter diesen das Paar mit der größten Transportkostenreduzierung vertauscht. Das Verfahren bricht ab, sobald in einem Schritt keine Verringerung der Transportkosten mehr möglich ist.

Die in der Praxis bekannteste Methode *CRAFT* (Computerized Relative Allocation of Facilities Technique) kombiniert die Regeln Ia und IIa. Ein Nachteil dieses Verfahrens ist der relativ hohe Rechenaufwand: Für jeden Platztausch müssen $n(n-1)/2$ Vertauschungsmöglichkeiten überprüft werden. Eine Modifikation des Verfahrens CRAFT besteht darin, daß unter denjenigen Paaren, deren Platztausch eine Kostensenkung bewirken würde, das zu vertauschende Paar zufällig ausgewählt wird (wobei die betreffende Auswahlwahrscheinlichkeit von der Größe der Kostenreduzierung abhängig gewählt werden kann).

Ein auf der Kombination der Regeln Ic und IIb beruhendes Verfahren ist von *Burkard und Rendl* entwickelt worden. Hierbei sind auch Vertauschungen möglich, bei denen sich der Zielfunktionswert verschlechtert (um ähnlich wie bei der Simulated–Annealing–Methode[2] ein „Hängenbleiben" in einer lokal optimalen Lösung zu vermeiden). Für Einzelheiten hierzu vgl. DOMSCHKE UND DREXL (1990), Abschnitt 6.3.3.3.

---

2 Zur Simulated–Annealing–Methode vgl. NEUMANN UND MORLOCK (1993), Abschnitt 3.2.2.

7.4.3   Ungleicher Platzbedarf der Betriebseinheiten

(a) Grundbegriffe

Wir setzen voraus, daß der *Standortträger* (oder die Standortfläche) für das Layout eine Menge von Einheits– oder Planquadraten in der Ebene sei (auch *Rastereinheiten* genannt, abgekürzt RE), die an ihren Seiten zusammenhängen. Außerdem enthalte der Standortträger keine „Löcher", sei also ein einfach zusammenhängendes Gebiet. Wir sagen dann, daß der Standortträger *seitenweise einfach zusammenhängend* sei. Auch der für jede auf dem Standortträger zu plazierende BE benötigte Platz stelle eine seitenweise einfach zusammenhängende Menge von Einheitsquadraten dar. In der Praxis ist der Standortträger häufig ein Quadrat oder Rechteck, und der für eine BE benötigte Platz ist ein rechtwinkliges Vieleck „einfacher Form", d.h. mit relativ wenigen Ecken. In Abb. 7.4.2 ist ein Layout mit 8 BE auf einem Standortträger in Form eines 5 x 7– Rechteckes (mit 35 RE) veranschaulicht.

Streng genommen stellt Abb. 7.4.2 kein Layout, sondern einen Plan für ein Layout, einen sogenannten *Blockplan*, dar. Außerdem ist der für eine BE (z.B. eine Maschine in einer Werkstatt) benötigte Platzbedarf in der Regel größer als der Grundriß der BE selbst. Wir wollen im folgenden der Einfachheit halber aber nicht zwischen (dem Grundriß) einer BE und dem von ihr benötigten Platzbedarf und auch nicht zwischen einem Layout und dessen Blockplan unterscheiden.

Die Plätze zweier BE i und j bzw. die BE i und j selbst heißen *benachbart*, wenn (mindestens) ein Einheitsquadrat von i mit (mindestens) einem Einheitsquadrat von j eine gemeinsame Seite besitzt. In Abb. 7.4.2 sind die BE 4 und 5 benachbart, nicht jedoch die BE 3 und 5.

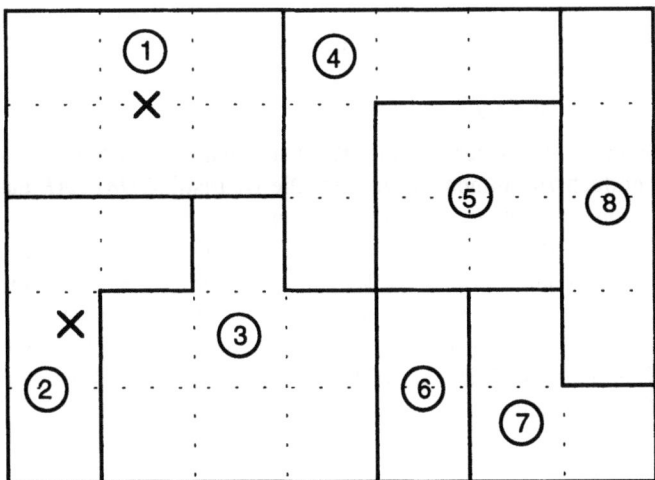

Abb. 7.4.2: Layout auf einem Standortträger

Die *Entfernung* d_{kl} zwischen den Plätzen k und l für zwei BE sei gleich der rechtwinkligen Entfernung der Mittelpunkte dieser beiden Plätze. Unter dem *Mittelpunkt*
eines Platzes verstehen wir seinen Schwerpunkt. Die Abszisse u des Schwerpunktes
(in einem kartesischen Koordinatensystem) eines Platzes für eine BE mit einer Größe
von β RE berechnet sich wie folgt: Haben β_v der Mittelpunkte der β RE der BE die
Abszisse u_v ($v = 1, ..., s$, $\sum_{v=1}^{s} \beta_v = \beta$), so ist

$$u = \frac{\sum_{v=1}^{s} \beta_v u_v}{\sum_{v=1}^{s} \beta_v}$$

(vgl. die entsprechende Beziehung (7.3.4)). Analog erhält man die Ordinate des
Schwerpunktes. Entspricht die linke untere Ecke des Layouts in Abb. 7.4.2 dem Null-
punkt des Koordinatensystems, so ist $(3/2, 4)$ der Mittelpunkt (des Platzes) der BE 1
und $(3/4, 7/4)$ der Mittelpunkt der BE 2 (in Abb. 7.4.2 jeweils durch ein Kreuz gekennzeichnet). Die Entfernung der Plätze der BE i und j ist folglich gleich 3.

Werden BE i dem Platz k und BE j dem Platz l zugewiesen, so betragen die zu-
gehörigen (Material–)Transportkosten pro ZE wieder $\left(\chi_{ij} + \chi_{ji} \right) d_{kl}$, wobei χ_{ij} die
Anzahl der Materialtransporte pro ZE von BE i nach BE j (Transportintensität) und
d_{kl} die Entfernung zwischen den Plätzen k und l sind. Die zu minimierende Zielfunktion sei erneut die Summe aller Transportkosten pro ZE.

Um die in Abschnitt 7.4.2 skizzierten Eröffnungs– und Verbesserungsverfahren auf
den Fall übertragen zu können, daß die einzelnen BE unterschiedlichen Platzbedarf
haben, nehmen wir an, daß die Form (Geometrie) des für eine BE benötigten Platzes
nicht vorgeschrieben sei (abgesehen davon, daß der Platz seitenweise einfach zusammenhängend sein soll). Im folgenden werden wir in Anlehnung an DOMSCHKE UND
DREXL (1990), Abschnitt 6.4.2, kurz erläutern, welche Modifikationen bei den Eröffnungsverfahren und Verbesserungsverfahren aus Abschnitt 7.4.2 vorzunehmen sind.

(b) Modifikationen der Eröffnungsverfahren

Bei der Wahl eines Standortes für eine BE ist stets darauf zu achten, daß dieser Platz
seitenweise einfach zusammenhängend ist. Die Heuristik *CORELAP* aus Abschnitt
7.4.2a kann dann unmittelbar übertragen werden.

Für die *Umlaufmethode* bleibt noch anzugeben, wie der Standort für die jeweils
zum aktuellen Kern hinzukommende BE i festgelegt wird. Die BE i habe etwa einen
Platzbedarf von α_i RE. Die erste der benötigten α_i RE wird wie in Abschnitt 7.4.2a
so festgelegt, daß die Summe der Transportkosten im Kern einschließlich der festzulegenden RE minimal wird. Für die Wahl der übrigen $\alpha_i - 1$ RE kommen u.a. folgende Möglichkeiten in Frage:

(1) Wahl wie bei der ersten RE (d.h., nur die neu hinzukommende RE wird zusammen mit dem Kern betrachtet) mit der Nebenbedingung, daß sich ein seitenweise einfach zusammenhängender Platz ergibt.

(2) Festlegung der neuen RE so, daß die Summe der Transportkosten des Kerns einschließlich des nunmehr plazierten Teils der BE i minimal wird (hierzu ist also der Mittelpunkt des Standortes des plazierten BE–Teils zu bestimmen). Natürlich ist wieder zu berücksichtigen, daß der Standort des plazierten BE–Teils seitenweise einfach zusammenhängend sein soll.

(3) Wahl der neuen RE so, daß die Summe der Entfernungen zwischen den bereits plazierten RE und der neuen RE der BE i minimal wird (also die neue RE „möglichst nahe" am bereits plazierten BE–Teil positioniert wird).

Wegen der häufigen Berechnung der Koordinaten von neuen Standortmittelpunkten ist die Regel (2) sehr rechenaufwendig. Außerdem liefert jede der drei Möglichkeiten (1), (2), (3) nicht selten Formen für die Standorte von BE, die in der Praxis nicht brauchbar sind (z.B. ergibt Regel (3) „kreisähnliche" und Regel (1) oft „zu langgestreckte" Grundrisse). Die Umlaufmethode und erst recht die simplere Heuristik CORELAP konstruieren damit häufig für die Praxis nicht verwendbare Layouts. Ist ein Standortträger für das Layout vorgegeben, der nicht wesentlich mehr RE besitzt als für die n BE benötigt werden, so liefern diese Heuristiken meistens kein Layout mit seitenweise einfach zusammenhängenden oder auch nur seitenweise zusammenhängenden Plätzen für die BE innerhalb des Standortträgers.

(c) Modifikationen der Verbesserungsverfahren

Wie im Fall eines gleich großen Platzbedarfs für alle BE beruhen die Verbesserungsverfahren im wesentlichen darauf, die Plätze von zwei BE „zu vertauschen". Bei verschieden großem Platzbedarf der einzelnen BE ist in Ergänzung zu dem in Abschnitt 7.4.2b genannten Kriterium I, also
(1) Auswahl der zu überprüfenden Paare von BE,
noch folgende Frage zu klären:
(2) Wie soll die Vertauschung eines Paares von BE vorgenommen werden?
Wir wollen die Punkte (1) und (2) kurz diskutieren.

(1) Auswahl der zu überprüfenden Paare

Um einen nicht zu hohen Rechenaufwand zu erhalten, sollen nur die folgenden drei Vertauschungsmöglichkeiten betrachtet werden:

(a) Nicht benachbarte Paare von BE i und j mit gleichem Platzbedarf
(b) Benachbarte Paare von BE i und j
(c) Nicht benachbarte Paare von BE i und j mit verschieden großem Platzbedarf, für die es jeweils eine BE k gibt, die sowohl zu i als auch zu j benachbart ist.

(2) Art und Weise des Platztausches

Im Fall (1a) werden die gleich großen Plätze der BE *i* und *j* einfach vertauscht. Ebenso verfährt man, wenn im Fall (1b) die Plätze der BE *i* und *j* gleich groß sind. Ist im Fall (1b) der Platzbedarf etwa von BE *i* kleiner als derjenige von BE *j*, dann wird der Platz von BE *i* gegen einen gleich großen Teil des Platzes von BE *j* so ausgetauscht, daß der neue Platz von BE *j* wieder seitenweise zusammenhängend (und damit auch seitenweise einfach zusammenhängend) ist.

Im Fall (1c) kann man z.B. wie folgt vorgehen: Ist der Platzbedarf von BE *i* kleiner als derjenige von BE *j*, dann wird BE *i* auf einen gleich großen Teil des Platzes von BE *j* positioniert. Weiter wird BE *k* auf den bisherigen Platz von BE *i* (ganz oder teilweise) verschoben; der hierdurch frei werdende Platz wird von dem „durch BE *i* verdrängten" Teil von BE *j* eingenommen. Dabei ist wieder zu beachten, daß die neuen Plätze der BE *j* und *k* seitenweise zusammenhängend sind. Abb. 7.4.3 illustriert den Fall (1c), wobei die Plätze der BE *i*, *j* und *k* jeweils normal, stark bzw. gestrichelt gezeichnet sind.

Ist entschieden worden, welche Paare von BE auf welche Weise vertauscht werden, soll wie bei der Heuristik CRAFT aus Abschnitt 7.4.2b die Regel IIa angewendet, d.h. dasjenige Paar von BE vertauscht werden, durch dessen Platztausch sich die gesamten Transportkosten am stärksten verringern. Die exakte Bestimmung der Transportkosten nach einem Platztausch ist im allgemeinen sehr aufwendig, da hierzu viele Berechnungen der Koordinaten neuer Standortmittelpunkte notwendig sind. Deshalb werden oft (z.B. bei der Heuristik CRAFT) für die Ermittlung der Transportkosten nach dem Platztausch in den obigen Fällen (1a) und (1b) die gleichen Mittelpunktskoordinaten wie vor dem Tausch verwendet (wobei BE *i* den bisherigen Mittelpunkt von BE *j* erhält und umgekehrt). Man berechnet also nur Näherungswerte für die neuen Transportkosten.

Nachteile der im vorliegenden Abschnitt 7.4.3 beschriebenen Heuristiken sind, daß die Formen der erhaltenen Layouts für die Praxis häufig nicht verwendbar sind und der Rechenaufwand der Verfahren im allgemeinen sehr hoch ist. Der erste Nachteil kann manchmal durch ein interaktives Arbeiten mit der betreffenden Heuristik an

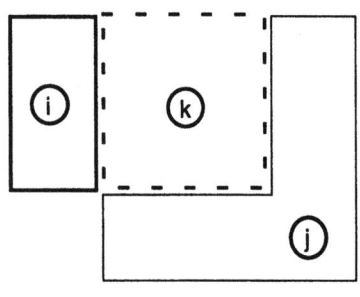

Vor Platztausch

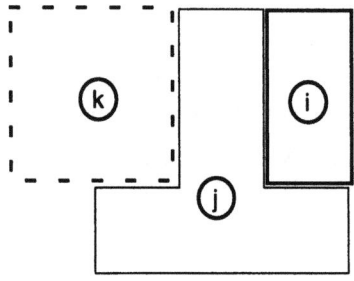

Nach Platztausch

Abb. 7.4.3: Platztausch nicht benachbarter Betriebseinheiten

einem Rechner gemildert werden, indem der Anwender selbst Änderungen des Layouts vornimmt. Da die auf der Formulierung des Layoutproblems als quadratisches Zuordnungsproblem basierenden Heuristiken oft unbefriedigende Ergebnisse liefern, werden wir im folgenden Abschnitt 7.5 noch einen graphentheoretischen Zugang zur Modellierung und Lösung von Layoutproblemen diskutieren, mit dem in der Regel realistischere Layouts bestimmt werden können.

7.5 Graphentheoretische Modelle und Verfahren der Layoutplanung

Wie wir am Ende von Abschnitt 7.4.3 festgestellt haben, besitzen die Heuristiken, die ein quadratisches Zuordnungsproblem als Modell für die Layoutplanung näherungsweise lösen („QZP–Heuristiken"), im praktischen Regelfall, daß die einzelnen BE verschieden großen Platzbedarf haben, die folgenden beiden Nachteile:

(1) Die erzeugten Layouts haben häufig eine für die Praxis nicht brauchbare Form: Z.B. können „Löcher" auftreten, der äußere Rand des Layouts ist oft ein rechtwinkliger Polygonzug mit vielen Ecken, und die einzelnen Betriebseinheiten (BE) stellen keine „einfachen" Vielecke mit wenigen Ecken dar. Abb. 7.5.1 zeigt ein mit einer QZP–Heuristik konstruiertes nicht brauchbares Layout für fünf BE mit vorgegebenem Platzbedarf, das zwei dunkler getönte „Löcher" enthält, und ein entsprechendes brauchbares Layout. Ist ein (meist quadratischer oder rechteckiger) Standortträger für das Layout vorgegeben, der nicht wesentlich größer ist als der gesamte Platzbedarf aller BE, so liefern die QZP–Heuristiken meistens kein Layout mit seitenweise einfach zusammenhängenden oder auch nur seitenweise zusammenhängenden[3] Standorten für die einzelnen BE.

(2) Der Rechenaufwand der QZP–Heuristiken ist sehr hoch (vgl. die Abschnitte 7.4.3b und 7.4.3c).

Im vorliegenden Abschnitt 7.5 werden wir ein graphentheoretisches Modell für die Layoutplanung erläutern, das insbesondere erwünschte „Nachbarschaften" von BE berücksichtigt (für die hierbei benötigten Begriffe aus der Graphentheorie vgl. NEUMANN UND MORLOCK (1993), Abschnitt 2.1). Wir suchen dann ein seitenweise (möglichst einfach) zusammenhängendes Layout, in dem die einzelnen BE auf dem Standortträger so angeordnet sind, daß die Summe der „Nachbarschaftsbewertungen" nebeneinander liegender BE maximal wird. Zur näherungsweisen Lösung dieses Layoutproblems werden wir Heuristiken angeben, die nicht die beiden oben genannten Nachteile der QZP–Heuristiken haben. Wir werden uns dabei an DOMSCHKE UND DREXL (1990), Kapitel 7, und FOULDS (1992), Abschnitt 14.2, anlehnen.

---

[3] Für die in Verbindung mit Layouts verwendeten Begriffe wie seitenweise (einfach) zusammenhängend, Rastereinheiten (RE), benachbart etc. vgl. Abschnitt 7.4.3a.

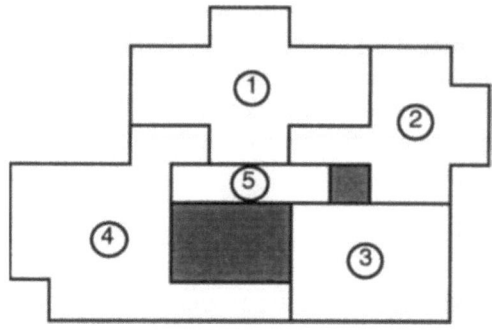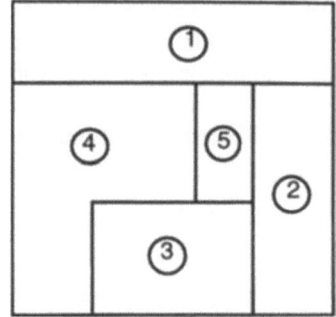

Nicht brauchbares Layout   Brauchbares Layout

Abb. 7.5.1: Brauchbares und nicht brauchbares Layout

7.5.1 Graphentheoretische Layoutmodelle

In der Praxis ist häufig eine qualitative Bewertung der Nachbarschaft der einzelnen
BE eines gesuchten Layouts gegeben, d.h., für je zwei verschiedene der etwa wieder
n BE sei bekannt, ob es

          absolut notwendig (engl. absolutely necessary, Symbol A)
          besonders wichtig (especially important, Symbol E)
          wichtig (important, Symbol I)
          normal (ordinary oder OK, Symbol O)
          unwichtig (unimportant, Symbol U)
oder   unerwünscht (undesirable, Symbol X)

ist, daß die beiden BE benachbart sind (vgl. z.B. FRANCIS ET AL. (1992), Abschnitt
2.6.4). Die Zusammenstellung der insgesamt $n(n-1)/2$ Bewertungen oder Präferenzen für benachbarte BE in einer Tabelle wird als *Activity Relationship Chart* oder
kurz *REL Chart* bezeichnet. Um ein quantitatives Layoutmodell aufstellen zu können,
ordnet man den obigen sechs Präferenzen nichtnegative Zahlen r_{ij} zu, wobei ein
größeres r_{ij} eine höhere Präferenz (z.B. A gegenüber I) bedeutet, was auf ein Maxi-
mierungsproblem führt. Die Größe r_{ij}, die die Nachbarschaft der BE i und j bewertet, wird im Englischen auch *Closeness Rating* genannt.

    Statt die Ratings r_{ij} aus einem REL Chart zu ermitteln, kann in manchen Anwen-
dungen eine andere Festlegung der Bewertungen r_{ij} sinnvoll sein. Z.B. kann r_{ij} gleich
der Anzahl der zwischen den BE i und j stattfindenden Materialtransporte pro ZE
sein (also gleich $\chi_{ij} + \chi_{ji}$, wobei χ_{ij} die in Abschnitt 7.4.1 eingeführte Transportintensität ist).

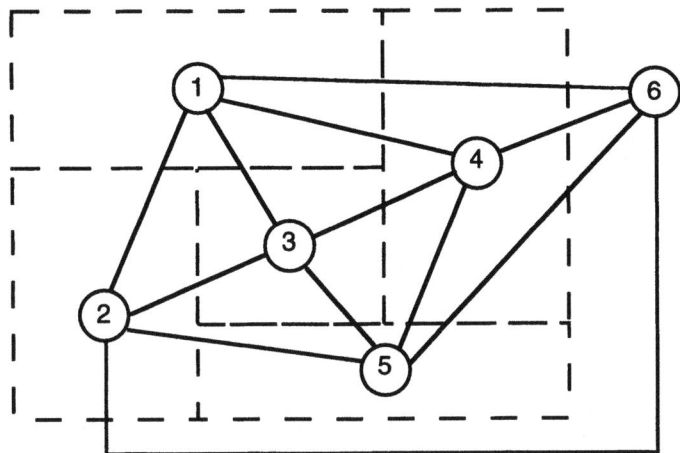

Abb. 7.5.2: Layout und Adjazenzgraph

Im folgenden wollen wir einem Layout mit den BE $i = 1, ..., n$ einen planaren Graphen zuordnen (d.h. einen Graphen, der sich in der Ebene ohne Überschneiden von Kanten zeichnen läßt). Wir betrachten zunächst den vollständigen Graphen G [4] mit $n + 1$ Knoten, wobei der BE i der Knoten i ($1 \le i \le n$) und der Umgebung (dem Äußeren) des Standortträgers der Knoten $n + 1$ entsprechen. Wir fassen also die Umgebung des Layouts als BE $n + 1$ auf. Die Closeness Ratings r_{ij} ($1 \le i < j \le n$) können wir als Bewertungen oder Gewichte der Kanten $[i, j]$ von G ansehen. Das für die BE i zusätzlich benötigte Rating $r_{i,n+1}$ ($1 \le i \le n$) gibt an, wie eine „Randlage" der BE i (z.B. eine Maschine an der Außenwand einer Werkstatt) bewertet wird, was etwa ursprünglich wieder durch eine der Präferenzen A, ..., X gegeben sein kann.

Einem Layout ordnen wir nun denjenigen Teilgraphen $G_P = [V, E_P; r]$ des bewerteten vollständigen Graphen $G = [V, E; r]$ mit der Knotenmenge $V = \{1, ..., n + 1\}$, der Kantenmenge E und der Bewertungsfunktion r zu, der genau dann die Kante $[i, j]$ (mit der Bewertung r_{ij}) enthält, wenn die BE i und j im Layout benachbart sind. Benachbarte Knoten in G_P entsprechen also benachbarten BE im Layout. G_P wird auch *Adjazenzgraph* des Layouts genannt. Man sieht unmittelbar, daß der Adjazenzgraph G_P ein zusammenhängender planarer Graph ist. Abb. 7.5.2 zeigt ein (gestrichelt gezeichnetes) Layout mit den „realen" BE 1,...,5 und der dem Äußeren des Standortträgers entsprechenden BE 6 sowie den zugehörigen planaren Adjazenzgraphen G_P mit den Knoten 1,...,6.

Wir wollen jetzt zeigen, daß auch umgekehrt jedem zusammenhängenden planaren Graphen ein Layout entspricht. Zunächst bemerken wir, daß eine zeichnerische Darstellung eines zusammenhängenden planaren Graphen G_P (ohne Überschneidungen von Kanten) die Ebene in *Gebiete* zerlegt. Das außerhalb der zeichnerischen Darstellung von G_P liegende Gebiet heißt *Außengebiet*, die übrigen Gebiete werden *Innen-*

---

[4] Wir erinnern daran, daß ein vollständiger Graph für je zwei verschiedene Knoten i, j die Kante $[i, j]$ enthält.

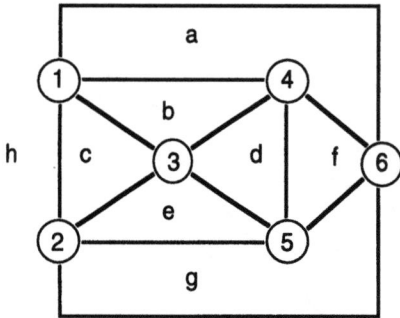

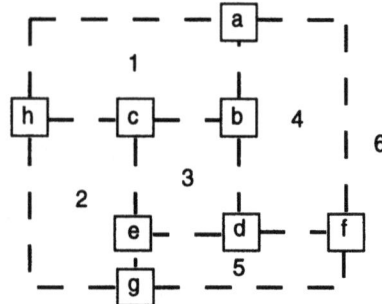

Abb. 7.5.3: Adjazenzgraph G_P **Abb. 7.5.4:** Zu G_P dualer Graph $\overline{G}_P$

gebiete genannt. Jedes Gebiet wird durch einen Kreis des Graphen G_P begrenzt. Ist der planare Graph G_P der Adjazenzgraph eines Layouts mit den BE $1,...,n+1$ (wobei die BE $n+1$ dem Äußeren des Layouts entspricht), so muß der Knoten $n+1$ zum Außengebiet gehören. Wie üblich werden wir im folgenden zwischen zwei verschiedenen zeichnerischen Darstellungen eines zusammenhängenden planaren Graphen, die das gleiche Gebiet als Außengebiet haben, nicht unterscheiden.

Abb. 7.5.3 zeigt nochmals den planaren Adjazenzgraphen G_P des Layouts von Abb. 7.5.2. Wir haben 7 Innengebiete $a,...,g$ und das Außengebiet h. Jedes Gebiet wird durch einen Kreis mit drei Knoten (und drei Kanten) begrenzt, z.B. das Innengebiet a durch den Kreis $[1,4,6,1]$ und das Außengebiet h durch den Kreis $[1,2,6,1]$.

Wir ordnen nun einem zusammenhängenden planaren Graphen G_P wie folgt einen *dualen Graphen* $\overline{G}_P$ zu: Jedem Gebiet von G_P entspreche ein Knoten von $\overline{G}_P$, und jeder zwei Gebiete g_1, g_2 von G_P trennenden Kante entspreche eine Kante von $\overline{G}_P$, deren Endknoten den beiden Gebieten g_1, g_2 zugeordnet sind. Auf diese Weise wird auch jedem Knoten von G_P ein Gebiet von $\overline{G}_P$ zugeordnet. $\overline{G}_P$ ist wie G_P zusammenhängend und planar, und der zu $\overline{G}_P$ duale Graph $\overline{\overline{G}}_P$ stimmt mit dem ursprünglichen Graphen G_P überein. $\overline{G}_P$ kann als Layout aufgefaßt werden. Abb. 7.5.4 zeigt den zum Adjazenzgraphen G_P von Abb. 7.5.3 dualen Graphen $\overline{G}_P$ mit den Knoten $a,..,h$, den Gebieten $1,...,6$ und gestrichelt gezeichneten Kanten. Man sieht unmittelbar, daß $\overline{G}_P$ das Layout von Abb. 7.5.2 darstellt. Ein Verfahren, das aus einem zusammenhängenden planaren Graphen, der als Adjazenzgraph eines Layouts angesehen wird, ein zugehöriges Layout konstruiert, werden wir in Abschnitt 7.5.3 skizzieren.

Unser Layoutproblem besteht in der Ermittlung eines *optimalen Layouts*, das die Summe der Closeness Ratings benachbarter BE maximiert. Bezeichnen wir als *Gewicht eines bewerteten Graphen* die Summe der Bewertungen seiner Kanten, so entspricht die Bestimmung eines optimalen Layouts der Ermittlung eines zusammenhängenden planaren Teilgraphen G_P des bewerteten vollständigen Graphen $G = [V, E; r]$, wobei G_P maximales Gewicht hat und als Adjazenzgraph des Layouts aufgefaßt wird. Einen solchen Graphen G_P nennen wir auch einen *optimalen planaren Graphen.*

Ein *maximal planarer Graph* ist ein planarer Graph, dem keine Kante hinzugefügt werden kann, ohne daß die Planarität des Graphen verloren geht. Ein maximal planarer Graph ist stets zusammenhängend. Da alle Bewertungen r_{ij} nichtnegativ sind, gibt es unter den optimalen planaren Teilgraphen G_P von G (die also maximales Gewicht haben) mindestens einen, der maximal planar ist. Bei der Bestimmung eines optimalen planaren Teilgraphen G_P können wir uns folglich auf die Untersuchung maximal planarer Graphen beschränken.

Für ein Layout führen wir die binären Variablen

$$x_{ij} := \begin{cases} 1, & \text{falls BE } i \text{ und BE } j \text{ benachbart sind} \\ 0, & \text{sonst} \end{cases} \qquad (1 \le i < j \le n+1)$$

ein. Für die Kantenmenge E_P des entsprechenden Adjazenzgraphen G_P gilt somit

$$E_P = \left\{ [i,j] \in E \mid x_{ij} = 1 \right\}.$$

Das Problem der Bestimmung eines optimalen Layouts können wir dann wie folgt formulieren, wobei $G = [V, E; r]$ der zugrundeliegende bewertete vollständige Graph mit der Knotenmenge $V = \{1, \ldots, n+1\}$ sei:

$$(7.5.1) \quad \begin{cases} \text{Max.} & \displaystyle\sum_{i=1}^{n} \sum_{j=i+1}^{n+1} r_{ij} x_{ij} \\[2mm] \text{u.d.N.} & G_P = [V, E_P; r] \text{ ist maximal planarer Teilgraph von } G \\[2mm] & x_{ij} \in \{0,1\} \quad (1 \le i < j \le n+1) \,. \end{cases}$$

In FOULDS (1992), Abschnitt 14.2.5, wird auch ein gegenüber (7.5.1) allgemeineres Layoutproblem betrachtet, das ähnlich wie das quadratische Zuordnungsproblem in Abschnitt 7.4 neben den als Transportintensitäten angesehenen Bewertungen r_{ij} die (rechtwinkligen) Entfernungen zwischen den (Mittelpunkten der) BE berücksichtigt.

7.5.2 Heuristische Verfahren

Da das Layoutproblem (7.5.1) schwer ist, werden wir im folgenden nur zwei heuristische Verfahren zur näherungsweisen Lösung von (7.5.1) skizzieren, und zwar ein Eröffnungs– und ein Verbesserungsverfahren. Hierfür benötigen wir einige Eigenschaften spezieller planarer Graphen, sogenannter Deltaeder, die wir zunächst erläutern wollen.

(a) Deltaeder

Ein Gebiet eines planaren Graphen, das durch einen Kreis des Graphen mit drei Knoten begrenzt wird, nennt man ein *Dreieck*. Ein zusammenhängender planarer Graph, dessen Gebiete sämtlich Dreiecke sind, heißt *Deltaeder*. Der Graph in Abb. 7.5.3 ist

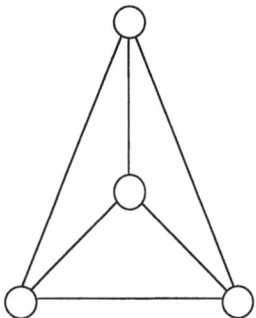

Abb. 7.5.5: Tetraeder

ein Deltaeder. Man kann zeigen, daß jeder maximal planare Graph (mit mindestens drei Knoten) ein Deltaeder darstellt (vgl. DOMSCHKE UND DREXL (1990), Abschnitt 7.2). Bei der Bestimmung eines optimalen Layouts und damit eines optimalen planaren Teilgraphen eines bewerteten vollständigen Graphen können wir uns also auf die Konstruktion von Deltaedern beschränken.

Für ein Dreieck eines Deltaeders, das durch einen Kreis mit den drei Knoten i, j, k begrenzt wird, verwenden wir das Symbol δ_{ijk}. Δ sei die Menge aller Dreiecke des betrachteten Deltaeders. Ein Deltaeder mit der Knotenmenge V, der Kantenmenge E_P und der Menge der Dreiecke Δ bezeichnen wir auch mit $D = [V, E_P, \Delta]$. Ist $\delta_{ijk} \in \Delta$, so haben wir natürlich $i, j, k \in V$ und $[i, j], [i, k], [j, k] \in E_P$. Wir bemerken noch, daß für ein Deltaeder $D = [V, E_P, \Delta]$ mit $|V| = n+1$, $|E| = m$ und $|\Delta| = d$

$$m = 3(n-1)$$
$$d = 2(n-1) = m - n + 1$$

gilt (vgl. das Deltaeder in Abb. 7.5.3 mit $n = 5$, $m = 12$ und $d = 8$). Abb. 7.5.5 stellt ein Deltaeder mit vier Knoten dar ($n = 3$), das $d = 4$ Dreiecke und $m = 6$ Kanten enthält und *Tetraeder* genannt wird.

Die in Unterabschnitt (b) skizzierten heuristischen Verfahren für das Layoutproblem (7.5.1) beruhen darauf, aus einem gegebenen Deltaeder durch Knoteneinfügung, Knotenentfernung oder Kantenersetzung neue Deltaeder zu konstruieren. Wir geben jetzt vier Regeln an, die jeweils ein Deltaeder $D = [V, E_P, \Delta]$ in ein davon verschiedenes Deltaeder $D' = [V, E'_P, \Delta']$ überführen (für Einzelheiten vgl. DOMSCHKE UND DREXL (1990), Abschnitt 7.2, und FOULDS (1992), Abschnitt 14.2.4).

Regel 1 (Knoteneinfügung)

$$\delta_{ijk} \in \Delta, \ h \notin V$$
$$V' := V \cup \{h\}$$
$$E'_P := E_P \cup \{[h, i], [h, j], [h, k]\}$$
$$\Delta' := (\Delta \setminus \{\delta_{ijk}\}) \cup \{\delta_{hij}, \delta_{hik}, \delta_{hjk}\}$$

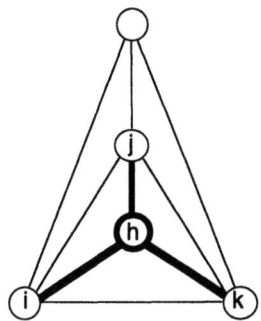

Abb. 7.5.6: Regel 1 für Knoteneinfügrung

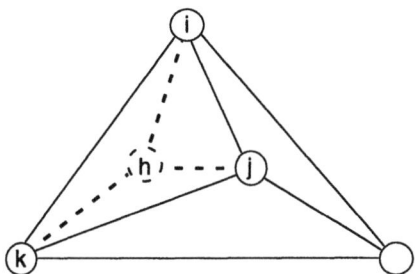

Abb. 7.5.7: Regel 2 für Knotenentfernung

Abb. 7.5.6 veranschaulicht Regel 1, die darin besteht, den Knoten h in das Dreieck δ_{ijk} einzufügen. In den Abbildungen 7.5.6 bis 7.5.9 sind neu eingefügte Kanten bzw. Knoten stark und eliminierte Kanten bzw. Knoten gestrichelt gezeichnet.

Regel 2 (Knotenentfernung)

$| V | > 4$, $h \in V$ mit Knotengrad 3

$[h, i]$, $[h, j]$, $[h, k]$ seien die drei mit h inzidenten Kanten

$V' := V \setminus \{h\}$

$E'_P := E_P \setminus \{[h, i], [h, j], [h, k]\}$

$\Delta' := \left(\Delta \setminus \{\delta_{hij}, \delta_{hik}, \delta_{hjk}\} \right) \cup \{\delta_{ijk}\}$

Abb. 7.5.7 illustriert Regel 2.

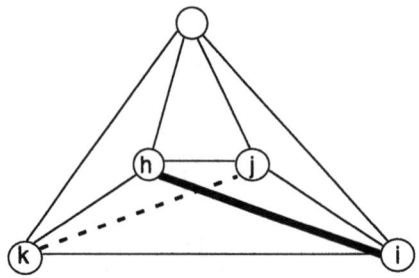

Abb. 7.5.8: Regel 3 für Kantenersetzung

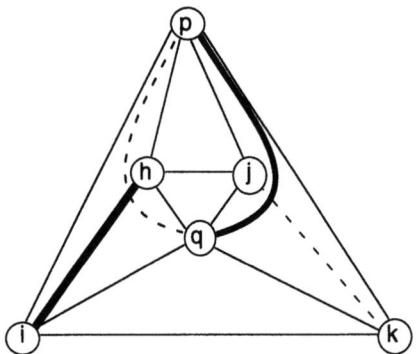

Abb. 7.5.9: Regel 4 für Kantenersetzung

Regel 3 (Kantenersetzung)

$\delta_{hjk}, \delta_{ijk} \in \Delta$ (und folglich $[j,k] \in E_P$), $[h,i] \notin E_P$

$V' := V$

$E'_P := \left(E_P \setminus \{[j,k]\} \right) \cup \{[h,i]\}$

$\Delta' := \left(\Delta \setminus \{\delta_{hjk}, \ \delta_{ijk}\} \right) \cup \{\delta_{hij}, \delta_{hik}\}$

Abb. 7.5.8 veranschaulicht Regel 3.

Regel 4 (Kantenersetzung)

$\delta_{hpq}, \delta_{ipq}, \delta_{jkp}, \delta_{jkq} \in \Delta$ (und folglich $[j,k] \in E_P$, $[h,i] \notin E_P$)

$V' := V$

$E'_P := \left(E_P \setminus \{[j,k]\} \right) \cup \{[h,i]\}$

$\Delta' := \left(\Delta \setminus \{\delta_{hpq}, \delta_{ipq}, \delta_{jkp}, \delta_{jkq}\} \right) \cup \{\delta_{hip}, \delta_{hiq}, \delta_{jpq}, \ \delta_{kpq}\}$

Wir bemerken, daß einer der vier Knoten j, k, p, q auch mit h oder i zusammenfallen kann und h und i nicht voneinander verschieden zu sein brauchen. Abb. 7.5.9 illustriert Regel 4. Hierbei ist zu beachten, daß die Kante $[p,q]$ zu beiden Deltaedern D und D' gehört. Um die Planarität der Deltaeder zu veranschaulichen, ist $[p,q]$ in D (also vor der Kantenersetzung) gestrichelt und in D' (nach der Kantenersetzung) stark ausgezeichnet.

(b) Deltaeder–Methode von Foulds und Robinson

Die Deltaeder–Methode von Foulds und Robinson besteht wie viele Heuristiken aus einem Eröffnungs– und einem anschließenden Verbesserungsverfahren.

Das *Eröffnungsverfahren* startet mit einem Tetraeder (Deltaeder mit vier Knoten). Mit Hilfe von Regel 1 aus Unterabschnitt (a) werden sukzessiv weitere Knoten eingefügt, bis ein Deltaeder mit $n+1$ Knoten vorliegt.

Sei R die symmetrische $(n+1)\times(n+1)$–Matrix, deren Elemente die Closeness Ratings r_{ij} sind, wobei wir noch $r_{ii}:=0$ setzen $(i,j=1,\ldots,n+1)$. Wir berechnen die Zeilensummen $r_i:=\sum_{j=1}^{n+1}r_{ij}$ und sortieren sie nach nichtwachsenden Werten. Die vier Knoten mit den größten Zeilensummen bilden das Ausgangstetraeder. Anschließend werden die übrigen $n-3$ Knoten i in der Reihenfolge nichtwachsender Werte r_i sukzessiv eingefügt, und zwar jeweils in dasjenige Dreieck, das die größte Zunahme des Zielfunktionswertes liefert. Bezeichnen wir den aktuellen Wert der Zielfunktion mit F, dann kann das Eröffnungsverfahren wie folgt formuliert werden:

Deltaeder–Methode für die Layoutplanung — Eröffnungsverfahren

Schritt 1
Für $i=1,\ldots,n+1$ setze $r_i:=\sum_{j=1}^{n+1}r_{ij}$

Ordne die Knoten so, daß $r_1\geq r_2\geq\ldots\geq r_{n+1}$ ist

Setze $V:=\{1,2,3,4\}$, $E_P:=\{[1,2],[1,3],[1,4],[2,3],[2,4],[3,4]\}$

$\Delta:=\{\delta_{123},\delta_{124},\delta_{134},\delta_{234}\}$, $F:=\sum_{[i,j]\in E_P}r_{ij}$

Schritt 2
Für $i=5,\ldots,n+1$

Bestimme ein Dreieck $\delta_{hpq}\in\Delta$ mit $r^*:=r_{ih}+r_{ip}+r_{iq}=\max_{\delta_{jkl}\in\Delta}\{r_{ij}+r_{ik}+r_{il}\}$

Setze $V:=V\cup\{i\}$, $E_P:=E_P\cup\{[i,h],[i,p],[i,q]\}$,

$\Delta:=\left(\Delta\setminus\{\delta_{hpq}\}\right)\cup\{\delta_{ihp},\delta_{ihq},\delta_{ipq}\}$, $F:=F+r^*$

❑

Wir betrachten ein *Zahlenbeispiel*. Gesucht sei ein Layout für fünf „reale" BE, die wir von 1 bis 5 durchnumerieren. BE 6 stelle das Äußere des Layouts dar. Das zugehörige REL Chart ist in Tab. 7.5.1 gegeben. Weisen wir den Präferenzen A, E, I, O, U, X in

	1	2	3	4	5	6
1		I	O	A	E	O
2			A	X	E	U
3				I	O	X
4					U	I
5						X

Tab. 7.5.1: Beispiel für ein REL Chart

i	1	2	3	4	5	6	r_i
1	0	3	2	5	4	2	16
2	3	0	5	0	4	1	13
3	2	5	0	3	2	0	12
4	5	0	3	0	1	3	12
5	4	4	2	1	0	0	11
6	2	1	0	3	0	0	6

Tab. 7.5.2: Matrix R zu Tab. 7.5.1

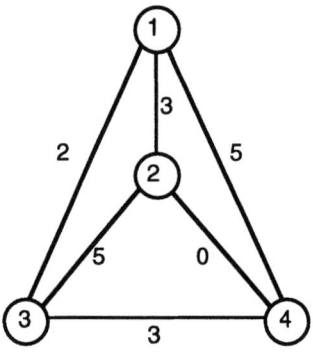

Abb. 7.5.10: Ausgangstetraeder der Deltaeder–Methode

dieser Reihenfolge die Werte 5, 4, 3, 2, 1, 0 zu, so erhalten wir die Matrix R von Tab. 7.5.2, wo auch die Zeilensummen r_i angegeben sind.

Die BE bzw. Knoten i sind bereits nach nichtwachsenden Werten r_i durchnumeriert. Das Ausgangstetraeder mit den Knoten 1, 2, 3, 4 und den zugehörigen Kantenbewertungen zeigt Abb. 7.5.10. Der entsprechende Zielfunktionswert ist

$$F = 3 + 2 + 5 + 5 + 0 + 3 = 18.$$

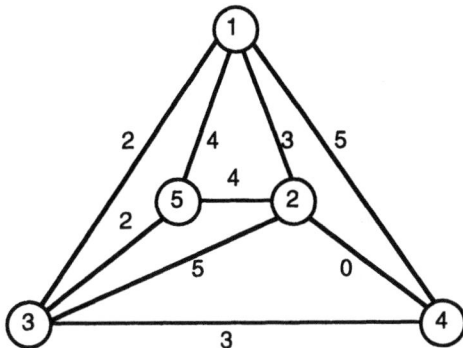

Abb. 7.5.11: Deltaeder nach Iteration 1 der Deltaeder–Methode

δ_{jkl}	$r_{5j}+r_{5k}+r_{5l}$
δ_{123}	10^{*}
δ_{124}	9
δ_{134}	7
δ_{234}	7

δ_{jkl}	$r_{6j}+r_{6k}+r_{6l}$
δ_{124}	6^{*}
δ_{134}	5
δ_{234}	4
δ_{125}	3
δ_{135}	2
δ_{235}	1

Tab. 7.5.3: Bestimmung des optimalen Dreiecks für eine Knoteneinfügung (Iteration 1)

Tab. 7.5.4: Bestimmung des optimalen Dreiecks für eine Knoteneinfügung (Iteration 2)

Anschließend ist Knoten 5 in eines der vier Dreiecke δ_{jkl} des Tetraeders von Abb. 7.5.10 einzufügen. Die zugehörigen Werte $r_{5j}+r_{5k}+r_{5l}$, die sich durch Summation der entsprechenden in Zeile 5 der Matrix R stehenden Bewertungen ergeben, sind in Tab. 7.5.3 zusammengestellt. Der größte dieser Werte ist $r^{*}=10$ (in Tab. 7.5.3 durch einen Stern markiert). Folglich wird der Knoten 5 in das Dreieck δ_{123} eingefügt. Das resultierende Deltaeder zeigt Abb. 7.5.11. Der neue Zielfunktionswert ist $F=18+10=28$.

Daß abschließend Knoten 6 in das Dreieck δ_{124} des Deltaeders von Abb. 7.5.11 einzufügen ist, entnimmt man Tab. 7.5.4. Das damit erhaltene Deltaeder zeigt Abb. 7.5.12. Der zugehörige Zielfunktionswert ist $F=28+6=34$, er ist gleich der Summe der Kantenbewertungen des Deltaeders in Abb. 7.5.12.

Ein *Verbesserungsverfahren* geht von dem im Eröffnungsverfahren konstruierten Deltaeder aus und versucht, durch Knotenersetzungen und Kantenersetzungen mit Hilfe der Regeln 1 bis 4 aus Unterabschnitt (a) Deltaeder mit größeren Zielfunktionswerten zu bilden.

Eine *Knotenersetzung* besteht darin, daß man mit Regel 2 einen Knoten mit dem Grad 3 aus einem Dreieck entfernt und diesen Knoten in ein anderes Dreieck einfügt

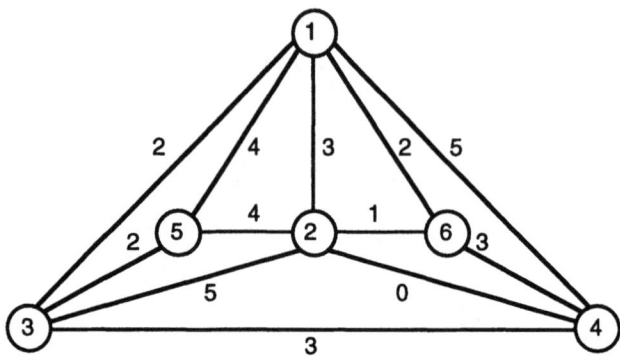

Abb. 7.5.12: Deltaeder nach Iteration 2 der Deltaeder–Methode

(mit Regel 1), so daß sich eine Vergrößerung des Zielfunktionswertes ergibt. Für eine *Kantenersetzung* kann man die zum vorliegenden Deltaeder gehörenden Kanten nach nichtfallenden Bewertungen sortieren und sie in dieser Reihenfolge mit Hilfe der Regeln 3 oder 4 durch nicht zum Deltaeder gehörende Kanten ersetzen, so daß sich der Zielfunktionswert erhöht. Entsprechend kann man die nicht im Deltaeder liegenden Kanten nach nichtwachsenden Bewertungen sortieren und versuchen, sie in dieser Reihenfolge durch zum Deltaeder gehörende Kanten zu ersetzen, so daß sich der Zielfunktionswert vergrößert.

Für eine detailliertere Darstellung eines Verbesserungsverfahrens verweisen wir auf DOMSCHKE UND DREXL (1990), Abschnitt 7.5.2, wo auch eine algorithmische Beschreibung eines Verbesserungsverfahrens angegeben ist, und FOULDS (1992), Abschnitt 14.2.4.

7.5.3   Ermittlung eines Layouts

Im folgenden wollen wir skizzieren, wie man aus dem mit einem heuristischen Verfahren erhaltenen Deltaeder ein Layout auf dem zugrunde liegenden Standortträger entwickeln kann.

Für ein Deltaeder $D = [V, E_P, \Delta]$ mit $V = \{1, \ldots, n+1\}$ und $|\Delta| = d$ kommt jedes der $d = 2(n-1)$ Dreiecke als Außengebiet in Frage. Wenn wir wie vereinbart zwischen zeichnerischen Darstellungen eines zusammenhängenden planaren Graphen, die das gleiche Gebiet als Außengebiet haben, nicht unterscheiden, gibt es also insgesamt $2(n-1)$ verschiedene Darstellungen des Deltaeders. Ist das Deltaeder D der Adjazenzgraph eines Layouts, so muß bei einer *zulässigen Darstellung* von D die dem Äußeren des Standortträgers entsprechende BE $n+1$ bzw. der zugehörige Knoten $n+1$ zum Außengebiet gehören. Sei $\Delta_{n+1} \subset \Delta$ die Menge der Dreiecke von Δ, die den Knoten $n+1$ enthalten. Die Anzahl der zulässigen Darstellungen von D ist dann gleich $|\Delta_{n+1}|$.

Um eine zulässige Darstellung des Deltaeders D zu konstruieren, startet man mit einem der Dreiecke aus Δ_{n+1} als Ausgangsdeltaeder. Anschließend fügt man dem vorliegenden Deltaeder sukzessiv jeweils einen noch nicht zum Deltaeder gehörenden Knoten und alle mit diesem Knoten inzidenten Kanten, deren zweiter Endknoten bereits zum Deltaeder gehört, hinzu. Der hinzugefügte Knoten ist so zu wählen, daß sich mindestens ein neues Dreieck ergibt (insbesondere müssen also mindestens zwei Kanten hinzugefügt werden). Diese Erweiterung ist eindeutig, wenn man beachtet, daß das neue Deltaeder planar und das Ausgangsdreieck wieder Außengebiet des neuen Deltaeders sein muß.

Wir betrachten das in Abschnitt 7.5.2b durchgerechnete Zahlenbeispiel. Abb. 7.5.12 zeigt eine zeichnerische Darstellung des erhaltenen Deltaeders D, die jedoch nicht zulässig ist, da der Knoten 6 nicht zum Außengebiet gehört (das durch den Kreis $[1, 3, 4, 1]$ begrenzt wird). Zur Konstruktion einer zulässigen Darstellung von D starten wir etwa mit dem Dreieck δ_{146} (das den Knoten 6 enthält) als Ausgangsdeltaeder. Danach fügen wir die Knoten 2, 5, 3 in dieser Reihenfolge hinzu (jeweils mit den inzidenten Kanten, deren zweiter Endknoten bereits zum Deltaeder gehört). Die resultierende zulässige Darstellung von D zeigt Abb. 7.5.13.

Aus einer zulässigen Darstellung eines Deltaeders D, das der Adjazenzgraph eines Layouts ist, läßt sich ein entsprechendes Layout häufig relativ einfach visuell (oder interaktiv auf einem Rechner) ermitteln. Hierbei ist zu beachten, daß der Knoten $n+1$ dem Äußeren des Layouts entspricht und zwei BE im Layout genau dann benachbart sind, wenn die zugehörigen Knoten in D benachbart sind. In der Regel sind noch zusätzliche Nebenbedingungen zu berücksichtigen, etwa, daß der Standortträger rechteckig und für die einzelnen BE der Platzbedarf (in Rastereinheiten RE gemessen) vorgegeben ist.

In FOULDS (1992), Abschnitt 14.2.6, ist eine *Heuristik für die Erzeugung eines Layouts* skizziert, die im Prinzip wie folgt abläuft (wobei man nicht notwendig von einer zulässigen Darstellung des Deltaeders D ausgehen muß). Man startet mit einer BE i, die im Adjazenzgraphen D vom Knoten $n+1$ am weitesten entfernt ist. Die Entfernung zwischen zwei Knoten j und k in D sei dabei gleich der minimalen

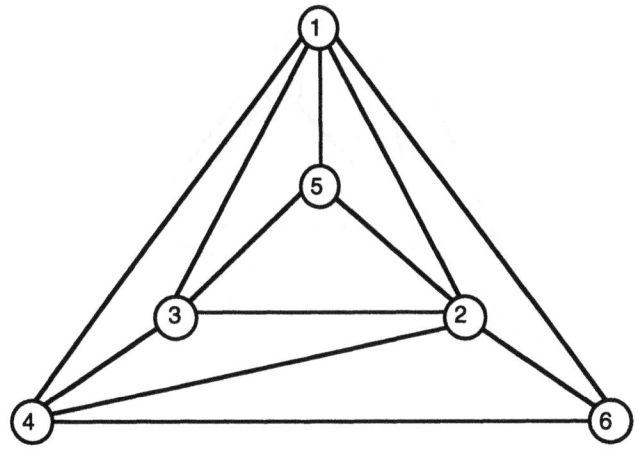

Abb. 7.5.13: Zulässige Darstellung eines Deltaeders

Kantenzahl einer Kette in D mit den Endknoten j und k. Die BE i wird etwa in der Mitte des Standortträgers des Layouts plaziert (in der entsprechenden Größe und evtl. vorgegebenen Form). Anschließend werden die Nachbarn l des Knotens i in D betrachtet (die häufig alle auf einem Kreis in D liegen) und in Form eines Ringes um die BE i plaziert sind, so daß benachbarte Knoten in D benachbarten BE entsprechen (hierbei ist wieder der Platzbedarf der BE l zu beachten). Danach fährt man in analoger Weise mit den Nachbarn der Knoten l fort, die noch nicht berücksichtigt worden sind. Das Layout wird also „von innen nach außen" konstruiert. Bei dieser Heuristik ergeben sich für die einzelnen BE in der Regel praktisch gut verwendbare Grundrisse im Unterschied zu den in Abschnitt 7.4.3 betrachteten Heuristiken, die näherungsweise ein quadratisches Zuordnungsproblem lösen.

Für unser Zahlenbeispiel mit der in Abb. 7.5.13 gegebenen zulässigen Darstellung des Deltaeders nehmen wir an, daß der Standortträger für das Layout ein Quadrat mit 64 RE sei. Der Platzbedarf in RE der BE $1,\dots,5$ ist in Tab. 7.5.5 angegeben. Eine spezielle Form der BE sei nicht vorgeschrieben. Abb. 7.5.14 zeigt ein entsprechendes Layout zusammen mit dem Adjazenzgraphen D, wobei die BE 5, die von der BE 6 die größte Entfernung hat, etwa in der Mitte plaziert ist.

BE	1	2	3	4	5
Platzbedarf	16	12	12	20	4

Tab. 7.5.5: Platzbedarf von Betriebseinheiten

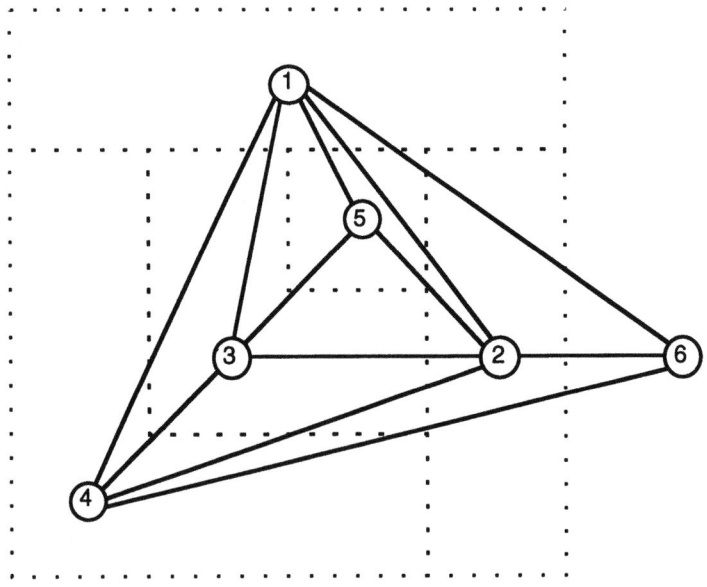

Abb. 7.5.14: Layout und zugehöriger Adjazenzgraph

Kapitel 8   Qualitätssicherung

8.1 Grundbegriffe

Die Überprüfung und Sicherung der Qualität gefertigter Produkte im Rahmen der Produktionskontrolle spielt eine immer größere Rolle in der Praxis, nicht zuletzt bedingt durch die „japanische Herausforderung". *Qualität* wollen wir dabei als *Maß für die Übereinstimmung von Entwurf und Ausführung*, d.h. die Übereinstimmung mit Sollvorgaben verstehen. Die Deutsche Gesellschaft für Qualität definiert Qualität ausführlicher als „die Gesamtheit von Eigenschaften und Merkmalen eines Produktes oder einer Tätigkeit, die sich auf deren Eignung zur Erfüllung gegebener Erfordernisse beziehen".

Vom Begriff der Qualität ist der Begriff der Zuverlässigkeit zu unterscheiden, obwohl im allgemeinen Sprachgebrauch beide Begriffe häufig synonym verwendet werden. Die Deutsche Gesellschaft für Qualität definiert *Zuverlässigkeit* als „Qualität unter vorgegebenen Anwendungsbedingungen während oder nach einer vorgegebenen Zeit".

Im vorliegenden Kapitel werden wir uns zunächst mit der Qualitätssicherung im engeren Sinne, der sogenannten *Qualitätsprüfung*, befassen, d.h. der Prüfung des Grades der Übereinstimmung von Entwurf und Ausführung. Nach dem Zeitpunkt der Prüfung vor, während oder nach dem eigentlichen Fertigungsprozeß unterscheiden wir zwischen der *Fertigungs–* oder *Prozeßüberwachung* und der *Abnahme–* oder *Annahmeprüfung* (vgl. Abb. 8.1.1). Eine Abnahmeprüfung kann auch auf einzelnen Stufen des Fertigungsprozesses erfolgen.

Bei der *Fertigungsüberwachung* (engl. process inspection) steht die Überwachung des gesamten Produktionsprozesses im Vordergrund. Sie erfolgt im allgemeinen mit Hilfe sogenannter *Qualitätsregelkarten* (engl. control charts). Eine Qualitätsregelkarte

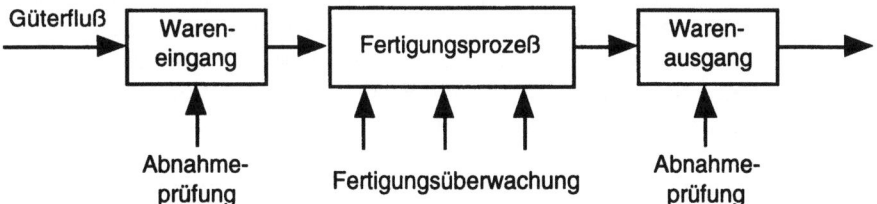

Abb. 8.1.1: Fertigungsüberwachung und Abnahmeprüfung

ist eine Art Formblatt, in das die Prüfergebnisse in chronologischer Folge eingetragen werden. Werden dabei gewisse Grenzlinien überschritten, sind im Produktionsprozeß geeignete „Verbesserungsmaßnahmen" zu ergreifen. Bei der computergesteuerten Fertigungsüberwachung, die sich mehr und mehr durchsetzt, werden Grenzlinien und Prüfergebnisse auf einem Bildschirm angezeigt.

Bei der *Abnahmeprüfung* (engl. acceptance sampling) steht die Überprüfung der Qualität einzelner Produkte im Vordergrund. Hierbei wird getestet, ob ein (Fertigungs–)Los eines (Vor–, Zwischen– oder End–)Produktes einem geforderten Standard entspricht oder nicht. Hierzu dienen sogenannte *Prüfpläne*, die angeben, wie groß bei vorgegebenem Losumfang die Anzahl der dem Los zu entnehmenden Stücke, der *Stichprobenumfang*, sein soll und unter welchen Bedingungen das Los akzeptiert werden kann.

Im Anschluß an die Qualitätsprüfung werden wir uns mit der *Zuverlässigkeit von Bauteilen und Systemen* beschäftigen. Hierbei werden wir zuerst zeigen, wie die Funktionswahrscheinlichkeit (oder Zuverlässigkeit) verschiedener Systemtypen aus den Funktionswahrscheinlichkeiten der einzelnen Komponenten der betreffenden Systeme errechnet werden kann. Danach werden wir den Zusammenhang zwischen Zuverlässigkeit und Lebensdauer von Komponenten und Systemen untersuchen und verschiedene Lebensdauerverteilungen diskutieren. Abschließend werden wir kurz auf die *Wartung* (was Reparaturen sowie Maßnahmen zur rechtzeitigen Erkennung und Vermeidung von Fehlern einschließt) und *Instandhaltung* eingehen.

Für die im folgenden benötigten elementaren Begriffe und Resultate aus Wahrscheinlichkeitsrechnung und Statistik sowie für Tabellen von Wahrscheinlichkeitsverteilungen verweisen wir auf BAMBERG UND BAUR (1991) und HARTUNG ET AL. (1991).

8.2 Fertigungsüberwachung durch Qualitätsregelkarten

8.2.1 Prinzipieller Aufbau von Qualitätsregelkarten

Die Fertigung eines Produktes ist stets mit gewissen Schwankungen der Produktionsbedingungen verbunden. Sind diese Schwankungen in einem noch zu präzisierenden Sinne klein, so sagt man, daß sich der Produktionsprozeß *unter statistischer Kontrolle* befinde, er verläuft *ungestört*. Überschreiten die Schwankungen ein vertretbares Maß, weil sich kontrollierbare Faktoren stark verändern, so sagt man, der Fertigungsprozeß sei *außer statistischer Kontrolle*, er ist *gestört*. Beispielsweise können die Abnutzung von Werkzeugen oder Maschinen oder die Ermüdung des Maschinen–Personals zu einer systematischen Veränderung des Fertigungsniveaus und einer Vergrößerung der Fertigungsvarianz führen.

Qualitätsregelkarten dienen in erster Linie dazu, permanent zu prüfen, ob sich ein Produktionsprozeß unter statistischer Kontrolle befindet. Die Qualitätsprüfung bezieht sich dabei auf gewisse *Qualitätsmerkmale*, z.B. Länge, Volumen oder Gewicht. Je nach Art der Erfassung eines Qualitätsmerkmals unterscheidet man zwischen *messender Prüfung* oder *Variablenprüfung* (engl. inspection by variables) und *zählender Prüfung* oder *Attributprüfung* (engl. inspection by attributes). Bei der Variablenprüfung werden für die Ausprägungen eines quantitativen Qualitätsmerkmals (z.B. Länge oder Gewicht) numerische Werte gemessen. Bei der Attributprüfung wird lediglich eine Zuordnung zu einer der beiden Kategorien „brauchbar" (gut, nicht fehlerhaft) und „unbrauchbar" (schlecht, fehlerhaft) vorgenommen; die Prüfung erfolgt also an Hand eines qualitativen Merkmals. In den Abschnitten 8.2.2 und 8.2.3 werden wir einige Qualitätsregelkarten zur Variablen– und zur Attributprüfung näher erläutern.

Wir betrachten zunächst die prinzipielle Gestalt einer Qualitätsregelkarte. Zur Prüfung, ob der Produktionsprozeß hinsichtlich eines Qualitätsmerkmals (z.B. der Länge eines Artikels) unter statistischer Kontrolle ist, werden dem Fertigungsprozeß zu festgelegten (häufig äquidistanten) Zeitpunkten Stichproben mit vorgegebenem Umfang n entnommen. Seien etwa $x_{1k}, \ldots, x_{nk}$ die gemessenen Stichprobenwerte (Beobachtungswerte) der Stichprobe Nummer k. Wir erläutern den Aufbau einer Qualitätsregelkarte an Hand der sogenannten $\bar{x}$–*Karte*, die der laufenden Überprüfung des „Fertigungsniveaus" dient. Bei der $\bar{x}$–Karte wird als *Prüfgröße* das Stichprobenmittel

$$\bar{X} := \frac{X_1 + \ldots + X_n}{n}$$

verwendet (die „Stichprobenvariablen" $X_1, \ldots, X_n$ werden als unabhängige, identisch verteilte Zufallsgrößen aufgefaßt mit der gleichen Verteilung wie das betreffende Merkmal der Grundgesamtheit, d.h. das Qualitätsmerkmal X). Die aus den Stichprobenwerten berechneten (realisierten) *Stichprobenmittel*

$$\bar{x}_k := \frac{x_{1k} + \ldots + x_{nk}}{n} \quad (k = 1, 2, \ldots)$$

werden dann als Ordinatenwerte über der Abszissenachse, die der Zeitachse entspricht bzw. die fortlaufenden Stichprobennummern $k = 1, 2, \ldots$ zeigt, eingetragen (vgl. Abb. 8.2.1).

Eine Qualitätsregelkarte enthält außerdem eine *Mittellinie M* (engl. central line), die dem Zielwert entspricht, auf den der Produktionsprozeß zu regeln ist. Dieser Zielwert kann ein *Sollwert* sein (z.B. eine vorgegebene Länge des Artikels) oder ein *Erfahrungswert* oder *Schätzwert*, bestimmt aus einem „Vorlauf" des ungestörten Produktionsprozesses.

Ferner enthält eine Qualitätsregelkarte eine *obere* und eine *untere Eingriffsgrenze OEG* bzw. *UEG* (engl. upper bzw. lower control limit). Liegt ein Stichprobenmittel $\bar{x}_k$ oberhalb der *OEG* oder unterhalb der *UEG* (z.B. $\bar{x}_4$ in Abb. 8.2.1), so befindet sich der Produktionsprozeß nicht mehr unter statistischer Kontrolle. Oft verwendet man zusätzlich noch eine *obere* und eine *untere Warngrenze OWG* bzw. *UWG* (engl. upper bzw. lower warning limit), die näher zur Mittellinie liegen.

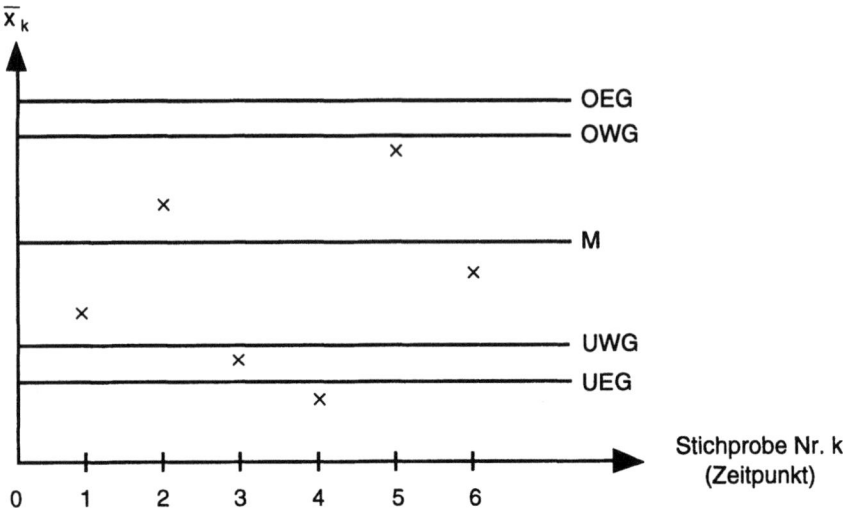

Abb. 8.2.1: $\bar{x}$ –Qualitätsregelkarte

Die obere und die untere Eingriffsgrenze werden so festgelegt, daß sie von der Prüfgröße $\overline{X}$ bei ungestörtem Prozeß nur mit einer vorgegebenen kleinen Wahrscheinlichkeit α über– bzw. unterschritten werden:

$$(8.2.1) \quad \begin{cases} P\left(\overline{X} > OEG \mid \text{Prozeß unter statistischer Kontrolle}\right) = \dfrac{\alpha}{2} \\[2mm] P\left(\overline{X} < UEG \mid \text{Prozeß unter statistischer Kontrolle}\right) = \dfrac{\alpha}{2} \ . \end{cases}$$

Üblicherweise wählt man in der Praxis $\alpha = 0,01$. Für die Warngrenzen (d.h., in (8.2.1) sind OEG und UEG durch OWG bzw. UWG ersetzt) wählt man meistens $\alpha = 0,05$.

Je nachdem, ob ein Stichprobenmittel innerhalb der Warngrenzen, zwischen Warn- und Eingriffsgrenzen oder außerhalb der Eingriffsgrenzen liegt, trifft man in der Praxis folgende Entscheidungen:

Liegt das Stichprobenmittel *innerhalb der Warngrenzen*, geht man davon aus, daß der Produktionsprozeß unter statistischer Kontrolle ist und wie bisher weiterlaufen kann.

Liegt das Stichprobenmittel *zwischen Warn– und Eingriffsgrenzen*, so besteht der Verdacht auf Eintritt einer Störung. Man zieht dann in der Regel eine zusätzliche Stichprobe. Liegt das neue Stichprobenmittel innerhalb der Warngrenzen, sieht man den Verdacht als ausgeräumt an. Andernfalls betrachtet man den Verdacht als erhärtet und greift in den Fertigungsprozeß ein, um ihn wieder unter Kontrolle zu bringen.

Liegt das Stichprobenmittel *außerhalb der Eingriffsgrenzen*, so geht man davon aus, daß der Produktionsprozeß nicht mehr unter statistischer Kontrolle ist. Man greift also sofort in den Prozeß ein, um ihn wieder unter Kontrolle zu bringen.

Häufig erweist es sich als zweckmäßig, die Mittellinie und die Warn- und Eingriffsgrenzen von Zeit zu Zeit zu überprüfen und gegebenenfalls zu modifizieren. Dies empfiehlt sich insbesondere dann, wenn die Mittellinie und die Warn- und Eingriffsgrenzen aus Schätzwerten aus einem Vorlauf des Produktionsprozesses ermittelt worden sind und sich Anforderungen und Ablauf des Fertigungsprozesses, bedingt durch Einflüsse von außen, im Laufe der Zeit ändern.

Bei den im folgenden beschriebenen Qualitätsregelkarten wird allein aufgrund der laufenden Stichprobe über einen Eingriff in den Produktionsprozeß entschieden. Für *Qualitätsregelkarten mit Gedächtnis*, die auch weiter zurückliegende Stichproben berücksichtigen, vgl. etwa MONTGOMERY (1991), Abschnitt 7.1, RINNE UND MITTAG (1991), Abschnitt 4.6, und WALDMANN (1992, 1993).

8.2.2   Qualitätsregelkarten für die Variablenprüfung

Bei der Variablenprüfung nimmt man im allgemeinen an, daß das betrachtete Qualitätsmerkmal normalverteilt sei, etwa mit dem Erwartungswert μ und der Standardabweichung σ ((μ, σ)–Normalverteilung). Diese Voraussetzung wird zum einen durch Beobachtungen (und entsprechende statistische Tests) gestützt. Zum anderen entspricht sie der Tatsache, daß ein Qualitätsmerkmal in der Regel die Summe mehrerer anderer Merkmale darstellt, und daß sich die Verteilung der Summe unabhängiger Zufallsgrößen mit wachsender Anzahl der Summanden nach dem zentralen Grenzwertsatz mehr und mehr einer Normalverteilung annähert (vgl. z.B. BAMBERG UND BAUR (1991), Abschnitt 10.2).

(a) $\bar{x}$ –Karte

Bei der $\bar{x}$ –Karte wird, wie schon erwähnt, als Prüfgröße das Stichprobenmittel $\bar{X}$ verwendet, und die (realisierten) Stichprobenmittel $\bar{x}_k$ der Stichproben Nummer $k = 1, 2, \ldots$ werden in die $\bar{x}$ –Karte eingetragen. Die Prüfgröße $\bar{X}$ mißt die Einhaltung des „Fertigungsniveaus". Für Erwartungswert und Varianz des Stichprobenmittels $\bar{X} = (X_1 + \ldots + X_n)/n$ gilt

$$E(\bar{X}) = E(X), \quad \text{var}(\bar{X}) = \frac{\text{var}(X)}{n},$$

wobei X das Qualitätsmerkmal darstellt. Ist X (und sind damit die Stichprobenvariablen $X_1, \ldots, X_n$) (μ, σ)–normalverteilt, dann ist nach dem Additionstheorem der Normalverteilung das Stichprobenmittel $\bar{X}$ ($\mu, \sigma/\sqrt{n}$)–normalverteilt und die Größe

$$\frac{\bar{X} - \mu}{\sigma/\sqrt{n}}$$

(0, 1)–normalverteilt (tabellierte Standardnormalverteilung).

Für die Festlegung der Eingriffs- und Warngrenzen benötigen wir den Begriff eines Quantils einer Zufallsgröße. Ein α –*Quantil* y_α einer stetigen Zufallsgröße Y mit der Verteilungsfunktion F ist durch

$$F(y_\alpha) = \alpha$$

gegeben (vgl. Abb. 8.2.2 und Abb. 8.2.3). Bezeichnen wir mit u_α das α-Quantil der (0,1)–Normalverteilung, dann gilt unter Beachtung von $u_\alpha = -u_{1-\alpha}$

$$P\left(-u_{1-\alpha/2} \le \frac{\overline{X}-\mu}{\sigma/\sqrt{n}} \le u_{1-\alpha/2}\right) = P\left(\mu - u_{1-\alpha/2}\frac{\sigma}{\sqrt{n}} \le \overline{X} \le \mu + u_{1-\alpha/2}\frac{\sigma}{\sqrt{n}}\right) = 1-\alpha$$

(vgl. Abb. 8.2.4). Nach (8.2.1) ist

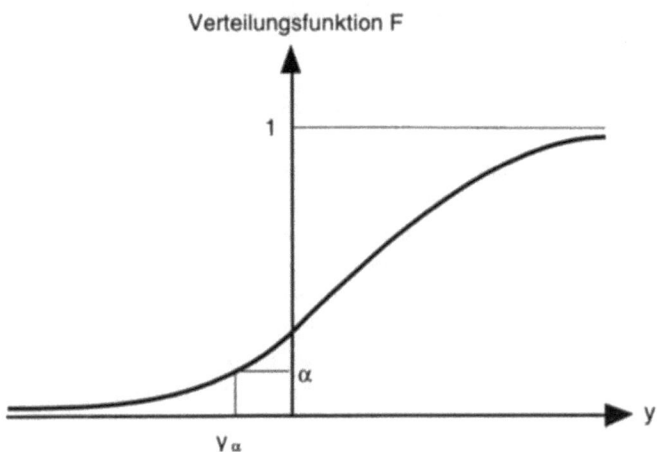

Abb. 8.2.2: α–Quantil

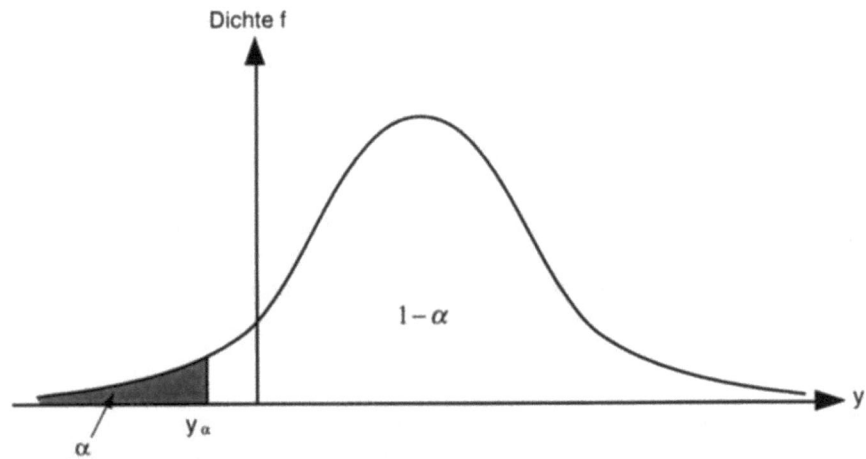

Abb. 8.2.3: α–Quantil

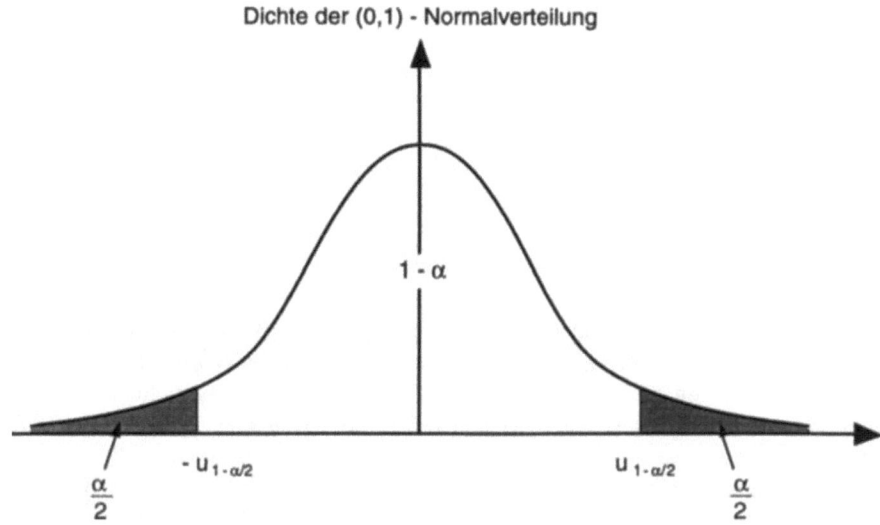

Abb. 8.2.4: Quantile der $(0,1)$–Normalverteilung

$$P\left(UEG \leq \overline{X} \leq OEG \mid \text{Prozeß unter statistischer Kontrolle}\right) = 1 - \alpha$$

mit $\alpha = 0,01$. Man wird also für die $\overline{x}$–Karte

$$(8.2.2) \quad \begin{cases} M = \mu \\[2mm] UEG = \mu - u_{0,995}\dfrac{\sigma}{\sqrt{n}} \\[2mm] OEG = \mu + u_{0,995}\dfrac{\sigma}{\sqrt{n}} \end{cases}$$

und entsprechend

$$(8.2.3) \quad \begin{cases} UWG = \mu - u_{0,975}\dfrac{\sigma}{\sqrt{n}} \\[2mm] OWG = \mu + u_{0,975}\dfrac{\sigma}{\sqrt{n}} \end{cases}$$

wählen. Dabei gilt

$$u_{0,995} = 2,576 \; ; \quad u_{0,975} = 1,960.$$

In der angelsächsischen Literatur verwendet man als Eingriffs– und Warngrenzen häufig die 2σ– bzw. 3σ–Grenzen, d.h., man wählt

$$(8.2.4) \begin{cases} UEG = \mu - 3\dfrac{\sigma}{\sqrt{n}} \\[2ex] OEG = \mu + 3\dfrac{\sigma}{\sqrt{n}} \end{cases}$$

$$UWG = \mu - 2\frac{\sigma}{\sqrt{n}}$$

$$OWG = \mu + 2\frac{\sigma}{\sqrt{n}} \ .$$

Im Vergleich zu (8.2.2) und (8.2.3) gilt dabei $u_{0,9987} = 3$ (d.h. $\alpha = 0,0026$ statt $\alpha = 0,01$ in (8.2.2)) und $u_{0,977} = 2$ (d.h. $\alpha = 0,046$ statt $\alpha = 0,05$ in (8.2.3)). Im Durchschnitt liegen also bei ungestörtem Prozeß 99,7 % (entspricht $1 - \alpha$) aller Stichprobenmittel $\bar{x}_k$ zwischen UEG und OEG und 95 % aller $\bar{x}_k$ zwischen UWG und OWG.

In der Praxis sind μ und σ im allgemeinen nicht bekannt. Statt dessen werden Schätzwerte für μ und σ aufgrund von Stichproben verwendet, die erhoben werden, wenn der Produktionsprozeß (in einem „Vorlauf") ungestört verläuft. Der Stichprobenumfang n ist in der Praxis häufig gleich 4, 5 oder 6. Die Anzahl m der Stichproben, die für die Berechnung der Schätzwerte für μ und σ benutzt werden, sollte dann mindestens 20 bis 25 sein. Als Schätzwert für μ verwendet man üblicherweise

$$\bar{\bar{x}} := \frac{1}{m} \sum_{k=1}^{m} \bar{x}_k \quad \text{mit } \bar{x}_k := \frac{1}{n} \sum_{i=1}^{n} x_{ik}$$

($x_{1k}, \ldots, x_{nk}$ sind wieder die Stichprobenwerte der Stichprobe Nummer k).

Für den Schätzwert von σ verwendet man entweder das arithmetische Mittel der Standardabweichungen oder der Spannweiten der Stichproben. Die *Standardabweichung der Stichprobe* Nummer k (als Wurzel aus der Stichprobenvarianz) ist

$$(8.2.5) \quad s_k := \sqrt{\frac{1}{n-1} \sum_{i=1}^{n} (x_{ik} - \bar{x}_k)^2} \quad (k = 1, \ldots, m),$$

und das arithmetische Mittel der s_k ist

$$\bar{s} := \frac{1}{m} \sum_{k=1}^{m} s_k \ .$$

Das Stichprobenmittel $\overline{X}$ ist eine sogenannte *erwartungstreue Schätzfunktion* für μ, d.h., es gilt

$$E(\overline{X}) = \mu$$

(anschaulich gesprochen, liefert eine erwartungstreue Schätzfunktion im Mittel den richtigen Wert). Die dem Schätzwert s_k in (8.2.5) entsprechende Schätzfunktion S ist jedoch nicht erwartungstreu. Statt dessen gilt

$$E(S) = a_n \sigma \quad \text{bzw.} \quad E\left(\frac{S}{a_n}\right) = \sigma$$

mit

(8.2.6) $a_n := \sqrt{\dfrac{2}{n-1}} \dfrac{\Gamma\left(\dfrac{n}{2}\right)}{\Gamma\left(\dfrac{n-1}{2}\right)} \quad (n = 2, 3, \ldots)$

(vgl. HARTUNG ET AL. (1991), Abschnitt IV.1.3.1, WALDMANN (1993), Abschnitt 2.2.1), wobei Γ die sogenannte Gammafunktion ist mit $\Gamma(n) = (n-1)!$ für $n \in \mathbb{N}$, $\Gamma(1/2) = \sqrt{\pi}$ und

$$\Gamma\left(\frac{n}{2}\right) = \left(\frac{n}{2} - 1\right)\left(\frac{n}{2} - 2\right) \cdots \frac{1}{2} \cdot \sqrt{\pi} \quad \text{für ungerades } n \geq 3.$$

Für große n ist a_n nahezu 1. Für $n = 2, 5$ und 10 haben wir beispielsweise

$$a_2 = 0,798, \quad a_5 = 0,940, \quad a_{10} = 0,973.$$

Als Schätzwert für σ verwendet man dann $\bar{s}/a_n$.

Die *Spannweite der Stichprobe* Nummer k ist gegeben durch

(8.2.7) $r_k := \max\left(x_{1k}, \ldots, x_{nk}\right) - \min\left(x_{1k}, \ldots, x_{nk}\right).$

Weiter setzen wir

$$\bar{r} := \frac{1}{m} \sum_{k=1}^{m} r_k.$$

Die dem Schätzwert in (8.2.7) entsprechende Schätzfunktion R ist ebenfalls nicht erwartungstreu. Es gilt

$$E(R) = d_n \sigma \quad \text{bzw.} \quad E\left(\frac{R}{d_n}\right) = \sigma$$

mit einer von n abhängigen Konstanten d_n (vgl. HARTUNG ET AL. (1991), Abschnitt IV.1.3.1, HEINHOLD UND GAEDE (1972), Abschnitt 26.2, WALDMANN (1993), Abschnitt 2.2.1). Z.B. ist

$$d_2 = 1,128, \quad d_5 = 2,326, \quad d_{10} = 3,078.$$

Als Schätzwert für σ verwendet man also $\bar{r}/d_n$.

$\bar{r}$ ist einfacher als $\bar{s}$ zu berechnen und liefert für kleinere n (etwa $n = 4, 5$ oder 6) einen ebenso guten Schätzwert für σ wie $\bar{s}$. Deshalb wird in der Praxis als Schätzwert für σ meistens $\bar{r}/d_n$ statt $\bar{s}/a_n$ benutzt.

Für den Fall, daß für μ und σ die Schätzwerte $\bar{\bar{x}}$ bzw. $\bar{r}/d_n$ verwendet werden, geben wir die Mittellinie und die 3σ-Grenzen als Eingriffsgrenzen noch einmal an (vgl. (8.2.4)):

$$M = \bar{\bar{x}}$$

$$UEG = \bar{\bar{x}} - \frac{3\bar{r}}{d_n\sqrt{n}}$$

$$OEG = \bar{\bar{x}} + \frac{3\bar{r}}{d_n\sqrt{n}} .$$

Sind die Mittellinie M und die Eingriffsgrenzen UEG und OEG aus m Stichproben ermittelt worden, die in einem Produktionsvorlauf erhoben wurden, so werden sie in der Praxis zunächst als *vorläufig* angesehen (Entsprechendes gilt für die Warngrenzen). Man prüft dann, ob alle Stichprobenmittel $\bar{x}_1, ..., \bar{x}_m$ zwischen UEG und OEG liegen. Ist dies für ein (oder mehrere) $\bar{x}_k$ nicht der Fall, so versucht man, die Ursache für diesen „Ausrutscher" zu finden (z.B. einen Maschinenfehler) und zu beseitigen. Das betreffende Stichprobenmittel $\bar{x}_k$ wird dann weggelassen, und Mittellinie und Eingriffsgrenzen werden aus den übriggebliebenen Stichprobenmitteln neu berechnet. Anschließend überprüft man, ob alle letzteren Stichprobenmittel zwischen den neuen Eingriffsgrenzen liegen, stellt die Ursachen für eventuelle Ausrutscher fest und fährt wie oben fort. Die (gegebenenfalls mehrfach neu berechnete) Mittellinie M und die Eingriffsgrenzen UEG und OEG werden als endgültig angesehen, sobald alle (verbliebenen) Stichprobenmittel zwischen UEG und OEG liegen.

(b) r–Karte und s–Karte

Zur Überwachung der Fertigungsstreuung dienen die r-Karte und die s-Karte, bei denen die Prüfgröße die Stichprobenspannweite R bzw. die Stichprobenstandardabweichung S ist. Die r-Karte wird bei kleinem Stichprobenumfang n verwendet, etwa $n = 4, 5$ oder 6. Die s-Karte wird benutzt, wenn der Stichprobenumfang größer ist, etwa $n = 10$ oder $n = 12$.

Die *r–Karte* verwendet als Prüfgröße die Stichprobenspannweite

$$R := \max\left(X_1, ..., X_n\right) - \min\left(X_1, ..., X_n\right),$$

wobei wir wieder annehmen, daß das Qualitätsmerkmal X (und damit die Stichprobenvariablen $X_1, ..., X_n$) (μ, σ)-normalverteilt seien. Für Erwartungswert und Streuung der Zufallsgröße R gilt dann

(8.2.8) $E(R) = d_n\sigma, \quad \text{var}(R) = b_n^2\sigma^2$

mit Konstanten d_n und b_n, die nur vom Stichprobenumfang n abhängen und z.B. in HEINHOLD UND GAEDE (1972), Abschnitt 26.2, und MONTGOMERY (1991), Abschnitt 6.2.1 und Appendix VI, tabelliert sind.

In der r-Karte werden die durch (8.2.7) gegebenen Spannweiten r_k der Stichproben Nummer $k = 1, 2, ...$ eingetragen (s. Abb. 8.2.5). Als Mittellinie verwendet man

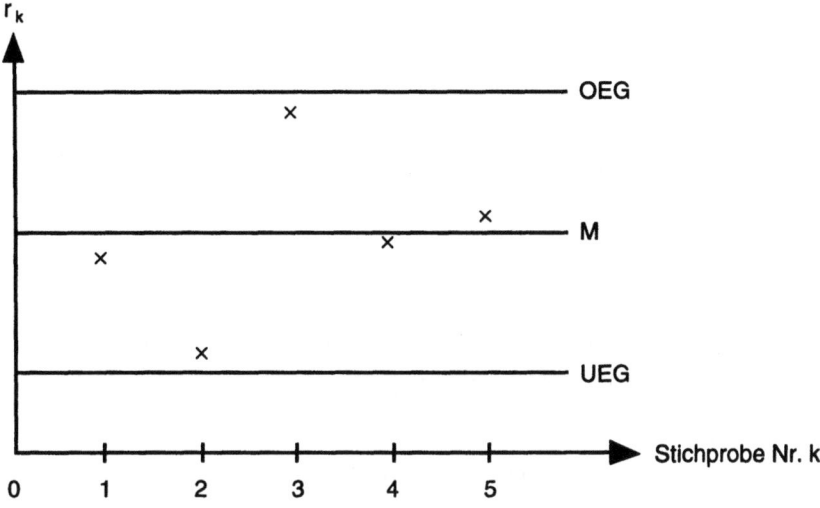

Abb. 8.2.5: r–Karte

$E(R)$ und als Eingriffsgrenzen in der Praxis die 3σ–Grenzen $E(R) \pm 3\sqrt{\operatorname{var}(R)}$ (und für die im folgenden nicht extra aufgelisteten Warngrenzen die 2σ–Grenzen). Da R auch bei normalverteilten $X_1,\dots,X_n$ nicht normalverteilt ist, liegen bei ungestörtem Prozeß im Durchschnitt nicht $99,7$ % aller Stichprobenspannweiten r_k zwischen UEG und OEG. Außerdem kann $E(R) - 3\sqrt{\operatorname{var}(R)} < 0$ sein. In letzterem Fall setzt man $UEG := 0$. Natürlich ist in der Praxis in erster Linie die obere Eingriffsgrenze von Interesse, da ein Unterschreiten von UEG, d.h. eine extrem kleine Spannweite für ein Qualitätsmerkmal, nicht als Nachteil empfunden wird.

Bei *bekanntem* σ wählt man unter Beachtung von (8.2.8) also

$$M = d_n \sigma$$

$$UEG = \left[\max(0, d_n - 3b_n)\right]\sigma$$

$$OEG = (d_n + 3b_n)\sigma.$$

Bei *unbekanntem* σ, was in der Praxis im allgemeinen der Fall ist, ersetzt man σ durch den erwartungstreuen Schätzwert $\bar{r}/d_n$. Dies liefert

$$M = \bar{r}$$

$$UEG = \left[\max\left(0, 1 - 3\frac{b_n}{d_n}\right)\right]\bar{r}$$

$$OEG = \left(1 + 3\frac{b_n}{d_n}\right)\bar{r}.$$

Die Prüfgröße für die *s–Karte* ist die Stichprobenstandardabweichung

$$S := \sqrt{\frac{1}{n-1} \sum_{i=1}^{n} (X_i - \overline{X})^2} \,,$$

wobei wieder $X_1, \dots, X_n$ die (μ, σ)–normalverteilten Stichprobenvariablen und $\overline{X} :=$ $\left(\sum_{i=1}^{n} X_i\right)/n$ das Stichprobenmittel sind. Für Erwartungswert und Streuung von S gilt

(8.2.9) $E(S) = a_n \sigma, \quad \text{var}(S) = \left(1 - a_n^2\right)\sigma^2$

mit der durch (8.2.6) gegebenen Größe a_n, die nur vom Stichprobenumfang n abhängt.

In der s–Karte werden die Standardabweichungen s_k der Stichproben Nummer $k = 1, 2, \dots$ (vgl. (8.2.5)) eingetragen. Als Mittellinie verwendet man $E(S)$ und als Eingriffsgrenzen die 3σ–Grenzen $E(S) \pm 3\sqrt{\text{var}(S)}$. Gilt $E(S) - 3\sqrt{\text{var}(S)} < 0$, dann setzt man $UEG := 0$.

Bei *bekanntem* σ hat man also unter Beachtung von (8.2.9)

$$M = a_n \sigma$$

$$UEG = \left[\max\left(0, a_n - 3\sqrt{1 - a_n^2} \right) \right] \sigma$$

$$OEG = \left(a_n + 3\sqrt{1 - a_n^2} \right) \sigma.$$

Bei *unbekanntem* σ ersetzt man σ durch den erwartungstreuen Schätzwert $\overline{s}/a_n$.

8.2.3   Qualitätsregelkarten für die Attributprüfung

In diesem Abschnitt werden wir kurz zwei Qualitätsregelkarten für die Attributprüfung behandeln. Ist der Anteil der fehlerhaften (unbrauchbaren) Artikel in einer Stichprobe die Prüfgröße, so verwendet man die sogenannte p–Karte. Will man die Anzahl der Fehler pro Produkteinheit (z.B. Lackierfehler pro Karosserie, Webfehler pro Tuchballen) registrieren und als Prüfgröße benutzen, dann verwendet man die x–Karte, früher auch c–Karte genannt.

(a) p-Karte

Wir nehmen an, daß der Anteil der fehlerhaften Artikel in der Grundgesamtheit (die alle produzierten Artikel umfaßt) p sei und daß die nacheinander produzierten Artikel voneinander unabhängig seien. Eine Stichprobe vom Umfang n kann dann als n unabhängig voneinander ausgeführte Versuche interpretiert werden, wobei man in jedem Versuch mit der Wahrscheinlichkeit p das Ergebnis „Fehler" und mit der Wahrscheinlichkeit $1 - p$ das Ergebnis „kein Fehler" erhält (Bernoullisches Versuchsschema). Die Anzahl H der Fehler in den n Versuchen und damit die Anzahl der fehlerhaften Artikel in einer Stichprobe vom Umfang n ist dann bekanntlich binomialverteilt mit den Parametern p und n. Es gilt

$$P(H = v) = \binom{n}{v} p^{v} (1-p)^{n-v} \quad (v = 0, 1, \dots, n)$$

sowie

$$E(H) = np, \quad \text{var}(H) = np(1-p).$$

Für $np(1-p) \geq 9$ kann die Binomialverteilung durch die $\left(np, \sqrt{np(1-p)}\right)$-Normalverteilung ersetzt werden. Die relative Häufigkeit (d.h. der Anteil) H/n fehlerhafter Artikel in einer Stichprobe ist entsprechend näherungsweise $\left(p, \sqrt{p(1-p)/n}\right)$-normalverteilt.

Es sei h_k die Anzahl der fehlerhaften Artikel in der Stichprobe Nummer k. In der p-Karte werden dann die relativen Häufigkeiten h_k/n der Stichproben Nummer $k = 1, 2, \dots$ eingetragen (s. Abb. 8.2.6). Die Eingriffsgrenzen entsprechen wieder den 3σ-Grenzen.

Bei *bekanntem* p (z.B., wenn p als Sollwert vorgegeben ist) wählt man dann

$$M = p$$

$$UEG = \max\left(0, p - 3\sqrt{\frac{p(1-p)}{n}} \right)$$

$$OEG = p + 3\sqrt{\frac{p(1-p)}{n}} \ .$$

Natürlich ist in der Praxis wieder in erster Linie die obere Eingriffsgrenze von Interesse. Bei *unbekanntem* p, was in der Praxis der Regelfall ist, ersetzt man p durch folgenden Schätzwert $\bar{p}$, der aus m in einem Produktionsvorlauf erhobenen Stich-

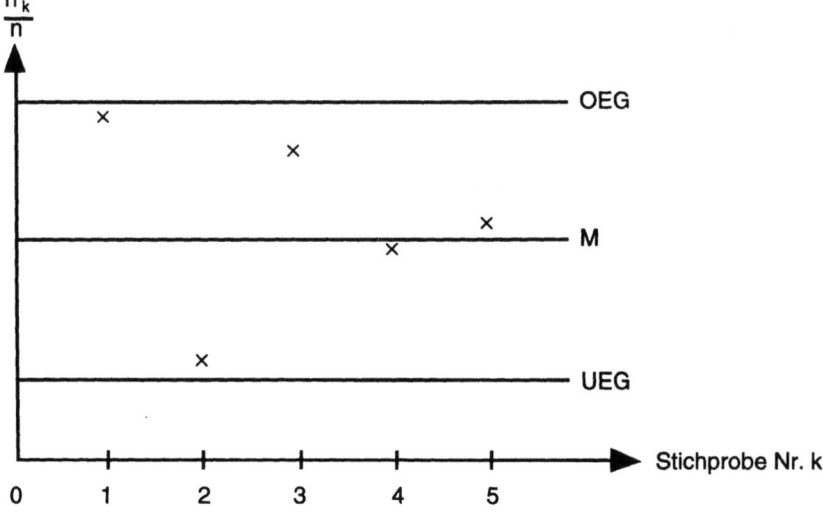

Abb. 8.2.6: p-Karte

proben zu ermitteln ist:

$$\overline{p} := \frac{h_1 + \ldots + h_m}{mn}.$$

(b) x-Karte

Manchmal ist eine produzierte Einheit immer noch brauchbar, wenn sie einen (oder mehrere) Fehler enthält (z.B. wenige Lackierfehler auf einer Karosserie). In diesem Fall bietet sich die Anzahl der Fehler pro produzierter Einheit als Prüfgröße an.

Wir setzen voraus, daß alle produzierten Einheiten die gleiche Größe haben (z.B. Glasscheiben gleicher Fläche oder Drahtrollen gleicher Länge oder etwa Baugruppen, bestehend aus derselben Anzahl gleicher Einzelteile). Betrachten wir beispielhaft als Produkteinheit eine Drahtrolle der Länge $L = 1$ (bei geeigneter Wahl der Längeneinheit). Die Wahrscheinlichkeit, daß ein Fehler auf irgendeinem kleinen Drahtstück der Länge ΔL vorkommt, sei gleich $\lambda \Delta L + o(\Delta L)$ mit einem Proportionalitätsfaktor $\lambda > 0$ und $\lim_{\Delta L \to 0} [o(\Delta L)/\Delta L] = 0$. Die Wahrscheinlichkeit, daß dort mehr als ein Fehler auftritt, sei gleich $o(\Delta L)$. Außerdem seien die Anzahlen der in disjunkten Drahtstücken auftretenden Fehler unabhängige Zufallsgrößen (was anschaulich besagt, daß das Auftreten eines Fehlers durch das Auftreten oder Nichtauftreten irgendeines anderen Fehlers nicht beeinflußt wird).

Wir erinnern an ein entsprechendes Modell aus der Warteschlangentheorie mit einem „Poissonschen Ankunftsstrom" (vgl. etwa NEUMANN UND MORLOCK (1993), Abschnitt 5.3.2). Die Wahrscheinlichkeit, daß in einem Wartesystem ein Kunde in einem Zeitintervall der Länge Δt eintrifft, sei $\lambda \Delta t + o(\Delta t)$, und die Wahrscheinlichkeit, daß mehr als ein Kunde in einem solchen Zeitintervall ankommt, sei $o(\Delta t)$. Ferner seien die Anzahlen der in disjunkten Zeitintervallen auftretenden Ankünfte von Kunden unabhängige Zufallsgrößen. Dann ist die Anzahl der in einem Zeitintervall der Länge t eintreffenden Kunden Poisson–verteilt mit dem Parameter λt. Entsprechend ist die Anzahl der Fehler auf der Drahtrolle der Länge $L = 1$ Poisson-verteilt mit dem Parameter λ. Bezeichnen wir die Fehleranzahl pro Produkteinheit mit X, so gilt

$$P(X = v) = \frac{\lambda^v e^{-\lambda}}{v!} \quad (v = 0, 1, 2, \ldots)$$

sowie

$$E(X) = \text{var}(X) = \lambda.$$

In der x–Karte wird die Anzahl x_k der Fehler der inspizierten Produkteinheit Nummer $k = 1, 2, \ldots$ eingetragen (s. Abb. 8.2.7). Als Mittellinie und Eingriffsgrenzen werden $E(X)$ bzw. $E(X) \pm 3\sqrt{\text{var}(X)}$ (falls $E(X) - 3\sqrt{\text{var}(X)} \geq 0$, d.h. $\lambda \geq 9$ ist) gewählt. Dies ergibt bei *bekanntem* λ

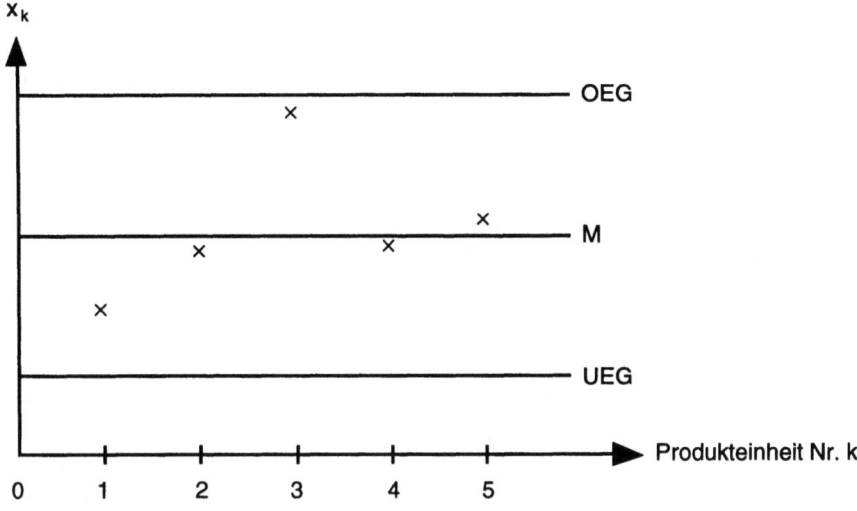

Abb. 8.2.7: x-Karte

$$M = \lambda$$

$$UEG = \max\left(0, \lambda - 3\sqrt{\lambda}\,\right)$$

$$OEG = \lambda + 3\sqrt{\lambda}\ .$$

Bei *unbekanntem* λ ersetzt man λ durch den Schätzwert

$$\bar{x} = \frac{x_1 + \ldots + x_m}{m},$$

erhalten aus m in einem Produktionsvorlauf inspizierten Produkteinheiten.

Die oben skizzierten Annahmen, die der Poisson–Verteilung zugrundeliegen, sind relativ einschneidend. Entsprechend wird in der Praxis die x-Karte nicht so häufig wie etwa die p-Karte verwendet.

8.3 Abnahmeprüfung

8.3.1 Grundbegriffe

Während die Fertigungsüberwachung durch Qualitätsregelkarten eine Qualitätsprüfung einer als unendlich groß angenommenen Grundgesamtheit darstellt, ist die Abnahmeprüfung eine Qualitätsprüfung für eine endliche Grundgesamtheit. Diese endliche Grundgesamtheit wird *Prüflos* oder kurz *Los* genannt und kann, muß aber nicht, einem Fertigungslos entsprechen. Das Ergebnis einer Abnahmeprüfung ist immer die Entscheidung, ob das vorliegende Los angenommen oder abgelehnt wird. Den Lieferanten eines Loses bezeichnen wir im folgenden stets als *Produzenten* und den Abnehmer als *Konsumenten*.

Abnahmeprüfungen können an verschiedenen Stellen innerhalb eines Unternehmens stattfinden:

*   beim Wareneingang (*Eingangsprüfung* von Rohstoffen und Fremdteilen)
*   beim Übergang von einer Fertigungsstufe zu einer anderen (*Zwischenprüfung*)
*   beim Warenausgang (*Endprüfung*).

Die Prüfung eines Loses bezieht sich wieder auf ein oder mehrere Qualitätsmerkmale und wird an Hand von Stichproben vorgenommen. Wie bei der Fertigungsüberwachung kann man bei der Abnahmeprüfung zwischen Variablenprüfung (messender Prüfung) und Attributprüfung (zählender Prüfung) unterscheiden. In der Praxis tritt allerdings in erster Linie die Attributprüfung auf, bei der jedes Stichprobenelement in eine der beiden Kategorien brauchbar (gut, nicht defekt) und unbrauchbar (schlecht, defekt) fällt. Hierauf wollen wir uns im folgenden beschränken.

Jeder Abnahmeprüfung liegt ein *Stichprobenprüfplan* oder kurz *Prüfplan* zugrunde. Die Anwendung eines Prüfplans entspricht der Durchführung eines Parametertests mit folgender Null– und Alternativhypothese H_0 bzw. H_1:

H_0:   Das Prüflos genügt den Qualitätsanforderungen
H_1:   Das Prüflos genügt nicht den Qualitätsanforderungen.

Bei einem *einfachen Prüfplan* wird jedem Los genau eine Stichprobe entnommen. Bei einem *doppelten Prüfplan* kann eine zweite (meist kleinere) Stichprobe gezogen werden, wenn die Auswertung der ersten Stichprobe noch keine eindeutige Entscheidung erbringt, ob das Los als „gut" oder „schlecht" einzustufen ist. Entsprechend kann man auch *mehrfache* und *sequentielle Prüfpläne* betrachten, auf die wir aber im folgenden nicht eingehen werden.

Wie bereits erwähnt, ist das Ergebnis einer Abnahmeprüfung stets die Entscheidung, ob das vorliegende Prüflos angenommen oder abgelehnt wird. Wie man in der Praxis in jedem dieser beiden Fälle verfährt, zeigt Abb. 8.3.1, die RINNE UND MITTAG (1991), Abschnitt 3.1.2, entnommen ist.

Die Alternative zu einer Abnahmeprüfung mittels Prüfplänen ist eine *100%ige Inspektion*. Man wird eine Abnahmeprüfung mittels Prüfplänen immer dann bevorzugen, wenn

(i)   die Prüfung den betreffenden Artikel zerstört oder beschädigt oder
(ii)   eine 100%ige Inspektion zu teuer oder zu zeitaufwendig ist.

Insbesondere bei der Auftragsfertigung (also im wesentlichen der Einzel– und Kleinserienfertigung) geht man im Fall (ii) heutzutage immer mehr zur 100%igen Inspektion über.

Wir bemerken noch, daß eine Abnahmeprüfung im Unterschied zur Fertigungsüberwachung keine unmittelbare Verbesserung der Qualität induziert, abgesehen davon,

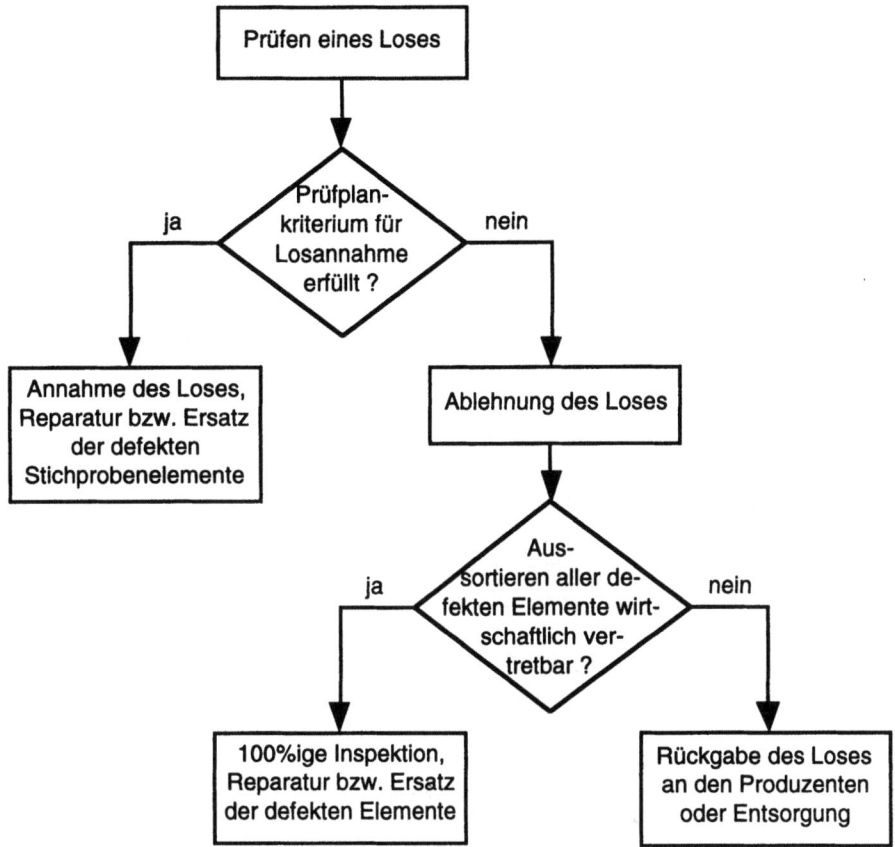

Abb. 8.3.1: Mögliche Fälle bei der Abnahmeprüfung

daß eine wiederholte Ablehnung von Prüflosen dem Produzenten nahelegt, Maßnahmen zur Verbesserung seiner Produkte zu ergreifen.

8.3.2   Operationscharakteristiken

(a) Testen von Hypothesen und Operationscharakteristik eines Tests

Im folgenden benötigen wir einige Begriffe und Aussagen über das Testen von Hypothesen, die wir an Hand eines Parametertests für ein (μ, σ)–normalverteiltes Merkmal X einer (unendlich großen) Grundgesamtheit mit bekannter Standardabweichung σ erläutern wollen (vgl. etwa BAMBERG UND BAUR (1991), Abschnitte 14.1 und 14.2). $X_1, \ldots, X_n$ seien die Stichprobenvariablen einer Stichprobe vom Umfang n (d.h., $X_1, \ldots, X_n$ sind unabhängige, identisch verteilte Zufallsgrößen mit der gleichen Verteilung wie das betreffende Merkmal X der Grundgesamtheit).

Die Nullhypothese besage, daß der Erwartungswert μ höchstens gleich einem vorgegebenen Wert μ_0 ist:

$$H_0:\ \mu \le \mu_0.$$

Die Alternativhypothese ist

$$H_1:\ \mu > \mu_0.$$

Die Aufgabe besteht dann darin zu testen (prüfen), ob aufgrund der Stichprobe vom Umfang n die Nullhypothese gegenüber der Alternativhypothese abgelehnt (verworfen) werden soll oder nicht.
Seien

$$\overline{X}:= \frac{X_1+\ldots+X_n}{n}$$

wieder das Stichprobenmittel und $\bar{x}$ eine Realisierung von $\overline{X}$. Aus Abschnitt 8.2.2a wissen wir, daß $\overline{X}$ eine erwartungstreue Schätzfunktion für den Erwartungswert μ des Merkmals X der Grundgesamtheit ist, d.h., $\bar{x}$ wird im allgemeinen nicht sehr stark vom Erwartungswert μ abweichen. Man wird also die Hypothese $H_0:\ \mu \le \mu_0$ gegenüber der Alternativhypothese $H_1:\ \mu > \mu_0$ ablehnen, wenn $\bar{x}$ „weit größer" als μ_0 ist.
Sinnvollerweise fordert man, daß die Fehlentscheidung

„Ablehnung von H_0, obwohl H_0 richtig ist",

die man auch als *Fehler 1. Art* bezeichnet, höchstens mit einer kleinen Irrtumswahrscheinlichkeit α vorkommen darf, dem sogenannten *Signifikanzniveau* des Tests. In der Praxis verwendete Werte für α sind z.B. 0,01 und 0,05. Daneben betrachtet man manchmal noch einen *Fehler 2. Art*, nämlich die Fehlentscheidung

„Keine Ablehnung von H_0, obwohl H_0 falsch ist".

In der Praxis spricht man bei einer Nichtablehnung von H_0 auch von einer *Annahme von H_0*, obwohl eine Nichtablehnung streng genommen keine Bestätigung von H_0 aufgrund der erhobenen Stichprobe bedeutet.
Wir betrachten jetzt die sogenannte *Testfunktion*

$$U(\mu):= \frac{\overline{X}-\mu}{\sigma/\sqrt{n}}.$$

Ist H_0 richtig, d.h. das Merkmal X der Grundgesamtheit (μ_0, σ)–normalverteilt, so sind das Stichprobenmittel $\overline{X}$ $(\mu_0, \sigma/\sqrt{n})$–normalverteilt und $U(\mu_0)$ $(0,1)$–normalverteilt. Sei u_α wieder das α–Quantil der $(0,1)$–Normalverteilung, also

$$\Phi(u_{1-\alpha}) = P(U(\mu_0) \le u_{1-\alpha}) = 1-\alpha$$

wobei Φ die Verteilungsfunktion der $(0,1)$–Normalverteilung ist. Dann gilt

$$(8.3.1) \quad P(U(\mu_0) > u_{1-\alpha}) = 1 - P(U(\mu_0) \le u_{1-\alpha}) = \alpha$$

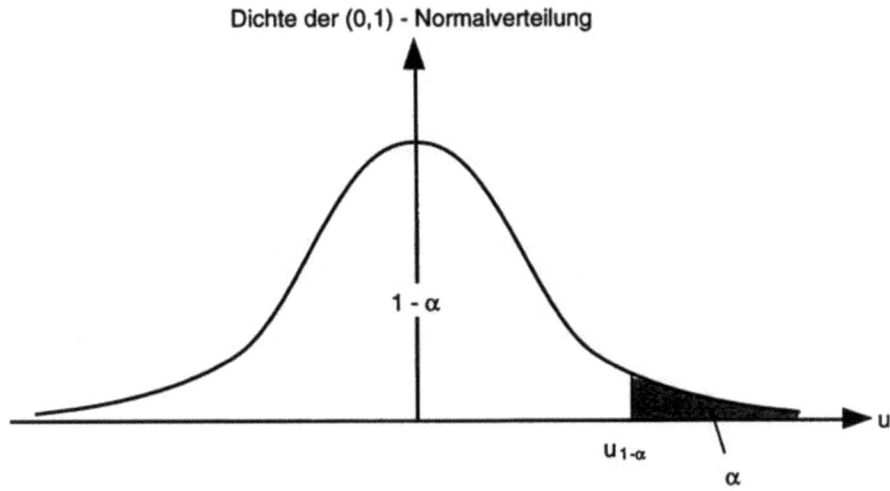

Abb. 8.3.2: Dichte der $(0,1)$–Normalverteilung

(vgl. Abb. 8.3.2).
  Führt man den

$$Verwerfungs-\ oder\ Ablehnungsbereich\ B := \left(u_{1-a}, \infty\right)$$

und den

$$Annahmebereich\ A := \left(-\infty, u_{1-\alpha}\right] := \mathbb{R} \setminus B$$

ein, so verwendet man folgende Entscheidungsregel:

  „H_0 ist genau dann abzulehnen, wenn $U(\mu_0)$ Werte in B annimmt".

Nach (8.3.1) ist damit die Wahrscheinlichkeit für den Fehler 1. Art gleich α.
  Wir führen jetzt die sogenannte *Operationscharakteristik* oder kurz *OC–Funktion*
L des zugrundeliegenden Tests gemäß

$$L(\mu) := P\left(U(\mu) \in A\right)$$

ein. $L(\mu)$ ist gleich der Wahrscheinlichkeit, daß die Nullhypothese H_0 angenommen
bzw. nicht abgelehnt wird, wenn μ der Erwartungswert des Merkmals X der Grundgesamtheit ist. Insbesondere gilt

$$1 - L(\mu_0) = \alpha.$$

Der Graph der *OC*–Funktion wird *OC–Kurve* oder *Annahmekennlinie* genannt.

(b) Operationscharakteristik eines Prüfplans

Wie bereits erwähnt, entspricht die Anwendung eines Prüfplans für eine Abnahmeprüfung der Durchführung eines Tests mit folgender Null– und Alternativhypothese:

H_0:   Prüflos genügt den Qualitätsanforderungen
H_1:   Prüflos genügt nicht den Qualitätsanforderungen.

Seien p der tatsächliche *Ausschußanteil* des Prüfloses (d.h. der jetzt endlichen
Grundgesamtheit), also der Quotient aus Anzahl der defekten und Anzahl aller Ele-
mente des Loses, und p_0 der *kritische Ausschußanteil*, bei dessen Überschreitung das
Los abgelehnt werden soll. Dann können wir H_0 und H_1 auch wie folgt formulieren:

$$H_0: p \leq p_0$$
$$H_1: p > p_0.$$

Sei $L(p)$ die Wahrscheinlichkeit, daß ein Los mit einem Ausschußanteil p angenommen wird. L nennt man wieder die *Operationscharakteristik* oder *OC–Funktion*
des Prüfplans.
   Bei der Abnahmeprüfung entspricht ein Fehler 1. Art der Zurückweisung eines Loses mit tolerierbarem Ausschußanteil $p_1 \leq p_0$. Die Wahrscheinlichkeit für einen Fehler 1. Art wird auch *Produzentenrisiko* genannt und ist gleich $\alpha = 1 - L(p_1)$. Ein Fehler 2. Art bedeutet jetzt die Annahme eines Loses mit nicht tolerierbarem Ausschußanteil $p_2 > p_0$. Die Wahrscheinlichkeit für einen Fehler 2. Art wird auch *Konsumentenrisiko* genannt und ist gleich $L(p_2)$.
   Abb. 8.3.3 zeigt die ideale *OC*–Kurve. Eine typische *OC*–Kurve hat jedoch das in
Abb. 8.3.4 gezeigte Aussehen. Insbesondere ist $L(0) = 1$ und $L(1) = 0$. In Abschnitt
8.3.3b werden wir erläutern, wie Prüfpläne konstruiert werden können, deren Operationscharakteristik sich der idealen *OC*–Kurve möglichst gut annähert.

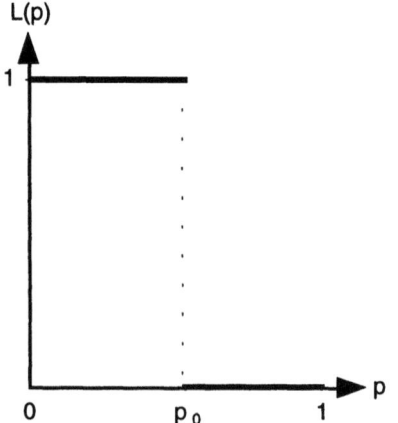

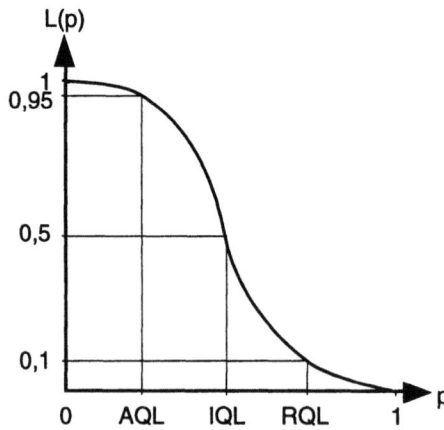

Abb. 8.3.3: Ideale *OC*–Kurve   **Abb. 8.3.4:** Reale *OC*–Kurve

Die Bestimmung der vollständigen OC-Funktion ist oft aufwendig; hierauf werden wir in Abschnitt 8.3.3 eingehen. In der Praxis haben deshalb spezielle Punkte auf der OC-Kurve eine große Bedeutung.

Ein Ausschußanteil p_1 mit einem zwischen Konsument und Produzent vereinbarten großen Wert $L(p_1)$ wird *annehmbare Qualitätslage* (engl. acceptable quality level, abgekürzt *AQL*) genannt. Lose mit $p < AQL$ sollen im Interesse des Produzenten im Regelfall angenommen werden. In der Praxis wählt man häufig

$$L(AQL) = 0,99 \quad \text{oder} \quad L(AQL) = 0,95.$$

Die Wahrscheinlichkeit für die Annahme eines „guten" Loses mit $p \le AQL$ ist dann (mindestens) 0,99 bzw. 0,95. Die maximale Wahrscheinlichkeit für die Ablehnung eines „guten" Loses mit $p \le AQL$ ist das *Produzentenrisiko* $1 - L(AQL)$. Ein Prüfplan ist für den Produzenten um so günstiger, je größer AQL bei gegebenem Ausschußanteil p ist.

Ein Ausschußanteil p_2 mit einem zwischen Konsument und Produzent vereinbarten kleinen Wert $L(p_2)$ wird *zurückzuweisende Qualitätslage* (engl. rejectable quality level, abgekürzt *RQL*) genannt (manchmal auch als lot tolerance per cent defective bezeichnet, abgekürzt *LTPD*). Lose mit $p \ge RQL$ sollen im Interesse des Konsumenten im Regelfall zurückgewiesen werden. In der Praxis legt man meistens

$$L(RQL) = 0,1$$

fest. Die Wahrscheinlichkeit der Annahme eines „schlechten" Loses mit $p \ge RQL$ ist dann (höchstens) 0,1. Die maximale Wahrscheinlichkeit für die Annahme von „schlechten" Losen mit $p \ge RQL$ ist das *Konsumentenrisiko* $L(RQL)$. Ein Prüfplan ist für den Konsumenten um so günstiger, je kleiner RQL bei gegebenem Ausschußanteil ist.

Ein Ausschußanteil p mit $L(p) = 0,5$ wird *indifferente Qualitätslage* (engl. indifferent quality level, abgekürzt *IQL*) genannt, also

$$L(IQL) = 0,5.$$

Bei einem Ausschußanteil von IQL sind die Wahrscheinlichkeiten für Ablehnung und Annahme des Loses gleich groß (jeweils gleich 0,5).

8.3.3 Einfache Prüfpläne

Ein einfacher Prüfplan für ein Los der Größe N ist (außer durch N) durch den Stichprobenumfang n und die sogenannte *Annahmezahl* (engl. acceptance number) c, d.h. die für die Annahme des Loses maximal erlaubte Anzahl defekter Elemente in der Stichprobe, eindeutig festgelegt. $d := c + 1$ wird manchmal als *Rückweiszahl* (engl. rejection number) bezeichnet. Wir haben also folgende Entscheidungsregel:

Annahme des Loses, falls Anzahl der defekten Elemente in der Stichprobe $\le c$
Ablehnung des Loses, falls Anzahl der defekten Elemente in der Stichprobe $\ge d = c + 1$.

c/n entspricht dem in Abschnitt 8.3.2b eingeführten kritischen Ausschußanteil p_0.

(a) Bestimmung der Operationscharakteristik, des mittleren Durchschlupfs und des mittleren Prüfaufwands

Bei gegebenem N, n und c kann die OC-Funktion L des Prüfplans mit Hilfe der *hypergeometrischen Verteilung* bestimmt werden. Wird eine Stichprobe vom Umfang n aus einem Los der Größe N ausgewählt, das K defekte Elemente enthält, dann gilt für die Wahrscheinlichkeit p_k, daß die Stichprobe genau k defekte Elemente enthält, bekanntlich

$$p_k = \frac{\binom{K}{k}\binom{N-K}{n-k}}{\binom{N}{n}} \quad \text{für } k = 0, 1, \ldots, \min\,(K, n)$$

(vgl. BAMBERG UND BAUR (1991), Abschnitt 8.4.2). N, K und n sind die Parameter der hypergeometrischen Verteilung.

Ist p der Ausschußanteil in der Stichprobe, so gilt $K = Np$. Die Wahrscheinlichkeit $L(p)$, daß ein Los mit dem Ausschußanteil p angenommen wird, und damit die OC-Funktion L ergibt sich dann zu

$$(8.3.2) \quad L(p) = \sum_{k=0}^{c} p_k = \sum_{k=0}^{c} \frac{\binom{Np}{k}\binom{N(1-p)}{n-k}}{\binom{N}{n}}.$$

Die Bestimmung von $L(p)$ gemäß (8.3.2) ist relativ rechenaufwendig. Ist die Losgröße N groß genug (etwa $N \geq 15n$), so kann die hypergeometrische Verteilung der Anzahl defekter Elemente in der Stichprobe mit den Parametern N, $K = Np$ und n durch die *Binomialverteilung* mit den Parametern p und n approximiert werden. Statt (8.3.2) erhalten wir dann

$$(8.3.3) \quad L(p) = \sum_{k=0}^{c} \binom{n}{k} p^k (1-p)^{n-k}.$$

Strebt n gegen ∞, wobei die erwartete Anzahl defekter Elemente in der Stichprobe, $np =: \lambda$, konstant bleibt, so geht die Binomialverteilung mit den Parametern p und n in die *Poisson–Verteilung* mit dem Parameter λ über, und aus (8.3.3) wird

$$(8.3.4) \quad L(p) = e^{-np} \sum_{k=0}^{c} \frac{(np)^k}{k!}.$$

In der Praxis kann die Binomial– durch die Poisson–Verteilung ersetzt werden, wenn $n \geq 50$, $p \leq 0,1$ und $np \leq 10$ gilt. Da ein höherer Ausschußanteil als $p = 0,1$ eine sehr schlechte Produktqualität bedeutet, ist die Bedingung $p \leq 0,1$ in der Praxis im allgemeinen erfüllt. Wählt man den Stichprobenumfang n zwischen 50 und 100, dann sind auch die beiden anderen Bedingungen erfüllt.

Bei einem Prüfplan interessiert man sich neben der durch $L(p)$ gegebenen Wahrscheinlichkeit, daß ein Los (mit dem Ausschußanteil p) angenommen wird, auch für den Anteil defekter Elemente, der durch das „Sieb der Prüfung durchschlüpft". Seien X_1 die Anzahl durchschlüpfender defekter Elemente eines (geprüften) Loses und X_2 die Anzahl der angenommenen Elemente eines Loses (nach Aussonderung und ggf. Ersatz defekter Elemente). Dann definiert man den *mittleren Durchschlupf* (engl. average outgoing quality, abgekürzt *AOQ*) gemäß

$$(8.3.5) \qquad AOQ := \frac{E(X_1)}{E(X_2)}$$

Da AOQ von dem Ausschußanteil p abhängt, schreiben wir im folgenden $AOQ(p)$.

Wir betrachten nur den Fall, daß alle defekten Elemente einer Stichprobe (vom Umfang n) durch gute (nicht defekte) Elemente ersetzt werden und daß, falls das ursprüngliche Los zurückgewiesen wird, der Losrest (Umfang $N-n$) einer Vollkontrolle unterzogen wird sowie alle defekten Elemente hierunter ebenfalls durch gute ersetzt werden und das Los dann weiter verwendet wird (für sonstige mögliche Fälle vgl. RINNE UND MITTAG (1991), Abschnitt 3.2.2b). Dieser Sachverhalt ist typisch für eine innerbetriebliche Abnahmeprüfung des Produzenten (zwischen zwei Fertigungsstufen oder bei der Fertigungsendkontrolle).

Für die Anzahl durchschlüpfender defekter Elemente eines Loses erhalten wir

$$(8.3.6) \quad X_1 = \begin{cases} (N-n)p, & \text{falls Anzahl der defekten Elemente in der Stichprobe} \le c \\ 0, & \text{falls Anzahl der defekten Elemente in der Stichprobe} > c. \end{cases}$$

Da der erste Fall in (8.3.6) mit der Wahrscheinlichkeit $L(p)$ und der zweite mit der Wahrscheinlichkeit $1 - L(p)$ eintritt, ergibt sich

$$E(X_1) = (N-n)pL(p) + 0 \cdot (1 - L(p)) = (N-n)pL(p).$$

Nach Voraussetzung werden alle defekten Elemente eines zurückgewiesenen Loses durch gute ersetzt. Folglich gilt für die Anzahl der angenommenen Elemente eines Loses $X_2 = N$. (8.3.5) liefert dann für den mittleren Durchschlupf

$$(8.3.7) \qquad AOQ(p) = \left(1 - \frac{n}{N}\right)pL(p).$$

$L(p)$ berechnet man dabei üblicherweise nach (8.3.3) oder (8.3.4).

„Gute" Lose mit geringem Anteil defekter Elemente $p \le AQL$ werden relativ selten abgelehnt. Für diese Lose ist auch der mittlere Durchschlupf $AOQ(p)$ klein. „Schlechte" Lose mit $p \ge RQL$ werden häufig abgelehnt. Da in jedem zurückgewiesenen Los alle defekten Elemente durch gute ersetzt werden, ist $AOQ(p)$ für die "schlechten" Lose ebenfalls klein. Der *maximale mittlere Durchschlupf* (engl. average outgoing quality limit, abgekürzt *AOQL*) ist

$$AOQL := \max_{0 \le p \le 1} AOQ(p).$$

AOQL wird für ein p zwischen *AQL* und *RQL* angenommen, wobei der Ausschuß-anteil p nicht mehr sehr klein ist, aber die Lose noch nicht häufiger zurückgewiesen und die defekten Elemente durch gute ersetzt werden (also relativ viele defekte Ele-mente „durchschlüpfen" können). Abb. 8.3.5 zeigt die typische Gestalt der *AOQ*-Funktion.

Manchmal ist in der Praxis noch die durchschnittliche Anzahl der zu prüfenden Elemente eines Loses von Interesse. Sei X_3 die Anzahl der zu prüfenden Elemente eines Loses. Der Erwartungswert von X_3 heißt *mittlerer Prüfaufwand* (engl. average total inspection, abgekürzt *ATI*):

$$ATI(p) := E(X_3).$$

Wir berechnen diesen Erwartungswert für den Fall, daß alle defekten Elemente (in der Stichprobe und, bei Zurückweisung des ursprünglichen Loses, nach einer Voll-kontrolle im Losrest) ausgesondert werden (eine Untersuchung aller möglichen Fälle findet man in RINNE UND MITTAG (1991), Abschnitt 3.2.2c). Dieser Fall ist für die Wareneingangsprüfung bei einem Konsumenten typisch. Es gilt

$$X_3 = \begin{cases} n, & \text{falls Anzahl der defekten Elemente in der Stichprobe } \le c \\ N, & \text{falls Anzahl der defekten Elemente in der Stichprobe } > c \end{cases}$$

und damit

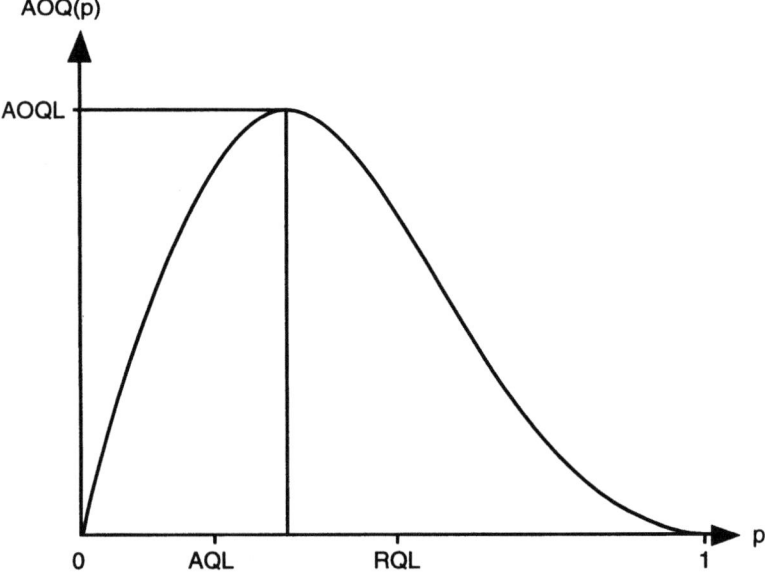

Abb. 8.3.5: *AOQ*-Funktion

(8.3.8) $ATI(p) = nL(p) + N(1 - L(p)) = N - (N - n)L(p).$

Der auf ein Loselement bezogene mittlere Prüfaufwand wird *relativer mittlerer Prüfaufwand* (engl. average fraction inspection, abgekürzt *AFI*) genannt. Mit (8.3.8) ergibt sich hierfür

(8.3.9) $AFI(p) := \dfrac{ATI(p)}{N} = 1 - \left(1 - \dfrac{n}{N}\right)L(p).$

Wir betrachten ein *Zahlenbeispiel*. Gegeben seien die Losgröße $N = 1000$, der Stichprobenumfang $n = 50$ und die Annahmezahl $c = 1$. Wegen $N > 15n = 750$ können wir die hypergeometrische Verteilung durch die Binomialverteilung approximieren. (8.3.3) liefert dann

$$L(p) = \binom{50}{0}p^0(1-p)^{50} + \binom{50}{1}p^1(1-p)^{49} = (1 + 49p)(1-p)^{49}.$$

Bei Verwendung der Poisson–Verteilung erhalten wir nach (8.3.4)

$$L(p) = \left(\frac{(50p)^0}{0!} + \frac{(50p)^1}{1!}\right)e^{-50p} = (1 + 50p)e^{-50p}.$$

Für einige Werte von p sind die entsprechenden Werte von $L(p)$ und $pL(p)$ in Tab. 8.3.1 zusammengestellt.

Aus Tab. 8.3.1 ersehen wir, daß die Poisson–Approximation bei wachsendem Ausschußanteil p schlechter wird. Für den mittleren Durchschlupf erhalten wir nach (8.3.7) mit $n/N = 0,05$

$$AOQ(p) = 0,95\,pL(p).$$

Abb. 8.3.6 und Abb. 8.3.7 zeigen die *OC–* und die *AOQ–*Funktion.

p	$L(p)$		$pL(p)$	$0,95\,pL(p)$
	binomial	Poisson	(binomial)	(binomial)
0,005	0,974	0,974	0,0049	0,0047
0,007	0,952	0,951	0,0067	0,0064
0,010	0,911	0,910	0,0091	0,0086
0,020	0,736	0,736	0,0147	0,0140
0,032	0,522	0,525	0,0167	0,0159
0,034	0,489	0,493	0,0166	0,0158
0,050	0,279	0,287	0,0140	0,0133
0,075	0,103	0,112	0,0077	0,0073

Tab. 8.3.1: Werte von $L(p)$ und $pL(p)$

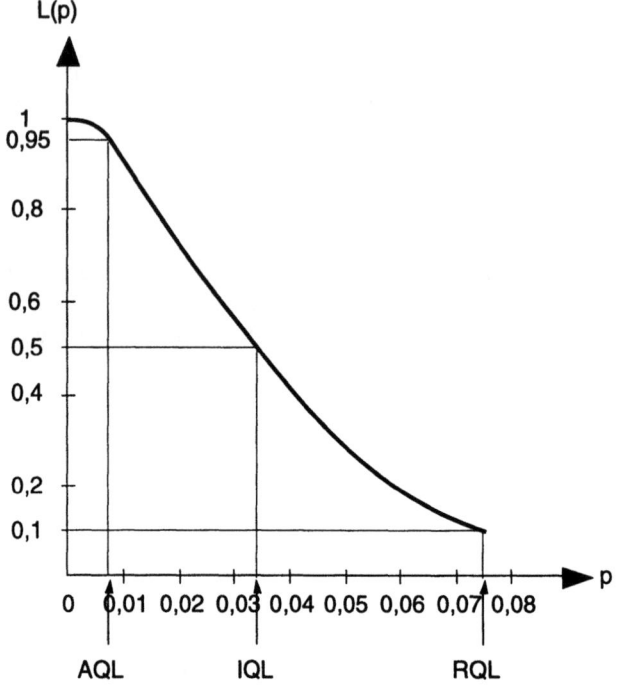

Abb. 8.3.6: *OC*–Kurve

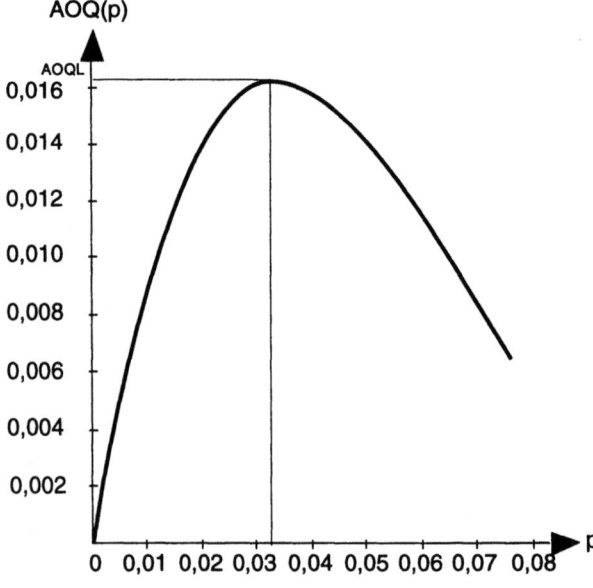

Abb. 8.3.7: *AOQ*–Funktion

Für die annehmbare, die zurückzuweisende und die indifferente Qualitätslage sowie den maximalen mittleren Durchschlupf bekommen wir

$$AQL = 0,007 \quad (\text{mit } L(AQL) = 0,95)$$

$$RQL = 0,075 \quad (\text{mit } L(RQL) = 0,1)$$

$$IQL = 0,034 \quad (\text{mit } L(IQL) = 0,5)$$

$$AOQL = AOQ(0,032) = 0,0167.$$

Die Interpretation dieser Werte ist wie folgt: Der Produzent geht ein Risiko von 5 % ein, daß Lose mit einem tolerierbaren Ausschußanteil von höchstens 0,7 % (AQL) zurückgewiesen werden. Der Konsument geht ein Risiko von 10 % ein, daß Lose mit nicht mehr tolerierbarem Ausschußanteil von mindestens 7,5 % (RQL) angenommen werden. Ist der Ausschußanteil 3,4 % (IQL), so sind Annahme und Ablehnung eines Loses gleichwahrscheinlich (50 %). Werden in den zurückgewiesenen Losen alle defekten Elemente durch gute ersetzt, dann ist der maximale mittlere Durchschlupf (maximaler mittlerer Anteil durchschlüpfender defekter Elemente) gleich 1,67 % ($AOQL$), was bei einem Ausschußanteil von 3,2 % der Fall ist. Der relative mittlere Prüfaufwand, wenn alle defekten Elemente ausgesondert werden, ergibt sich nach (8.3.9) mit $n/N = 0,05$ zu

$$AFI(p) = 1 - 0,95 L(p).$$

Beträgt der Ausschußanteil p 1%, so liefert Tab. 8.3.1 $L(p) = 0,911$ und damit einen mittleren Prüfaufwand von $AFI(p) = 0,135$ (d.h., im Durchschnitt werden 13,5 % aller Elemente eines Loses inspiziert). Ist der Ausschußanteil p gleich 5 %, dann bekommen wir mit Tab. 8.3.1 $L(p) = 0,279$ und einen mittleren Prüfaufwand von $AFI(p) = 0,735$ (d.h., 73,5 % aller Elemente werden im Durchschnitt geprüft).

(b) Wahl eines geeigneten Prüfplans

Wir wollen zunächst untersuchen, wie sich die Operationscharakteristik eines einfachen Prüfplans bei variierendem Stichprobenumfang n oder variierender Annahmezahl c ändert.

Abb. 8.3.8 zeigt die OC-Kurven für einen Prüfplan mit $N = 5000$, $c = 1$ und verschiedene Werte von n (bei Zugrundelegung einer hypergeometrischen Verteilung) nach RINNE UND MITTAG (1991), Abschnitt 3.2.1b. Wir sehen, daß die OC-Kurve bei wachsendem Stichprobenumfang n steiler wird und besser zwischen „guten" und „schlechten" Losen trennt, insbesondere also Konsumenten- und Produzentenrisiko abnehmen.

Abb. 8.3.9 zeigt die OC-Kurven für einen Prüfplan mit $N = 2000$, $n = 50$ und verschiedene Werte von c (wieder bei Zugrundelegung einer hypergeometrischen Verteilung) nach RINNE UND MITTAG (1991), Abschnitt 3.2.1b. Die OC-Kurve wird steiler, und damit nimmt die Trennschärfe des Prüfplans zu, wenn die Annahmezahl c abnimmt.

Will man bei gegebener Losgröße N einen geeigneten Prüfplan auswählen, also n und c festlegen, dann kann man etwa fordern, daß zwei vorgegebene Punkte (p,

$L(p)$) auf der *OC*–Kurve liegen. In der Praxis gibt man häufig die Qualitätslagen *AQL* und *RQL* sowie das zugehörige Produzentenrisiko α (z.B. $\alpha = 0,05$) bzw. Konsumentenrisiko β (z.B. $\beta = 0,1$) vor, d.h., man verlangt

$$(8.3.10) \quad \begin{cases} L(AQL) = 1 - \alpha \\ L(RQL) = \beta. \end{cases}$$

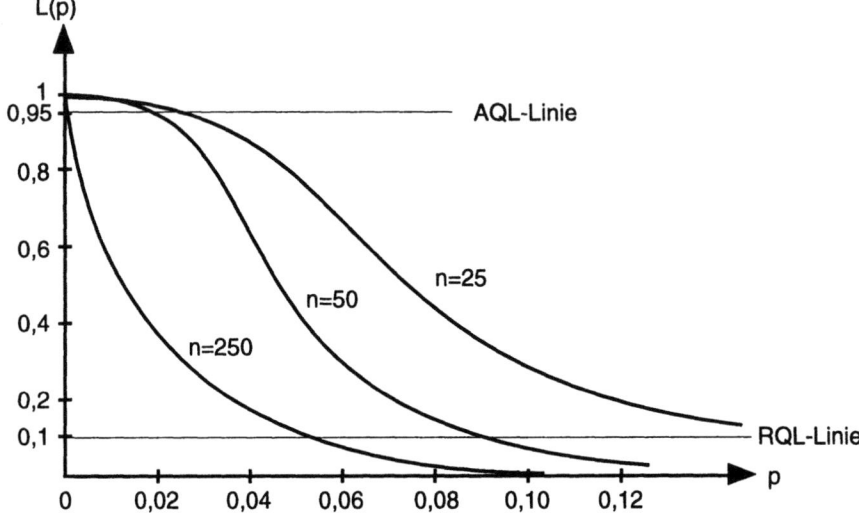

Abb. 8.3.8: *OC*-Kurven für verschiedene Parameterwerte *n*

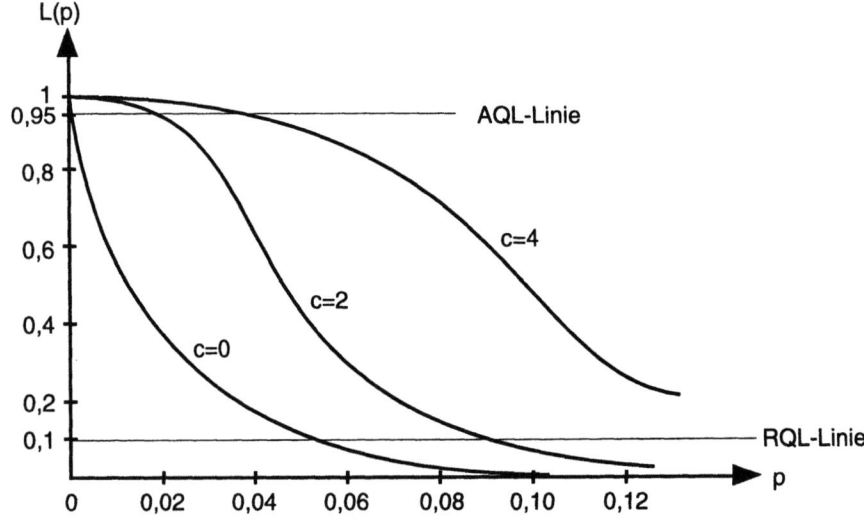

Abb. 8.3.9: *OC*–Kurven für verschiedene Parameterwerte *c*

Da wegen der Ganzzahligkeit von n und c die beiden Gleichungen (8.3.10) im allgemeinen nur näherungsweise erfüllt werden können, fordert man stattdessen

$$L(AQL) \geq 1 - \alpha$$
$$L(RQL) \leq \beta.$$

Aus Abb. 8.3.8 erkennt man, daß man durch Wahl eines genügend großen n bei festem c stets $L(RQL) \leq \beta$ erreichen kann. Abb. 8.3.9 zeigt, daß bei festem n durch Vergrößerung von c auch die Bedingung $L(AQL) \geq 1 - \alpha$ sichergestellt werden kann.

8.3.4 Mehrfache Prüfpläne

Eine Reduzierung des mittleren Prüfaufwandes $ATI(p)$ kann man erreichen, wenn man bei besonders guten oder besonders schlechten Losen eine Stichprobe mit einem kleineren Umfang $n_1 < n$ zieht und nur in zweifelhaften Fällen eine zweite Stichprobe mit dem Umfang n_2 erhebt. Genauer geht man bei einem solchen *doppelten Prüfplan* wie folgt vor:

Falls in der ersten Stichprobe vom Umfang n_1 höchstens c_1 defekte Elemente sind, wird das Los angenommen. Wenn mindestens $d_1 > c_1$ defekte Elemente in der Stichprobe sind, wird das Los zurückgewiesen. Im Fall, daß die erste Stichprobe k defekte Elemente mit $c_1 < k < d_1$ enthält, wird eine zweite Stichprobe mit dem Umfang n_2 erhoben. Das Los wird endgültig akzeptiert, wenn die „kombinierte" Stichprobe vom Umfang $n_1 + n_2$ höchstens $c_2 (\geq d_1 - 1)$ Elemente enthält; andernfalls wird das Los endgültig abgelehnt. c_1 (c_2) heißt wieder *Annahmezahl* der ersten (zweiten) Stichprobe und d_1 ($d_2 := c_2 + 1$) *Rückweiszahl* der ersten (zweiten) Stichprobe. In der Praxis wird häufig $c_2 = d_1 - 1$ gewählt.

Ein mehrfacher Prüfplan (mit mehr als zwei „Stufen") ist analog aufgebaut. Die Bestimmung der OC-Funktion und der übrigen einen Prüfplan beschreibenden Größen für doppelte und mehrfache Prüfpläne ist im Prinzip analog zum Fall eines einfachen Prüfplans, erfordert aber einen erheblich größeren Rechenaufwand. Für Einzelheiten verweisen wir auf MONTGOMERY (1991), Abschnitt 13.3, und RINNE UND MITTAG (1991), Abschnitte 3.2.4 u. 3.2.5.

8.4 Neuere japanische Konzepte zur Qualitätsverbesserung

In den letzten Jahren sind einige in Japan entwickelte Methoden zur Qualitätsverbesserung auch in Europa und Nordamerika aufgegriffen und praktiziert worden, z.B. die Einrichtung von Qualitätszirkeln und die unternehmensweite Qualitätssicherung.

Ein *Qualitätszirkel* ist eine Gruppe von etwa 5 bis 12 Mitarbeitern, die sich regelmäßig treffen (z.B. wöchentlich eine Stunde oder monatlich 3 bis 4 Stunden), um in ihrem Arbeitsbereich auftretende Probleme herauszufinden, zu analysieren und Lösungsvorschläge hierzu zu machen. Vorrangiges Ziel ist dabei die Verbesserung der Qualität der im Unternehmen hergestellten Produkte. Oft werden für die Mitglieder von Qualitätszirkeln im Auftrag der Firma spezielle Kurse über Methoden der Qualitätssicherung, Gruppendynamik und allgemeine Problemlösungstechniken angeboten.

Qualitätszirkel belasten das Unternehmen kostenmäßig relativ wenig, können aber wertvolle Vorschläge zur Qualitätsverbesserung unterbreiten, die von der Unternehmensleitung aufgegriffen werden können. Da die Qualitätszirkel keine Entscheidungsbefugnis haben, gibt es selten Kompetenzstreitigkeiten oder zusätzliche Reibungsflächen in der Firma. Im Unterschied zu Japan haben sich Qualitätszirkel in Europa und Nordamerika jedoch häufig als nicht sehr erfolgreich erwiesen. Ein wesentlicher Grund ist, daß die Mitglieder von Qualitätszirkeln wegen der fehlenden Entscheidungsbefugnis oft das Interesse an einer weiteren Mitarbeit verlieren. Weitere Einzelheiten über Zweck, Einführung und das Arbeiten von Qualitätszirkeln findet man z.B. in MASING (1994), Kapitel 55.

Das zweite aus Japan stammende Konzept der *totalen* oder *unternehmensweiten Qualitätssicherung* (engl. total quality control, abgekürzt TQC) besteht darin, den gesamten sich auf ein Produkt beziehenden Prozeß, bestehend aus den vier Stufen (i) Spezifikation, (ii) Entwicklung und Konstruktion, (iii) Fertigung und (iv) Kundendienst, von vornherein auf die Herstellung eines Produktes hoher Qualität auszurichten (für Details vgl. etwa MASING (1994), Kapitel 3). Fehlerverhütende Maßnahmen sind dort anzusetzen, wo die Gestaltung von Produkten beginnt; denn die Kosten für die Fehlerbeseitigung erhöhen sich von Stufe zu Stufe, oft um den Faktor 10 und mehr. Nur wenige japanische Firmen haben extra Abteilungen oder einzelne Mitarbeiter, die allein für die Qualitätssicherung zuständig sind. Statt dessen werden praktisch alle Mitarbeiter in den grundlegenden Methoden der Qualitätssicherung geschult und fühlen sich für die Qualität der vom Unternehmen gefertigten Produkte persönlich mitverantwortlich.

In europäischen und nordamerikanischen Firmen impliziert die Abnahmeprüfung mit Hilfe von Prüfplänen, daß man einen Ausschußanteil p bis zur annehmbaren Qualitätslage AQL akzeptiert. Die totale Qualitätssicherung strebt dagegen von vornherein an, daß kein Ausschuß anfällt, und beinhaltet eine 100%ige Inspektion. Obwohl ein Ausschußanteil von 0 im allgemeinen als nicht realisierbar angesehen wird, gibt es doch Bereiche in jedem Unternehmen, in denen normalerweise keine Fehler auftreten, z.B. die Lohnbuchhaltung. Dies legt die kritische Frage nahe, warum in Produktion und Vertrieb grundsätzlich Fehlerquoten zugelassen werden, wenn andere Bereiche praktisch fehlerfrei arbeiten. Die Vermeidung von Fehlern kostet in der Regel weniger als deren Behebung.

Ein weiteres in Japan entwickeltes Konzept zur Qualitätsverbesserung ist die sogenannte *Taguchi–Methode*. Hierbei versucht man, bereits beim Entwurf eines Produktes (z.B. durch die Wahl bestimmter Werkstoffe und Formen) mögliche Streuungen von Qualitätsmerkmalen während Fertigung und späterem Einsatz des Produktes zu reduzieren. Unter mehreren Entwurfsmöglichkeiten wählt man eine mit kleinstmöglicher Streuung aus. Das Ziel ist, gegenüber Störgrößen robuste Produkte (und Produktionsverfahren) zu entwickeln. Die Taguchi–Methode kann natürlich in die oben genannten Stufen (i) und (ii) innerhalb der unternehmensweiten Qualitätssicherung integriert werden. Eine detaillierte Diskussion der Taguchi–Methode findet man in MONTGOMERY (1991), Abschnitt 12.5.

8.5 Zuverlässigkeit von Bauteilen und Systemen

In den Abschnitten 8.5 und 8.6 lehnen wir uns an GAEDE (1977), §§ 2, 7 und 8, an; vgl. auch BARLOW UND PROSCHAN (1975).

Im folgenden sprechen wir stets von *Systemen*, die aus einzelnen *Komponenten* oder Bauteilen bestehen, ganz gleich, um welche Produkte bzw. Geräte oder Baueinheiten, zusammengesetzt aus einzelnen Bauelementen, es sich handelt.

Erfüllt ein System (oder eine seiner Komponenten) eine festgelegte Aufgabe, für die es entworfen worden ist, so sagen wir, es *funktioniert* (engl. is functioning) oder es *ist intakt*; funktioniert es nicht, dann sagen wir, es *ist ausgefallen* oder es *ist defekt* (engl. is failed). Jedes System (und jede Komponente) soll in genau einem der beiden möglichen *Zustände* „intakt" oder „ausgefallen" sein. Wir nehmen an, daß stets eindeutig festliege, ob ein System funktioniert oder nicht, wenn für jede seiner Komponenten festliegt, ob sie funktioniert oder nicht.

Die *Intaktwahrscheinlichkeit* oder *Funktionswahrscheinlichkeit*, d.h. die Wahrscheinlichkeit für das Funktionieren einer Komponente oder eines Systems, nennen wir auch *Zuverlässigkeit*. Wie bereits zu Beginn von Abschnitt 8.1 erwähnt, spricht man von Zuverlässigkeit streng genommen nur, wenn das zugrunde liegende System im Laufe der Zeit betrachtet wird. Die Zuverlässigkeit bzw. Intaktwahrscheinlichkeit bezieht sich im vorliegenden Abschnitt 8.5 stets auf einen Zeitpunkt t bzw. eine feste Zeitspanne $[0, t]$, wobei der Zeitpunkt 0 den Betriebsbeginn bedeute. Auf zeitabhängige Zuverlässigkeiten werden wir in Abschnitt 8.6 genauer eingehen.

8.5.1 Serien– und Parallelsysteme

Ein *Seriensystem* (engl. series structure oder series system) ist dadurch charakterisiert, daß das System genau dann intakt ist, wenn alle Komponenten des Systems intakt sind. Bei einem *Parallelsystem* (engl. parallel structure oder parallel system) ist das System genau dann intakt, wenn mindestens eine Komponente intakt ist. Hieraus folgt, daß ein Seriensystem genau dann ausgefallen ist, wenn mindestens eine Komponente ausgefallen ist. Ein Parallelsystem ist genau dann ausgefallen, wenn alle Komponenten ausgefallen sind.

Ein System heißt *redundant* (es hat *Redundanz*), wenn es intakt sein kann, ohne daß alle Komponenten intakt sind. Ein Parallelsystem ist redundant, ein Seriensystem nicht.

Die Zuverlässigkeiten (Intaktwahrscheinlichkeiten) eines Serien– und eines Parallelsystems berechnen sich aus den Intaktwahrscheinlichkeiten der etwa n Komponenten $K_1, \ldots, K_n$ des Systems wie folgt: Wir setzen voraus, daß die Zufallsereignisse $\{K_i \text{ ist intakt}\}$ $(i = 1, \ldots, n)$ unabhängig seien (wir sagen dann auch, daß die n Komponenten K_i *unabhängig* sind). Sei

$$p_i := P(K_i \text{ intakt}) \quad \text{für} \quad i = 1, \ldots, n.$$

Dann gilt

(8.5.1) $\quad p_{Serie} := P(\text{Seriensystem mit Komponenten } K_1, \ldots, K_n \text{ intakt})$

$\qquad\qquad = P(\{K_1 \text{ intakt}\} \text{ und } \{K_2 \text{ intakt}\} \text{ und } \ldots \{K_n \text{ intakt}\})$

$\qquad\qquad = P(K_1 \text{ intakt}) P(K_2 \text{ intakt}) \cdots P(K_n \text{ intakt})$

$\qquad\qquad = p_1 p_2 \cdots p_n.$

(8.5.2) $\quad p_{Par} := P(\text{Parallelsystem mit Komponenten } K_1, \ldots, K_n \text{ intakt})$

$\qquad\qquad = 1 - P(\text{Parallelsystem defekt})$

$\qquad\qquad = 1 - P(\{K_1 \text{ defekt}\} \text{ und } \{K_2 \text{ defekt}\} \text{ und } \cdots \{K_n \text{ defekt}\})$

$\qquad\qquad = 1 - P(K_1 \text{ defekt}) P(K_2 \text{ defekt}) \cdots P(K_n \text{ defekt})$

$\qquad\qquad = 1 - (1 - p_1)(1 - p_2) \cdots (1 - p_n).$

Falls $0 < p_i < 1$ $(i = 1, \ldots, n)$ ist, so gilt für jede Komponente K_i

$$p_{Serie} = p_1 p_2 \cdots p_n < p_i = 1 - (1 - p_i) < 1 - (1 - p_1)(1 - p_2) \cdots (1 - p_n) = p_{Par}.$$

Ein Seriensystem besitzt folglich eine geringere, ein Parallelsystem eine größere Intaktwahrscheinlichkeit als jede seiner Komponenten. Die letztere Aussage entspricht der Tatsache, daß Redundanz die Zuverlässigkeit eines Systems erhöht.

In der Praxis verwendet man häufig sogenannte *Zuverlässigkeitsschaltbilder*. Dabei geht man von folgender Interpretation aus: Eine Komponente entspricht einem Element, das genau einen der beiden zwei Zustände „Strom durchlassen" (d.h., die Komponente ist intakt) und „Strom nicht durchlassen" (d.h., die Komponente ist defekt) annehmen kann. Die Elemente stellt man dabei durch Kästchen dar. Ein System ist genau dann intakt, wenn zwischen Anfangspunkt A und Endpunkt E des Schaltbildes Strom fließen kann.

Als Beispiel betrachten wir ein Seriensystem (eine Serien– oder Hintereinanderschaltung), die aus drei Komponenten K_1, K_2, K_3 bestehe. Abb. 8.5.1 zeigt das zugehörige Zuverlässigkeitsschaltbild. Von A nach E wird genau dann Strom durchgelassen, wenn K_1, K_2 und K_3 Strom durchlassen.

Das Zuverlässigkeitsschaltbild für ein Parallelsystem mit zwei Komponenten K_1 und K_2 zeigt Abb. 8.5.2. Von A nach E wird genau dann Strom durchgelassen, wenn mindestens eines der beiden Elemente K_1, K_2 Strom durchläßt.

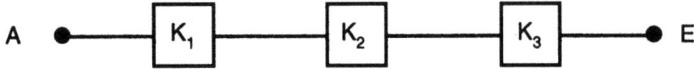

Abb. 8.5.1: Seriensystem

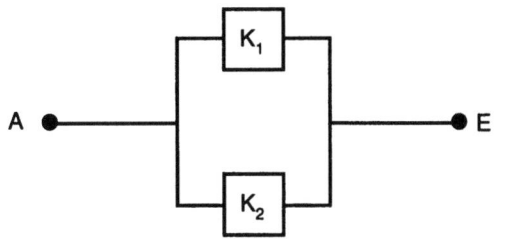

Abb. 8.5.2: Parallelsystem

Ein System mit den Komponenten K_1, K_2 und K_3, das genau dann intakt ist, wenn K_1 intakt ist oder wenn K_2 und K_3 intakt sind, kann durch das Zuverlässigkeitsschaltbild von Abb. 8.5.3 veranschaulicht werden.

Ein System S, das sich durch ein Zuverlässigkeitsschaltbild darstellen läßt, hat folgende Eigenschaft: Ist S intakt und setzt man zusätzlich zu den bereits intakten Komponenten eine weitere (bisher defekte) Komponente intakt, so bleibt S intakt. Ein solches System nennt man auch *isoton* (vgl. GAEDE (1977), Abschnitte 2.2 und 3.1).

Man kann aus Teilsystemen mittels Serien– und Parallelschaltung schrittweise komplexere Systeme zusammensetzen. Entsprechend sukzessiv ist die Zuverlässigkeit des Gesamtsystems mit Hilfe der Formeln (8.5.1), (8.5.2) zu berechnen, vorausgesetzt, die einzelnen Teilsysteme sind voneinander unabhängig. Letzteres ist der Fall, wenn sämtliche Komponenten des Gesamtsystems voneinander unabhängig sind und man bei jedem Schritt nur Teilsysteme zusammenschaltet, die keine gemeinsamen Komponenten besitzen.

Als Beispiel betrachten wir das durch das Zuverlässigkeitsschaltbild von Abb. 8.5.4 gegebene System. Es sei wieder $p_i := P(K_i \text{ intakt})$. Im folgenden geben wir bei einem (Teil–)System Ein– und Ausgang jeweils durch Indizes an. Es sei also S_{AE} das Gesamtsystem, S_{BD} die Serienschaltung von K_5 und K_6 usw. Entsprechend sei

$$p_{AE} := P(S_{AE} \text{ intakt}), \quad p_{BD} := P(S_{BD} \text{ intakt}) \quad \text{etc.}$$

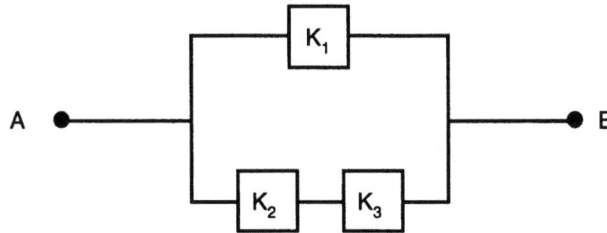

Abb. 8.5.3: Zusammengesetztes Serien–Parallel–System

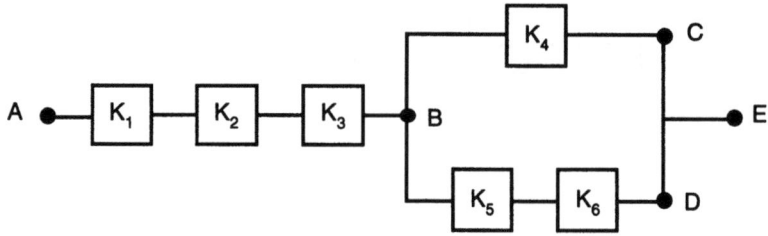

Abb. 8.5.4: Zusammengesetztes Serien–Parallel–System

Dann bekommen wir

$$p_{AB} = p_1 p_2 p_3$$

$$p_{BC} = p_4$$

$$p_{BD} = p_5 p_6$$

$$p_{BE} = 1 - (1 - p_{BC})(1 - p_{BD}) \quad (S_{BE} \text{ ist Parallelschaltung von } S_{BC} \text{ und } S_{BD})$$

$$p_{AE} = p_{AB} p_{BE} = p_1 p_2 p_3 \left[1 - (1 - p_4)(1 - p_5 p_6) \right] .$$

Im weiteren betrachten wir Systeme, deren Intaktwahrscheinlichkeit sich nicht allein aufgrund der Formeln (8.5.1) und (8.5.2) berechnen läßt.

8.5.2   Das k–von–n–System

Ein *k–von–n–System* (engl. *k out of n* structure) mit $k \le n$ ist ein System von n Komponenten $K_1, \ldots, K_n$, das genau dann intakt ist, wenn mindestens k dieser Komponenten intakt sind. Für $k < n$ besitzt das k–von–n–System Redundanz. Speziell stellt ein n–von–n–System ein Seriensystem und ein 1–von–n–System ein Parallelsystem mit jeweils n Komponenten dar.

Als Beispiel betrachten wir ein 2–von–3–System. Ein solches System liegt z.B. vor, wenn ein Ersatzteil K_3 die Funktion jeder von zwei zum Betrieb des Systems nötigen Komponenten K_1 und K_2 übernehmen kann (etwa zwei Glühbirnen in den beiden Autoscheinwerfern und eine Ersatzbirne). Das Schaltbild von Abb. 8.5.5 zeigt ein 2–von–3–System, dargestellt als Parallelschaltung von Seriensystemen, in denen jedoch alle Komponenten jeweils zweimal auftreten (deshalb sind die Formeln (8.5.1), (8.5.2) nicht anwendbar, da die drei parallelen Teilsysteme S_{12} (K_1 und K_2), S_{13} (K_1 und K_3) und S_{23} (K_2 und K_3) nicht mehr unabhängig sind).

Wir wollen nun die Intaktwahrscheinlichkeit (Zuverlässigkeit) eines k–von–n–Systems berechnen, falls die Komponenten $K_1, \ldots, K_n$ unabhängig sind. Zunächst berechnen wir die Wahrscheinlichkeit, daß genau m der n Komponenten $K_1, K_2, \ldots, K_n$ intakt sind. Hierzu zerlegen wir $\{K_1, \ldots, K_n\}$ in zwei Teilmengen mit m bzw. $n - m$ Elementen:

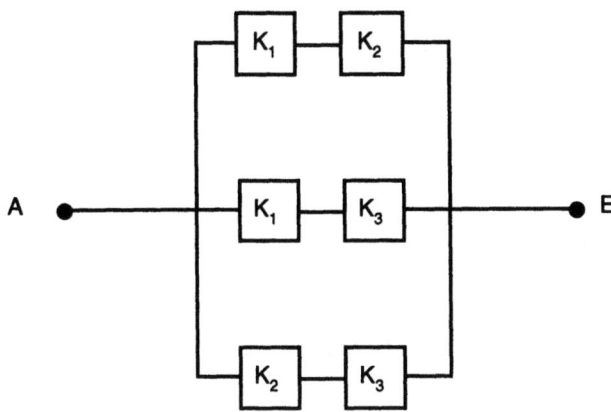

Abb. 8.5.5: 2–von–3–System

$$M_m := \left\{ K_{i_1}, \dots, K_{i_m} \right\}, \quad \overline{M}_m := \left\{ K_{i_{m+1}}, \dots, K_{i_n} \right\}.$$

$K_{i_1}, \dots, K_{i_n}$ stellt dabei eine Permutation von $K_1, \dots, K_n$ dar. Die Komponenten in M_m seien intakt, diejenigen in $\overline{M}_m$ defekt. Die gesuchte Wahrscheinlichkeit ist dann

$$p_{i_1} \cdots p_{i_m} \left(1 - p_{i_{m+1}} \right) \cdots \left(1 - p_{i_n} \right).$$

Wir betrachten alle möglichen solchen Zerlegungen von $\left\{ K_1, \dots, K_n \right\}$ in zwei Teilmengen mit m bzw. $n - m$ Elementen. $Z(m,n)$ sei die Menge dieser Zerlegungen. Die Anzahl dieser Zerlegungen ist

$$(8.5.3) \quad | \, Z(m,n) \, | = \binom{n}{m}.$$

Die diesen Zerlegungen (bzw. den zugehörigen Permutationen) entsprechenden Ereignisse sind unvereinbar (disjunkt). Wir erinnern daran, daß zwei Zufallsereignisse A und B unvereinbar heißen, wenn $A \cap B = \varnothing$ ist (d.h., A und B können nicht gleichzeitig eintreten). Die Vereinigung aller den Zerlegungen entsprechenden unvereinbaren Ereignisse ist offensichtlich das Ereignis {genau m der n Komponenten sind intakt}. Die Wahrscheinlichkeit dieses Ereignisses ist gleich der Summe der Wahrscheinlichkeiten der einzelnen unvereinbaren Ereignisse, also

$$P(\text{genau } m \text{ von } n \text{ Komponenten intakt}) = \sum_{Z(m,n)} p_{i_1} \cdots p_{i_m} \left(1 - p_{i_{m+1}} \right) \cdots \left(1 - p_{i_n} \right).$$

Hier erinnern wir daran, daß für unvereinbare Ereignisse $A_1, \dots, A_r$ gilt:

$$P\left(\bigcup_{\rho=1}^{r} A_\rho \right) = \sum_{\rho=1}^{r} P(A_\rho).$$

Das k-von-n-System ist genau dann intakt, wenn k oder $k+1$ oder ... oder n
Komponenten intakt sind. Diese Ereignisse sind unvereinbar, und damit ist

(8.5.4)
$$
\begin{aligned}
P(k\text{-von-}n\text{-System intakt}) &= \sum_{m=k}^{n} P(\text{genau } m \text{ von } n \text{ Komponenten intakt}) \\
&= \sum_{m=k}^{n} \sum_{Z(m,n)} p_{i_1} \cdots p_{i_m} \left(1 - p_{i_{m+1}}\right) \cdots \left(1 - p_{i_n}\right).
\end{aligned}
$$

Im Spezialfall, daß alle Komponenten dieselbe Zuverlässigkeit haben, d.h. $p_i = p$
$(i = 1, \ldots, n)$ gilt, erhalten wir aus (8.5.4) unter Beachtung von (8.5.3)

(8.5.5)
$$
\begin{aligned}
P(k\text{-von-}n\text{-System intakt}) &= \sum_{m=k}^{n} \sum_{Z(m,n)} p^m (1-p)^{n-m} \\
&= \sum_{m=k}^{n} \binom{n}{m} p^m (1-p)^{n-m}.
\end{aligned}
$$

Als Beispiel betrachten wir wieder das 2–von–3–System (vgl. Abb. 8.5.5). Alle möglichen Zerlegungen, für die das System intakt ist, und die zugehörigen Wahrscheinlichkeiten sind in Tab. 8.5.1 zusammengestellt. Die Summe aller Wahrscheinlichkeiten in der dritten Spalte von Tab. 8.5.1 ist die gesuchte Intaktwahrscheinlichkeit:

$$
P_{2\text{-von-}3} = p_1 p_2 (1 - p_3) + p_1 (1 - p_2) p_3 + (1 - p_1) p_2 p_3 + p_1 p_2 p_3.
$$

Im Spezialfall $p_1 = p_2 = p_3 = p$ bekommen wir

$$
P_{2\text{-von-}3} = 3p^2 (1 - p) + p^3 = p^2 (3 - 2p).
$$

Die letztere Formel ergibt sich auch aus (8.5.5):

$$
P_{2\text{-von-}3} = \sum_{m=2}^{3} \binom{3}{m} p^m (1 - p)^{3-m} = 3p^2 (1 - p) + p^3.
$$

Intakt	Defekt	Wahrscheinlichkeit
K_1, K_2	K_3	$p_1 p_2 (1 - p_3)$
K_1, K_3	K_2	$p_1 (1 - p_2) p_3$
K_2, K_3	K_1	$(1 - p_1) p_2 p_3$
K_1, K_2, K_3	–	$p_1 p_2 p_3$

Tab. 8.5.1: Zerlegungen und zugehörige Wahrscheinlichkeiten

8.5.3 Reduktionsverfahren

Zur Berechnung der Zuverlässigkeit komplizierterer Systeme kann man das folgende Verfahren benutzen, das die Ermittlung der Zuverlässigkeit eines Systems mit n unabhängigen Komponenten reduziert auf die Betrachtung von zwei Systemen mit je $n-1$ unabhängigen Komponenten. Hierdurch ist schrittweise eine Reduzierung der Komponentenzahl möglich.

Gegeben sei ein System S mit n unabhängigen Komponenten $K_1,\ldots,K_n$. Sei wieder $p_i := P(K_i \text{ intakt})$ für $i = 1,\ldots,n$. Wir greifen eine Komponente K_j heraus und untersuchen das System S für die beiden Fälle, daß K_j intakt oder defekt ist $(1 \leq j \leq n)$. Dann gilt

$$P(S \text{ intakt}) = P\Big[\big(\{S \text{ intakt}\} \text{ und } \{K_j \text{ intakt}\}\big) \text{ oder } \big(\{S \text{ intakt}\} \text{ und } \{K_j \text{ defekt}\}\big)\Big]$$

$$= P\big(\{S \text{ intakt}\} \text{ und } \{K_j \text{ intakt}\}\big) + P\big(\{S \text{ intakt}\} \text{ und } \{K_j \text{ defekt}\}\big).$$

Wir erinnern an folgende Formel für bedingte Wahrscheinlichkeiten:

$$P(A \cap B) = P(A|B)P(B).$$

Dies liefert

$$(8.5.6) \quad P(S \text{ intakt}) = P\big(S \text{ intakt} \mid K_j \text{ intakt}\big)P\big(K_j \text{ intakt}\big)$$

$$+ P\big(S \text{ intakt} \mid K_j \text{ defekt}\big)P\big(K_j \text{ defekt}\big).$$

Sei S_j (bzw. $\overline{S_j}$) das System, das aus S entsteht, falls K_j stets intakt (bzw. stets defekt) ist. Die Komponente K_j ist also nicht mehr in S_j und $\overline{S_j}$ enthalten. Offensichtlich ist

$$P\big(S \text{ intakt} \mid K_j \text{ intakt}\big) = P\big(S_j \text{ intakt} \mid K_j \text{ intakt}\big) = P\big(S_j \text{ intakt}\big).$$

Die letztere Gleichung gilt, da alle Komponenten von S unabhängig sind und K_j nicht in S_j enthalten ist und folglich $\{S_j \text{ intakt}\}$ und $\{K_j \text{ intakt}\}$ unabhängige Ereignisse darstellen. Analog ist

$$P\big(S \text{ intakt} \mid K_j \text{ defekt}\big) = P\big(\overline{S_j} \text{ intakt} \mid K_j \text{ defekt}\big) = P\big(\overline{S_j} \text{ intakt}\big).$$

Setzen wir dies in (8.5.6) ein, dann erhalten wir

$$(8.5.7) \quad P(S \text{ intakt}) = P\big(S_j \text{ intakt}\big)P\big(K_j \text{ intakt}\big) + P\big(\overline{S_j} \text{ intakt}\big)P\big(K_j \text{ defekt}\big)$$

$$= p_j P\big(S_j \text{ intakt}\big) + \big(1 - p_j\big)P\big(\overline{S_j} \text{ intakt}\big).$$

Damit haben wir die Berechnung der Zuverlässigkeit eines Systems mit n Komponenten auf die Berechnung der Zuverlässigkeit von zwei Systemen mit je $n-1$ Kom-

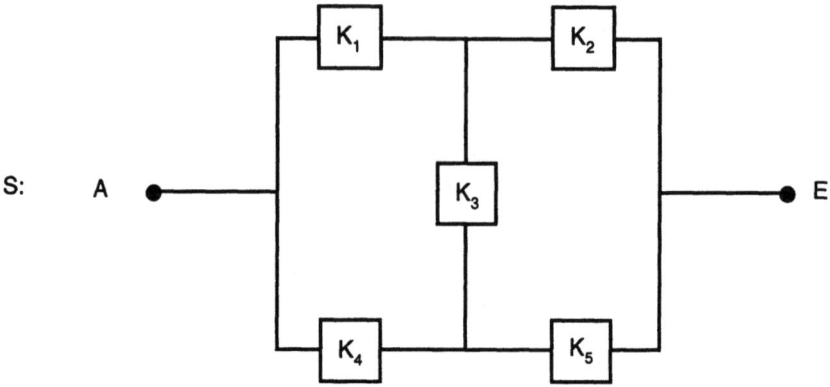

Abb. 8.5.6: Brückenschaltung

ponenten zurückgeführt. Diese „Reduktion" ist aber sehr aufwendig. Sie sollte nur benutzt werden, wenn die Formeln aus den Abschnitten 8.5.1 und 8.5.2 nicht anwendbar
sind.

Als Beispiel betrachten wir die sogenannte *Brückenschaltung* in Abb. 8.5.6. Dieses
System S ist interpretierbar als Seriensystem $K_1 - K_2$, für das ein Ersatzsystem
$K_4 - K_5$ vorhanden ist. Außerdem existiert eine Vorrichtung, die sicherstellt, daß
auch $K_1 - K_5$ und $K_4 - K_2$ die dem Gesamtsystem gestellte Aufgabe erfüllen. K_3 ist
eine ausgezeichnete Komponente, sie spiele die Rolle von K_j in Formel (8.5.7).

S_3 (bzw. $\overline{S_3}$) sei das System, das aus S entsteht, falls K_3 stets intakt (bzw. stets
defekt) ist. Abb. 8.5.7 und Abb. 8.5.8 zeigen Zuverlässigkeitsschaltbilder für die
Systeme S_3 und $\overline{S_3}$. Wir erhalten

$$P(S_3 \text{ intakt}) = \left[1 - (1-p_1)(1-p_4)\right]\left[1 - (1-p_2)(1-p_5)\right]$$

$$P(\overline{S_3} \text{ intakt}) = 1 - (1 - p_1 p_2)(1 - p_4 p_5).$$

(8.5.7) liefert dann

$$P(S \text{ intakt}) = p_3\left[1 - (1-p_1)(1-p_4)\right]\left[1 - (1-p_2)(1-p_5)\right]$$

$$+ (1 - p_3)\left[1 - (1 - p_1 p_2)(1 - p_4 p_5)\right].$$

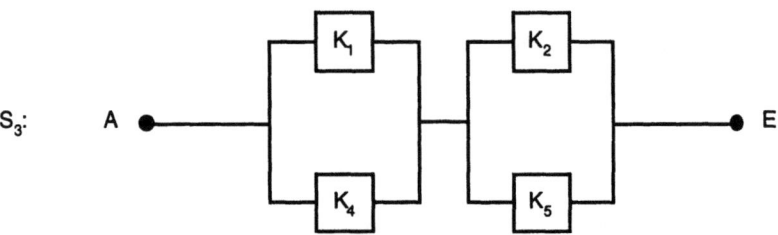

Abb. 8.5.7: Serienschaltung zweier Parallelsysteme

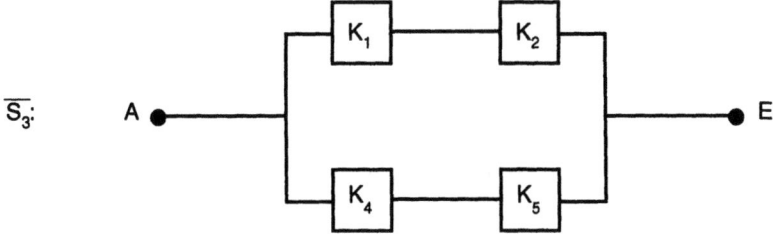

$\overline{S_3}$:

Abb. 8.5.8: Parallelschaltung zweier Seriensysteme

8.6 Beschreibung der Zuverlässigkeit durch Lebensdauerverteilungen

8.6.1 Grundbegriffe

In Abschnitt 8.5 haben wir angenommen, daß die Intaktwahrscheinlichkeiten von Komponenten und Systemen unabhängig von der Zeit sind. Dies ist im allgemeinen unrealistisch, da eine bei Betriebsbeginn intakte Komponente in aller Regel nach einer gewissen Betriebszeit ausfallen wird. Die Zeitspanne zwischen Betriebsbeginn und Ausfall einer Komponente bzw. eines Systems heißt *Lebensdauer* (engl. life time oder time to failure).

Die Lebensdauer T ist im allgemeinen eine Zufallsgröße, und zwar eine nichtnegative, wenn wir vereinbaren, daß der Betriebsbeginn stets zum Zeitpunkt 0 sei. Ferner sei eine Komponente nicht von vornherein defekt, also

$$F(t) := P(T \le t) = 0 \quad \text{für } t \le 0.$$

Mit F bezeichnen wir dabei die Verteilungsfunktion der Lebensdauer T. Im folgenden sei T stets eine stetige Zufallsgröße, d.h., es existiere die Verteilungsdichte f mit

$$F(t) = \int_0^t f(s)ds \quad (t \ge 0).$$

Wir vereinbaren noch, daß „$T = t$" bedeute, daß die betrachtete Komponente (oder das System) mit der Lebensdauer T zum Zeitpunkt t schon ausgefallen (defekt) ist. Für eine stetige Verteilung ist $P(T = t) = 0$. Ist die Komponente (bzw. das System) zum Zeitpunkt t noch intakt, so schreiben wir „$T > t$". Die zugehörige Wahrscheinlichkeit heißt *Überlebenswahrscheinlichkeit* oder *Zuverlässigkeit* (engl. survival probability oder reliability) der Komponente (bzw. des Systems) *zum Zeitpunkt t*:

$$P(T > t) = 1 - P(T \le t) = 1 - F(t) =: R(t).$$

Statt $R(t)$ schreiben wir auch $\overline{F}(t)$. Der Erwartungswert von T, $E(T)$, ist die *mittlere Lebensdauer* (engl. meantime to failure oder meantime between failures, abgekürzt *MTBF*). Es gilt

$$(8.6.1) \quad E(T) = \int_0^\infty tf(t)dt = \int_0^\infty [1 - F(t)]dt = \int_0^\infty R(t)dt.$$

Wir erinnern noch an folgende Formel für die Varianz von T:

$$\text{var}(T) = E[T - E(T)]^2 = E(T^2) - [E(T)]^2.$$

Die sogenannte *Ausfallrate* (engl. failure rate oder hazard rate) ist wie folgt definiert:

$$r(t) := \lim_{\Delta t \downarrow 0} \frac{P(t < T \leq t + \Delta t \mid T > t)}{\Delta t}.$$

$\Delta t \downarrow 0$ bedeutet dabei $\Delta t \to 0$ mit $\Delta t > 0$. Anschaulich gesprochen ist $r(t)\Delta t$ (bis auf Glieder höherer als erster Ordnung in Δt) die Wahrscheinlichkeit, daß eine Komponente mit der Ausfallrate $r(t)$ innerhalb des Zeitintervalles $(t, t + \Delta t]$ ausfällt, wenn sie zum Zeitpunkt t noch intakt war. Wegen

$$P(A \mid B) = \frac{P(A \cap B)}{P(B)}$$

für Zufallsereignisse A und B mit $P(B) > 0$ gilt

$$P(t < T \leq t + \Delta t \mid T > t) = \frac{P(\{t < T \leq t + \Delta t\} \cap \{T > t\})}{P(T > t)} = \frac{P(t < T \leq t + \Delta t)}{P(T > t)}$$

und damit

$$r(t) = \frac{1}{R(t)} \lim_{\Delta t \downarrow 0} \frac{F(t + \Delta t) - F(t)}{\Delta t},$$

d.h.

$$(8.6.2) \quad r(t) = \frac{f(t)}{R(t)} = \frac{f(t)}{\overline{F}(t)}.$$

Weiter ist

$$r(t) = \frac{f(t)}{1 - F(t)} = -\frac{d}{dt}\left[\ln(1 - F(t))\right]$$

oder

$$-\int_0^t r(s)ds = \ln(1 - F(s))\Big|_0^t = \ln(1 - F(t)) - \ln(1 - F(0)).$$

r(t)

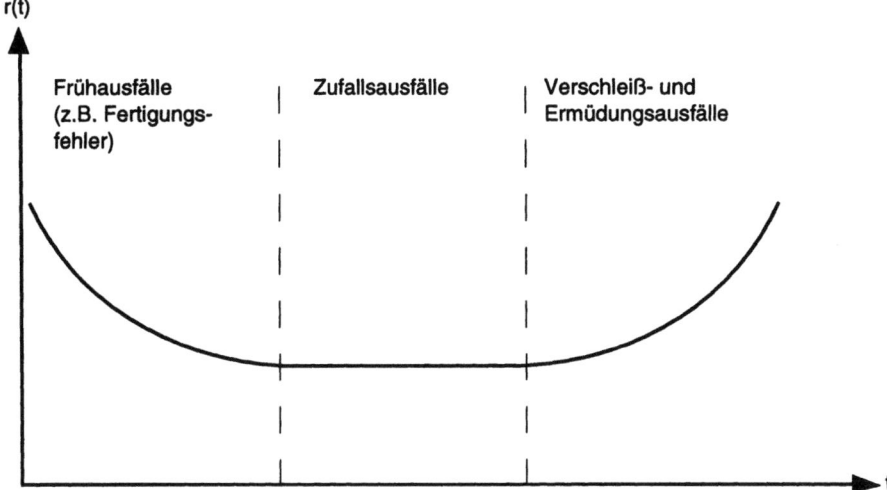

Abb. 8.6.1: Ausfallrate in der Praxis

Hieraus folgt mit $F(0) = 0$ und $1 - F(t) = R(t)$

$$(8.6.3) \quad R(t) = e^{-\int_0^t r(s)ds}.$$

Die Überlebenswahrscheinlichkeit läßt sich also durch die Ausfallrate ausdrücken. Ist $r(\cdot)$ eine monoton wachsende Funktion, so spricht man von einer *IFR–Verteilung* ("increasing failure rate") der Lebensdauer, bei monoton fallendem $r(\cdot)$ von einer *DFR–Verteilung* ("decreasing failure rate") der Lebensdauer. Abb. 8.6.1 zeigt die typische Form der Ausfallrate in der Praxis.

Sei eine Komponente (oder ein System) zur Zeit τ noch intakt. Die Zeitspanne $T - \tau$ vom Zeitpunkt τ bis zum Ausfall wird dann als *Restlebensdauer* (engl. residual life time) bezeichnet. Die bedingte Verteilungsfunktion $F(\cdot \mid \tau)$ der Restlebensdauer ist gegeben durch

$$F(t \mid \tau) := P(T - \tau \le t \mid T > t) = P(T \le t + \tau \mid T > t).$$

Die *bedingte Überlebenswahrscheinlichkeit* oder *bedingte Zuverlässigkeit* einer Komponente (oder eines Systems) mit dem Lebensalter τ ist dann

$$R(t \mid \tau) := 1 - F(t \mid \tau) = P(T > t + \tau \mid T > \tau).$$

Statt $R(t \mid \tau)$ schreiben wir auch $\overline{F}(t \mid \tau)$. Es gilt

$$(8.6.4) \quad R(t \mid \tau) = \frac{P(\{T > t + \tau\} \cap \{T > \tau\})}{P(T > \tau)} = \frac{R(t + \tau)}{R(\tau)}.$$

(8.6.4) und (8.6.3) liefern

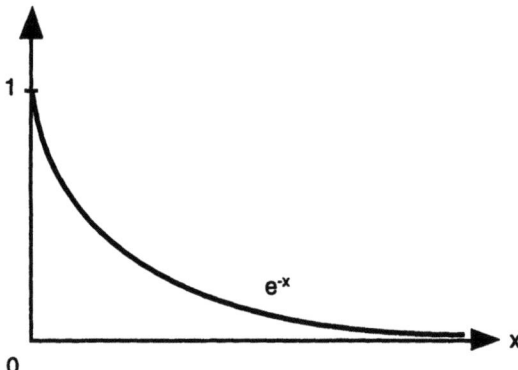

Abb. 8.6.2: Exponentialfunktion

$$(8.6.5) \quad R(t \mid \tau) = \frac{e^{-\int_0^{t+\tau} r(s)ds}}{e^{-\int_0^{\tau} r(s)ds}} = e^{-\int_{\tau}^{t+\tau} r(s)ds} = e^{-\int_0^{t} r(\tau+u)du} \ .$$

Speziell erhalten wir aus (8.6.5) für $\tau = 0$ die Formel (8.6.3).

Wenn in einem bestimmten Integral der Integrand anwächst (abnimmt), wächst (fällt) auch der Integralwert. Wächst (fällt) x, so fällt (wächst) e^{-x} (vgl. Abb. 8.6.2). Damit ergibt sich aus (8.6.5):

Ist die Ausfallrate $r(\cdot)$ eine monoton wachsende (fallende) Funktion, liegt also eine IFR–Verteilung (DFR–Verteilung) der Lebensdauer vor, dann ist für festes t die bedingte Zuverlässigkeit $R(t \mid \cdot)$ eine monoton fallende (wachsende) Funktion des erreichten Lebensalters. Dieses Resultat ist plausibel: Mit wachsender Ausfallrate (Auftreten von Verschleiß– und Ermüdungserscheinungen) sinkt die Überlebenswahrscheinlichkeit bei zunehmendem Alter. Mit fallender Ausfallrate (Elimination der Frühausfälle) steigt die Überlebenswahrscheinlichkeit mit zunehmendem Alter.

Schließlich definieren wir noch die *mittlere Restlebensdauer* (engl. mean residual life time)

$$m(\tau) := E(T - \tau \mid T > \tau) = \int_0^{\infty} R(t \mid \tau)dt \ .$$

8.6.2 Wichtige Lebensdauerverteilungen

(a) Exponentialverteilung

Die am einfachsten zu handhabende Lebensdauerverteilung ist die Exponentialverteilung. Sie zeichnet sich durch eine konstante Ausfallrate aus, kann also im Bereich der

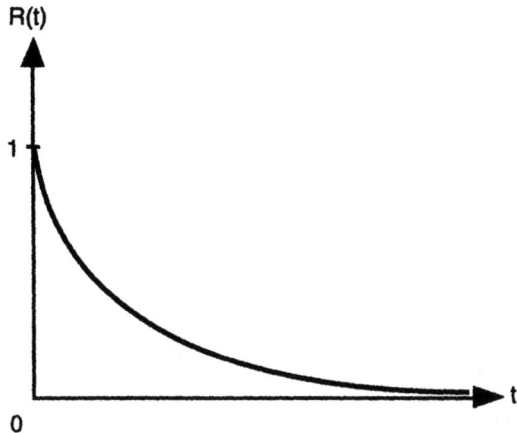

Abb. 8.6.3: Zuverlässigkeit $R(t)$ für die Exponentialverteilung

Zufallsausfälle verwendet werden. Die Exponentialverteilung besitzt einen positiven Parameter, etwa λ. Wir stellen einige Formeln für die Exponentialverteilung zusammen:

Dichte: $\quad\quad\quad\quad\quad\quad f(t) = \lambda e^{-\lambda t} \quad (t \geq 0)$

Zuverlässigkeit: $\quad\quad\quad\quad R(t) = e^{-\lambda t}$

Mittlere Lebensdauer: $\quad E(T) = \dfrac{1}{\lambda}$

Ausfallrate: $\quad\quad\quad\quad r(t) = \dfrac{f(t)}{R(t)} = \lambda = \dfrac{1}{E(T)}$

Bedingte Zuverlässigkeit: $\quad R(t \mid \tau) = \dfrac{R(t+\tau)}{R(\tau)} = e^{-\lambda t} = R(t)$.

Abb. 8.6.3 zeigt die Zuverlässigkeit $R(t)$ bei zugrundegelegter Exponentialverteilung. Wir stellen fest, daß die bedingte Zuverlässigkeit $R(t \mid \tau)$ nicht vom erreichten Lebensalter τ abhängt. Komponenten (Systeme) mit exponentialverteilter Lebensdauer altern also nicht. Man kann umgekehrt auch zeigen, daß die Exponentialverteilung die einzige Verteilung mit dieser Eigenschaft ist.

(b) Weibull–Verteilung

Die Weibull–Verteilung besitzt zwei Parameter $\alpha > 0$, $\lambda > 0$ und kann deshalb reale Lebensdauerverteilungen im allgemeinen wesentlich besser approximieren als die Exponentialverteilung, die einen Spezialfall der Weibull–Verteilung darstellt.

Dichte: $\quad\quad\quad\quad\quad\quad f(t) = \alpha \lambda t^{\alpha-1} e^{-\lambda t^{\alpha}} \quad (t \geq 0)$

Zuverlässigkeit: $R(t) = e^{-\lambda t^{\alpha}}$

Mittlere Lebensdauer: $E(T) = \dfrac{\Gamma\left(1 + \dfrac{1}{\alpha}\right)}{\lambda^{\frac{1}{\alpha}}}$.

Hierbei ist Γ die durch

$$\Gamma(x) := \int_0^{\infty} u^{x-1} e^{-u} du \quad \text{für } x > 0$$

definierte Gammafunktion, die eine Verallgemeinerung der „Fakultät" darstellt: Es gilt $\Gamma(n) = (n-1)!$ für alle $n \in \mathbb{N}$ (vgl. Abschnitt 8.2.2a).

Ausfallrate: $r(t) = \dfrac{f(t)}{R(t)} = \alpha\lambda t^{\alpha-1}$

Bedingte Zuverlässigkeit: $R(t \mid \tau) = e^{-\lambda\left[(t+\tau)^{\alpha} - \tau^{\alpha}\right]}$.

Im Spezialfall $\alpha = 1$ erhalten wir die Exponentialverteilung mit dem Parameter λ.
  Abb. 8.6.4 zeigt die Ausfallrate für die Weibull–Verteilung für $\lambda = 1$ und verschie-

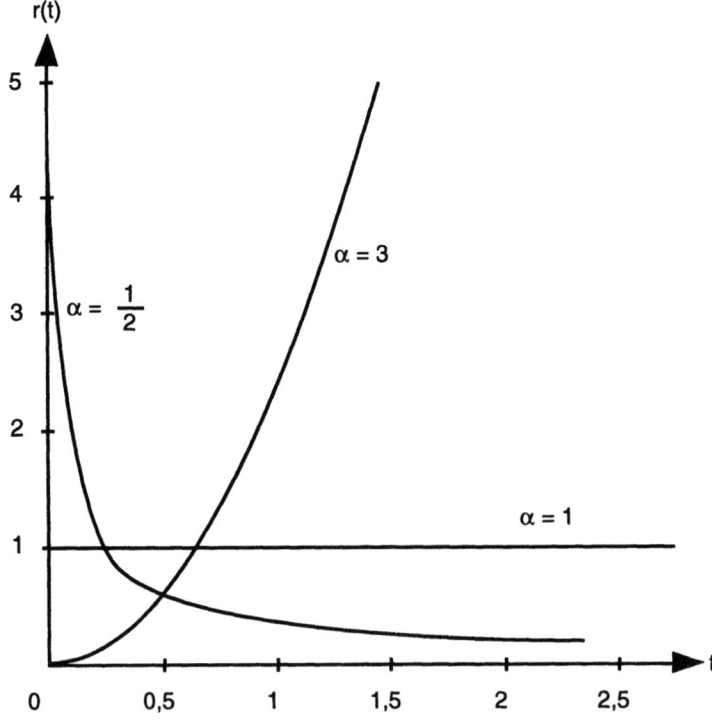

Abb. 8.6.4: Ausfallrate der Weibull–Verteilung

dene Parameterwerte α. Für $0 < \alpha < 1$ ist die Ausfallrate monoton fallend, für $\alpha = 1$ konstant und für $\alpha > 1$ monoton wachsend. Die Weibull–Verteilung kann also (mit verschiedenen Parameterwerten) für den gesamten Lebensdauerbereich einer Komponente oder eines Systems (inkl. Frühausfälle und Ermüdungserscheinungen) verwendet werden. Sie spielt deshalb (da sie auch relativ einfach zu handhaben ist) eine große Rolle in der Zuverlässigkeitsanalyse.

(c) Gammaverteilung

Auch die Gammaverteilung besitzt zwei Parameter $\alpha > 0$ und $\lambda > 0$.

Dichte:
$$f(t) = \frac{\lambda^\alpha t^{\alpha-1} e^{-\lambda t}}{\Gamma(\alpha)} = \lambda \frac{(\lambda t)^{\alpha-1} e^{-\lambda t}}{\Gamma(\alpha)} \quad (t \ge 0)$$

Zuverlässigkeit:
$$R(t) = e^{-\lambda t}\left[1 + \lambda t + \frac{(\lambda t)^2}{2!} + \cdots + \frac{(\lambda t)^{\alpha-1}}{(\alpha-1)!}\right] \quad (\text{nur für } \alpha \in \mathbb{N})$$

Mittlere Lebensdauer:
$$E(T) = \frac{\alpha}{\lambda}$$

Ausfallrate:
$$r(t) = \frac{f(t)}{R(t)} = \frac{\lambda(\lambda t)^{\alpha-1}}{(\alpha-1)!\left[1 + \lambda t + \frac{(\lambda t)^2}{2!} + \cdots + \frac{(\lambda t)^{\alpha-1}}{(\alpha-1)!}\right]}$$

$$(\text{nur für } \alpha \in \mathbb{N})$$

Für beliebige $\alpha > 0$ ist

$$r(t) = \frac{1}{\int_t^\infty \left(\frac{s}{t}\right)^{\alpha-1} e^{-\lambda(s-t)}ds} = \frac{1}{\int_0^\infty \left(1 + \frac{u}{t}\right)^{\alpha-1} e^{-\lambda u}du}.$$

Für $\alpha \in \mathbb{N}$ spricht man auch von der *Erlang–Verteilung* (die eine große Bedeutung in der Warteschlangentheorie besitzt, vgl. z.B. NEUMANN UND MORLOCK (1993), Abschnitt 5.6.1). Die Ausfallrate der Gammaverteilung ist monoton fallend für $0 < \alpha < 1$, für $\alpha = 1$ konstant und monoton wachsend für $\alpha > 1$. Für $\alpha = 1$ fällt die Gammaverteilung mit der Exponentialverteilung zusammen.

Für die Gammaverteilung mit ganzzahligem Parameter $\alpha = k \in \mathbb{N}$ gilt folgendes *Additionstheorem*: Seien $T_1, ..., T_k$ unabhängige, jeweils mit dem Parameter λ exponentialverteilte Zufallsgrößen. Dann ist die Summe $T_1 + ... + T_k$ gammaverteilt bzw. Erlang–verteilt mit den Parametern k, λ. Allgemeiner gilt: Sind $T_1, ..., T_k$ unabhängige Zufallsgrößen, gammaverteilt mit den Parametern $\alpha_1, \lambda; ...; \alpha_k, \lambda$, so ist $T_1 + ... + T_k$ gammaverteilt mit den Parametern $\alpha_1 + ... + \alpha_k, \lambda$.

Für die Varianz der Gammaverteilung haben wir

$$\text{var}(T) = \frac{\alpha}{\lambda^2} = \frac{[E(T)]^2}{\alpha}.$$

Bei fester mittlerer Lebensdauer $E(T)$ nimmt die Streuung mit wachsendem α also immer mehr ab, die Verteilung „konzentriert" sich folglich mehr und mehr um den Erwartungswert. Für $\alpha \to \infty$ erhalten wir den Sonderfall der konstanten Lebensdauer $T = E(T)$ (mit Wahrscheinlichkeit 1).

(d) Normalverteilung und logarithmische Normalverteilung

Obwohl eine normalverteilte Zufallsgröße auch negative Werte annehmen kann, wird die (μ, σ)-Normalverteilung wegen ihres großen Bekanntheitsgrades manchmal als (näherungsweise) Lebensdauerverteilung gewählt, wobei $\mu - 4\sigma > 0$ gelten sollte (vgl. Abb. 8.6.5). Wegen

$$P\left(\frac{T-\mu}{\sigma} \le -4\right) = \Phi(-4)^1 = 0,000032$$

ist dann $P(T < 0) < 0,000032$, also vernachlässigbar klein.

Wir erinnern an folgende Formeln der Normalverteilung:

Dichte: $\qquad\qquad\qquad f(t) = \dfrac{1}{\sqrt{2\pi}\sigma} e^{-\frac{(t-\mu)^2}{2\sigma^2}} \quad (t \in \mathbb{R})$

Zuverlässigkeit: $\qquad\quad R(t) = 1 - \Phi\left(\dfrac{t-\mu}{\sigma}\right)$

Mittlere Lebensdauer: $\quad E(T) = \mu$

Varianz: $\qquad\qquad\qquad \text{var}(T) = \sigma^2$

Die Ausfallrate $r(\cdot)$ der Normalverteilung ist monoton wachsend (vgl. GAEDE (1977), Abschnitt 7.3.3). Für die Normalverteilung gilt auch ein *Additionstheorem*: Sind $T_1, \ldots, T_k$ unabhängige, mit den Parametern $\mu_1, \sigma_1; \ldots; \mu_k, \sigma_k$ normalverteilte Zufallsgrößen, dann ist $T_1 + \ldots + T_k$ normalverteilt mit den Parametern $\mu_1 + \ldots + \mu_k$, $\sqrt{\sigma_1^2 + \ldots + \sigma_k^2}$.

Ist $\ln T$ normalverteilt, so heißt T *logarithmisch normalverteilt*. T kann dann nur positive Werte annehmen. Für die logarithmische Normalverteilung gilt

Dichte: $\qquad\qquad\qquad f(t) = \dfrac{1}{\sqrt{2\pi}\sigma t} e^{-\frac{(\ln t - \mu)^2}{2\sigma^2}} \quad (t > 0)$

Zuverlässigkeit: $\qquad\quad R(t) = 1 - \Phi\left(\dfrac{\ln t - \mu}{\sigma}\right) \quad (t > 0)$

Mittlere Lebensdauer: $\quad E(T) = e^{\mu + \frac{\sigma^2}{2}}$.

---

1   Φ ist wieder die Verteilungsfunktion der $(0,1)$-Normalverteilung.

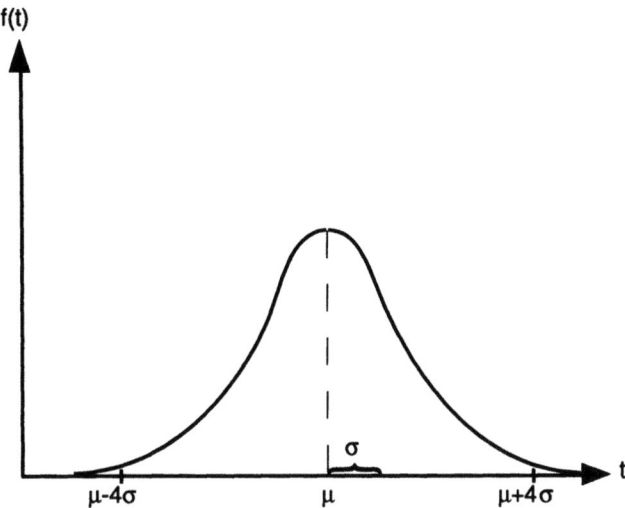

Abb. 8.6.5: Dichte der (μ, σ)–Normalverteilung

Für die Ausfallrate $r(t)$ bei der logarithmischen Normalverteilung ist $\lim_{t \downarrow 0} r(t) = 0$. Für wachsendes t wächst $r(t)$ zunächst monoton, um nach Erreichen des Maximums monoton zu fallen mit $\lim_{t \to \infty} r(t) = 0$ (vgl. NELSON (1982), Abschnitt 2.3). Ferner gilt

$$\max_{t>0} r(t) < t_{0,5} < E(T),$$

wobei t_α das α–Quantil der logarithmischen Normalverteilung sei. In der Paxis wird meistens der monoton fallende Teil der Ausfallrate verwendet, etwa für Systeme, bei denen ein kleiner Anteil der Komponenten früh ausfällt, z.B., wenn diese Komponenten aufgrund von Produktionsmängeln eine im Vergleich zur Betriebsdauer kleine Lebensdauer haben.

8.6.3 Lebensdauerverteilung von Serien– und Parallelsystemen

Wir wollen jetzt die Lebensdauerverteilungen von Serien– und Parallelsystemen bei gegebenen Lebensdauerverteilungen der einzelnen Komponenten dieser Systeme bestimmen.

(a) Seriensystem

Wir betrachten ein *Seriensystem* S, bestehend aus n unabhängigen Komponenten $K_1, ..., K_n$. Seien T_i die Lebensdauer von K_i, T_S die Lebensdauer von S und

$$F_i(t) := P(T_i \leq t), \quad R_i(t) := P(T_i > t) \quad (i = 1, \ldots, n)$$
$$F_S(t) := P(T_S \leq t), \quad R_S(t) := P(T_S > t).$$

Es gilt in Analogie zu (8.5.1) und (8.5.2)

$$R_S(t) = P(T_S > t) = P(\{T_1 > t\} \text{ und} \ldots \{T_n > t\})$$

(8.6.6)
$$= \prod_{i=1}^{n} P(T_i > t) = \prod_{i=1}^{n} R_i(t)$$

und

$$F_S(t) = 1 - R_S(t) = 1 - \prod_{i=1}^{n} [1 - F_i(t)].$$

$0 \leq R_i(t) \leq 1$ und (8.6.6) liefern

$$R_S(t) \leq R_i(t) \quad (i = 1, \ldots, n)$$

und damit

(8.6.7) $\quad E(T_S) = \int\limits_0^\infty R_S(t) dt \leq \int\limits_0^\infty R_i(t) = E(T_i) \quad (i = 1, \ldots, n).$

Da S ausfällt, sobald eine der Komponenten $K_1, \ldots, K_n$ defekt ist, haben wir

$$T_S = \min(T_1, \ldots, T_n).$$

Hieraus ergibt sich wieder (8.6.7).

Sind die Lebensdauern aller Komponenten des Seriensystems S identisch verteilt, d.h.

$$F_1 = \ldots = F_n =: F,$$
$$R_1 = \ldots = R_n =: R,$$

dann ist

$$R_S(t) = [R(t)]^n, \quad F_S(t) = 1 - [1 - F(t)]^n,$$

und für die Ausfallrate von S erhalten wir

$$r_S(t) = \frac{\dfrac{dF_S}{dt}(t)}{R_S(t)} = \frac{\dfrac{d}{dt}\left(1 - [1 - F(t)]^n\right)}{R_S(t)} = \frac{nf(t)[1 - F(t)]^{n-1}}{[R(t)]^n} = nr(t),$$

wobei $r(t)$ die Ausfallrate jeder einzelnen Komponente ist. Es gilt folglich

$$r_S(\cdot) \begin{Bmatrix} \text{monoton wachsend} \\ \text{konstant} \\ \text{monoton fallend} \end{Bmatrix} \text{genau dann, wenn } r(\cdot) \begin{Bmatrix} \text{monoton wachsend} \\ \text{konstant} \\ \text{monoton fallend} \end{Bmatrix}.$$

Sind die Lebensdauern der einzelnen Komponenten $K_1, \ldots, K_n$ exponentialverteilt mit den Parametern $\lambda_1, \ldots, \lambda_n$, d.h.

$$R_i(t) = e^{-\lambda_i t} \quad \text{für } t \geq 0 \quad (i = 1, \ldots, n),$$

dann ist

$$R_S(t) = \prod_{i=1}^{n} R_i(t) = e^{-\sum_{i=1}^{n} \lambda_i t}.$$

Die Lebensdauer T_S des Seriensystems S ist somit auch exponentialverteilt, und zwar mit dem Parameter $\sum_{i=1}^{n} \lambda_i$. Insbesondere haben wir

$$r_i(t) = \lambda_i \quad (i = 1, \ldots, n)$$

$$r_S(t) = \sum_{i=1}^{n} \lambda_i.$$

(b) Parallelsystem

Wir betrachten jetzt ein *Parallelsystem* S, bestehend aus n unabhängigen Komponenten $K_1, \ldots, K_n$. In Analogie zu (8.5.1) und (8.5.2) gilt

$$F_S(t) := P(T_S \leq t) = P(\{T_1 \leq t\} \text{ und } \ldots \{T_n \leq t\})$$

$$= \prod_{i=1}^{n} P(T_i \leq t) = \prod_{i=1}^{n} F_i(t)$$

(8.6.8) $\quad R_S(t) = 1 - F_S(t) = 1 - \prod_{i=1}^{n} [1 - R_i(t)].$

$0 \leq R_i(t) \leq 1$ und (8.6.8) ergeben

$$R_S(t) \geq R_i(t)$$

und somit

$$E(T_S) \geq E(T_i) \quad (i = 1, \ldots, n).$$

Da S ausfällt, sobald die letzte noch in Betrieb befindliche Komponente ausfällt, gilt

$$T_S = \max(T_1, \ldots, T_n).$$

Sind die Lebensdauern aller Komponenten des Parallelsystems S identisch verteilt, d.h.

$$F_1 = \ldots = F_n =: F$$
$$R_1 = \ldots = R_n =: R,$$

so ist

$$F_S(t) = [F(t)]^n, \quad R_S(t) = 1 - [1 - R(t)]^n.$$

Für die Ausfallrate bekommen wir in diesem Fall

$$(8.6.9) \quad r_S(t) = \frac{\dfrac{dF_S}{dt}(t)}{R_S(t)} = \frac{\dfrac{d}{dt}\left([F(t)]^n\right)}{1 - [F(t)]^n} = \frac{nf(t)[F(t)]^{n-1}}{1 - [F(t)]^n}.$$

Wir erinnern an die Beziehung

$$(8.6.10) \quad 1 - x^n = \left(1 + x + x^2 + \ldots + x^{n-1}\right)(1 - x) = (1 - x)\sum_{\nu=0}^{n-1} x^\nu.$$

Aus (8.6.9) und (8.6.10) erhalten wir

$$(8.6.11) \quad r_S(t) = \frac{n[F(t)]^{n-1}}{\displaystyle\sum_{\nu=0}^{n-1}[F(t)]^\nu} \frac{f(t)}{1 - F(t)} = \frac{n[F(t)]^{n-1}}{\displaystyle\sum_{\nu=0}^{n-1}[F(t)]^\nu} r(t).$$

Der Ausdruck

$$\frac{nx^{n-1}}{\displaystyle\sum_{\nu=0}^{n-1} x^\nu} = \frac{x^{n-1} + x^{n-1} + \ldots + x^{n-1}}{1 + x + \ldots + x^{n-1}}$$

wächst monoton von 0 auf 1, wenn x von 0 auf 1 zunimmt. Da außerdem $F(t)$ mit t monoton von 0 auf 1 wächst, folgt aus (8.6.11) mit $F(t) = x$

$$r_S(t) < r(t) \quad \text{für alle } t \text{ mit } 0 < F(t) < 1$$

und

$$\lim_{t \to \infty} \frac{r_S(t)}{r(t)} = 1.$$

Die Ausfallrate eines Parallelsystems ist also höchstens gleich der Ausfallrate jeder einzelnen Komponente, nähert sich ihr aber asymptotisch für große t.

Sind speziell die Lebensdauern aller Komponenten exponentialverteilt mit dem gleichen Parameter λ, dann wächst $r_S(t)$ mit t monoton von 0 auf λ, ist also insbesondere nicht mehr konstant. Das Parallelsystem hat folglich (im Gegensatz zum Seriensystem) keine exponentialverteilte Lebensdauer mehr. Ferner ist unter Beachtung von (8.6.10)

$$E(T_S) = \int_0^\infty R_S(t)dt = \int_0^\infty \left[1 - \left(1 - e^{-\lambda t} \right)^n \right] dt$$

$$= \frac{1}{\lambda} \int_0^1 \frac{1-x^n}{1-x} \, dx = \frac{1}{\lambda} \int_0^1 \left(1 + x + x^2 + \ldots + x^{n-1} \right) \, dx$$

$$= \frac{1}{\lambda} \left(1 + \frac{1}{2} + \frac{1}{3} + \ldots + \frac{1}{n} \right).$$

Für die Auswertung des Integrals mit der oberen Grenze ∞ haben wir dabei die Substitution $1 - e^{-\lambda t} = x$ benutzt.

8.7 Wartung und Instandhaltung von Systemen

8.7.1 Grundbegriffe

Wir wollen zunächst einige Begriffe im Zusammenhang mit der Wartung und Instandhaltung von Systemen einführen.

Viele technische Geräte können bei Auftreten eines Defektes durch eine Reparatur wieder in den funktionsfähigen Zustand zurückversetzt werden. Reparaturen und Maßnahmen zur rechtzeitigen Erkennung und Vermeidung von Fehlern bezeichnet man zusammengefaßt als *Wartung* (engl. maintenance).

Man unterscheidet zwei verschiedene Arten von Wartung: Beim Ausfall einer oder mehrerer Komponenten, die den Ausfall des gesamten Systems zur Folge haben, ist eine *korrigierende* (fehlerbedingte) *Wartung* (engl. corrective maintenance) erforderlich. Kündigen sich Fehler, die zum Systemausfall führen, durch allmählichen Verschleiß (Funktionsminderung) an, dann bietet sich eine *vorbeugende* (prophylaktische) *Wartung* (engl. preventive maintenance) an, was in der Regel Überwachungsmaßnahmen einschließt.

Von der Wartung ist die Erneuerung zu unterscheiden. Bei der Wartung wird die Funktionsfähigkeit des Systems durch Reparaturen von Komponenten wiederhergestellt. *Erneuerung* (engl. renewal) bedeutet die Ersetzung (engl. replacement) defekter Komponenten eines Systems durch neue (funktionsfähige). Eine Erneuerung kommt insbesondere bei nicht reparaturfähigen Komponenten oder Systemen (z.B. elektronischen Bauteilen) in Frage. Wie bei der Wartung sind wieder fehlerbedingte und vorbeugende Erneuerung möglich.

Die Fehlerbeseitigung in einem System nennt man auch *Instandsetzung*. Die *Instandhaltung* beinhaltet Maßnahmen zur Erhaltung des funktionsfähigen Zustandes eines Systems, etwa durch Wartung oder Erneuerung. Häufig werden die Begriffe Instandhaltung und Wartung synonym verwendet.

Um festzustellen, wie sich eine Wartung auf die Zuverlässigkeit eines Systems auswirkt, betrachten wir ein System mit korrigierender Wartung. Unter *Wartbarkeit* (engl. maintainability) versteht man die Wahrscheinlichkeit für den Erfolg einer Reparatur. Wir bezeichnen mit p die Intaktwahrscheinlichkeit (Zuverlässigkeit) des entsprechenden Systems ohne Wartung, mit m die Wartbarkeit (also die Wahrscheinlichkeit für eine erfolgreiche Reparatur) und mit p_m die Intaktwahrscheinlichkeit des Systems mit fehlerbedingter Wartung. Nehmen wir an, daß der Ausfall des Systems unabhängig von der Fehlerbeseitigung durch Reparatur sei, dann gilt

$$(8.7.1) \qquad p_m = p + (1 - p)m.$$

Durch Wartungsmaßnahmen kann folglich die Zuverlässigkeit eines Systems um $(1 - p)m$ erhöht werden. Für die Gültigkeit von (8.7.1) haben wir stillschweigend angenommen, daß die Wartungszeit (Reparaturzeit) gegenüber der Betriebszeit des Systems vernachlässigt werden kann.

8.7.2   Verfügbarkeit eines Systems

Ist die Reparaturzeit im Vergleich zur Betriebszeit nicht zu vernachlässigen, so führt man den Begriff der Verfügbarkeit (engl. availability) ein.

Seien $T_1, T_2, \ldots$ die aufeinander folgenden Betriebszeiten (auch wieder Lebensdauern genannt) und $Z_1, Z_2, \ldots$ die aufeinander folgenden Reparaturzeiten des betrachteten Systems (das auch aus nur einer Komponente bestehen kann), wie es Abb. 8.7.1 zeigt. Insbesondere sei also das System zum Zeitpunkt 0 intakt. Wir nehmen an, daß die T_i einerseits und die Z_i andererseits ($i = 1, 2, \ldots$) jeweils unabhängig, identisch verteilte Zufallsgrößen seien, so daß wir von *der* Lebensdauer T bzw. *der* Reparaturzeit Z sprechen können. Außerdem seien T und Z voneinander unabhängig. Die *momentane Verfügbarkeit* $A(t)$ ist dann die Wahrscheinlichkeit, daß das System zum Zeitpunkt t intakt (betriebsbereit, funktionsfähig), also nicht in Reparatur ist. Die *Dauerverfügbarkeit* (stationäre Verfügbarkeit)

$$A := \lim_{t \to \infty} A(t)$$

(vorausgesetzt, der Grenzwert existiert) ist, anschaulich gesprochen, gleich dem durchschnittlichen Anteil der Zeit, während dem das System betriebsbereit ist. Es gilt das plausible Resultat

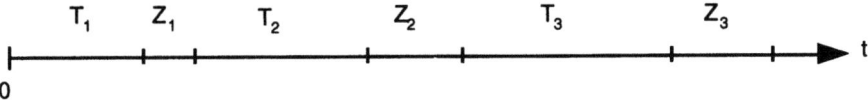

Abb. 8.7.1: Aufeinander folgende Betriebs– und Reparaturzeiten

$$(8.7.2) \quad A = \frac{E(T)}{E(T) + E(Z)}$$

(für einen exakten Beweis vgl. z.B. ROSS (1983), Abschnitt 3.4.1). Im Englischen wird $E(T)$ wieder meantime between failures, abgekürzt $MTBF$, und $E(Z)$ meantime to repair, abgekürzt $MTTR$, genannt.

Wir betrachten ein *Zahlenbeispiel*. Eine Betriebszeit und eine anschließende Reparaturzeit bezeichnen wir als einen *Reparaturzyklus*. Die Dauer eines Reparaturzyklus ist also $T + Z$. Die Betriebs– und Reparaturzeiten T_i und Z_i aufeinander folgender Zyklen seien unabhängige, näherungsweise (μ_T, σ_T)– bzw. (μ_Z, σ_Z)–normalverteilte Zufallsgrößen mit

$$\mu_T = MTBF = 500, \quad \mu_Z = MTTR = 10 \quad \text{[Stunden]}$$

$$\sigma_T = 100, \quad \sigma_Z = 5 \quad \text{[Stunden]} .$$

Wir suchen die Wahrscheinlichkeit, daß es mehr als fünf Reparaturzyklen innerhalb eines Jahres gibt, wobei ein Jahr 2000 Betriebs– bzw. Reparaturstunden entspreche. Außerdem soll die Dauerverfügbarkeit A des betreffenden Systems bestimmt werden.

Zunächst erhalten wir nach (8.7.2)

$$A = \frac{\mu_T}{\mu_T + \mu_Z} = \frac{500}{510} = 0,98 .$$

Die Wahrscheinlichkeit, daß es mehr als fünf Reparaturzyklen in einem Jahr gibt, ist gleich $P\left(\sum_{i=1}^{5}(T_i + Z_i) < 2000\right)$, wobei $\sum_{i=1}^{5}(T_i + Z_i)$ (μ, σ)–normalverteilt mit

$$\mu = 5(\mu_T + \mu_Z) = 2550, \quad \sigma = \sqrt{5(\sigma_T^2 + \sigma_Z^2)} = \sqrt{50125} = 223,9$$

ist. Folglich gilt

$$P\left(\sum_{i=1}^{5}(T_i + Z_i) < 2000\right) = P\left(U < \frac{2000 - 2550}{223,9}\right) = P(U < -2,456)$$

$$= \Phi(-2,456) = 1 - \Phi(2,456) = 0,007 .$$

wobei U eine $(0,1)$–normalverteilte Zufallsgröße und Φ die Verteilungsfunktion der $(0,1)$–Normalverteilung sind. Die gesuchte Wahrscheinlichkeit beträgt also 0,7 %.

Die Berechnung der momentanen Verfügbarkeit $A(t)$ ist erheblich schwieriger als die Bestimmung der Dauerverfügbarkeit A. Wir betrachten hierzu nur den einfachen Fall, daß T und Z unabhängige, mit den Parametern λ bzw. μ exponentialverteilte Zufallsgrößen sind und stellen analoge Überlegungen wie bei der Ermittlung der Verteilung der Kundenanzahl in einem Wartesystem vom Typ $M \mid M \mid 1$ an (vgl. z.B. NEUMANN UND MORLOCK (1993), Abschnitt 5.3.2).

Äquivalent zur Forderung, daß T und Z mit den Parametern λ bzw. μ exponentialverteilt sind, ist die folgende Annahme:

Die Wahrscheinlichkeit, daß ein funktionierendes System innerhalb eines Zeitintervalles der Länge $\Delta t > 0$ ausfällt (bzw. in Reparatur genommen wird), sei $\lambda \Delta t + o(\Delta t)$ mit $\lim_{\Delta t \to 0} [o(\Delta t)/\Delta t] = 0$. Die Wahrscheinlichkeit, daß ein in Reparatur befindliches System innerhalb eines Zeitintervalles der Länge $\Delta t > 0$ wieder betriebsbereit wird, sei $\mu \Delta t + o(\Delta t)$. Die Wahrscheinlichkeit, daß in einem Zeitintervall der Länge $\Delta t > 0$ mehr als eine dieser „Zustandsänderungen" stattfindet, sei $o(\Delta t)$.

Wir erinnern daran, daß $A(t)$ die Wahrscheinlichkeit ist, daß das betrachtete System zum Zeitpunkt t betriebsbereit ist, wenn es zum Zeitpunkt 0 betriebsbereit war. Unter Beachtung der „Gedächtnislosigkeit" (Unabhängigkeit von der Vorgeschichte) der Exponentialverteilung ist $A(t)$ auch gleich der Wahrscheinlichkeit, daß das System in einem Zeitintervall der Länge t vom „Betriebszustand" mit eventuellen zwischenzeitlichen Reparaturen in den „Betriebszustand" übergegangen (bzw. darin geblieben) ist.

Entsprechend sei $B(t)$ die Wahrscheinlichkeit, daß das System zum Zeitpunkt t betriebsbereit ist, wenn es zum Zeitpunkt 0 in Reparatur war bzw., daß das System in einem Zeitintervall der Länge t vom „Reparaturzustand" in den „Betriebszustand" übergegangen ist.

Damit das System zum Zeitpunkt $t + \Delta t$ intakt ist (wenn es zum Zeitpunkt 0 ebenfalls intakt war), muß einer der beiden folgenden Fälle eingetreten sein:

Fall (i): Das System ist bis zum Zeitpunkt Δt intakt gewesen (die Wahrscheinlichkeit hierfür ist $e^{-\lambda \Delta t} = 1 - \lambda \Delta t + o(\Delta t)$) und im Zeitintervall $(\Delta t, t + \Delta t]$ der Länge t vom Betriebszustand wieder in den Betriebszustand übergegangen bzw. darin geblieben (die Wahrscheinlichkeit dafür ist $A(t)$). Die Gesamtwahrscheinlichkeit für das Eintreten von Fall (i) ist also $(1 - \lambda \Delta t)A(t) + o(\Delta t)$.

Fall (ii): Das System ist bis zum Zeitpunkt Δt ausgefallen (mit der Wahrscheinlichkeit $1 - e^{-\lambda \Delta t} = \lambda \Delta t + o(\Delta t)$) und im Zeitintervall $(\Delta t, t + \Delta t]$ der Länge t vom Reparaturzustand in den Betriebszustand übergegangen (mit der Wahrscheinlichkeit $B(t)$). Die Gesamtwahrscheinlichkeit für das Eintreten von Fall (ii) ist $\lambda \Delta t B(t) + o(\Delta t)$.

Die Wahrscheinlichkeit für mehr als eine Zustandsänderung in einem Zeitintervall der Länge Δt ist nach Voraussetzung gleich $o(\Delta t)$. Damit haben wir

(8.7.3) $A(t + \Delta t) = (1 - \lambda \Delta t)A(t) + \lambda \Delta t B(t) + o(\Delta t)$.

Analog kann man im Fall, daß das System zum Zeitpunkt 0 in Reparatur war, zeigen, daß

(8.7.4) $B(t + \Delta t) = \mu \Delta t A(t) + (1 - \mu \Delta t)B(t) + o(\Delta t)$

ist. (8.7.3) und (8.7.4) lassen sich auch in der Form

$$\frac{A(t + \Delta t) - A(t)}{\Delta t} = -\lambda A(t) + \lambda B(t) + \frac{o(\Delta t)}{\Delta t}$$

$$\frac{B(t + \Delta t) - B(t)}{\Delta t} = \mu A(t) - \mu B(t) + \frac{o(\Delta t)}{\Delta t}$$

schreiben. Der Grenzübergang $\Delta t \to 0$ liefert dann unter Beachtung von $\lim_{\Delta t \to 0} [o(\Delta t)/\Delta t] = 0$ die Differentialgleichungen

$$(8.7.5) \quad \begin{cases} \dot{A}(t) = -\lambda A(t) + \lambda B(t) \\ \dot{B}(t) = \mu A(t) - \mu B(t), \end{cases}$$

wobei die Ableitung nach der Zeit t durch einen Punkt bezeichnet ist. Die Lösung der Differentialgleichungen (8.7.5) mit der Anfangsbedingung $A(0) = 1$, $B(0) = 0$ ist

$$A(t) = \frac{\mu}{\lambda + \mu} + \frac{\lambda}{\lambda + \mu} e^{-(\lambda + \mu)t}$$

$$B(t) = \frac{\mu}{\lambda + \mu} - \frac{\mu}{\lambda + \mu} e^{-(\lambda + \mu)t}.$$

Für $t \to \infty$ ergibt sich unter Beachtung von $E(T) = 1/\lambda$ und $E(Z) = 1/\mu$

$$\lim_{t \to \infty} A(t) = \lim_{t \to \infty} B(t) = \frac{\mu}{\lambda + \mu} = \frac{E(T)}{E(T) + E(Z)} = A$$

(vgl. (8.7.2)).

8.7.3 Erneuerung von Komponenten und Systemen

Im folgenden vernachlässigen wir die Reparaturzeit gegenüber der Betriebszeit. Für Instandhaltungsüberlegungen ist es nicht wesentlich, ob die Instandhaltung durch Reparatur oder Erneuerung erfolgt. Deshalb wollen wir im weiteren nur noch von Erneuerungen sprechen.

(a) Anzahl der Erneuerungen und Erneuerungstheorem

Die aufeinander folgenden Betriebszeiten $T_1, T_2, \ldots$ des zugrundeliegenden Systems (oder einer Komponente) seien wie bisher unabhängige, identisch verteilte Zufallsgrößen und können damit durch eine Zufallsgröße T (wieder Lebensdauer genannt) repräsentiert werden. Am Ende einer jeden Betriebszeit (Lebensdauer) finde eine (keine Zeit beanspruchende) Erneuerung statt.

Die den Kreuzen in Abb. 8.7.2 entsprechenden Zeitpunkte

$$X_k := \sum_{v=1}^{k} T_v \quad (k = 1, 2, \ldots)$$

heißen *Erneuerungspunkte* (zum Zeitpunkt X_k findet der k–te Ausfall des Systems bzw. die k–te Erneuerung statt).

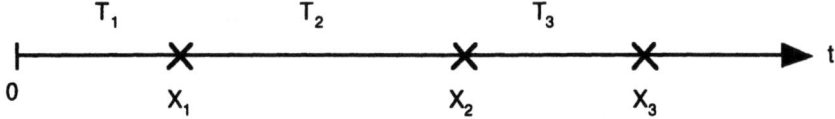

Abb. 8.7.2: Aufeinander folgende Betriebszeiten und Erneuerungspunkte

$$N(t) := \begin{cases} \max \{k \in \mathbb{N} | X_k \le t\}, & \text{falls } T \le t \\ 0, & \text{falls } T > t \end{cases} \qquad (t \ge 0)$$

ist die Anzahl der im Zeitintervall $[0,t]$ erfolgenden Erneuerungen. Sei F^k die Verteilungsfunktion von X_k $(k \ge 1)$, wobei F^1 die Verteilungsfunktion der Lebensdauer T ist. Wegen

(8.7.6) $\quad F^k(t) = P(X_k \le t) = P(N(t) \ge k) \quad (k \in \mathbb{N})$

und

$$P(N(t) \ge k) = P[\{N(t) = k\} \cup \{N(t) \ge k+1\}] = P(N(t) = k) + P(N(t) \ge k+1)$$

haben wir

(8.7.7) $\quad P(N(t) = k) = F^k(t) - F^{k+1}(t) \quad (k \in \mathbb{N}).$

Setzen wir $X_0 := 0$ und $F^0(t) := 1$ für $t \ge 0$, dann gelten (8.7.6) und (8.7.7) auch für $k = 0$.

Ist die Lebensdauer T exponentialverteilt mit dem Parameter λ, so ist für $k \ge 1$ X_k Erlang–verteilt mit den Parametern k, λ (vgl. Abschnitt 8.6.2c). Für die Verteilungsfunktion F^k von X_k gilt in diesem Fall

$$F^k(t) = 1 - e^{-\lambda t} \sum_{v=0}^{k-1} \frac{(\lambda t)^v}{v!} \quad (k \in \mathbb{N}, \ t \ge 0).$$

Mit (8.7.7) erhalten wir dann

$$P(N(t) = k) = \frac{(\lambda t)^k e^{-\lambda t}}{k!} \quad (k = 0, 1, 2, \ldots),$$

d.h., $N(t)$ ist Poisson–verteilt mit dem Parameter λt.

Wir betrachten ein *Zahlenbeispiel*. Die Lebensdauer T einer Komponente sei exponentialverteilt mit dem Erwartungswert $E(T) = 10$ [Stunden]. Fällt die Komponente aus, so werde sie sofort durch eine identische Reservekomponente ersetzt. Steht keine Reservekomponente mehr zur Verfügung, dann sprechen wir von einem endgültigen Ausfall. Wieviele Reservekomponenten müssen vorhanden sein, so daß mit 95%iger Sicherheit innerhalb von 100 Stunden kein endgültiger Ausfall stattfindet? Wir haben $\lambda = 1/E(T) = 0,1$ und $t = 100$, also $\lambda t = 10$. Aus einer Tabelle für die Poisson–Verteilung mit dem Parameter $\lambda t = 10$ kann man entnehmen, daß

$$P(N(t) = 14) = 0,917; \quad P(N(t) = 15) = 0,951$$

ist. Es müssen also (mindestens) 15 Reservekomponenten bereitstehen.
    Die Größe

(8.7.8) $\quad H(t) := E[N(t)] \quad (t \ge 0)$

wobei r wieder die Ausfallrate ist. Für die minimalen Kosten pro ZE bekommt man

$$(8.7.15) \quad C_v^* = C_v(\Theta_v^*) = (c_f - c_v)r(\Theta_v^*) \;,$$

falls ein endliches Θ_v^* existiert.

Wir betrachten einige *Beispiele* (vgl. BEICHELT (1993), Abschnitt 6.3). Im Fall einer mit dem Parameter λ *exponentialverteilten Lebensdauer* T haben wir

$$F(t) = 1 - e^{-\lambda t}, \quad f(t) = \lambda e^{-\lambda t} \quad (t \geq 0).$$

Aus (8.7.13) erhalten wir

$$C_v(\Theta) = \frac{c_f - \left(c_f - c_v\right)e^{-\lambda\Theta}}{\frac{1}{\lambda}\left(1 - e^{-\lambda\Theta}\right)}.$$

Die Funktion $C_v(\cdot)$ ist auf $\mathbb{R}_+$ monoton fallend mit

$$\lim_{\Theta\downarrow 0} C_v(\Theta) = \infty, \quad \lim_{\Theta\to\infty} C_v(\Theta) = c_f\lambda$$

(vgl. Abb. 8.7.3). $C_v(\cdot)$ besitzt also keine Minimalstelle auf $\mathbb{R}_+$. Dieses Resultat ist plausibel, da im Fall der Exponentialverteilung die „restliche Lebensdauer" ab irgendeinem Zeitpunkt die gleiche Verteilung wie die „gesamte Lebensdauer" besitzt, die Alterung des Systems (der Komponente) also „ohne Gedächtnis" ist. Eine vorbeugende Erneuerung bringt folglich keine Vorteile mit sich. Eine vorbeugende Erneuerung empfiehlt sich nur bei einer „echten" IFR–Verteilung der Lebensdauer (wenn also die Fehlerrate monoton wachsend und nicht konstant ist).

Daß bei exponentialverteilter Lebensdauer eine vorbeugende Erneuerung keinen

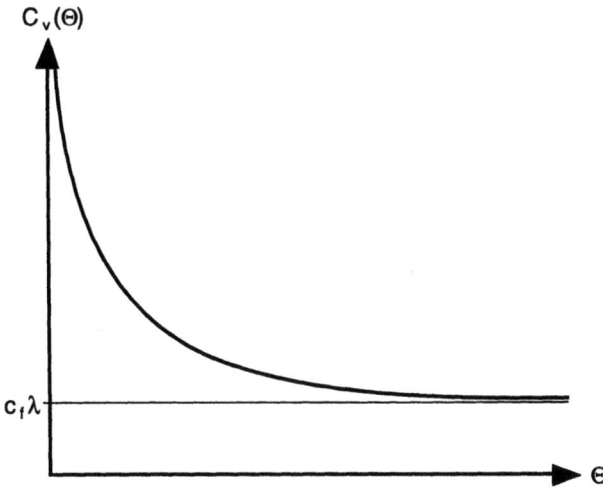

Abb. 8.7.3: Kosten bei vorbeugender Erneuerung und exponentialverteilter Lebensdauer

Vorteil bringt, sieht man auch wie folgt. Führt man nur bei Ausfall des Systems (oder der Komponente) eine Erneuerung durch (Strategie „Ausfallerneuerung" im Unterschied zur Strategie „vorbeugende Erneuerung") und betragen die Kosten einer fehlerbedingten Erneuerung wieder c_f, so erhält man für die erwarteten Kosten pro ZE, mit C_a [3] bezeichnet, nach (8.7.10)

$$(8.7.16) \quad C_a = \frac{c_f}{E(T)}$$

(die Dauer eines Zyklus ist jetzt gleich der Lebensdauer T). Für eine mit dem Parameter λ exponentialverteilte Lebensdauer T ist $E(T) = 1/\lambda$ und damit $C_a = c_f \lambda$. Wir haben also $C_a < C_v(\Theta)$ für alle $\Theta > 0$ (vgl. Abb. 8.7.3).

Wir betrachten nun eine auf dem Intervall $[0, \tau]$ *gleichverteilte Lebensdauer T*, d.h.

$$F(t) = \begin{cases} \dfrac{t}{\tau}, & \text{falls } 0 \le t < \tau \\ 1, & \text{falls } t \ge \tau \end{cases} \qquad f(t) = \begin{cases} \dfrac{t}{\tau}, & \text{falls } 0 \le t < \tau \\ 0, & \text{falls } t \ge \tau. \end{cases}$$

Es gilt $E(T) = \tau/2$ und für die Ausfallrate

$$r(t) = \frac{f(t)}{1 - F(t)} = \frac{1}{\tau - t} \quad \text{für } 0 \le t < \tau.$$

Es liegt also eine IFR–Verteilung vor. Mit (8.7.12) oder (8.7.13) erhält man dann

$$C_v(\Theta) = 2 \frac{(c_f - c_v)\Theta + c_v \tau}{(2\tau - \Theta)\Theta} \quad (0 < \Theta < \tau).$$

Die Lösung der Gleichung (8.7.14) liefert

$$(8.7.17) \quad \Theta_v^* = \frac{\tau}{c_f - c_v}\left(\sqrt{c_v(2c_f - c_v)} - c_v\right).$$

Die minimalen Kosten pro ZE bei vorbeugender Erneuerung betragen nach (8.7.15)

$$(8.7.18) \quad C_v^* = \frac{c_f - c_v}{\tau - \Theta_v^*} = \frac{(c_f - c_v)^2}{\tau\left(c_f - \sqrt{c_v(2c_f - c_v)}\right)}.$$

Bei Ausfallerneuerung ergeben sich die Kosten pro ZE nach (8.7.16) zu

$$(8.7.19) \quad C_a = \frac{2c_f}{\tau}.$$

Unter Beachtung von $c_v < c_f$ ist $C_v^* < C_a$.

Wir betrachten noch ein Zahlenbeispiel mit einer *diskreten Lebensdauerverteilung*. Die elektronische Steuerung einer Maschine habe eine maximale Lebensdauer von

---

[3]   Der Index a weist auf die Strategie „Ausfallerneuerung" hin.

Θ	p_Θ	$(c_f - c_v)\sum\limits_{k=1}^{\Theta} p_k + c_v$	$\Theta - \sum\limits_{k=1}^{\Theta}(\Theta - k)p_k$	$C_v(\Theta)$
1	0,1	240	1	240
2	0,15	450	1,9	236,84
3	0,25	800	2,65	301,89
4	0,3	1220	3,15	387,30
5	0,2	1500	3,35	447,76

Tab. 8.7.1: Beispiel einer diskreten Lebensdauerverteilung

5 Monaten. Die (empirisch gefundene) diskrete Verteilung der Lebensdauer sei durch Tab. 8.7.1 (Spalten 1 und 2) gegeben, wobei p_Θ die Wahrscheinlichkeit darstelle, daß die Lebensdauer der Maschine genau Θ Monate betrage. Die Kosten für den Austausch der Steuerung im Rahmen einer Wartung der Maschine seien $c_v = 100$ DM. Fällt die Maschine während der Produktion aus, so bedeutet dies eine Unterbrechung der Produktion, was zusammen mit der Instandsetzung der Maschine Kosten in Höhe von $c_f = 1500$ DM verursache.

Für eine diskrete Verteilung wird aus (8.7.13) unter Beachtung von $F(\Theta) = \sum_{k=1}^{\Theta} p_k$

$$C_v(\Theta) = \frac{(c_f - c_v)\sum\limits_{k=1}^{\Theta} p_k + c_v}{\Theta - \sum\limits_{k=1}^{\Theta}(\Theta - k)p_k} \,,$$

wobei Θ die Zeitspanne zwischen der letzten Erneuerung der Maschine und einem darauf folgenden vorbeugenden Austausch sei. Für $\Theta = 1, ..., 5$ (Monate) enthält die 3. Spalte von Tab. 8.7.1 die erwarteten Kosten pro Zyklus (in DM), die 4. Spalte die mittlere Zeitspanne zwischen zwei aufeinander folgenden Erneuerungen der Maschine (erwartete Dauer des Zyklus in Monaten) und die 5. Spalte die erwarteten Kosten pro Monat (in DM). Wir stellen fest, daß für $\Theta_v^* = 2$ die Funktion $C_v(\cdot)$ ihr Minimum annimmt. Die Steuerung der Maschine sollte folglich jeweils zwei Monate nach der letzten Erneuerung ausgetauscht werden. Die minimalen erwarteten Kosten pro Monat bei vorbeugender Erneuerung betragen $C_v^* = C_v(\Theta_v^*) = 236,84$ DM. Bei Ausfallerneuerung ergeben sich die erwarteten Kosten pro Monat nach (8.7.16) unter Beachtung von $E(T) = \sum_{k=1}^{5} kp_k = 3,35$ zu $C_a = C_v(5) = 447,76$ DM. Wir sehen, daß die Strategie „vorbeugende Erneuerung" wesentlich geringere Kosten verursacht als die „Ausfallerneuerung".

(c) Blockerneuerung

Die Strategie „vorbeugende Erneuerung" hat den Nachteil, daß die Zeitpunkte, zu denen eine vorbeugende Erneuerung stattfinden soll, nicht zu Beginn (d.h. zum Zeitpunkt 0) bekannt sind. Man weiß nur, daß mit der Wahrscheinlichkeit $\overline{F}(\Theta)$ eine Zeitspanne Θ nach einer (fehlerbedingten oder vorbeugenden) Erneuerung eine vorbeugende Erneuerung erfolgen wird. Ist eine vorbeugende Erneuerung mit großem Aufwand verbunden bzw. bedarf gründlicher Vorbereitung, so empfiehlt es sich häufig, eine vorbeugende Erneuerung jeweils zu von vornherein festgelegten Zeitpunkten Θ, 2Θ, ... vorzunehmen. Man spricht dann auch von *Blockerneuerung*.

Wir nehmen an, daß die Kosten einer Blockerneuerung c_b und einer fehlerbedingten Erneuerung wieder c_f mit $c_f > c_b > 0$ betragen. Als *Zyklus* bezeichnen wir jetzt die Zeitspanne zwischen zwei aufeinander folgenden Blockerneuerungen mit der Länge Θ. Während eines Zyklus finden jeweils eine Blockerneuerung sowie $N(\Theta)$ fehlerbedingte Erneuerungen statt. Die erwarteten Kosten pro Zyklus belaufen sich also auf $c_b + c_f H(\Theta)$, wobei H wieder die Erneuerungsfunktion ist (vgl. (8.7.8)). Mit (8.7.10) erhalten wir dann für die erwarteten Kosten pro ZE, C_b [4],

$$C_b(\Theta) = \frac{c_b + c_f H(\Theta)}{\Theta}.$$

Wir suchen ein optimales Θ_b^*, für das die Funktion C_b auf $\mathbb{R}_+$ ihr Minimum annimmt. Man kann für stetige IFR–Lebensdauerverteilungen zeigen, daß die Funktion C_b auf $\mathbb{R}_+$ konvex ist. Dann ergibt sich ein optimales Θ_b^* durch Nullsetzen der ersten Ableitung von C_b. Dies führt auf die Gleichung

$$(8.7.20) \quad \Theta_b^* h(\Theta_b^*) - H(\Theta_b^*) = \frac{c_b}{c_f},$$

wobei $h = dH/dt$ die sogenannte *Erneuerungsdichte* ist. Für die minimalen Kosten pro ZE erhält man

$$(8.7.21) \quad C_b^* = C_b(\Theta_b^*) = c_f h(\Theta_b^*),$$

wenn es ein endliches Θ_b^* gibt.

Ist die Lebensdauer T exponentialverteilt mit dem Parameter λ, so ist $H(t) = \lambda t$ und damit

$$C_b(\Theta) = c_f \lambda + \frac{c_b}{\Theta}.$$

Die Funktion C_b hat also die gleiche prinzipielle Gestalt wie die Funktion C_v aus Unterabschnitt (b) (vgl. Abb. 8.7.3) und besitzt auf $\mathbb{R}_+$ keine Minimalstelle.

Ist die Lebensdauer gleichverteilt auf dem Intervall $[0, \tau]$, dann gilt

$$H(t) = e^{\frac{t}{\tau}} - 1, \; h(t) = \frac{e^{\frac{t}{\tau}}}{\tau} \quad (0 \le t < \tau)$$

---

[4] Der Index b weist auf die Strategie „Blockerneuerung" hin.

(vgl. BEICHELT (1993), Abschnitt 6.5). Für $\tau = 1$ wollen wir jetzt die drei Strategien „Blockerneuerung", „vorbeugende Erneuerung" und „Ausfallerneuerung" miteinander vergleichen, wobei wir $c_b = 1$, $c_v = 2$ und $c_f = 3$ wählen.

Für die „Blockerneuerung" lautet die Gleichung (8.7.20)

$$(\Theta_b^* - 1)e^{\Theta_b^*} = -\frac{2}{3}.$$

Eine Näherungslösung dieser transzendenten Gleichung ist $\Theta_b^* = 0,653$ (d.h., alle 0,653 ZE ist eine Blockerneuerung durchzuführen). (8.7.21) liefert dann für die minimalen erwarteten Kosten pro ZE $C_b^* = C_b(\Theta_b^*) = 5,76$. Für die „vorbeugende Erneuerung" ergeben (8.7.17) und (8.7.18) $\Theta_v^* = 0,828$ (d.h., jeweils 0,828 ZE nach der letzten Erneuerung ist eine vorbeugende Erneuerung vorzunehmen) und $C_v^* = 5,83$. Für die „Ausfallerneuerung" erhalten wir nach (8.7.19) $C_a = 6$. Es gilt also $C_b^* < C_v^* < C_a$, d.h., die „Blockerneuerung" ist am kostengünstigsten.

Wählen wir $c_b = 2$, $c_v = 1$ und $c_f = 3$, so bekommen wir $C_b^* = 7,08$, $C_v^* = 5,23$ und $C_a = 6$. Die „vorbeugende Erneuerung" ist folglich am kostengünstigsten, während die „Blockerneuerung" sogar noch höhere erwarteten Kosten pro ZE als die „Ausfallerneuerung" verursacht.

Ein Nachteil der Blockerneuerung ist, daß u.U. ein soeben fehlerbedingt erneuertes System gleich wieder blockerneuert wird. Dieser Fall tritt allerdings selten auf, wenn c_b sehr klein im Vergleich zu c_f ist. Um die Kosten der beiden Strategien „vorbeugende Erneuerung" und „Blockerneuerung" allgemein miteinander zu vergleichen, kann man vereinfachend $c_f = 1$ setzen. Es läßt sich dann zeigen, daß für $c_v \leq c_b$ stets $C_v^* \leq C_b^*$ ist, die Strategie „vorbeugende Erneuerung" also nie schlechter als die „Blockerneuerung" ist. In der Praxis wird jedoch im allgemeinen $c_v > c_b$ sein. In diesem Fall kann in Abhängigkeit von (c_v, c_b) die „vorbeugende Erneuerung" (kostenmäßig) besser oder schlechter als die „Blockerneuerung" sein. Es ist sogar möglich, daß jede dieser beiden Strategien für gewisse Lebensdauerverteilungen und Paare (c_v, c_b) schlechter als die „Ausfallerneuerung" ist. Eine detailliertere Untersuchung hierzu findet man in BEICHELT (1993), Abschnitt 6.5.

(d) Lebensdauergarantien

In diesem Unterabschnitt lehnen wir uns an NAHMIAS (1993), Abschnitt 11.8, an.

Eine Garantie für die Lebensdauer eines Produktes ist sowohl für den Produzenten (Marketingaspekte) als auch für den Konsumenten (Schutz gegen Frühausfälle) von Interesse. Wir wollen im folgenden zwei Garantiearten kurz diskutieren, die in erster Linie bei nicht reparierbaren Produkten eine Rolle spielen:

Die Garantie vom *Typ 1* ist eine *Ersatzgarantie* (engl. replacement warranty): Tritt ein Fehler während der Garantiezeit auf, wird das defekte Produkt ohne Kosten für den Verbraucher durch ein neues ersetzt. Die Garantie vom *Typ 2* ist eine *Rückvergütungsgarantie* (engl. rebate warranty [5]): Bei einem Fehler während der Garantiezeit

---

5   Nicht zu verwechseln mit Rabatt (engl. discount), der schon beim Kauf des Produktes gewährt wird.

erhält der Verbraucher eine Rückvergütung beim Kauf eines neuen Produktes, die proportional zur restlichen (noch verbleibenden) Garantiezeit ist. Für beide Garantiearten wollen wir untersuchen, wann es für den Verbraucher günstiger ist, das Produkt mit Garantie (das teurer ist) statt ohne Garantie zu kaufen. Dabei beschränken wir uns auf den Fall, daß die Lebensdauer T des Produktes exponentialverteilt mit dem Parameter λ sei.

Wir betrachten zunächst die *Garantie vom Typ 1* (kostenloser Ersatz). Seien K der Preis des Produktes ohne Garantie, $C_1 > K$ der Preis des Produktes mit Garantie und W_1 die (deterministische) Garantiezeit (engl. warranty period). Weiter sei X die (zufällige) Zeitspanne zwischen zwei aufeinander folgenden Käufen des Produktes durch den Verbraucher. Den Zusammenhang zwischen W_1, zwei verschiedenen Realisationen x und $\bar{x}$ von X und den (durch Kreuze veranschaulichten) Ausfallzeitpunkten zeigt Abb. 8.7.4. X ist also gleich W_1 plus der Zeitspanne zwischen dem Ende der Garantiezeit und dem ersten Ausfall nach dem Ende der Garantiezeit. Hieraus folgt, da die „restliche" Lebensdauer T' ebenso wie die gesamte Lebensdauer T exponentialverteilt mit dem Parameter λ ist,

$$E(X) = W_1 + E(T') = W_1 + \frac{1}{\lambda}.$$

Eine Realisierung t' von T' ist in Abb. 8.7.4 ebenfalls angegeben. Bezeichnen wir die Zeitspanne X zwischen zwei aufeinander folgenden Käufen des Produktes als einen Zyklus, dann erhalten wir für die erwarteten Kosten pro ZE mit Garantie nach (8.7.10)

$$\frac{C_1}{E(X)} = \frac{\lambda C_1}{\lambda W_1 + 1}.$$

Die erwarteten Kosten pro ZE ohne Garantie sind λK. Gilt also

$$C_1 < (\lambda W_1 + 1)K,$$

dann sollte vom Verbraucher das Produkt mit Garantie gekauft werden. Im Fall

$$C_1 > (\lambda W_1 + 1)K$$

empfiehlt es sich, das Produkt ohne Garantie zu kaufen.

Wir untersuchen jetzt die *Garantie vom Typ 2* (Rückvergütung). Seien K wieder der

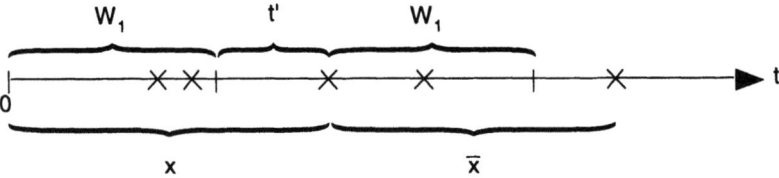

Abb. 8.7.4: Ausfallzeitpunkte bei Garantie vom Typ 1

Preis des Produktes ohne Garantie, $C_2 > K$ der Preis des Produktes mit Garantie und W_2 die Garantiezeit. Sind erst $\Theta < W_2$ ZE der Garantiezeit beim Ausfall des Produktes verstrichen, so erhält der Verbraucher beim Kauf eines neuen Produktes eine Rückvergütung von $100(W_2 - \Theta)/W_2$ %, d.h., der Preis des neuen Produktes ist $C_2 \Theta / W_2$.

Wir betrachten die beiden Fälle, daß die Lebensdauer T kleiner oder nicht kleiner als die Garantiezeit W_2 ist. Im Fall $T < W_2$ ist der Anteil der verstrichenen Garantiezeit T/W_2, und die Kosten für das Ersatzprodukt betragen $C_2 T / W_2$. Im Fall $T \geq W_2$ ist die Garantie erloschen, und der Preis für das neue Produkt ist C_2. Für die Kosten in beiden Fällen können wir $(C_2/W_2)\min(W_2, T)$ schreiben.

Mit Hilfe partieller Integration erhalten wir

$$E[\min(W_2, T)] = \int_0^{W_2} t\lambda e^{-\lambda t} dt + \int_{W_2}^{\infty} W_2 \lambda e^{-\lambda t} dt$$

$$= \frac{1}{\lambda}\left[1 - e^{-\lambda W_2}(1 + \lambda W_2)\right] + W_2 e^{-\lambda W_2} = \frac{1}{\lambda}\left(1 - e^{-\lambda W_2}\right).$$

Bezeichnen wir wieder die Zeitspanne zwischen zwei aufeinander folgenden Käufen des Produktes, die jetzt gleich T ist, als einen Zyklus, so ergibt sich für die erwarteten Kosten pro ZE mit Garantie nach (8.7.10)

$$\frac{C_2}{W_2}\frac{E[\min(W_2, T)]}{E(T)} = \frac{C_2}{W_2}\frac{\frac{1}{\lambda}\left(1 - e^{-\lambda W_2}\right)}{\frac{1}{\lambda}} = \frac{C_2\left(1 - e^{-\lambda W_2}\right)}{W_2}.$$

Die erwarteten Kosten ohne Garantie sind erneut λK. Im Fall

$$C_2 < \frac{\lambda K W_2}{1 - e^{-\lambda W_2}}$$

sollte folglich das Produkt mit Garantie gekauft werden. Gilt

$$C_2 > \frac{\lambda K W_2}{1 - e^{-\lambda W_2}},$$

dann ist es günstiger, das Produkt ohne Garantie zu kaufen.

Literaturverzeichnis

Aardal, K., Larsson, T. (1990): A Benders Decomposition Based Heuristic for the Hierarchical Production Planning Problem; *European Journal of Operational Research 45*, 4–14

Adam, D., Herausg. (1988a): *Fertigungssteuerung I – Grundlagen der Produktionsplanung und –steuerung*; Gabler, Wiesbaden

Adam, D., Herausg. (1988b): *Fertigungssteuerung II – Systeme der Fertigungssteuerung*; Gabler, Wiesbaden

Adam, E.E., Ebert, R.J. (1989): *Production and Operations Management*; Prentice–Hall, Englewood Cliffs

Anderson, D.R., Sweeney, D.J., Williams, T.A. (1989): *Quantitative Methods for Business*; West Publ. Comp., St. Paul

Askin, R.G., Standridge, C.R. (1993): *Modeling and Analysis of Manufacturing Systems*; John Wiley, New York

Axsäter, S., Schneeweiß, C., Silver, E.A., Eds. (1989): *Multi–Stage Production Planning and Inventory Control*; Springer, Berlin

Baker, K.R. (1974): *Introduction to Sequencing and Scheduling*; John Wiley, New York

Bamberg, G., Baur, F. (1991): *Statistik*; Oldenbourg, München

Barlow, R., Proschan, F. (1975): *Statistical Theory of Reliability and Life Testing*; Holt, Rinehart and Winston, New York

Bartmann, D., Beckmann, M.J. (1992): *Inventory Control;* Lecture Notes in Economics and Mathematical Systems, Vol. 388; Springer, Berlin

Beichelt, F. (1993): *Zulässigkeits– und Instandhaltungstheorie*; Teubner, Stuttgart

Birolini, A. (1991): *Qualität und Zuverlässigkeit technischer Systeme;* Springer, Berlin

Bitran, G.R., Hax, A.C. (1981): Disaggregation and Resource Allocation Using Convex Knapsack Problems with Bounded Variables; *Management Science 27*, 431–441

Bitran, G.R., Matsuo, H. (1986): The Multi–Item Capacitated Lot Size Problem: Error Bounds of Manne's Formulations; *Management Science 32*, 350–359

Blazewicz, J., Ecker, K., Schmidt, G., Weglarz, J. (1993): *Scheduling in Computer and Manufacturing Systems*; Springer, Berlin

Bölte, A. (1994): *Modelle und Verfahren zur innerbetrieblichen Standortplanung*; Physica, Heidelberg

Browne, J., Ed. (1989): *Knowledge Based Production Management Systems*; North–Holland, Amsterdam

Brucker, P. (1995): *Scheduling Algorithms*; Springer, Berlin

Buffa, E.S., Sarin, R.K. (1987): *Modern Production/Operations Management*; John Wiley, New York

Buzacott, J.A., Shanthikumar, J.G. (1993): *Stochastic Models of Manufacturing Systems*; Prentice Hall, Englewood Cliffs

Chase, R.B., Aquilano, N.J. (1990): *Production and Operations Management*; Irwin, Homewood

Dauzère–Péres, S., Lasserre, J.–B. (1994): *An Integrated Approach in Production Planning and Scheduling*; Lecture Notes in Economics and Mathematical Systems, Vol. 411; Springer, Berlin,

Decker, M. (1993): *Variantenfließfertigung*; Physica, Heidelberg

Derstroff, M. (1995): *Mehrstufige Losgrößenplanung mit Kapazitätsbeschränkungen*; Physica, Heidelberg

Dilworth, J.B. (1989): *Production and Operations Management;* Random House, New York

Dixon, P.S., Silver, E.A. (1981): A Heuristic Solution Procedure for the Multi–Item, Single Level, Limited Capacity, Lot–Sizing Problem; *Journal of Operations Management 2*, 23–39

Domschke, W., Drexl, A. (1990): *Logistik – Standorte*; Oldenbourg, München

Domschke, W., Scholl, A., Voß, S. (1993): *Produktionsplanung – Ablauforganisatorische Aspekte*; Springer, Berlin

Drexl, A., Fleischmann, B., Günther, H.–O., Stadtler, H., Tempelmeier, H. (1994): Konzeptionelle Grundlagen kapazitätsorientierter PPS–Systeme; *Zeitschrift für betriebswirtschaftliche Forschung 46*, 1022–1045

Eppen, G.D., Martin, R.K. (1987): Solving Multi–Item Capacitated Lot–Sizing Problems Using Variable Redefinition; *Operations Research 35*, 832–848

Evens, J.R., Anderson, D.R., Sweeney, D.J., Williams, T.A. (1990): *Applied Production and Operations Management*, West Publ. Comp., St. Paul

Fandel, G., François, P., Gubitz, K.–M. (1994): *PPS–Systeme*; Springer, Berlin

Federgruen, A., Tzur, M. (1991): A Simple Forward Algorithm to Solve General Dynamic Lot Sizing Models with n Periods in $O(n \log n)$ or $O(n)$ Time; *Management Science 37*, 909–925

Forgionne, G.A. (1990): *Quantitative Management*; Dryden Press, Chicago

Foulds, L.R. (1992): *Graph Theory Applications*; Springer, Berlin

Francis, R.L., McGinnis, L.F., White, J.A. (1992): *Facility Layout and Location – An Analytical Approach*; Prentice–Hall, Englewood Cliffs

French, S. (1982): *Sequencing and Scheduling*; Ellis Horwood, Chichester

Gaede, K.-W. (1977): *Zuverlässigkeit – Mathematische Modelle*; Carl Hanser, München

Gaither, N. (1990): *Production and Operations Management*; Dryden Press, Chicago

Glaser, H., Geiger, W., Rohde, V. (1991): *PPS – Produktionsplanung und -steuerung*; Gabler, Wiesbaden

Graves, S.C., Rinnooy Kan, A.H.G., Zipkin, P.H., Eds. (1993): *Logistics of Production and Inventory*; Handbooks in Operations Research and Management Science, Vol. 4; North–Holland, Amsterdam

Gross, D., Harris, C.M. (1985): *Fundamentals of Queueing Theory*; John Wiley, New York

Günther, H.-O. (1992): Netzplanorientierte Auftragsterminierung bei offener Fertigung; *OR–Spektrum 14*, 229–240

Günther, H.-O., Tempelmeier, H. (1995): *Produktion und Logistik*; Springer, Berlin

Haase, K. (1994): *Lotsizing and Scheduling for Production Planning*; Lecture Notes in Economics and Mathematical Systems, Vol. 408; Springer, Berlin

Häfner, H. (1992): *Ein Warteschlangenansatz zur integrierten Produktionsplanung*; Physica, Heidelberg

Hahn, D., Laßmann, G., Herausg. (1989): *Produktionswirtschaft, Band 2*; Physica, Heidelberg

Hamacher, H.W. (1995): *Mathematische Lösungsverfahren für planare Standortprobleme*; Vieweg, Braunschweig

Hartung, J., Elpelt, B., Klösener, K.-H. (1991): *Statistik*; Oldenbourg, München

Hax, A.C., Candea, D. (1984): *Production and Inventory Management*; Prentice Hall, Englewood Cliffs

Heinhold, J., Gaede, K.-W. (1972): *Ingenieur–Statistik*; Oldenbourg, München

Heinrich, C.E. (1987); *Mehrstufige Losgrößenplanung in hierarchisch strukturierten Produktionsplanungssystemen*; Springer, Berlin

Hillier, F.S., Lieberman, G.J. (1995): *Introduction to Operations Research*; McGraw–Hill, New York

Hoitsch, H.J. (1993): *Produktionswirtschaft;* Franz Vahlen, München

Kistner, K.P., Steven, M. (1993): *Produktionsplanung*; Physica, Heidelberg

Kohlas, J. (1987): *Zuverlässigkeit und Verfügbarkeit*; Teubner, Stuttgart

Kolisch, R. (1995): *Project Scheduling under Resource Constraints*; Physica, Heidelberg

Kusiak, A. (1990): *Intelligent Manufacturing Systems*; Prentice–Hall, Englewood Cliffs

Lambrecht, M.R., Vanderveken, H. (1979): Production Scheduling and Sequencing for Multi–Stage Production Systems; *OR Spektrum 1*, 103–114

Lawler, E.L., Lenstra, J.K., Rinnooy Kan, A.H.G. (1982): Recent Developments in Deterministic Sequencing and Scheduling: A Survey, in Dempster, M.A.H., Lenstra, J.K., Rinnooy Kan, A.H.G. (Eds.): *Deterministic and Stochastic Scheduling*; D. Reidel, Dordrecht, 35–73

Love, R.F., Morris, J.G., Wesolowsky, G.O. (1988): *Facilities Location*; North–Holland, Amsterdam

Masing, W., Herausg. (1988): *Handbuch der Qualitätssicherung*; Carl Hanser, München

Meredith, J.R. (1987): *The Management of Operations*; John Wiley, New York

Mirchandani, P.B., Francis, R.L., Eds. (1990): *Discrete Location Theory*, John Wiley, New York

Montgomery, D.C. (1991): *Introduction to Statistical Quality Control*; John Wiley, New York

Morton, T.E., Pentico, D.W. (1993): *Heuristic Scheduling Systems*; John Wiley, New York

Nahmias, S. (1993): *Production and Operations Analysis*; Irwin, Homewood

Nelson, W. (1982): *Applied Life Data Analysis*; John Wiley, New York

Neumann, K. (1977): *Operations–Research–Verfahren, Band II*; Carl Hanser, München

Neumann, K. (1987): Netzplantechnik, in Gal., T. (Herausg.): *Grundlagen des Operations Research, Teil 2*; Springer, Berlin, 165–260

Neumann, K., Morlock, M. (1993): *Operations Research*; Carl Hanser, München

Neumann, K., Schwindt, C. (1995): Projects with Minimal and Maximal Time Lags – Construction of Activity–on–Node Networks and Applications; *Report WIOR–447*, Institut für Wirtschaftstheorie und Operations Research, Universität Karlsruhe

Neumann, K., Zhan, J. (1995): Heuristics for the Minimum Project–Duration Problem with Minimal and Maximal Time Lags under Fixed Resource Constraints; *Journal of Intelligent Manufacturing 6*, 145–154

O'Connor, P.D.T. (1991): *Practical Reliability Engineering*; John Wiley, New York

Papadopoulos, H.T., Heavey, C., Browne, J. (1993): *Queueing Theory in Manufacturing Systems Analysis and Design*; Chapman & Hall, London

Pesch, E. (1994): *Learning in Automated Manufacturing*; Physica, Heidelberg

Pinedo, M. (1995): *Scheduling*; Prentice Hall, Englewood Cliffs

Ravindran, A., Phillips, D.T., Solberg, J.J. (1987): *Operations Research – Principles and Practice*; John Wiley, New York

Rayn, T.P. (1989): *Statistical Methods for Quality Improvement*; John Wiley, New York

Rinne, H., Mittag, H.J. (1991): *Statistische Methoden der Qualitätssicherung*; Carl Hanser, München

Rohloff, M. (1995): *Produktionsmanagement in modularen Organisationsstrukturen*; Oldenbourg, München

Rosemann, H. (1981): *Zuverlässigkeit und Verfügbarkeit technischer Anlagen und Geräte*; Springer, Berlin

Rosen, J.B., Xue, G.L. (1993): On the Convergence of a Hyperboloid Approximation Procedure for the Perturbed Euclidean Multifacility Location Problem; *Operations Research 41*, 1164–1171

Ross, S.M. (1983): *Stochastic Processes*; John Wiley, New York

Salomon, M. (1991): *Deterministic Lotsizing Models for Production Planning*; Lecture Notes in Economics and Mathematical Systems, Vol. 355; Springer, Berlin

Salvendy, G., Ed. (1992): *Handbook of Industrial Engineering*; John Wiley, New York

Satir, A., Ed. (1991): *Just–in–Time Manufacturing Systems*; Elsevier, Amsterdam

Scheer, A.-W. (1990a): *CIM – Der computergesteuerte Industriebetrieb*; Springer, Berlin

Scheer, A.-W. (1990b): *EDV–orientierte Betriebswirtschaftslehre*; Springer, Berlin

Scheer, A.-W. (1994): *Wirtschaftsinformatik*, Springer, Berlin

Schneeweiß, C. (1993): *Einführung in die Produktionswirtschaft*; Springer, Berlin

Schneeweiß, C., Söhner, V. (1991): *Kapazitätsplanung bei moderner Fließfertigung*; Physica, Heidelberg

Scholl, A. (1995): *Balancing and Sequencing of Assembly Lines*; Springer, Berlin

Schwindt, C. (1994): Vergleichende Beurteilung mehrerer Varianten der Heuristik von Lambrecht und Vanderveken zur Lösung des integrierten Losgrößen– und Ablaufplanungsproblems; *Report WIOR–437*, Institut für Wirtschaftstheorie und Operations Research, Universität Karlsruhe

Schwindt, C. (1996): A Simulation–Based Comparison of the Shifting Bottleneck Procedure with the Algorithm of Giffler and Thompson for the Job Shop Problem; *OR–Spektrum 18*, to appear

Sherali, H.D., Sarin, S.C., Desai, R. (1990): Models and Algorithms for Job Selection, Routing, and Scheduling in a Flexible Manufacturing System; *Annals of Operations Research 26*, 433–453

Silver, E.A., Peterson, R. (1985): *Decision Systems for Inventory Management and Production Planning*; John Wiley, New York

Sprecher, A. (1994): *Resource–Constrained Project Scheduling*; Lecture Notes in Economics and Mathematical Systems, Vol. 409; Springer, Berlin

Stadtler, H. (1988): *Hierarchische Produktionsplanung bei losweiser Fertigung*; Physica, Heidelberg

Stecke, K.E., Suri, R., Eds. (1989): *Flexible Manufacturing Systems – Operations Research Models and Applications*; Elsevier, Amsterdam

Steven, M. (1994): *Hierarchische Produktionsplanung*; Physica, Heidelberg

Tempelmeier, H. (1995): *Material–Logistik*; Springer, Berlin

Tempelmeier, H., Destroff, M. (1993): Mehrstufige Mehrprodukt–Losgrößenplanung bei beschränkten Ressourcen und genereller Erzeugnisstruktur; *OR–Spektrum 15*, 63–73

Tempelmeier, H., Helber, S. (1994): A Heuristic for Dynamic Multi–Item Multi–Level Capacitated Lotsizing for General Product Structures; *European Journal of Operational Research 75*, 296–311

Tempelmeier, H., Kuhn, H. (1992): OR–Modelle zur Planung flexibler Fertigungssysteme – Ein Überblick; *OR–Spektrum 14*, 177–192

Tempelmeier, H., Kuhn, H. (1993): *Flexible Fertigungssysteme*; Springer, Berlin

Tersine, R.J. (1988): *Principles of Inventory and Materials Management*; North–Holland, Amsterdam

Tetzlaff, U.A.W. (1990): *Optimal Design of Flexible Manufacturing Systems*; Physica, Heidelberg

Vogt, H. (1988): *Methoden der statistischen Qualitätskontrolle*; Teubner, Stuttgart

Vollmann, T.E., Berry, W.L., Whybark, D.C. (1992): *Manufacturing Planning and Control Systems;* Irwin, Homewood

Wadsworth, H.M., Stephens, K.S., Godfrey, A.B. (1986): *Modern Methods for Quality Control and Improvement*; John Wiley, New York

Wagelmans, A., van Hoesel, S., Kolen, A. (1992): Economic Lot Sizing – An O(n log n) Algorithm That Runs in Linear Time in the Wagner–Whitin Case; *Operations Research 40*, S145–S156

Waldmann, K.–H. (1992): Qualitätsregelkarten mit Gedächtnis; *Zeitschrift für betriebswirtschaftliche Forschung 44*, 867–883

Waldmann, K.–H. (1993): *Qualitätssicherung*; Institut für Wirtschaftstheorie und Operations Research, Universität Karlsruhe

Waters, C.D.J. (1992): *Inventory Control and Management*; John Wiley, New York

Weingarten, U. (1995): *Ressourceneinsatzplanung bei Werkstattproduktion*; Physica, Heidelberg

Winston, W.L. (1994): *Operations Research – Applications and Algorithms*; Duxbury Press, Belmont

Zäpfel, G. (1982): *Produktionswirtschaft*; Walter de Gruyter, Berlin

Zäpfel, G. (1989a): *Strategisches Produktions–Management*; Walter de Gruyter, Berlin

Zäpfel, G. (1989b): *Taktisches Produktions–Management*; Walter de Gruyter, Berlin

Zäpfel, G. Missbauer, H. (1993): Production Planning und Control (PPC) Systems Including Load–Oriented Order Release – Problems and Research Perspectives; *International Journal of Production Economics 30–31*, 107–122

Zhan, J. (1994): Heuristics for Scheduling Resource–Constrained Projects in MPM Networks; *European Journal of Operational Research 76*, 192–205

Literaturhinweise (Lehrbücher) zu den einzelnen Kapiteln

Kapitel 1 Grundbegriffe

Günther, Tempelmeier (1995)
Hoitsch (1993)
Kistner, Steven (1993)
Schneeweiß (1993)
Zäpfel (1982)

Kapitel 2 Prognosemethoden

Hillier, Lieberman (1995)
Nahmias (1993)
Silver, Peterson (1985)
Tempelmeier (1995)

Kapitel 3 Lagerhaltung und Losgrößenplanung

Bartmann, Beckmann (1992)
Domschke et al. (1993)
Graves et al. (1993)
Hax, Candea (1984)
Hillier, Lieberman (1995)
Kistner, Steven (1993)
Nahmias (1993)
Neumann, Morlock (1993)
Silver, Peterson (1985)
Tempelmeier (1995)

Kapitel 4 Materialbedarfsplanung

Glaser et al. (1991)
Hax, Candea (1984)
Kistner, Steven (1993)
Scheer (1994)
Tempelmeier (1995)

Kapitel 5 Planung spezieller Produktionssegmente

Termin– und Kapazitätsplanung
Neumann, Morlock (1993)

Maschinenbelegungsplanung
Askin, Standridge (1993)
Blazewicz et al. (1994)
Brucker (1995)
Domschke et al. (1993)
French (1982)
Graves et al. (1993)
Neumann, Morlock (1993)
Pinedo (1995)

Fließfertigungsplanung
Domschke et al. (1993)
Scholl (1995)

Flexible Fertigungssysteme
Askin, Standridge (1993)
Tempelmeier, Kuhn (1993)

Fertigungsinseln
Askin, Standridge (1993)

Kapitel 6 Integrierte Produktionsplanung

Hierarchische Produktionsplanung
Graves et al. (1993)
Hax, Candea (1984)
Kistner, Steven (1993)
Steven (1994)

PPS–Systeme
Fandel et al. (1994)
Kistner, Steven (1993)

CIM
Scheer (1990a, 1994)

Just–in–Time–Produktion
Graves et al. (1993)
Kistner, Steven (1993)
Nahmias (1993)

Kapitel 7 Standort– und Layoutplanung

Domschke, Drexl (1990)
Francis et al. (1992)
Love et al. (1988)

Kapitel 8 Qualitätssicherung

Qualitätsregelkarten und Abnahmeprüfung
Montgomery (1991)
Rinne, Mittag (1991)

Zuverlässigkeit
Barlow, Proschan (1975)
Beichelt (1993)
Gaede (1977)
Kohlas (1987)

Lehrbücher zur gesamten Produktionsplanung

Graves et al. (1993)
Günther, Tempelmeier (1995)
Hoitsch (1993)
Kistner, Steven (1993)
Nahmias (1993)
Schneeweiß (1993)
Zäpfel (1982)

OR–Lehrbücher

Hillier, Lieberman (1995)
Neumann, Morlock (1993)
Winston (1994)

Statistik–Lehrbücher

Bamberg, Baur (1991)
Hartung et al. (1991)

Namen– und Sachverzeichnis

Springer-Verlag und Umwelt

Als internationaler wissenschaftlicher Verlag sind wir uns unserer besonderen Verpflichtung der Umwelt gegenüber bewußt und beziehen umweltorientierte Grundsätze in Unternehmensentscheidungen mit ein.

Von unseren Geschäftspartnern (Druckereien, Papierfabriken, Verpackungsherstellern usw.) verlangen wir, daß sie sowohl beim Herstellungsprozeß selbst als auch beim Einsatz der zur Verwendung kommenden Materialien ökologische Gesichtspunkte berücksichtigen.

Das für dieses Buch verwendete Papier ist aus chlorfrei bzw. chlorarm hergestelltem Zellstoff gefertigt und im pH-Wert neutral.